Konegen/Nitschke (Hrsg.)
Revision des Grundgesetzes?

Norbert Konegen/Peter Nitschke (Hrsg.)

# Revision des Grundgesetzes?

## Ergebnisse der Gemeinsamen Verfassungskommission (GVK) des Deutschen Bundestages und des Bundesrates

Leske + Budrich, Opladen 1997

ISBN 978-3-8100-1856-4 ISBN 978-3-322-95821-1 (eBook)
DOI 10.1007/978-3-322-95821-1

# Inhalt

*Norbert Konegen/Peter Nitschke*
Vorwort .......... 7

*Marion Schmidt*
Die GKV – Auftrag, Zusammensetzung und Verfahren .......... 9

*Norbert Konegen*
Grundrechte und Staatszielbestimmungen .......... 29

*Peter Nitschke*
Grundgesetz und Europa .......... 57

*Tobias Schmack-Reschke*
Bürgerbeteiligung und Plebiszite in der Debatte der Gemeinsamen Verfassungskommission .......... 77

*Rüdiger Kipke*
„Parlamentsrecht“ .......... 107

*Ruth Wilhelmi*
Gleichstellung und Gleichberechtigung von Frauen und Männern .......... 121

*Irene Gerlach*
Art. 6: Die Diskussion um die Rechte und Pflichten der Familie und der nichtehelichen Lebensgemeinschaften im Grundgesetz .......... 141

*Wilfried von Bredow*
Im Schlagschatten des Bundesverfassungsgerichts. Die neu bestimmte Rolle der Streitkräfte in der Außen- und Sicherheitspolitik des vereinigten Deutschland .......... 159

*Birgit Schillings*
Asylrecht und Grundgesetz .......... 177

*Karen Schönwälder*
Schutz ethnischer Minderheiten .......... 197

*Elmar Eggert*
Der Bereich Staatskirchenrecht in der Gemeinsamen Verfassungskommission und dessen Grundlagen ..... 217

*Matthias Kurp*
Die Arbeit der Gemeinsamen Verfassungskommission und ihre Auswirkung ..... 233

*Norbert Konegen/Peter Nitschke*
Ausblick: Von der Substanz der Verfassung ..... 241

Sachregister ..... 245

Personenregister ..... 249

Autorenverzeichnis ..... 251

# Vorwort

Wer oder was ist die Gemeinsame Verfassungskommission (GVK) gewesen? – Wie hat sie gearbeitet und was hat sie bewirkt? – Darauf sollen in diesem Band Antworten mit dem Ziel gegeben werden, eine Art Standortbestimmung zur aktuellen Verfassungskultur der Bundesrepublik Deutschland in Umrissen zu versuchen.

Die Gemeinsame Verfassungskommission von Bundestag und Bundesrat, die den Auftrag des Einigungsvertrages erfüllen sollte, „sich innerhalb von zwei Jahren mit den im Zusammenhang mit der deutschen Einigung aufgeworfenen Fragen zur Änderung oder Ergänzung des Grundgesetzes zu befassen" und damit das Grundgesetz auf seine Eignung für ein Gesamtdeutschland zu überprüfen, hat in ihrer Tätigkeit und ihrem Bestehen zwischen dem 16. Januar 1992 und dem 28. Oktober 1993 eine Vielzahl von verfassungsrelevanten Materien sondiert, in zum Teil heftigen Debatten erörtert und schließlich eine vergleichsweise geringe Anzahl von Vorschlägen zu Gesetzesänderungen in Konsensformeln gebracht. Trotz der großen Bedeutung, die diesem nach dem Parlamentarischen Rat einmaligen Gremium im Verfassungsleben der Bundesrepublik Deutschland zukommen sollte, ist die Arbeit der GVK von der politisch interessierten Öffentlichkeit nur wenig beachtet worden. Dies ist um so bemerkenswerter, weil im Kontext von Artikel 5 des Einigungsvertrages bereits im Vorfeld ihrer Konstituierung nicht nur über eine Revision des Grundgesetzes, sondern auch über eine plebiszitär legitimierte Neuschöpfung der Verfassung diskutiert wurde. Faktisch ist diese Debatte mit der Einrichtung der GVK kanalisiert worden – zu Lasten des öffentlichen Diskurses.

Die Ergebnisse der GVK stehen somit exemplarisch für den verfassungspolitischen Kurs der Bundesrepublik Deutschland. Sie zu dokumentieren und zu bewerten war Ausgangspunkt für diesen Sammelband, in dem erstmalig die Auseinandersetzungen innerhalb der GVK zu zentralen verfassungs- und gesellschaftspolitischen Themen wie Plebiszit, Gleichstellung von Mann und Frau, Umwelt und sozialen Grundrechten vereint und in Korrelation zu Aussagen in der jeweiligen Fachliteratur gesetzt sind. Das Buch grenzt sich hier insofern konzeptionell von anderen Publikationen zur Arbeit der Gemeinsamen Verfassungskommission ab. Die Autoren versuchen, die Kommissionsarbeit themengeleitet zu untersuchen, d.h. sie zeichnen anhand eines Beratungsgegenstands die gesamte Diskussion in der Kommission selbst, aber auch das Vorfeld sowie die juristischen und gesellschaftspolitischen Konsequenzen nach.

Dem Leser wird somit sowohl ein Überblick über die Arbeit der GVK im allgemeinen wie auch im speziellen gegeben.

Unter dieser Aufgabenstellung wird deutlich, welche Anträge zu Gesetzesänderungen im Forum der GVK überhaupt diskutiert worden sind und in welcher Art und Weise – verfahrenstechnisch wie inhaltlich – etwa Diskurselemente ausgegrenzt worden sind. Anhand der neun Anhörungspunkte wird exemplarisch dargestellt, wie die parteipolitischen Frontstellungen aus Bundestag und Bundesrat die Diskussionslinien innerhalb der Verfassungskommission von Anfang an so deutlich bestimmten, daß letztendlich die Arbeitsergebnisse sehr minimalisiert blieben.

Die einzelnen Beiträge hierzu folgen in ihrer Gliederung konzeptionell der Chronologie der Anhörungssachen. In ihnen wird jeweils das Pro und Kontra der Streitpunkte unter politikwissenschaftlichen Kriterien beleuchtet. Sie setzen sich damit ausdrücklich von dem juristisch geführten Diskurs in der GVK ab. Darüber hinaus sind mit der Charakterisierung der Verfahrensmuster und personellen Rekrutierungsmechanismen sowie der Medienwirkung der GVK und nicht zuletzt mit der Behandlung der Frage des Staatskirchenrechts drei ergänzende Beiträge aufgenommen worden, welche die Gesamtintention des Sammelbandes konzeptionell abrunden sollen.

Die Idee zu diesem Sammelband ist aus zwei Seminaren, die von den beiden Herausgebern im Wintersemester 93/94 und im Wintersemester 94/95 an der Westfälischen Wilhelms-Universität veranstaltet wurden, hervorgegangen. Für die Beiträge hierzu fanden sich sowohl Studierende wie Lehrende zusammen, von denen sich jeder in unterschiedlicher Zielsetzung umfassend mit der Auswertung von Sitzungsprotokollen, Anhörungsberichten und Begleitpublikationen zu seinem Themenkreis auseinandergesetzt hat. Entstanden ist eine Aufsatzsammlung, die sich mit der gesamten Bandbreite aktueller verfassungspolitischer Fragestellungen beschäftigt und zum Teil über die Arbeit der Verfassungskommission weit hinausreichende Fragen und Konsequenzen formuliert. Somit versteht sich dieser Sammelband auch als ein Reader zum verfassungspolitischen Kurs der Bundesrepublik Deutschland in der gegenwärtigen Situation.

Eine letzte abschließende Bemerkung: Obwohl es den Anschein haben mag, daß seit dem Ende der GVK viel Zeit für die wissenschaftliche Aufarbeitung der Materialien zur GVK gegeben war, trifft dieser Anschein hier nur bedingt zu. Zwei Jahre Recherche sind bei komplexen Materien, wie der vorliegenden, letztendlich nur ein geringes Zeitpolster. Daher gilt: Der vorliegende Band wäre nicht so schnell zustandegekommen, wenn nicht alle beteiligten Koautorinnen und -autoren die Protokollbestände zur GVK in dem zur Verfügung stehenden Zeitrahmen sachgerecht bearbeitet hätten. Ihnen allen sei an dieser Stelle gedankt. Der Dank gilt insbesondere auch den beiden Sekretärinnen in Essen, Isabel Rox und Karin Lentes, die in der Abschlußphase mit Hochdruck die redaktionelle Endfassung erstellt haben.

*Köln/Essen im November 1996* *Die Herausgeber*

*Marion Schmidt*

# Die GVK – Auftrag, Zusammensetzung und Verfahren

## *1. Einführung*

Man stelle sich ein Dominospiel vor: Sobald ein Stein kippt, reißt er eine ganze Reihe weiterer nach sich. Nach diesem Prinzip lassen sich auch die Rahmenbedingungen der GVK darstellen, die Thema dieses Beitrages sind. Der Anstoß, wenn man so will, kam von den Menschen in der DDR, die durch ihren Protest gegen das überkommene sozialistische System in ihrem Land den Boden für eine Wiedervereinigung beider deutscher Staaten bereiteten.

Zwei Wege führten zu diesem Ziel: Die DDR konnte dem Geltungsbereich des Grundgesetzes nach Art. 23 in der alten Fassung des Grundgesetzes beitreten. Die Vereinigung konnte jedoch auch über die Neuschöpfung einer Verfassung vollzogen werden, über die gemäß Art. 146 a.F. GG „das deutsche Volk in freier Entscheidung" abstimmen sollte.

Die Diskussion um den verfassungsrechtlichen Weg zur deutschen Einheit bestimmten in der ersten Hälfte des Jahres 1990 nicht nur Politiker und Staatsrechtler, sondern auch zahlreiche Verfassungsinitiativen in Ost und West. Diese setzten sich, zum Teil mit eigenen Verfassungsentwürfen, mehrheitlich für eine basisdemokratische Variante der Vereinigung ein. Die verantwortlichen politischen Kräfte entschieden sich jedoch aus verschiedenen Gründen, die noch näher darzulegen sind, für die Option des Beitritts, des Art. 23 a.F. GG.

Der nächste Spielstein, der nach dieser Entscheidung kippte, trug die Schrift des Einigungsvertrages. In ihm wurde nicht nur die staatliche Einheit Deutschlands wiederhergestellt, sondern auch die Frage nach Verfassungsänderungen im Zuge der Wiedervereinigung gestellt. In Art. 5 wird den gesetzgebenden Organen empfohlen, sich „mit den im Zusammenhang mit der deutschen Einigung aufgeworfenen Fragen zur Änderung oder Ergänzung des Grundgesetzes zu befassen" (Wortlaut Art. 5 Einigungsvertrag).

Es sollte eineinhalb Jahre dauern, bis der nächste Stein fiel und sich am 16. Januar 1992 die Gemeinsame Verfassungskommission von Bundestag und Bundesrat als das Gremium konstituierte, das den Auftrag des Einigungsvertrages für Verfassungsänderungen erfüllen sollte. Der Beitrag thematisiert einerseits die personelle Zusammensetzung und die Verfahrensweise, andererseits soll versucht werden, die Struktur und die Arbeitsweise der Kommission an ihren Vorgaben, ihrem Auftrag und ihren Vorläufern in den verschiedenen Verfassungsinitiativen ergebnisorientiert nachzuzeichnen.

## 2. *Das politische Vorfeld*

### *2.1. Der Auslöser: Die ‚Herbstrevolution' in der DDR*

Am Anfang war die Revolution. Ohne den zweifellos dramatischen und rasanten Umbruchprozeß, der im Herbst des Jahres 1989 in der damaligen DDR begonnen hatte, hätte es nicht nur bereits ein knappes Jahr später eine Wiedervereinigung beider deutscher Staaten zu diesem Zeitpunkt der Geschichte gegeben, es hätte wohl auch keine Diskussion um eine Reform des Grundgesetzes stattgefunden.

Die Vereinigungsdiskussion bot für die Verfassungsdiskussion jedoch nur den aktuellen historischen Anlaß, es gab indes auch andere Impulse, die ein Nachdenken über das Grundgesetz notwendig machten: Die europäische Integration beispielsweise oder auch längst überfällige Reformthemen aus den 80er Jahren, wie etwa der Umweltschutz, die Verabschiedung der Landesverfassungen in den neuen Bundesländern. Eine umfassende Reform des Grundgesetzes wurde das letzte Mal vor rund zwanzig Jahren in einer Enquete-Kommission des Deutschen Bundestages angedacht.[1] Erst durch die Wiedervereinigung bot sich den Deutschen die historisch einmalige Chance, nach über vierzig Jahren das „bewährte" (so u.a. Scholz 1993, 3 u. 5; Schäuble 1991, 288), aber eben nicht für alle Deutschen geschaffene Grundgesetz auf seine Tauglichkeit für ein geeintes Deutschland hin zu überprüfen und es zu einer gesamtdeutschen Verfassung zu machen.

Dabei bestimmte eine Vereinigung von DDR und Bundesrepublik Deutschland zunächst gar nicht die Proteste der Menschen im Herbst 1989 in der DDR. Im Vordergrund standen die Forderungen nach Mitbestimmungsrecht, Meinungs- und Reisefreiheit sowie freie Wahlen. Das alte SED-Regime sollte gestürzt, die Lebensbedingungen innerhalb der DDR geändert werden. Doch konnten die von Ministerpräsident Hans Modrow in Aussicht gestellten Reformen viele DDR-Bürger nicht zum Bleiben bewegen. Die Ausreise von Flüchtlingen in die Bundesrepublik stieg krisenhaft an und stellte sowohl die DDR als auch die Bundesrepublik vor Probleme, die politische Konsequenzen forderten. An die Phase des Kampfes für Demokratisierung schloß sich alsbald die nationale Wende der Revolution an (Korte 1994, 82). Aus der Parole „*Wir sind das Volk*" wurde „*Wir sind ein Volk*". Nachdem

1 S. Deutscher Bundestag (Hrsg.) 1976 u. 1977: Beratungen und Empfehlungen zur Verfassungsreform. Schlußbericht der Enquete-Kommission des Deutschen Bundestages. Bonn (Reihe „Zur Sache" Nr. 3/76 und Nr. 2/77)

Bundeskanzler Helmut Kohl Ende November einen Zehn-Punkte-Plan zur Überwindung der Teilung Deutschlands vorgelegt hatte, konkretisierten sich dann die Einigungsbestrebungen auf beiden Seiten (vgl. dazu etwa Korger 1993 sowie Schäuble 1991).

### 2.2. *Zwei Wege führten zur deutschen Einheit: Die verfassungsrechtlichen Voraussetzungen für eine Wiedervereinigung*

Als sich abzeichnete, daß eine Wiedervereinigung greifbar nahe rückte, begann eine Diskussion über den einzuschlagenden verfassungsrechtlichen Weg. Nach dem Grundgesetz gab es zwei Möglichkeiten. Einerseits bezeichnete sich das Grundgesetz in seiner alten Präambel als eine vom deutschen Volk in den westlichen Besatzungszonen „für eine Übergangszeit" gegebene Verfassung, die aber für diejenigen Deutschen, „denen mitzuwirken versagt war", mithandeln sollte. Weiter hieß es dort, „daß das gesamte deutsche Volk aufgefordert bleibt, in freier Selbstbestimmung, die Einheit und Freiheit Deutschlands zu vollenden" (Wortlaut Präambel des GG in seiner Fassung vor 1990). Dementsprechend beinhaltete das Grundgesetz in Art. 146 a.F. GG eine Bestimmung, die für diesen Fall der Fälle Anwendung finden sollte. Darin wird die Geltungsdauer des Grundgesetzes bis zu dem Tag festgesetzt, „an dem eine Verfassung in Kraft tritt, die von dem deutschen Volke in freier Entscheidung beschlossen worden ist" (Wortlaut Art. 146 a.F. GG). Man hat aus diesen Passagen des Grundgesetzes eine Verpflichtung für seine Staatsorgane gefolgert, die Wiedervereinigung Deutschlands anzustreben. Andererseits konnte eine Vereinigung beider deutscher Staaten auch nach Art. 23 a.F. GG durch den Beitritt anderer Teile Deutschlands zum Geltungsbereich des Grundgesetzes erfolgen. Kontinuität oder Neubeginn? – „Holzweg" oder „Königsweg"?[2]

Welcher Weg in der Verfassungsfrage einzuschlagen sei, darüber erhitzten sich im Frühjahr 1990 die Gemüter deutscher Politiker und Verfassungsrechtler (siehe u.a. Guggenberger/Stein 1991). Für die einen galt es jetzt, das als unzureichend legitimiert empfundene Grundgesetz, das seinerzeit als Übergangsverfassung geschaffen wurde, durch eine Verfassung abzulösen, die mit einer Volksabstimmung beschlossen werden sollte (so u.a. Mahrenholz 1991, 220; Simon 1990, 9-17; Evers 1990, 931-945; Recht und Politik 1990). Für die anderen bedeutete dieser Weg der „Aufbruch in eine andere Republik" (Schäuble 1990, 291). Eine Verfassung mit Volksentscheid würde „die Gesellschaft repolitisieren und die optimale Funktionserfüllung stören"

---

2 Den Begriff „Holzweg" prägte Altbundeskanzler Willy Brandt in bezug auf Art. 23 a.F. GG; Bundeskanzler Helmut Kohl konterte mit der Metapher vom „Königsweg" für Art. 146 a.F. GG, und Königswege dürfe es in einer Republik nicht geben. Vgl. Häberle 1992, 236.

(Roellecke 1991, 2441): „in der Gesellschaft könnten fundamentale Wertkonflikte aufbrechen, unbegrenzte Hoffnungen, wie unbegrenzte Ängste [...] Der Konsens, den die geschriebene und über vierzig Jahre praktizierte Verfassung erreicht hat, würde aufs Spiel gesetzt" (Isensee 1990, 331).

Am 28. März 1990 traten einhundert Staatsrechtsprofessoren an deutschen Universitäten mit einem Appell für den Beitritt an die Öffentlichkeit (in: *Die Welt* v. 28.3.1990). In ihrer Erklärung „Der Beitritt über Artikel 23 ist der richtige Weg zur deutschen Einheit" begründen sie ihre Auffassung damit, daß dadurch neben der innenpolitischen auch die außenpolitische Verläßlichkeit der Deutschen bewahrt würde. Der Weg führe die DDR etwa unmittelbar in die Europäische Gemeinschaft. Diesen Aufruf unterzeichnete auch der spätere Vorsitzende der Gemeinsamen Verfassungskommission, Rupert Scholz. Der Beitritts-Erklärung der hundert Staatsrechtler stand eine von dem ehemaligen Bundesverfassungsrichter Helmut Simon initiierte „Nohfeldener Erklärung" gegenüber, die feststellte: „Der Beitritt kann das Grundgesetz nicht zu einer gesamtdeutschen Verfassung machen" (in: *Frankfurter Rundschau* v. 25.5. 1990).

Aber auch durch Art. 146 a.F. GG würde das Grundgesetz nicht „verfassungswidrig" (so Roellecke 1991, 2443) abgelöst werden, da die Anwendung ausschließlich nach den Regeln des Art. 79 GG erfolgen könnte (vgl. Scholz 1993, 8). Eine Volksabstimmung über das Grundgesetz kann nicht die für Verfassungsänderungen erforderliche Zweidrittelmehrheit von Bundestag und Bundesrat ersetzen, sondern nur ergänzen. Sie wäre demnach rechtlich zulässig, aber nicht geboten. Deshalb ist die Entscheidung darüber keine rechtliche, sondern eine politische.

Ein dritter Weg zur Vereinigung beider deutscher Teilstaaten, nämlich die stufenweise Kombination von Art. 23 a.F. GG und Art. 146 a.F. GG, hatte bei den Beitrittsverhandlungen keine Chance. Er wurde als nicht gangbar nach der alten Fassung des Grundgesetzes angesehen. Auch im nachhinein seien die verfassungsrechtlichen Möglichkeiten nach beiden Artikeln „alternativ und nicht etwa kumulativ" (ebd., 3) zu verstehen.

## 2.3. *Die Verfassungsdiskussion zur deutschen Einheit: Die Arbeit der Verfassungsinitiativen*

Wohl nie zuvor in der deutschen Verfassungsgeschichte nach 1949 hat es eine so grundsätzliche und dichte Diskussion über Geltungsgrund und Geltungsdauer des Grundgesetzes gegeben, wie im Jahr 1990, ausgelöst durch den Zusammenbruch des DDR-Regimes und der sich abzeichnenden Wiedervereinigung beider deutscher Staaten (Guggenberger/Stein 1991, 9).

Angefangen hat die Verfassungsdiskussion mit der Einsetzung einer Arbeitsgruppe ‚Neue Verfassung der DDR' im Rahmen des Ende 1989 in Ostberlin entstandenen ‚Zentralen Runden Tisches'. Eine paritätisch besetzte Runde aller etablierten politischen Parteien und der neuen oppostionellen

Kräfte wollte damit ein Ordnungsmodell schaffen, daß zugleich Positionsbestimmungen für die Verhandlungen mit der Bundesrepublik über die künftige Gestalt Deutschlands erarbeiteten sollte. Unter Beachtung dieser Aspekte war die Arbeit mehreren Zielen verpflichtet. Zum einen sollte die DDR auf den heutigen Stand freiheitlicher, rechtsstaatlicher, parlamentarischer Demokratie gebracht werden, zugleich sollten aber auch die plebiszitären und partizipatorischen Elemente verfassungsrechtlich abgesichert werden, die die revolutionäre Entwicklung angestoßen und vorangetrieben hatten. Und schließlich sollte verfassungsrechtlich verbürgt werden, was als gesellschaftliche Errungenschaften der DDR angesehen wurde (Schlink 1991, 21). Der am 4. April 1990 der DDR-Volkskammer vorgelegte Entwurf enthielt somit soziale Grundrechte, wie das Recht auf Arbeit, auf Wohnung und auf Bildung. Die Menschen- und Grundrechte wurden um wesentliche neue Fragestellungen etwa des Umweltschutzes, der sozialen Bedürfnisse, der Geschlechteremanzipation, sowie der Rechte von Ausländern und Minderheiten erweitert. Die Friedensstaatlichkeit sollte Verfassungsprinzip sein anstelle von Wehrpflicht und positivem Verteidigungsauftrag. Die Mitspracherechte der Bürger und ihre politische Partizipation wurden durch die Möglichkeiten von Volksbegehren und Volksentscheid ausgeweitet (dazu Rogner 1993, Preuß u. Roellecke 1991, 367ff.).

Die geänderten Mehrheitsverhältnisse in der Volkskammer nach der vorgezogenen Wahl ließen den Verfassungsentwurf jedoch zur Makulatur werden. Die Regierungskoalition der Parteien aus der ‚Allianz für Deutschland', die sich im Vorfeld der Volkskammerwahl für einen raschen Beitritt nach Art. 23 a.F. GG eingesetzt hatten, sah in dem Entwurf nur „ein Hindernis für die schnelle deutsche Einheit" (so der Abgeordnete Kögel in der 3. Sitzung der Volkskammer v. 19.4.1990). Und auch der damalige CDU-Innenminister Wolfgang Schäuble lehnte bei den Verhandlungen zum Einigungsvertrag die Idee der DDR-Partner „rigoros" (*Der Spiegel* 2/1992, 19) ab, Errungenschaften aus dem sozialistischen Staat und aus der friedlichen Revolution auf Gesamtdeutschland zu übertragen. Die Thesen des ‚Runden Tisches' wurden sogar „gezielt in Sozialismus-Verdacht gebracht" (*Der Spiegel* 2/1992, 20). Nichts sollte im wiedervereinigten Deutschland an die Impulse der Bürgerbewegungen aus der Zeit der Wende erinnern. Trotzdem wurden die Ideen des Verfassungsentwurfs nach der Auflösung des ‚Zentralen Runden Tisches' vom ‚Kuratorium für einen demokratisch verfaßten Bund deutscher Länder' aufgenommen und in einer „Verfassung von unten" (Kuratorium 1991, 18ff.) verarbeitet. Das Kuratorium war die größte unabhängige Ost-West-Bürgerinitiative mit der „weitreichendsten gesellschaftlichen Verfassungsinitiative" (Guggenberger/Stein 1991, 10). Ziel der Initiative war es, „eine breite öffentliche Verfassungsdiskussion und einen demokratischen Weg zu einer gesamtdeutschen Verfassung als wichtigstes Element des Zusammenwachsens zu fördern" (Kuratorium 1991, 17). Den Mitgliedern ging es dabei „nicht um eine Totalrevision des Grundgesetzes" (ebd., 21): Neben dem Verfassungsentwurf des ‚Zentralen Runden Tisches' wurde das Grundgesetz zu einem wichtigen Orientierungspunkt ihrer Arbeit.

Schwerpunkte der empfohlenen Änderungen und Ergänzungen zum bestehenden Grundgesetz bezogen sich vorrangig auf den Ausbau von Menschen- und Bürgerrechten, die Verbesserung der sozialen Grundrechte, die Stärkung der Mitwirkungsrechte der Bürger durch Volksbegehren und Volksentscheid auf Bundesebene sowie eine Reform der bundesstaatlichen Ordnung zugunsten der Länder. Einen besonderen Stellenwert nahm der Schutz der natürlichen Lebensgrundlagen ein (vgl. Kuratorium 1991, 67ff.).

Der Entwurf verstand sich jedoch nur als Anregung für die Bürger, sich ebenfalls Gedanken über eine neue Verfassung zu machen. Alle Bürger sollten mit in die Diskussion einbezogen werden und die Möglichkeit haben, selbst Vorschläge einzureichen. Deshalb schlug das Kuratorium einen Verfassungsrat aus Politikern, Wissenschaftlern und interessierten Bürgern vor, in dem Männer und Frauen zu gleichen Teilen vertreten sein sollten. Der von diesem Gremium erarbeitete Entwurf sollte ausführlich in der Öffentlichkeit diskutiert und erst danach dem Volk zur Abstimmung vorgelegt werden.

Diese Vorstellungen scheiterten nicht erst an der Umsetzung, sie kamen nicht einmal über das Stadium der Diskussion hinaus. Weder dem Verfassungskuratorium noch den anderen Initiativen gelang es, die unmittelbaren Lebensbedingungen der Menschen so anzusprechen, daß diese eine Massenbewegung auslösten. „Die Hoffnung auf eine breite Volksbewegung [... wurde zu einer] Selbsttäuschung“ (Günther 1991, 373). Zudem zeigten auch die Gruppierungen selbst weit weniger Substanz, als der Aufbruch im Herbst 1989 erhoffen ließ.

## 3. Der Einigungsvertrag

### 3.1. Grundfragen und beitrittsbedingte Verfassungsänderungen

Ein Rückschlag für die Arbeit der Verfassungsinitiativen bedeutete der am 31. August 1990 unterzeichnete ‚Vertrag zwischen der Bundesrepublik Deutschland und der Deutschen Demokratischen Republik über die Herstellung der Einheit Deutschlands‘ (Einigungsvertrag), in dem mit der Entscheidung für die schnelle und außenpolitisch risikoärmere Beitrittslösung nach Art. 23 a.F. GG auch ein Schlußpunkt hinter die Diskussion um den verfassungsrechtlichen Weg zur deutschen Einheit gesetzt und damit ein „verfassungspolitisches Präjudiz“ (Guggenberger/Stein 1991, 283) geschaffen wurde.

Bereits mit dem Abschluß des Staatsvertrages vom 18. Mai 1990 hatte sich die DDR für den Beitritt entschieden. Und bereits zu diesem Zeitpunkt war abzusehen, daß die Forderung nach einer gesamtdeutschen Verfassungsgebung nach Art. 146 a.F. und der vom ‚Runden Tisch‘ am 12. Mai 1990 beschlossene Verfassungsentwurf „politisch-praktisch keine Rolle mehr spielte“ (Blumenwitz 1992, 14). Die mehrheitlich in der Volkskammer vertretenen Parteien hatten bei den Wahlen vom 16. März 1990 den Beitritt so eindeutig in ihr Programm aufgenommen, daß ihre Wahl als Auftrag zum Beitritt verstanden werden sollte (vgl. Zippelius 1991, 23). Somit erklärte die erste freigewählte Volkskammer der ehemaligen DDR am 23. August 1990 den Beitritt ihrer nach Maßgabe des Ländereinführungsgesetzes vom 22. Juli 1990 neu zu konstituierenden Länder zum Verfassungsstaat des Grundgesetzes. Damit entfiel die Option der Wiedervereinigung über die Schaffung einer gesamtdeutschen Verfassung nach Art. 146 GG.

Da sich mit dem Beitritt der ehemaligen DDR zum Gebiet der alten Bundesrepublik nach Art. 23 a.F. GG „der verfassungsrechtliche Wiedervereinigungsauftrag erfüllt" (Scholz 1993, 6) habe, wurde der Artikel mit dem Einigungsvertrag aufgehoben (Art. 4 Abs. 2 EinigV); eine Entscheidung, die auch auf Hinwirken der vier alliierten Regierungen bei den Zwei-Plus-Vier-Verhandlungen getroffen wurde. Diese wollten den zukünftigen Beitritt weiterer Gebietsteile zu Deutschland verhindert wissen (vgl. Busse 1991, 345).

Neben Art. 23 a.F. GG stellte sich auch für Art. 146 a.F. GG die Frage nach der Zukunft. Durch die Vollendung der Einheit sei er überflüssig geworden, so Rupert Scholz (1993, 2-3). Das Grundgesetz sei durch den Beitritt zur „definitiven gesamtdeutschen Verfassung" (ebd., 3) geworden. Einer Streichung des Art. 146 a.F. standen jedoch „nicht rechtliche, sondern politische Gründe" (Evers 1993, 16) entgegen. Die Neufassung des Artikels und damit die Fortschreibung des Geltungsvorbehalts des Grundgesetzes kann als Zugeständnis an die SPD verstanden werden, ohne deren Zustimmung der Einigungsvertrag nicht hätte ratifiziert werden können (vgl. Busse 1990, 348ff.). Der innen- wie außenpolitische Handlungsdruck hätte die SPD seinerzeit dazu bewogen, den kurzen Weg nach Art. 23 a.F. GG mitzugehen (Evers 1993, 16). Im Gegenzug wollte die SPD nicht auf dic Option einer Legitimation zukünftiger weiterreichender Verfassungsänderungen über Art. 146 GG verzichten (Busse 1990, 351). Die CDU versuchte ihrerseits diese scheinbar widersprüchliche Bestimmung (vgl. Starck 1993, 12) wegzuinterpretieren: „Wir haben den Weg des bisherigen Art. 23 GG erfolgreich beschritten", erklärte Innenminister Wolfgang Schäuble bei der ersten Verfassungsdebatte am 14. Mai 1991 im Berliner Reichstag, „wir werden nicht zur Weggabelung zurückkehren und nachträglich die Option des alten Art. 146 GG ergreifen oder hinterherschalten" (zit. nach: Evers 1993, 16).

### *3.2. Art. 5: Der Auftrag für künftige Verfassungsänderungen*

Der Einigungsvertrag sollte jedoch nicht nur Verfassungsänderungen hinsichtlich des Beitritts regeln, in ihm wurden auch Regelungen fixiert, die auf ein künftiges Zusammenleben in einem vereinten Deutschland abzielten. In diesem Sinne ist auch die Aufnahme des Art. 5 in den Vertrag zu verstehen. Darin wird den gesetzgebenden Organen empfohlen, sich innerhalb von zwei Jahren mit den im Zusammenhang mit der deutschen Einigung aufgeworfenen Fragen zur Änderung oder Ergänzung des Grundgesetzes zu befassen, insbesondere in bezug auf das Verhältnis zwischen Bund und Ländern, in bezug auf die Möglichkeit einer Neugliederung für den Raum Berlin/Brandenburg, mit der Aufnahme von Staatszielbstimmungen in das Grundgesetz sowie mit der Anwendung von Art. 146 des Grundgesetzes und in deren Rahmen mit einer Volksabstimmung (Vertrag, Art. 5).

Die Aufnahme des Art. 5 in den Einigungsvertrag kann als Ausgleich für die im Vorfeld des Vertrages recht kurze Diskussion über eine gesamtdeutsche Verfassung gesehen werden. Die Bestimmung stellt „einen politischen Kompromiß“ (Busse 1990, 352) dar zwischen der Forderung nach einer ganz neuen Verfassung und dem Festhalten an der Bewährtheit des Grundgesetzes. Klein sprach sogar von einer „Ersatzdebatte“ für diejenigen, die lieber den Weg über Art. 146 a.F. beschritten hätten (Klein 1991, 575).

Sinn und Zweck des Auftrags war eine Überprüfung des Grundgesetzes auf seine Tauglichkeit für das vereinte Deutschland. Die vier in Art. 5 EinigV ausdrücklich erwähnten Problemfelder möglicher Grundgesetzänderungen sind „verfassungspolitsch aus dem Einigungsvertrag entstanden“ (Busch 1993, 9), weisen aber inhaltlich kaum Verknüpfungen auf. Wie die sprachliche Wendung *insbesondere* andeutet, begrenzte Art. 5 EinigV nicht die ohnehin bestehende Aufgabe der gesetzgebenden Organe, sich auch mit anderen Grundgesetzänderungen zu befassen. Die Verfassungsdiskussion bot die ebenso notwendige wie einzigartige Chance, mehr als vierzig Jahre nach Inkrafttreten des Grundgesetzes Bilanz zu ziehen: Was hat sich bewährt, was muß geändert, verbessert, ergänzt, aufgenommen oder gestrichen werden. Ausgangspunkt und Ziel mußte jedoch die deutsche Wiedervereinigung bleiben. Sie bildete nicht nur den äußeren Anlaß, sie stellte auch eine beachtliche Notwendigkeit dar, das Grundgesetz in der Form zu überdenken, in der es zu einer Verfassung für alle Deutschen wird.

Da der Einigungsvertrag offenließ, wieweit die möglichen Änderungen und Ergänzungen gehen sollten, gingen die Meinungen um Ziel und Umfang einer Grundgesetzrevision von Anfang an weit auseinander. Mit der Neufassung des Art. 146 GG und damit der auch künftig gegebenen Möglichkeit einer Volksabstimmung über eine neue Verfassung, war zwischen notwendiger Anpassung und umfassender Revision alles möglich. Entsprechend kontrovers wurde die Zielsetzung der Verfassungsreform diskutiert. Die Regierungskoalition wollte zu keiner Zeit mehr als „Anpassungen“ und „Modernisierungen“ (so Scholz 1992, 10). Die SPD wollte zwar auch keine Totalrevision des Grundgesetzes, doch verfolgte sie „die Idee, nach der Vereinigung unter Mitwirkung der neuen Bundesländer eine endgültige Verfassung für die Republik zu schaffen und entsprechend Art. 146 GG das Volk darüber abstimmen zu lassen“ (Seeber 1993, 35). Eigenständige Entwürfe für eine neue Verfassung, wie sie etwa vom ‚Runden Tisch‘ und vom ‚Kuratorium für einen demokratisch verfaßten Bund deutscher Länder‘ vorgelegt wurden, blieben folgenlos.

## 4. Die Arbeit der Gemeinsamen Verfassungskommission

### 4.1. Über den Weg das Ziel verloren? Unterschiedliche Vorstellungen zur Arbeit der Verfassungskommission

Nach Abschluß des Einigungsvertrages verstrich schließlich über ein Jahr, bis Bundestag und Bundesrat sich am 28./29. November 1991 zur Einsetzung einer Gemeinsamen Verfassungskommission entschlossen. Da der Artikel 5 des Vertrages über künftige Verfassungsänderungen formale Fragen offen ließ und auch inhaltlich nur allgemein gefaßte Empfehlungen vorgab, war dem Beschluß eine monatelange kontroverse Diskussion um die Zielsetzung, das Verfahren und die Zusammensetzung dieser Kommission vorausgegangen. Ziel dieser Diskussion mußte es sein, einen mehrheitsfähigen Kompromiß zu finden zwischen den unterschiedlichen Vorstellungen von Union und FDP auf der einen, SPD, Bündnis 90/Grüne und PDS auf der anderen Seite. Für die CDU etwa ging es „(nur) noch darum, das Grundgesetz als nunmehr endgültige gesamtdeutsche Verfassung auf konkrete Reformbedürfnisse hin zu überprüfen" (Scholz 1993, 3). Für die SPD-Opposition konnte es dagegen „jetzt nicht darum gehen, den 35 Änderungen des Grundgesetzes seit 1949 eine 36. Änderung hinzuzufügen. Vielmehr gehe es darum, „die endgültige Verfassung unserer Republik zu schaffen." Die Einigung stelle „nicht nur eine quantitative, sondern auch eine qualitative Änderung der Wirklichkeit dar", die Deutschen könnten „nicht einfach im Wege der Addition, sondern nur im Wege der Integration endgültig vereinigt werden" (so Vogel 1992, 10).

Entsprechend dieser gegensätzlichen Zielvorstellungen fielen auch die parlamentarischen Anträge der Parteien aus: Die SPD schlug vor, einen Verfassungsrat bestehend aus 120 Mitgliedern – je zur Hälfte Männer und Frauen – von der Bundesversammlung mit qualifizierter Mehrheit wählen zu lassen, und zwar auch unter Berücksichtigung von Persönlichkeiten des öffentlichen Lebens außerhalb der Politik. Bündnis 90/Die Grünen brachten einen ähnlichen Antrag ein. Der Koalitionsantrag von CDU/CSU und FDP forderte dagegen ein Gremium mit je 16 Mitgliedern des Bundestages und des Bundesrates (vgl. GVK 1993).

Als auch in der ersten Verfassungsdebatte des Bundestages am 14. Mai 1991 keine Einigung in dieser Frage erzielt werden konnte, mußten die Einsetzungsanträge an den Ältestenrat überwiesen werden, der am 14. November 1991 die Bildung eines gemeinsamen Gremiums von Bundestag und Bundesrat mit paritätischer Besetzung vorschlug. Dieser Vorschlag bildete zusammen mit einem interfraktionellen Änderungsantrag vom 28. November 1991 die Grundlage für die Einsetzung der GVK als ein drittes gemeinsames Organ von Bundestag und Bundesrat.

## 4. 2. Parteipolitiker unter sich: Die Zusammensetzung der Verfassungskommission

Nachdem die Entscheidung für die Gemeinsame Verfassungskommission als Gremium gefallen war, begann eine erneute Auseinandersetzung um die Anzahl der Ausschußmitglieder. Die Regierungsmehrheit setzte sich mit ihrer Forderung nach einem möglichst kleinen Gremium gegen die Forderung der SPD nach einem großen Verfassungsrat durch.

Im Unterschied zu früheren Sachverständigen-Kommissionen stellte die GVK einen Bund-Länder-Ausschuß dar, in dem nicht nur die parteipolitischen Kräfteverhältnisse im Bund berücksichtigt wurden, sondern auch Mitglieder des Bundesrates saßen. Dahingehend zählte die Kommission 64 Mitglieder: je 32 Mitglieder des Bundestages und Bundesrates. Der Vorsitz wurde gemeinsam ausgeübt von dem Bundestagsabgeordneten Rupert Scholz (CDU) und dem Hamburger Bürgermeister Henning Voscherau (SPD). Aus Proporzgründen wurde die Zahl der Mitglieder von zunächst je 16 auf je 32 verdoppelt. Die parlamentarischen Kommissionsmitglieder wurden im Verhältnis der Stärke der Fraktionen entsprechend deren Wahlvorschlägen vom Bundestag gewählt, die Kommissionsmitglieder des Bundesrates wurden von den Landesregierungen bestimmt, wobei jedes Bundesland – abweichend von der Zusammensetzung des Bundesrates – zwei Mitglieder entsandte (GVK 1993, 119). Dieser Umfang ist letzlich auf Bestreben der SPD zurückzuführen (Lieberam/Heuer 1993, 119), die auch Bündnis 90/Die Grünen mit einem Vertreter in der Kommission sehen wollte. Zudem hatte die Partei, in der auch viele Bürgerrechtler aus der ehemaligen DDR versammelt sind, mit einer Klage vor dem Bundesverfassungsgericht gedroht (*Der Spiegel* 2/1992, 20). Infolgedessen bekam auch die PDS einen Sitz in der GVK.

Somit ergaben sich für den Bundestag folgende Mitgliederzahlen:

| CDU/CSU | SPD | FDP | Bündnis 90/ Grüne | PDS/Linke Liste |
|---|---|---|---|---|
| 15 | 11 | 4 | 1 | 1 |

Für den Bundesrat ergibt sich folgende Aufteilung:

| CDU/CSU | SPD | FDP | Bündnis 90/ Grüne | PDS/Linke Liste |
|---|---|---|---|---|
| 11 | 15 | 2 | 4 | – |

Unter den Abgesandten der CDU-Bundestagsfraktion fand sich kein einziger Ostdeutscher als Vollmitglied; ebensowenig bei der FDP; bei der SPD waren es zwei. Unter den 32 Mitgliedern, die vom Bundestag in die GVK entsandt wurden, befanden sich nur fünf Frauen. Auffällig ist zudem, daß CDU und CSU mit einer Ausnahme nur Juristen bestellt haben (Kornelius 1992, 10). Die Sitzverteilung der Bundesratsabgesandten verhielt sich ähnlich: Hier stimmten sieben Frauen ab, dafür aber 13 Ministerpräsidenten und zwölf Justizminister. Von den Ministerpräsidenten hatten die meisten nie an einer Sitzung teilgenommen, wie aus den Protokollen beigefügten Anwesenheitslisten zu entnehmen ist. Ihr Sitz diente ihnen also „nur für den seltenen Ausnahmefall, daß sie sich zu einer Frage äußern wollen“ (Starck 1993, 12). Die permanente Abwesenheit der Ministerpräsidenten zeigt, daß die Besetzung mit ihnen eine „Fehlbesetzung“ (ebd.) war. Da ihr knappes Zeitbudget diese Tatsache nicht allein zu erklären vermag, könnte man ihr Fehlen auch darauf zurückführen, daß in der GVK „entweder nichts politisch Interessantes verhandelt [wurde] oder daß die Dinge [... einen] voraussehbaren Gang nehmen [würden]“ (ebd.).

Ohnehin erscheint die paritätische Zusammensetzung der GVK aus je gleich vielen Mitgliedern beider Kammern fraglich. Dadurch sollte die „Gleichgewichtigkeit beider Bänke zum Ausdruck“) kommen (Busch 1993, 8). Nach dem Verfassungsrecht der Bundesrepublik sind Bund und Länder bei der Gesetzgebung aber nicht gleichrangig. Die Gleichstellung beider Körperschaften sei deshalb „kein Ergebnis verfassungspolitischer [...] Abwägung, sondern kurzsichtige Ausnutzung eines Tagesvorteils“ (Hennis 1993, 30). Offenbar stand bereits mit dieser Zusammensetzung bei der Ausarbeitung in der Kommisssion „die Durchsetzbarkeit im späteren parlamentarischen Verfahren und nicht die offene, kreative Verfassungsdiskussion im Vordergrund“ (Benz 1993, 883).

Addiert man zudem alle Mitglieder nach ihrer Parteizugehörigkeit zusammen, stehen 32 Stimmen der CDU/CSU und der FDP gegen die gleiche Zahl von Stimmen der SPD, Bündnis 90/Grüne und PDS. Nicht nur, daß diese Art der Zusammensetzung alle Parteien zu Kompromissen zwingt, sie konnte auch zu einer gegenseitigen Blockade von Entscheidungen führen.

Kritik wurde auch bereits im Vorfeld an der Besetzung der Verfassungskommission ausschließlich mit aktiven Parteipolitikern geübt (so etwa Hennis 1993, 30). Die Frage muß gestellt werden, ob es nicht der Sache angemessener gewesen wäre, wenn für die Grundgesetzreform eine „unabhängige Kommission von allerhöchster Autorität“ (ebd.) einberufen worden wäre, so wie dies bei ähnlichen Kommissionen in der Schweiz oder in Großbritannien geschehen ist. Es sei „nicht gut, [...] wenn sich die Teilnehmer am politischen Spiel die Spielregeln selber geben“, meinte Starck mit Recht (Starck 1993, 12). Trotzdem müssen Zweifel gehegt werden, ob die Arbeit einer unabhängigen Kommission letztendlich fruchtbringend gewesen wäre, weil sie nicht an die parlamentarischen Mehrheitsverhältnisse gekoppelt wäre und Grundgesetzänderungen der Zweidrittelmehrheit von Bundestag und Bundesrat bedürfen. Dennoch hätte man bei der Auswahl der GVK-Mitglieder mehr Wert auf persönliche und nicht ausschließlich auf politische Autorität legen sollen.

### *4.3. Eine Ordnung eigener Art: Das Verfahren der Verfassungskommission*

Nach den Einsetzungsbeschlüssen galt für die Arbeit der Gemeinsamen Verfassungskommission die Geschäftsordnung des Deutschen Bundestages und für ihre Entscheidungen das Quorum der Zweidrittelmehrheit. Der Arbeitsweise der GVK lag jedoch ein Verfahren weitgehend eigener Art zugrunde. Mit den oben genannten Einsetzungsbeschlüssen standen zwar die normativen Grundlagen fest, der Schwerpunkt der Verfahrensgestaltung lag indes bei den Obleuten. Diese von den jeweiligen Arbeitsgruppen benannten Mitglieder regelten und organisierten zusammen mit sieben Kommissionsmitgliedern des Bundesrates erst nach der Konstituierung der GVK die verfahrenstechnischen Fragen und Festlegungen. Die wichtigste Aufgabe der Obleute war es, sich auf die zu beratende Verfassungsmaterie zu verständigen und die Tagesordnung aufzustellen (Busch 1993, 10). So konnte es auch passieren, daß Mitte Februar 1992, vier Wochen nach Aufnahme der Beratungen, die Abstimmungsregeln für die 32 Bundesratsmitglider noch nicht festgelegt waren. Auch die Details bei der Schlußabstimmung waren zu diesem Zeitpunkt noch nicht zwischen den Parteien ausgehandelt (Bannas 1992, 14).

Nach der Festlegung des formellen Verfahrens durch die Obleute vollzogen sich die Sitzungen bis zur Abstimmung in der Regel nach folgenden Schritten: In einer allgemeinen Aussprache führten Berichterstatter in die Materie des Beratungsgegenstandes ein. Hieran schloß sich die Diskussion in der Kommission an. Die inhaltlichen Aspekte des Beratungsgegenstandes wurden anschließend in den nichtöffentlichen und nicht veröffentlichten Berichterstattergesprächen erörtert.[3]

Neben der Aufarbeitung der Sachfragen lag hierbei das ausschlaggebende Interesse darin, ob bei der Abstimmung über diesen Bereich ein Verfassungskonsens möglich sei und wie man Kompromisse entwickeln könnte. Hierbei wurde ausgelotet, ob und gegebenfalls in welchem Umfang und mit welchen Zugeständnissen, gemeinsam getragene Empfehlungen bestanden. Nach ihren Beratungen stellte sich dann die Frage nach der Durchführung einer öffentlichen Anhörung, die je nach der politischen und verfassungsrechtlichen Bedeutung des Themas entschieden wurde. Hierzu wurden von den Obleuten Sachverständige benannt, deren Zahl sich nach Größe der Fraktionen bemaß. Die Ergebnisse der Berichterstatter und der Anhörungen wurden gegebenfalls in einer zweiten Aussprache von der Kommission gewürdigt. Anschließend erfolgte die Abstimmung. Eine Zweidrittelmehrheit entschied über die Annahme (vgl. f.d. Abschnitt Busch 1993, 10-11; GVK 1993, 23-26).

Da in den Sitzungen im wesentlichen nur ‚Ergebnisse' vorgetragen wurden, leisteten die eigentliche Arbeit offenbar die Berichterstatter. Ihre Gespräche, die die sonst übliche Bildung von Unterausschüssen ersetzten, ent-

3 Weder die Auswahlmotive für die Obleute, noch für die Berichterstatter waren der Verfasserin durch die Literatur zugänglich.

wickelten sich zur „Kernzelle der Verfassungsreform“ (Busch 1993, 11). Die Berichterstatter waren es auch, die sich um „,Rückkoppelung'“ (Hennis 1993, 30) der Beschlußlagen in ihren Fraktionen bemühten.

Diese Rückbindung der Kommissionsmitglieder an die entsendenden Organe, wie sie vor allem in den Arbeitsgruppen „Verfassung“ der Fraktionen und in den Kabinettsberatungen erfolgte, sollte den Kommissionsempfehlungen den „politischen Rückhalt von Fraktionen und Landesregierungen“ (Busch 1993, 9) verleihen. Sie zeigte aber auch deutlich, „wie sehr die GVK strukturell in parteienstaatliche Politikformen verseilt war“ (Evers 1993, 16). Die Verfassungskommission war „kein unabhängiges Diskussionsforum“ (Benz 1993, 883), sie war den etablierten parteipolitischen und bundesstaatlichen Entscheidungsarenen faktisch nachgeordnet. Ihre Mitglieder handelten als Vertreter von Parteien und Regierungen, die spezifische Positionen durchzusetzen hatten. Und diese Positionen wurden von den Fraktionen und Regierungen formuliert.

Eine besonders charakteristische Begebenheit hierfür waren die Beratungen zum Staatsziel ‚Umweltschutz‘: Die von Rupert Scholz vorgeschlagene und von der SPD-Fraktion als Beschlußvorlage eingereichte Kompromißformel fand in den Berichterstattergesprächen die Zustimmung aller Fraktionsvertreter mit Ausnahme des CSU-Vertreters. In einer unmittelbar vor der Abstimmung am 11. Februar 1992 einberufenen CDU/CSU-Fraktionssitzung wurde dieser Kompromiß jedoch aufgekündigt. Zumindest drei CDU/CSU-Mitglieder der GVK, die dem Antrag zustimmen wollten, wurden veranlaßt, sich bei der Abstimmung vertreten zu lassen. Der Antrag scheiterte daraufhin (vgl. Lieberam/Heuer 1993, 130).

Parteipolitische und institutionelle Interessen der Bundes- und Länderregierungen prägten die Arbeit der GVK in jedem Verfahrensstadium. Die vorgeschriebene Zweidrittelmehrheit sollte zwar sicherstellen,[4] daß die eigentliche Konsensfindung bereits in der Kommission stattfand und nicht erst später in Bundestag und Bundesrat und zwischen ihnen geleistet werden muß, sie führte aber auch dazu, daß sich die GVK in „ein Geflecht von Absprachen zwischen den großen Fraktionen, der Bundesregierung und anderen Verfassungsorganen“ einordnete (Lieberam/Heuer 1993, 120). Dementsprechend enttäuscht zeigte sich der Abgeordnete von Bündnis 90/Grüne, Wolfgang Ullmann, der sein Mandat noch vor Abschluß der Kommissionsarbeit niederlegte, weil er seine Hoffnungen auf Verfassungsänderungen auch im Sinne der ostdeutschen Verfassungsbewegung nicht erfüllt sah.

## *4.4. Was von den Beratungen übrigblieb: Die Ergebnisse der Kommissionsarbeit*

Der Einigungsvertrag hatte einer Gemeinsamen Verfassungskommission die Aufgabe gestellt, „sich [...] mit den im Zusammenhang mit der deutschen

4 Die Zweidrittelmehrheit galt nur für Sachfragen.

Einigung aufgeworfenen Fragen zur Änderung oder Ergänzung des Grundgesetzes zu befassen". Die Formulierungen in Art. 5 (,insbesondere') ließen jedoch offen, wieweit die möglichen Verfassungsänderungen zusätzlich zu denen, die durch die Wiedervereinigung unmittelbar notwendig geworden waren, gehen sollten. Nur ungefähre Schwerpunkte wurden für die Arbeit der GVK gesetzt. Dadurch fühlten sich deren Mitglieder offenbar dazu verleitet, die ursprünglich auf die Vollendung der deutschen Einheit beschränkten Änderungen in dem Sinne auszuweiten, daß alle wichtigen Verfassungsprobleme in den Themenkatalog aufgenommen wurden. Auf den Tagesordnungen standen von Europa bis zum Datenschutz, vom Asylrecht bis zum Volksentscheid alle dringlichen Gegenwartsfragen, die wenigstens allerdings in Bezug zur gestellten Aufgabe, weswegen ihnen der Vorsitzende der Kommission, Voscherau, teilweise auch die Relevanz zur Einigung absprach (Voscherau 1993 b, 5-6). In der großzügigen Auslegung der Gesetzespassage in Art. 5 EinigV ließen die Kommissionsmitglieder die „gesamte Palette denk- und wünschbarer Änderungen Revue passieren" (Evers 1993, 16). So wurden zwar auch notwendigerweise längst überfällige Reformthemen aus den siebziger und achtziger Jahren, wie etwa der Umweltschutz, mit in die Beratungen aufgenommen, aber diese und tagespolitische Themen dominierten die Beratungen. Die Anknüpfung an den ursprünglichen Auftrag spielte keine Rolle mehr. Ihren Auftrag, das Grundgesetz zu einer gesamtdeutschen Verfassung weiterzuentwickeln, „kann und wird sie [die GVK] nicht erfüllen" (Evers 1993, 16) können.

Die GVK entwickelte im Laufe ihrer Tätigkeit das Selbstverständnis, eben auch in der politischen Diskussion aktuell gewordene verfassungsrechtliche Fragen zu ihrer Aufgabe zu machen (Busch 1993, 10). Ihre Allkompetenz rechtfertigte das Gremium durch die weite Auslegung des Wortes ,insbesondere' in Art. 5 EinigV. Gleich zu Beginn hatte sich die GVK darauf verständigt, daß alle laufenden Verfassungsänderungen in der Kommission diskutiert und abgestimmt werden, auch wenn sie gleichzeitig von Bundestag und Bundesrat bereits verabschiedet werden sollten, ohne erst das Gesamtergebnis der Kommission abzuwarten (GVK 1993, 22-23). Nicht ohne Stolz hoben die Berichterstatter deshalb mehrfach hervor, daß sie sogar „Formulierungshilfe für Regierung und Opposition" (Lieberam/Heuer 1993, 121) leisten würden. So wurden beispielsweise die Änderung des Asylrechts (Art. 16 GG) und der neue Europa-Artikel (Art. 23 n.F. GG) während der Parlamentsdebatten auch gleichzeitig in der Verfassungskommission beraten.

Mit Blick auf den umfangreichen Forderungskatalog aus den Fraktionen und aus dem Bundesrat sowie die zeitliche Begrenzung der Arbeit wurden jedoch alsbald Stimmen laut, in der Kommission solle nur über solche Änderungsvorschläge ausführlich beraten werden, die eine Aussicht auf Konsens in der Kommission und eine Zweidrittelmehrheit im Parlament hätten. Schon vorab wurden etwa von Rupert Scholz die Verfassungsreformentwürfe des Runden Tisches und des Verfassungskuratoriums als „nicht konsensfähig" (Scholz 1992, 10) und damit als nicht verhandlungsfähig bezeichnet.

Bei solcherlei ‚Vorgaben' waren Paketlösungen, Tauschgeschäfte und der Kampf um Stimmen unvermeidlich. Problematisch sind diese Entscheidungsstrukturen deshalb, weil eine Fraktion die Zustimmung zur Änderung eines Artikels von Konzesssionen der Gegenpartei in einem völlig anderem Normenbereich abhängig machen kann, wie dies bei der Abstimmung über das Staatsziel „Umweltschutz" der Fall war: Die SPD hatte hierbei angekündigt, auf die Ablehnung durch die CDU/CSU mit einer Blockade der Neuregelung des Streitkräfteeinsatzes zu reagieren (in: Benz, 1993, 888).

Ebenso fragwürdig erscheint der Umgang mit Anregungen aus ostdeutschen Bürgerrechtskreisen. Oftmals wurden gerade die Themen vom Tisch gestimmt, denen die Kommission ihre Entstehung verdankte. Denn die Bürgerrechtler, die den Umsturz in der DDR erst angestoßen hatten, standen ein für soziale Staatszielbestimmungen und plebiszitäre Elemente, beides Themenbereiche, die am Votum der Regierungsparteien scheiterten. Als die Verfassungskommission am 5. November 1993 nach fast zweijähriger Beratungszeit ihre Arbeit beendete, legte sie einen Bericht vor, in den beispielsweise „kein Wort aus dem Verfassungsentwurf des Runden Tisches der DDR übernommen wurde" (Evers 1993, 16).

Eine rechtliche Bindung der gesetzgebenden Organe an die in dem Bericht enthaltenen Empfehlungen bestand nicht. Die Vorschläge hatten nur empfehlenden Charakter. Die Entscheidung darüber lag bei den gesetzgebenden Organen.

Dahingehend beriet der Bundestag die Empfehlungen in einem zwölfstündigen Sitzungsmarathon am 30. Juni 1994 im Berliner Reichstag. Dabei wurden unter anderem folgende Verfassungsänderungen mit der erforderlichen Zweidrittelmehrheit gebilligt:

- die Förderung der „tatsächlichen Durchsetzung der Gleichberechtigung von Frauen und Männern" und die Hinwirkung auf „Beseitigung bestehender Nachteile" (Art. 3 Abs. 2 GG)
- das Verbot der Benachteiligung Behinderter (Art. 3 Abs. 3 GG)
- der Schutz der „natürlichen Lebensgrundlagen" als Staatsziel (Art. 20a GG)
- die Stärkung der kommunalen Selbstverwaltung (Art. 28 Abs. 2 GG)
- Regelungen zur Neugliederung der Länder (Art. 29 und Art. 118a GG)
- Änderungen im Bereich der Bund-Länder-Kompetenzen

Keine Zustimmung fanden dagegen Anträge der Opposition zum Minderheitenschutz, zum Tierschutz und zur Aufnahme von Staatszielen wie Arbeit und Wohnen. Ebenfalls ohne ausreichende Mehrheit blieben Forderungen nach mehr Bürgerbeteiligung.[5]

Am 26. August 1994 befaßte sich der Bundesrat mit den Vorschlägen zur Grundgesetzreform. Die Mitglieder lehnten hierbei ihre Zustimmung ab, weil sie die Kompetenzen der Länder nicht ausreichend gestärkt sahen. Daraufhin

5 Vgl. Pressezentrum des Deutschen Bundestages (Hrsg.) 1994: woche im bundestag (wib). Parlamentskorrespondenz, 24. Jg., H. 14 v. 6.7.1994, S. 3.

wurden die Änderungen an den Vermittlungsausschuß weitergereicht. Der dort gefundene Kompromiß, in dem unter anderem die Gesetzgebungskompetenzen der Länder gestärkt wurden, wurde am 7. September vom Bundestag endgültig gebilligt. Am 23. September stimmte auch der Bundesrat der Verfassungsreform zu. Damit trat am 15. November 1994 die Änderung von vierzehn Grundgesetzartikeln in Kraft.

Zuvor, im Dezember 1992, sind bereits der Europa-Artikel, Art. 23, und Art. 24 Abs. 1 in das Grundgesetz aufgenommen worden. Beide gehen auf Beratungen in der Verfassungskommission zurück und können vielleicht als deren größte politische Leistung gewertet werden. Nur: Zustandegekommen wären die Gesetze, die das Verhältnis zwischen der Bundesrepublik Deutschland und der Europäischen Union nach dem Vertrag von Maastricht regeln, auch ohne die GVK.

## 5. *Ist die Verfassungsreform gescheitert? Eine kurze Bilanz.*

„Das Scheitern war vorhersehbar, ja gewollt", bilanzierte Tilman Evers in der *Frankfurter Rundschau* noch während die Gemeinsame Verfassungskommission über die Reform des Grundgesetzes beriet (Evers 1993, 16). „Man müßte eine grundsätzliche Arbeit an der Verfassung des gesamten Deutschlands völlig anders anlegen und ganz von vorne beginnen", erklärte einer der Vorsitzenden der GVK, Hamburgs Bürgermeister Henning Voscherau (Voscherau 1993 a). Ist die Verfassungsreform gescheitert? – Und wenn ja, was waren die Gründe dafür? – Wieso war es sogar gewollt? – Und wie anders müßte die Arbeit an einer gesamtdeutschen Verfassung beschaffen sein?

Betrachtet man die personelle Zusammensetzung, das Verfahren und die Ergebnisse, hat die GVK das geleistet, was sie zu leisten vermochte, was sie von ihren Vorgaben her auch leisten sollte, nämlich das Grundgesetz zu überdenken, zu modernisieren. Demnach zeigten sich auch vorwiegend konservative Politiker mehr als zufrieden mit der Arbeit der Verfassungskommission.

Mißt man die Struktur der GVK jedoch an ihrer Vorgeschichte, an ihren, wenn man so will, Vorläufern in den verschiedenen Verfassungsinitiativen und an ihrem Auftrag, dann muß wohl in der Tat von einem Scheitern, zumindest von einer verpaßten Chance gesprochen werden.

Ihr Entstehen verdankt die GVK im wesentlichen der Wiedervereinigung und somit den Menschen, die diese angetrieben haben, aber deren bürgerrechtlich geprägten Vorstellungen hatten bei den Verfassungsberatungen keine Chance. Durchaus berechtigt erscheint das Prinzip, die Verfassungskommission personell und verfahrenstechnisch so auszugestalten, daß sie im Kleinen die parteipolitischen Machtverhältnisse in den legislativen Organen wiedergibt, damit der Aushandlungsprozeß zwischen Regierungsparteien auf der einen Seite, Oppositionsparteien auf der anderen Seite sowie zwischen Bund und Ländern bereits vorab ausgetragen wird. Dieses Prinzip verhinderte allerdings einen offenen, breiten Verfassungsdiskurs. Ob der letztendlich überhaupt gewollt war, scheint fraglich. Die Parteien jedenfalls wollten sich die Verfassungsreform nicht aus den Händen nehmen lassen. Und die Bürger, sowohl im Osten als auch im Westen, standen der Novellierung des Grundgesetzes eher gleichgültig gegenüber, wie auch die geringe Resonanz dieser Frage in den Medien widerspiegelt. Wenn schon die Parteien kein Interesse an einem öffentlichen Verfassungsdiskurs hatten, wäre es Aufgabe der verschiedenen Verfassungsinitiativen gewesen, den von ihnen geforderten Verfassungsdiskurs stärker zu fördern und ihn nicht von einer intellektuellen Ebene herab zu thematisieren. Aber nicht nur der fehlende Rückhalt in der Gesellschaft mußte letztendlich ihr verfassungspolitisches Unterfangen zum Scheitern verurteilen. Das Verfassungskuratorium etwa hat den Versuch unternommen, „außerparlamentarisch wirksam zu werden, gleichzeitig aber durch einen Verfassungsentwurf auf die parlamentarischen Beratungen Einfluß zu nehmen" (Seifert 1993, 91). Der Versuch scheiterte in Verkennung der parlamentarischen Möglichkeiten und der politischen Kräfteverhältnisse. In einer repräsentativen Demokratie, zumal in einer, in der die politischen Parteien mittlerweile nicht nur an der „politischen Willensbildung des Volkes mitwirken", sondern diese im wesentlichen bestimmen, konnte eine Verfassungsreform nicht über die Köpfe der politischen Entscheidungsträger hinweg durchgesetzt werden. Andere Möglichkeiten würden die Parteiendemokratie in Frage stellen oder rechtlich nicht zulässig sein. Anders hätte es sich verhalten, wäre es den verschiedenen Verfassungsinitiativen gelungen, den Verfassungsdiskurs in die Gesellschaft hineinzutragen. Dadurch hätten sich die politischen Parteien vielleicht in die Pflicht genommen gefühlt, den Willen des Volkes nach einer Neugestaltung des Grundgesetzes umzusetzen.

## *Literatur*

*Bannas*, Günter 1992: Mühsam schon bei den Formalien, in: FAZ v. 11. Februar, 14

*Benz*, Arthur 1993: Verfassungsreform als politischer Prozeß. Politikwissenschaftliche Anmerkungen zur aktuellen Revision des Grundgesetzes, in: Die Öffentliche Verwaltung Nr. 20, 881-889

*Blumenwitz*, Dieter 1992: Braucht Deutschland ein neues Grundgesetz? Verfassungsgebende und verfassungsändernde Gewalt nach dem Einigungsvertrag, in: Zeitschrift für Politik Nr. 1, 1-23

*Busch*, Eckart 1993: Die Gemeinsame Verfassungskommission. Eine neue Institution für die Grundgesetzreform, in: Aus Politik und Zeitgeschichte (Beilage zur Wochenzeitung Das Parlament) Nr. B 52-53, 7-11

*Busse*, Volker 1990: Das vertragliche Werk der deutschen Einheit und die Änderungen von Verfassungsrecht, in: Die Öffentliche Verwaltung Nr. 9, 345-354

*Der Spiegel*, 1992: „Bazillus gegen das Grundgesetz?", in: Nr. 2, 18-21

*Deutscher Bundestag* (Hrsg.) 1976/1977: Beratungen und Empfehlungen zur Verfassungsreform. Schlußbericht der Enquete-Kommission des Deutschen Bundestages, Band I und II (Reihe „Zur Sache" Nr. 3/76 und Nr. 2/77)

*Die Welt*, 1990: „Der Beitritt nach Art. 23 ist der richtige Weg zur deutschen Einheit." Erklärung von einhundert Staatsrechtsprofessoren an deutschen Universitäten, in: v. 28. März

*Evers*, Tilman 1990: Zivilgesellschaft und direkte Demokratie in gesamtdeutscher Verfassung, in: Staat und Recht Nr. 12, 931-945

*Evers*, Tilman 1993: Das Scheitern war vorhersehbar, ja gewollt, in: Frankfurter Rundschau v. 25.3., 16

*Frankfurter Rundschau*, 1990 : Der Beitritt kann das Grundgesetz nicht zu einer gesamtdeutschen Verfassung machen – Nohfeldener Erklärung", v. 25. Mai

*Grundgesetz* für die Bundesrepublik Deutschland, Ausgabe v. 1982 und 1994

*Günther*, Uwe 1991: Verfassungsreform, Verfassungslyrik und Politik. Anmerkungen zum Verfassungsentwurf des ‚Kuratoriums für einen demokratisch verfaßten Bund deutscher Länder', in: Kritische Justiz Nr. 3, 373ff.

*Guggenberger*, Bernd/*Stein*, Tine (Hrsg.) 1991: Die Verfassungsdiskussion im Jahr der deutschen Einheit. Analysen – Hintergründe – Materialien, München/Wien

*Gemeinsame Verfassungskommission (GVK)*, 1993: Bericht der Gemeinsamen Verfassungskommission (GVK), 12. Wahlperiode, hrsg. vom Deutschen Bundestag ‚Drucksache 12/6000 (Reihe „Zur Sache" 5/93)

*Häberle*, Peter 1992: Die Kontroverse um die Reform des deutschen Grundgesetzes (1991/92), in: Zeitschrift für Politik Nr. 3, 233-263

*Hemmer*, Hans O./Stolt, Frank D. (Hrsg.) 1990: Gleichheit, Freiheit, Solidarität. Für ein ‚Zusammenwachsen' in gemeinsamer Verantwortlichkeit, Köln

*Hennis*, Wilhelm 1993: Man wird das Grundgesetz nicht wiedererkennen, in: FAZ v. 18.2.1993, 30

*Isensee*, Josef 1990: Verfassungsrechtliche Wege zur deutschen Einheit, in: Zeitschrift für Parlamentsfragen Nr. 2, 312-332

*Klein*, Eckart 1991: Der Einigungsvertrag. Verfassungsprobleme und -aufträge, in: Die Öffentliche Verwaltung Nr. 14, 569-578

*Korger*, Dieter 1993: Der Einigungsprozeß, in: Werner Weidenfeld/Karl-Rudolf Korte (Hrsg.): Handbuch der deutschen Einheit, Bonn, 241-251

*Kornelius*, Stefan 1992: Der Streit um die Kommission, in: Süddeutsche Zeitung Nr. 12 v. 16.1.1992, 10

*Korte*, Karl-Rudolf 1994: Die Chance genutzt? Die Politik zur Einheit Deutschlands, Frankfurt a.M./New York

*Kuratorium* für einen demokratisch verfaßten Bund deutscher Länder (Hrsg.) 1991: Vom Grundgesetz zur deutschen Verfassung. Denkschrift und Verfassungsentwurf, Baden-Baden

*Lieberam*, Ekkehard/*Heuer*, Uwe-Jens 1993: Die Arbeit der Gemeinsamen Verfassungskommission: Gute Debatten, schlechte Ergebnisse, in: Demokratie und Recht Nr. 2, 118-133

*Mahrenholz*, Ernst Gottfried 1991: Das Volk muß ‚Ja' sagen können. Jede Verfassung braucht die ausdrückliche Zustimmung der Staatsbürger, in: Guggenberger/Stein: a.a.O., 220-223

*Maunz*, Theodor/*Dürig*, Günter (Hrsg.) 1993: Grundgesetz-Kommentar, München

*Pressezentrum des Deutschen Bundestages* (Hrsg.): woche im bundestag (wib).
Parlamentskorrespondenz, 24. Jg., Heft 14, 15

*Preuß*, Ulrich K.1991: in: Guggenberger/Stein: a.a.O., 357-366

*Recht und Politik*, 1990: „Zur Verfassung des deutschen Staates. Grundsatzpapier für den SPD-Vorstand", in: Nr. 4, 207-216

*Roellecke*, Gerd 1991A: Brauchen wir ein neues Grundgesetz?, in: Neue Juristische Wochenschrift Nr. 39, 2441-2448

*Roellecke*, Gerd 1991B: in: Guggenberger/Stein: a.a.O., 367-375

*Rogner*, Klaus Michael 1993: Der Verfassungsentwurf des Zentralen Runden Tisches der DDR, Berlin

*Schäuble*, Wolfgang 1990: Der Einigungsvertrag – Vollendung der Einheit Deutschlands in Freiheit, in: Zeitschrift für Gesetzgebung Nr. 4, 289-384

*Schäuble*, Wolfgang 1991A: Der Vertrag. Wie ich über die deutsche Einheit verhandelte, hrsg. und mit einem Vorwort von Dirk Koch und Klaus Wirtgen, Stuttgart
*Schäuble*, Wolfgang 1991B: in: Guggenberger/Stein: a.a.O., 283-306
*Schlink*, Bernhard 1991: Deutsch-deutsche Verfassungsentwicklung im Jahr 1990, in: Guggenberger/Stein: a.a.O., 19-37
*Scholz*, Rupert 1991: Art. 146, in: Maunz/Dürig: a.a.O., 1-12
*Scholz*, Rupert 1992, in: Süddeutsche Zeitung v. 16.1.1992, 10
*Scholz*, Rupert 1993: Die Gemeinsame Verfassungskommission. Auftrag Verfahren und Ergebnisse, in: Aus Politik und Zeitgeschichte Nr. B. 52-53, 3-5
*Seeber*, David 1993: Ein kleiner Wurf mit großen Details. Zur laufenden Arbeit der Gemeinsamen Verfassungskommission, in: Herder Korrespondenz Nr. 1, 34-39
*Seifert*, Jürgen 1993: Die gescheiterte Erneuerung des Grundgesetzes. Ein Rückblick auf dieVerfassungsdebatte, in: Vorgänge Nr. 3, 90-96
*Simon*, Helmut 1990: Vom Grundgesetz zur gesamtdeutschen Verfassung, in: Hemmer/Stolt: a.a.O., 9-17
*Starck*, Christian 1993: Was wird aus dem Grundgesetz?, in: FAZ v. 15.6.1993, 12
*Vertrag* zwischen der Bundesrepublik Deutschland und der Deutschen Demokratischen Republik über die Herstellung der Einheit Deutschlands – Einigungsvertrag, v. 31. August 1990
*Vogel*, Hans-Jochen 1992, in: Süddeutsche Zeitung v. 16.1.1992, 10
*Voscherau*, Henning 1993A, in: Die Woche v. 18.3.1993
*Voscherau*, Henning 1993B, in: Aus Politik und Zeitgeschichte Nr. B 52-53, 5-7
*Weidenfeld*, Werner/*Korte*, Karl-Rudolf (Hrsg.) 1993: Handbuch zur deutschen Einheit, Bonn
*Zippelius*, Reinhold 1991: Quo vadis Grundgesetz?, in: NJW Nr. 1, 23

*Norbert Konegen*

# Grundrechte und Staatszielbestimmungen

Nach Art. 5 Einigungsvertrag (EVertr) vom 31.8.1990 empfahlen die Regierungen beider Vertragsparteien den gesetzgebenden Körperschaften des vereinten Deutschlands, sich innerhalb von zwei Jahren u.a. „mit [...] Überlegungen zur Aufnahme von Staatszielbestimmungen in das Grundgesetz" zu befassen. Die zur Vorbereitung dieser Aufgabe eingerichtete Gemeinsame Verfassungskommission (GVK) hat nach Abschluß ihrer Arbeit am 28.10. 1993 u.a. empfohlen, lediglich die Staatsziele „Umweltschutz" und „Rechte ethnischer Minderheiten" als neue Art. 20a und b in das Grundgesetz (GG) aufzunehmen. Eine Ergänzung der Verfassung durch sogenannte soziale Staatsziele (Arbeit, Wohnung, soziale Sicherheit, Bildung und Kultur) wurde dagegen nicht empfohlen. Außerdem soll Art. 3 II Grundgesetz durch einen „Gleichstellungszusatz" ergänzt werden, wonach der Staat die tatsächliche Durchsetzung der Gleichberechtigung von Frauen und Männern fördern solle und auf die Beseitigung bestehender Nachteile hinzuwirken habe (GVK 1993, 254).

Seitdem es moderne Verfassungen gibt, ist über die Aufnahme von Staatszielen und sozialen Grundrechten in die Verfassung z. T. heftig gestritten worden. Dieses gilt für die amerikanische Unabhängigkeitserklärung von 1776, die französischen Verfassungen bzw. Entwürfe von 1791 und 1793 ebenso wie für die Weimarer Reichsverfassung (WRV) von 1919,[1] die deutschen Landesverfassungen nach 1945,[2] nicht zuletzt für die ersten Landesverfassungen der meisten neuen Bundesländer.[3] Darüber hinaus wurde schon

1 Sie enthielt in ihrem zweiten Hauptteil 57 Artikel über „Grundrechte und Grundpflichten". Die Verankerung sozialer Grundrechte findet sich in Art. 155 (angemessene Wohnung) und Art. 163 (Recht auf Arbeit). Nach heutigem Verständnis können diese sozialen Grundrechte allerdings auch als Staatszielbestimmungen verstanden werden.

2 Z.B. Bay. LV Art. 106 I (Recht auf Wohnung), Art. 128 (Recht auf Ausbildung); BW LV Art. 11 (Recht auf Erziehung und Ausbildung); NRW LV Art. 24 I (Recht auf Arbeit), Art. 24 III (Recht auf Urlaub).

3 Etwa LV Brandenburg Art. 29 (Recht auf Bildung), Art. 47 (Recht auf Wohnung), Art. 48 (Recht auf Arbeit); LV Sachsen Art. 7 I (Recht auf Arbeit, angemessenen

1981 eine Sachverständigenkommission (SVK) einberufen, die eine Prüfung entsprechender Ergänzungen des Grundgesetzes vornahm. Ihre Empfehlungen bewirkten jedoch keine konkreten Änderungen des Grundgesetzes (SVK 1983, Rz. 56ff., 87ff., 130ff.).

Nicht nur Stil und Procedere, sondern auch die Deutungsmuster und die daraus resultierenden Vorschläge sowie Empfehlungen der Mitglieder der GVK an die gesetzgebenden Körperschaften waren und sind in der deutschen Öffentlichkeit durchaus umstritten[4]. Nicht zuletzt betrifft dieser Streit auch die hier zu behandelnden Politikfelder. Deshalb soll im folgenden die Problematik der (sozialen) Grundrechte und der (sozialen) Staatszielbestimmungen zunächst allgemein erörtert werden. Dem folgt eine Darlegung und Analyse des Streitstandes in der GKV hinsichtlich eines Für und Wider der Anreicherung des GG mit derartigen Festlegungen. Abschließend wird eine Bewertung der Kommissionsempfehlungen, vornehmlich aus politikwissenschaftlicher Sicht, vorgenommen.

## *1. Grundrechte und Staatszielbestimmungen als Verfassungsproblem*

Der englische Philosoph und Nationalökonom John Stuart Mill war der Meinung, daß die Verfassung ein Mittel sei, welches sicherstellen solle, daß die Herrschenden ihre Macht nicht mißbrauchten. Damit definierte er den Kern dessen, was auch heute noch diesen Begriff bestimmt: Verfassung als Normenkomplex, der die Prozesse des Machterwerbs, der Machtausübung und der Machtkontrolle der Staatsgewalt sowie die Beziehungen zwischen Staat und Gesellschaft grundlegend regelt. Rechtsvorschriften bzw. Verfassungsnormen existieren also nicht um ihrer selbst willen. Im Gegenteil, erst im spannungsgeladenen Wechselspiel zwischen Norm und gesellschaftlicher Wirklichkeit erlangen beide konkrete Gestalt und Wirkung. Das Ergebnis dieser Interdependenzen sind neue soziale Wirklichkeiten, die wiederum zu Ausgangspunkten weiterer gesellschaftlicher Veränderungsprozesse mit sich ändernden Rechtsverständnissen der Menschen werden und deshalb durchaus neuen verfassungsrechtlichen Regelungsbedarf auslösen können. Verfassungen konstitutieren demnach stets soziale, politische, kulturelle und ökonomische Systeme mit, sie sind aber auch gleichzeitig deren Produkt. Der Ruf nach Verfassungsreformen hat hier seinen Ursprung. So erklärt sich, daß im frühen 19. Jahrhundert gerade das wirtschaftlich erfolgreiche Bürgertum zum Träger der rechtsstaatlichen Verfassungsbewegung wurde. Die Forderung nach Schutz vor Übergriffen der Staatsgewalt durch ungerechtfertigte Ein-

---

Wohnraum, Lebensunterhalt, soziale Sicherung, Bildung). Diese „Rechte" werden allerdings als „Staatsziele" definiert.

4 Aus vielen Stimmen etwa Narr, der die Verfassungsreform als ein „Nichtereignis" bezeichnet (1994, 461). Zustimmend äußert sich u.a. Heitmann.

griffe in Freiheit und Eigentum führte letztlich zu den Rechtsfiguren „Gesetzesvorbehalt" und „Grundrechte als Abwehrrechte". Die Industrialisierung in der zweiten Hälfte des 19. Jahrhunderts und die beiden Weltkriege hatten strukturelle Umbrüche und Verwerfungen zur Folge, die dem Staat neben ordnenden (Freiheitsgewährleistungen) zusätzlich soziale Aufgaben als Leistungs,- Lenkungs,- Planungs- und Gestaltungsfunktionen übertrugen. Folgerichtig findet sich im Grundgesetz als existentielle Norm nicht nur das Rechts-, sondern auch das Sozialstaatsprinzip.

Gegenwärtig gewinnen weitere Herausforderungen an Aktualität, die das Verhältnis von Staat und Bürger und damit auch Verfassungen, die sich auf den klassisch-liberalen Grundrechtskatalog beschränken, nachhaltig verändern könnten. Wachsende weltweite Umweltprobleme, anhaltende Arbeitslosigkeit, steigende Kriminalitätsraten, aber auch komplexer werdende trans- und supranationale Verflechtungen usw. bewirken existentielle, individuelle und kollektive Verunsicherungen, Orientierungsschwächen und Ängste der Menschen. Können die Auswirkungen dieser bedrohlichen Entwicklungen kanalisiert und gesteuert werden, indem die Aufgabe ihrer Bekämpfung Grundrechts- bzw. Staatsrechtsqualität und damit Verfassungsrang erhält? Werden auf diesem Wege verstärkt integrative gesellschaftliche Wirkungen ausgelöst, die eine Entschärfung der anstehenden Problemlagen bewirken oder befrachten wir damit unsere Verfassung lediglich mit sozialen Verheißungen, die unrealistische Erwartungshaltungen der Betroffenen aufbauen, mit der Folge desintegrativer gesellschaftlicher Effekte? Der Hinweis auf das Schicksal der Weimarer Republik gilt vielen in diesem Zusammenhang als ein warnendes Beispiel.

Nicht zuletzt haben die Diskussionen um die Aufnahme von Grundrechten und Staatszielen in die Verfassung im Rahmen der GVK und in ihrem Umfeld ein gesteigertes Interesse an der Integrationsvariante aufgezeigt. Diese Erscheinung und sich auflösende nationale Strukturen sind nach Brohm (Brohm 1994, 214) deutliche Hinweise auf eine zunehmende Legitimationskrise des Staates, weil die o.g. Herausforderungen die „Souveränität" des (National)-Staates in Frage stellen und er dadurch unter einen sich verstärkenden Legitimationsdruck gerät. Aus dieser Entwicklung zieht er den Schluß, daß anstelle der „Staatslehre" weithin die „Verfassungslehre" mit ihren Aussagen über Ziele und Mittel staatlicher Herrschaftsausübung getreten sei. So gäbe die Verfassung dem Staat sein „Gesicht" und damit heute zumindest auch einen wesentlichen Teil seiner Legitimität.[5]

Vergegenwärtigt man sich vor diesem Hintergrund die Argumentationsmuster und Diskussionsverläufe zu unserem Thema in der GVK, so lassen sich tatsächlich zwei Positionen im oben angesprochenen Sinne unterscheiden: zum einen die Gruppe, die eine Anreicherung der Verfassung mit weiteren Grundrechten und Staatszielen forderte, weil die Befürworter auf die

5 Vgl. d. Scheuner schon 1972, 329 und die Diskussionen um die Neufassung des Art. 23 und 24 GG im Rahmen der GVK.

politisch-integrative Kraft der Verfassung „i.S. eines programmatischen Appells an die Staatsbürger" (Brohm, ebd.) vertrauen (vgl. Müller 1992, 13; Lübbe Wolf 1992, 6f.); zum anderen jene Verteter, die den eigentlichen Gehalt einer Verfassung in einer verbindlichen Gewährleistung bestimmter Grundrechtspositionen und Individualrechte sehen. Sie orientieren sich am Beispiel des Grundgesetzes und bescheinigen seinem Grundrechtsteil einen „nüchternen Geist, der auf klare politische Entscheidung und juristische Durchsetzbarkeit ausgeht", den es deshalb zu bewahren gelte (Isensee 1980, 367f.); es entsage planmäßig der Volkskatechese (vgl. Isensee 1992, 7).

Die prinzipiellen verfassungsrechtlichen und verfassungspolitischen Konsequenzen beider Positionen lassen sich anschaulich an der unterschiedlichen qualitativen Ausgestaltung grundrechtlicher Gewährleistungen in der WRV und im GG demonstrieren. Wie schon erwähnt, enthielt die WRV eine ganze Reihe von „Grundrechten und Grundpflichten" einschließlich „sozialer Grundrechte". Allerdings war, wie sich am politischen Schicksal der Weimarer Republik ablesen läßt, ihre Geltungs- und Wirkungskraft umstritten und eher gering. Dieser Sachverhalt hatte im wesentlichen vier Gründe:

- Grundrechte als verfassungsrechtliche Festlegungen wurden mehrheitlich primär als *politische* Entscheidung und nicht als Gesetz begriffen. Dieses Rechtsverständnis hatte zur Folge, daß Grundrechte bei der richterlichen Überprüfung anderer politischer Gestaltungsakte keine Maßstabsqualität besaßen.
- Weiterhin galt nach vorherrschender Auffassung der Grundsatz, daß die Justiz sich der Legislative unterzuordnen habe und nicht etwa umgekehrt der Gesetzgeber der richterlichen Gewalt. Damit war offensichtlich, daß eine unmittelbare Bindung des Gesetzgebers an die Grundrechte verneint wurde. Übrigens schloß dieses Rechtsverständnis auch jene wenigen Grundrechte ein, die als unmittelbare verbindliche subjektive Rechte galten.
- Eine unmittelbare Geltung der Grundrechte als „subjektives Recht" wurde nur ausnahmsweise unterstellt. Vielmehr galt die mehrheitlich getragene Überzeugung, daß die Gestaltungskraft eines Grundrechts in jedem zugrunde liegenden Fall speziell ermittelt werden müsse, weil es die unterschiedlichen Konkretisierungsgrade der einzelnen Bestimmungen so erforderten.
- Diese Deutungsmuster hatten zur Folge, daß die meisten Grundrechte als bloße objektive Rechtsgrundsätze, Gebote oder Programmsätze verstanden wurden, die der Gesetzgeber zu konkretisieren hatte; Grundrechte galten eben nicht als rechtlich *unmittelbar verbindliche Individualrechte,* sondern verpflichteten *objektiv-rechtlich* die *staatlichen Organe* (Stern 1988, 121f., 1188ff., 1254). Hier liegt der Kern eines formalistischen Verfassungsverständnisses wie es in Art. 76 WRV nur zu deutlich wird.

Damit entspricht die Rechtsqualität der Grundrechte jedoch nach heutiger Auffassung weitgehend „nur" der von *Staatszielbestimmungen.* Diese werden zum einen als „Verfassungsnormen mit rechtlich bindender Wirkung verstanden, die der Staatstätigkeit die fortdauernde Beachtung oder Erfüllung bestimmter Aufgaben – sachlich umschriebener Ziele – vorschreiben.[6] Sie umreißen ein bestimmtes Programm der Staatstätigkeit und sind dadurch eine Richtlinie oder Direktive für das staatliche Handeln, auch für die Auslegung von Gesetzen und sonstigen Rechtsvorschriften. Im Regelfall wendet sich eine Staatszielbestimmung an den Gesetzgeber, ohne das damit ausgeschlossen sein muß, daß die Norm auch eine Auslegungsrichtlinie für Exekutive und Rechtsprechung ist" (SVK 1983, Rz. 7).[7] Die Festlegung der Formel vom sozialen und demokratischen Rechtsstaat als Bundessstaat in Art. 20 I und 28 I GG ist ein Beispiel für eine solche Zielbestimmung. Sie schreibt nicht nur einen Zustand fest, sondern verpflichtet alle staatliche Tätigkeit zur Erhaltung, zum Ausbau und auch zur Weiterentwicklung dieser vorgegebenen Strukturen. Zum anderen ist der genaue Umfang der durch sie bewirkten Bindungen durchaus umstritten.[8] Die Gründe liegen sowohl in der Abgrenzungsproblematik zu dem Begriff „Gesetzgebungsauftrag" als auch in der Tatsache, daß mit dieser Norm sowohl formal als auch inhaltlich Unterschiedliches bezeichnet wird, wie etwa das Ziel eines gesamtwirtschaftlichen Gleichgewichts und das inzwischen eingelöste Wiedervereinigungsgebot. Die normativen Wirkungen einer Staatszielbestimmung werden in diesem Fall also nicht nur von einer abstrakten Begriffsauseinandersetzung, sondern auch vom Inhalt und der Formulierung der konkreten Norm bestimmt.[9]

Im Gegensatz zur WRV erfolgt im GG eine Trennung von Grundrechten und Staatszielen. In ihren 17 Grundrechtsartikeln enthält die Verfassung im wesentlichen nur klassisch-liberale Grundrechte. Soziale Grundrechte i. S. der WRV gewährt sie dagegen nicht. Sehr wohl finden sich jedoch auch „soziale Staatszielbestimmungen". Zu nennen sind hier das recht allgemein formulierte Ziel des „Sozialstaates" in Art. 20 I und in Art. 28 I GG sowie die Bestimmungen in Art. 109 II, IV GG.[10] Letztere verweisen die staatlichen

---

6 Die Abgrenzungsproblematik betonen Isensee und Paech Anhörung (A) 1992, S. 8f. bzw. S.16f. Typisierungsversuche bei SVK 1983, Rz. 42ff.

7 Diese Definition hat auch die GVK übernommen (vgl. GVK 5/93, 133f.). Grundlegend dazu Scheuner (1972, 333f.). Aus der neueren Literatur Badura 1986. Im übrigen fehlt bis heute eine Legaldefinition des verfassungsrechtsdogmatischen Begriffs „Staatszielbestimmung". Diese Feststellung gilt auch für weitere Grundbegriffe des Verfassungsrechts, wie „Grundrechte", „Programmsatz" oder „Einrichtungsgarantie. Vgl. Denninger, Arbeitsunterlage (Au) Nr. 47.

8 Schmidt-Jortzig A 1992, 31 plädiert für einen hohen Verbindlichkeitsgrad gegenüber den drei Gewalten, während Sterzel A 1992, 14 von einem „Zwang zur politischen Kreativität" spricht. Müller A 1992, 13 stellt die Verbindlichkeit generell in Frage.

9 So etwa Badura Au 45, 3f., Isensee A 1992, 8 und Müller Au 54, 2.

10 Aus Art. 20 I folgt lediglich, daß der Staat verpflichtet ist, für einen sozialen Ausgleich der sozialen Gegensätze und damit für eine gerechte Sozialordnung zu sorgen. Die Norm bestimmt nur das „Was" (gerechte Sozialordnung), überläßt aber das „Wie" (die Wege zum Ziel) dem Gesetzgeber. Vgl. d. Schmidt-Bleibtreu/Klein, Kommentar, zu Art. 20 I GG.

Akteure auf das ökonomische Ziel eines gesamtwirtschaftlichen Gleichgewichts, welches bekanntlich auch ein Beschäftigungsziel einschließt. Allerdings wird die verfassungsunmittelbare Wirkung beider Normen für den Vollzug im Einzelfall oder allgemein für die Rechtsanwendung durch einen *Gesetzesvorbehalt,* beispielsweise mit dem Passus „das Nähere bestimmt das Bundesgesetz", ausgeschlossen. Deshalb überläßt es eine Staatszielbestimmung stets „der politischen Gestaltungsfreiheit des Gesetzgebers, in welcher Weise und zu welchem Zeitpunkt er die ihm eingeschärfte Staatsaufgabe durch Gesetz erfüllt und dabei etwa auch Ansprüche einzelner auf öffentliche Leistungen oder gegen Dritte entstehen läßt" (SVK 1983, Rz. 7). D.h., künftige Ansprüche des Einzelnen auf Leistungen ergeben sich nur nach Maßgabe von Leistungsgesetzen, also etwa vorbehaltlich parlamentarisch bewilligter Haushaltsmittel.[11]

Dagegen handelt es sich bei den Grundrechten der Verfassung um ein *Wert- und Anspruchssystem,* welches hinsichtlich seiner Geltung in der deutschen Verfassungsgeschichte nur das GG kennt. Art. 1 III normiert die Grundrechte

- als unmittelbar geltende Individualrechte; also nicht etwa als bloße Deklamationen oder Programmsätze wie in der WRV und
- Grundrechte binden den Staat in allen seinen Erscheinungsformen (Gesetzgebung, vollziehende Gewalt, Rechtsprechung) mit der Konsequenz, daß Gesetze nur nach Maßgabe der Gundrechte gelten und nicht etwa – wie nach der WRV – Grundrechte nur nach Maßgabe der Gesetze! Damit leistete der Parlamentarische Rat eine „Rematerialisierung der Verfassung" (Grimm 1994, 375).

Die Beantwortung der Frage, ob Grundrechte durch die Aufnahme von „sozialen Grundrechten" angereichert werden und weitere Staatsziele aufgenommen werden sollten, hat deshalb im Lichte dieser Überlegungen zu geschehen.

## 2. *Die Arbeit der GVK und das Ringen um die Aufnahme von (sozialen) Staatszielen und sozialen Grundrechten in die Verfassung*

Der Nachvollzug und eine angemessene Beurteilung der Arbeit der GVK setzen die Kenntnis der Verhandlungspositionen und praktizierten Verfahren sowie die Inhalte der erarbeiteten Empfehlungen der Kommission voraus.

11 Beispielhaft im Grundrechtsbereich Art. 6 IV und V sowie Art. 14 II GG. Auch der neu gefaßte Art. 23 I GG enthält ein Staatsziel. Vgl. den Beitrag Nitschke.

Diese soll nun in gebotener Kürze am Beispiel der Politikfelder „Schutz der natürlichen Umwelt“ und „soziale Grundrechte“ vermittelt werden.

## *2.1 Das Staatsziel „Schutz der natürlichen Lebensgrundlagen“*[12]

Über die Notwendigkeit einer verfassungsrechtlichen Verankerung des Staatsziels „Umweltschutz“ im GG bestand schon zu Beginn der Beratungen parteiübergreifender Konsens (Meyer-Teschendorf 1993, 23). Dieser galt jedoch unabhängig von der Frage, wie die Aufnahme weiterer Staatszielbestimmungen zu bewerten sei. Die gemeinsame Ausgangsposition der Kommissionsmitglieder basierte auf drei Grundüberzeugungen:

- Umweltschutz liegt im existentiellen und langfristigen Interesse der Menschen. Die mit ihm gegebenen ökologischen Herausforderungen an den Staat sind bei der Schaffung des GG nicht absehbar gewesen.
- Weder die Grundrechte noch die objektiv-rechtlichen Verfassungsprinzipien des GG gewährleisten den natürlichen Lebensgrundlagen einen hinreichenden Schutz.
- Dieser Schutz ist jedoch eine hochrangige, grundlegende und in die staatliche Verantwortung fallende Aufgabe.[13]

Deshalb lag nicht das „Ob“, aber sehr wohl das „Wie“ einer konkreten Ausgestaltung dieses Staatsziels im Zentrum der verfassungspolitischen Auseinandersetzungen. Strittig war besonders, ob der Schutz der natürlichen Lebensgrundlagen *anthropozentrisch* zu formulieren und ob er mit einem *Gesetzesvorbehalt* zu versehen sei. Auf der Grundlage eines Koalitionsantrags schon aus der 11. Wahlperiode (BT-Drucksache 11/7423) warb die CDU/CSU für eine anthropozentrische Ausrichtung, da nach ihrer Ansicht Art. 1 I GG den einzelnen Menschen als Maß und Mittelpunkt aller staatlichen Regelungen und Maßnahmen ansehe. Aus diesem Grunde könne der Umwelt als solcher kein verfassungsrechtlicher Eigenwert zukommen. Die Vertreter der SPD dagegen argumentierten, daß die Umwelt eines verfassungsrechtlichen Schutzes um ihrer selbst willen bedürfe und sahen in der anthropozentrischen Ausrichtung eine massive Einschränkung ihres Schutzes. Weiterhin sprachen sie sich dezidiert gegen jeglichen Gesetzesvorbehalt aus, da durch ihn der Umweltschutz zur Disposition des Gesetzgebers gestellt und dadurch diesem

---

12 Grundlegend für das weitere sind die Plenardebatten der GVK vom 14. Mai und 12. November 1992 sowie die 2. öffentliche Anhörung der GVK zu „Staatszielen und Grundrechten“ am 16. Juni 1992. Die Ergebnisse der sogenannten Berichterstattergespräche waren die Basis für die abschließende Beratung zu diesem Themenkomplex und auch für das Abstimmungsverhalten in der Sitzung am 11. Februar sowie für die letzte Beratungs- und Abstimmungssitzung am 1. Juli 1993. Außerdem der Bericht der GVK 5/93.

13 Ähnliche Begründungsmuster finden sich schon im Bericht der SVK 1983, Rz. 130ff.

Staatsziel praktisch seine Verfassungsqualität genommen werde. Vielmehr müsse die Forderung nach Umweltschutz nicht nur an den Gesetzgeber, sondern gleichrangig auch an Rechtsprechung und Verwaltung gerichtet werden. Unter Hinweis auf Art. 20 III GG wurde argumentiert, daß die Gerichte ein solches Staatsziel nicht beliebig interpretieren könnten, da auch sie an Recht und Gesetz gebunden seien. Der Umweltschutz dürfe gegenüber anderen Staatszielen – z.B. dem Sozialstaatsprinzip – nicht durch ein Ausgestaltungsvorbehalt zugunsten des Gesetzgebers relativiert werden.

Demgegenüber betonten die CDU/CSU-Vertreter die zwingende verfassungspolitische Notwendigkeit eines Vorbehalts, weil der Umweltschutz als Schutzgut nicht für sich bestehen und vor allem keine einseitige Priorität gegenüber anderen Zielsetzungen (Wirtschaftswachstum, Industrialisierung, Schaffung von Arbeitsplätzen, Wohnungsbau usw.) beanspruchen könne. Letztere seien gegenüber dem Umweltschutz gleichwertig und ständen mit ihm in vielfältigen Spannungslagen, die es in Entscheidungen umzusetzen gelte. Ein stetiger und verhältnismäßiger Schutzgüter- oder Interessenausgleich sei Voraussetzung für eine wirksame und erfolgreiche Umweltpolitik. Analog zur Sozialgebundenheit des Eigentums nach Art. 14 II GG, sei ein Ausgleich des Staatsziels „Umweltschutz" mit anderen Staatsaufgaben, dem öffentlichen Interesse und mit den Rechten des einzelnen nur durch einen Konkretisierungsvorbehalt des Gesetzgebers, nicht jedoch von Fall zu Fall durch Gerichte und Verwaltung zu erwarten. Wer diesen Ausgestaltungsvorbehalt ablehne, gefährde den notwendigen Ausgleich und trage dazu bei, den Umweltschutz von einem gleichrangigen zu einem vorangigen oder gar allein ausschlaggebenden Ziel zu machen.

Aus diesen Grundpositionen leiteten die Parteivertreter ihre Anträge ab. Die CDU/CSU schlug die folgende Formulierung für einen neuen Art. 20a GG vor: *„Die natürlichen Lebensgrundlagen des Menschen stehen unter dem Schutz des Staates. Das Nähere regeln die Gesetze."*[14] Demgegenüber forderte die SPD in ihrem Antrag: *„Die natürlichen Lebensgrundlagen stehen unter dem besonderen Schutz des Staates."*[15] Beide Entwürfe erhielten nicht die erforderliche verfassungsändernde Mehrheit.

Anthropozentrik und Gesetzesvorbehalt bestimmten als strittige Prinzipien auch die Beratungen zu diesem Problemkreis in der Kommission Verfassungsreform des Bundesrates (BR-Drucksache 360/92, Rz. 132-134). Ohne die vorgenannten Prinzipien aufzunehmen, wurde dort mit Zweidrittelmehrheit folgender Vorschlag für einen neuen Art. 20a GG angenommen: *„Die natürlichen Grundlagen des Lebens stehen unter dem besonderen Schutz des Staates"* (Rz. 132). Fünf Bundesländer gaben ein Minderheitsvotum ab und

14 Damit griff sie den Wortlaut des Gesetzentwurfs von CDU/CSU und F.D.P. aus der 11. Wahlperiode (BT-Drucksache 11/7423) wieder auf.

15 Diesen Wortlaut hatte schon ein Gesetzentwurf, den die SPD in der 10. (BT-Drucksache 10/1502) und in der 11. Wahlperiode (Bt-Drucksache 11/10) zur Einführung eines neuen Art. 20 in das GG eingebracht hatte.

schlugen stattdessen vor,[16] folgenden Art. 20a einzufügen (Rz. 134): *„Der Staat schützt die natürlichen Grundlagen des Lebens durch seine gesetzliche Ordnung."*

Im Interesse eines mehrheitsfähigen Kompromisses machten im Verlauf weiterer Beratungen in der GVK beide Verhandlungspartner hinsichtlich ihrer Grundpositionen Zugeständnisse. Die CDU/CSU-Vertreter signalisierten Entgegenkommen hinsichtlich der Anthropozentrik, während die Vertreter der SPD ein Abrücken von der Formulierung eines „besonderen Schutzes" für die natürlichen Lebensgrundlagen in Aussicht stellten. Eine Einigung schien greifbar nahe, als der Mit-Vorsitzende, der Abgeordnete Scholz (CDU), mit Unterstützung der Berichterstatter die folgende Formel vorschlug:[17] *„Die natürlichen Lebensgrundlagen stehen im Rahmen der verfassungsmäßigen Ordnung unter dem Schutz des Staates."* Die SPD erhob den Kompromißvorschlag in der Kommissionsdrucksache (K.drs.) Nr. 38 zum Antrag und stellte ihn in der 17. Sitzung am 11.2.1993 zur Abstimmung. Zur Überraschung vieler Kommissionsmitglieder verfehlte der Antrag mit 41 Ja-Stimmen knapp die erforderliche Zweidrittelmehrheit von 43 Stimmen.[18] Die Zustimmungsverweigerung von Seiten der CDU/CSU wurde im wesentlichen mit dem bekannten Argument begründet, daß der Primat des Gesetzgebers bei der Konkretisierung des Staatsziels Umweltschutz nicht hinreichend sichergestellt sei und deshalb die Gefahr drohe, daß die Gerichte über Inhalte und Grenzen des Umweltschutzes befänden (GVK 11.2.1993, 132). Damit erfolgte in dieser Frage eine Kehrtwendung zur verfassungspolitischen Ausgangsposition der CDU/CSU.[19]

---

16 Baden-Württemberg, Bayern, Mecklenburg-Vorpommern, Sachsen, Thüringen.

17 Sie gingen dabei von folgenden Erwägungen aus: 1. Die Formulierung biete keine Grundlage für individualrechtliche Rechtsansprüche, da der Staat durch einen objektiv-rechtlichen Verfassungssatz auf den Umweltschutz verpflichtet werde; 2. Der Passus „verfassungsmäßige Ordnung" entspreche dem Begriffsinhalt des Art. 20 III GG und meine die *Gesamtheit* der Normen des GG (im Gegensatz zu Art. 2 I bzw. Art. 9 II GG); 3. Dieser Begriffsstatus gewährleiste die nötigen Ausbalancierungen mit anderen verfassungsrechtlich legitimierten Schutzgütern (vgl.d. GVK 5/93, 132).

18 Dem Scholz'schen Kompromiß fiel der Gesetzesvorbehalt zum Opfer. Dieses akzeptierten die Fraktionsspitzen der CDU/CSU nicht. Sämtliche Unionsvertreter der Kommission wurden vor der entscheidenden Abstimmung vom parlamentarischen Geschäftsführer der Fraktion „auf die Unionslinie vergattert, andernfalls sei der Beschluß der GVK trotz einer möglichen Zweidrittelmehrheit bloßes Papier und werde bei den Beratungen im Parlament revidiert. [...] die Union werde ihre Mitglieder aus der Kommission zurückziehen, wenn diese nicht im Sinne der Fraktion votierten [...] Bei der entscheidenden Abstimmung fehlten drei Unionspolitiker, die in der Sache dem Kompromiß zuneigten" (Hofmann 1993). Ähnlich: Schäuble, Scholz und der klare Kurs. Im Streit um die Rechte der Mitglieder der Verfassungskommission erzwingt der Chef der Unionsfraktion von den Dissidenten Disziplin, in: Kölner Stadtanzeiger v. 3.3.1993.

19 Diese wird in zwei weiteren Anträgen (K.drs. 57 und 49), die ebenfalls in der 17. Sitzung von Seiten der CDU/CSU zur Abstimmung gestellt worden sind, ganz deutlich. Sie wurden erwartungsgemäß mehrheitlich abgelehnt. Ähnliches widerfuhr dem

Da die Zeit drängte und der Wille für eine mehrheitsfähige Formulierung des Staatsziels „Umweltschutz" in der Kommission durchaus gegeben war, fanden weitere informelle Gespräche statt. Die Problematik konnte schließlich in der letzten Plenarsitzung am 1.7.1993 erneut auf die Tagesordnung der GVK gesetzt werden. Der folgende Vorschlag, als K.drs. Nr. 95 von der SPD zum Antrag erhoben, ereichte mit 43 Ja-, 14 Nein-Stimmen und drei Enthaltungen gerade eben das erforderliche Quorum von 43 Stimmen. Er lautet: *„Der Staat schützt auch in Verantwortung für die künftigen Generationen die natürlichen Lebensgrundlagen im Rahmen der verfassungsmäßigen Ordnung durch die Gesetzgebung nach Maßgabe von Gesetz und Recht durch die vollziehende Gewalt und durch die Rechtsprechung."*[20]

Der Vorschlag enthält folgende fünf verfassungsrechtliche und verfassungspolitische Grundaussagen (vgl. GVK 1993, 133f.), die letztlich dazu führten, daß er die gesetzgebenden Körperschaften passierte und schließlich als Artikel 20a in die Verfassung aufgenommen wurde.[21]

- Das Staatsziel „Umweltschutz" besitzt objektiv-rechtliche Qualität und begründet damit keinen subjektiven Anspruchstatbestand. Es enthält also keine Grundrechtsqualität.

---

Antrag des Landes Hessen (K.drs. 9) und dem sehr weitgehenden der Gruppe BÜNDNIS 90/DIE GRÜNEN (K.drs. 45), der lediglich zwei Ja-Stimmen bei vier Enthaltungen erhielt.

20 Vor der Abstimmung machten Kommissionsmitglieder der CDU/CSU erneut Vorbehalte gegen die neue Formel geltend. Sie betrafen im wesentlichen die vorgesehene Bindung der Exekutive und Judikative „nach Maßgabe von Gesetz und Recht." Wiederum wurde die bekannte verfassungspolitische Befürchtung geäußert, daß insbesondere durch den Zusatz „Recht" die Gefahr einer Dominanz der Rechtsprechung bei der inhaltlichen Ausgestaltung des Umweltschutzes gegeben sei, da der Zusatz offen lasse, auf welches Recht verwiesen werde (überpositives Recht? Richterrecht? Gewohnheitsrecht?). Damit eröffne sich für die Rechtsprechung ein Interpretationsspielraum. Deshalb müsse deutlicher die Bindung allein an das Gesetz als positivem Recht betont werden. Folglich stellte die CDU/CSU eine Formulierung (K.drs.94) zur Abstimmung, die den Passus „nach Maßgabe von Gesetz und Recht" durch die bekannte Formel „nach Maßgabe der Gesetze" ersetzte. Der Antrag wurde abgelehnt. Im übrigen ist schon bei den Erörterungen der Berichterstatter die Frage diskutiert worden, ob Art. 2 I und Art. 14 GG durch eine ökologische Grundrechts- bzw. ökologische Schranke zu ergänzen seien. Beide Vorschläge erwiesen sich als nicht mehrheitsfähig und wurden nicht zu offiziellen Anträgen erhoben (vgl. d. Au Nr. 36 Staatsziel Umweltschutz, Bericht Senator Dr. Scherf).

21 In diesem Zusammenhang macht Kriele auf einen verfassungsrechtlich bedenklichen „Verfahrenstrick" aufmerksam. Im Bundestag wurde über die 35 Änderungsvorschläge der GVK zur Änderung des GG nicht je einzeln, sondern im Gesamtpaket abgestimmt. Auf diese Weise, so Kriele, gelangten Änderungen in das GG, für die aus guten Gründen eine Zweidrittelmehrheit eigentlich gar nicht gegeben sei. Jeder einzelne Abgeordnete könne deshalb im Organstreitverfahren vor dem Bundesverfassungsgericht geltend machen, daß er durch diese Verfahrensweise in seinen Statusrechten verletzt worden sei.

- Wie für andere Staatsziele gilt auch in diesem Fall sein dynamischer, auf die künftige Gestaltung sozialer Lebensverhältnisse zielender Gehalt. Die natürlichen Lebensgrundlagen besitzen nicht nur für die jetzige, sondern auch für zukünftige Generationen existentielle Bedeutung.
- Die Orientierung dieser Staatszielbestimmung am Begriffsinhalt von Art. 20 III GG gewährleistet ihre prinzipielle Gleichrangigkeit mit anderen Verfassungsprinzipien sowie Verfassungsrechtsgütern und ist damit mit ihnen stets zum Ausgleich zu bringen.
- Der Passus „durch die Gesetzgebung" räumt dem Gesetzgeber einen Gestaltungsauftrag und damit ein besonderes Gewicht bei der Verfolgung dieses Ziels ein.
- Die Formel „durch die vollziehende Gewalt und durch die Rechtsprechung" begründet eine Mitwirkung beider Gewalten – freilich unter Geltung der Einschränkungen in Art. 20 III GG – beim Schutz der natürlichen Lebensgrundlagen. Diese Vorschrift steht jedoch nicht einer Auslegung unbestimmter Rechtsbegriffe oder der Wahrnehmung von Ermessunsspielräumen entgegen.

## 2.2 *Soziale Grundrechte und weitere soziale Staatsziele als Leitlinien der Politik?*

Diskussionen um die Aufnahme von sozialen bzw. kulturellen Staatszielen (Arbeit, Wohnung, soziale Sicherheit, Bildung und Kultur) setzten schon in den siebziger Jahren ein.[22] Sie wurden in der Kommission Verfassungsreform des Bundesrates 1991/92 wieder aufgenommen und setzten sich schließlich in den Beratungen der GVK fort.[23] Ein Überblick über die Antragsteller, Antragsinhalte und die jeweiligen Abstimmungsergebnisse folgt auf Seite 41f. Die Übersicht zeigt, daß die SPD-Anträge Nr. 23, 24, 28 und 43 beachtliche relative Mehrheiten auf sich vereinigten. Dennoch errreichte keiner von ihnen die erforderliche Zweidrittelmehrheit. So verzichtete die GVK für den Bereich „soziale Staatsziele" auf Empfehlungen an die gesetzgebenden Körperschaften.

Eine Erörterung der verfassungsrechtlichen und verfassungspolitischen Problematik der Rechtsfigur „soziale Grundrechte" fand sowohl in der GVK

---

22 SVK 1983 Vorwort und Rz. 56ff., 87ff., 130ff.

23 Im übrigen äußerten sich auch die Vertreter wichtiger gesellschaftlicher Organisationen zu diesem Problem. In seinen „verfassungspolitischen Leitlinien zu einer gesamtdeutschen Verfassung" vom April 1992 sprach sich der Deutsche Gewerkschaftsbund für eine „Stärkung und Konkretisierung" der sozialen Dimension des GG in den oben genannten Bereichen aus. Vor allem die Bundesvereinigung der Deutschen Arbeitgeberverbände warnte dagegen ausdrücklich vor einer solchen Verfassungsergänzung.

als auch bei der Sachverständigenanhörung lediglich am Rande statt.[24] Für diese Entscheidung spricht auch die Aussichtslosigkeit des Antrags auf Aufnahme des *Grundrechts* auf Bildung in das GG (GVK 1993, K.drs. 44).

Wie im Fall des Staatsziels „Umweltschutz" ergaben sich – trotz inhaltlich kontroverser Standpunkte – auch Übereinstimmungen (GVK 1993, 152f.).

- Sie betreffen zum einen die Definition von Staatszielbestimmungen im Sinne der Umschreibung der SVK 1983 (Rz. 7), obwohl in der Anhörung der Sachverständigen am 16.6.1992 hinsichtlich ihres Adressatenbezugs unterschiedliche Urteile abgegeben worden sind.[25]
- Zum anderen herrschte auch über die Gefahr einer Inflationierung von Staatszielbestimmungen im GG Einigkeit. Füge man auf Druck einzelner Interessengruppen zu den wenigen beliebig weitere hinzu, so entwerte man die vorhandenen. Es galt mehrheitlich die Überzeugung, daß der Wert von Verfassungsnormen auch von ihrem Wirklichkeitsgehalt abhänge, den sie im politischen Alltag – durchaus auch mit Unterstützung des Bundesverfassungsgerichts – erreichen könnten.
- Mit Ausnahme der PDS/LL gab es auch darüber Konsens, daß klagbare soziale Grundrechte (z.B. Recht auf Arbeit, Recht auf eine angemessene Wohnung) im GG nicht normiert werden sollten (vgl. auch SVK 1983, Rz. 57). Sie überforderten den Staat und wären nur unter den Bedingungen einer zentralen Verwaltungswirtschaft und damit „um den Preis der Freiheit" einzuführen.
- Deutlich wurde weiterhin, daß die sachlichen Politikziele wie z.B. ein hoher Beschäftigungsstand und ein stabiles System sozialer Sicherheit ebenfalls nicht als kontrovers galten. Allerdings war klar umstritten, ob sie als verfassungsrechtliche Konkretisierung der Sozialstaatlichkeit aufgenommen werden sollten oder ob die geltende abstrakte Festschreibung einer Sozialstaatsverpflichtung nach Art. 20 und 28 GG weiterhin ausreiche.

---

24 Von den neun anwesenden Sachverständigen äußerte sich lediglich Vitzthum zu diesem Thema. Vgl. Au Nr. 52, 6ff. sowie die Anhörung am 16.6.1992, 22.

25 Die SVK und der Sachverständige Badura Au Nr. 52, 3 sehen ihn grundsätzlich beim Gesetzgeber, während Schmidt-Jortzig den Schwerpunkt bei der Verwaltung sieht. Vgl. ebd., 17f., 31

*Anträge zur Aufnahme von sozialen Grundrechten und sozialen Staatszielen in das Grundgesetz*

| Antrag-steller Staatsziel | BÜNDNIS 90/DIE GRÜNEN | SPD |
|---|---|---|
| Arbeit | Nach Artikel 12 wird folgender Artikel 12a eingefügt (GVK 1993, K.drs. 40; 2/*/8):[26]<br>„(1) Der Staat schützt das Recht jedes Menschen auf Arbeit, trägt zur Erhaltung und Schaffung von Arbeitsplätzen bei und sichert einen hohen Beschäftigungsstand, soweit dies sozial verantwortbar und ökologisch verträglich ist.<br>(2) Jede Bürgerin und jeder Bürger haben das Recht auf öffentliche Maßnahmen der Arbeitsförderung, der beruflichen Weiterbildung oder der Umschulung sowie im Falle der Arbeitslosigkeit das Recht auf angemessene Lohnersatzleistungen." | Nach Artikel 20 wird folgende Ergänzung eingefügt (GVK 1993, K.drs. 24; 32/21/0):[27]<br>„Der Staat trägt zur Schaffung und Erhaltung von Arbeitsplätzen bei. Er sichert im Rahmen des gesamtwirtschaftlichen Gleichgewichts einen hohen Beschäftigungsstand." |
| Wohnen | Nach Artikel 13 wird folgender Artikel 13a eingefügt (GVK 1993, K.drs. 39; 2/*/7):<br>„Der Staat schützt das Recht jedes Menschen auf eine angemessene Wohnung. Er fördert sozialen und ökologischen Wohnungsbau und Wohnungserhaltung. Er sorgt für einkommensgerechte Mieten und gewährleistet gesetzlichen Kündigungsschutz, wie er der besonderen Bedeutung der Wohnung für ein menschenwürdiges Leben entspricht." | Nach Artikel 20 wird folgende Ergänzung eingefügt (GVK 1993, K.drs. 23; 31/21/0):<br>„Der Staat fördert die Schaffung und Erhaltung von angemessenem Wohnraum. Er schützt das Wohnrecht von Mietern." (29/22/3). |
| Soziale Sicherheit | Nach Artikel 12a wird folgender Artikel 12b eingefügt (GVK 1993, K.drs. 41; (2/*/19):<br>„(1) Der Staat schützt das Recht jeder Bürgerin und jedes Bürgers auf soziale Sicherung. Er sorgt insbesondere für eine Grundsicherung im Alter und bei Krankheit, Pflegebedürftigkeit, Erwerbsunfähigkeit, Obdachlosigkeit und Mittellosigkeit." | Nach Artikel 20 wird folgende Ergänzung eingefügt (GVK 1993, K.drs. 28; 30/20/2):[28]<br>Der Staat gewährleistet ein System der sozialen Sicherheit." |
| Bildung und Kultur | Artikel 7 wird wie folgt geändert (GVK 1993, K.drs. 44; 2/*/12):[29]<br>„(1) Jeder Mensch hat das Recht auf Bildung.<br>(2) Der Staat garantiert den unentgeltlichen Zugang und die freie Wahl der Schule durch die Genehmigung und gleichberechtigte Förderung allgemein zugänglicher Schulen in öffentlicher und freier Trägerschaft.<br>(3) Die Schule fördert die Schülerinnen und Schüler | Nach Artikel 20 werden folgende Ergänzungen eingefügt (GVK 1993, K.drs. 34; 25/26/0):<br>1. „Der Staat schützt und fördert den Zugang eines jeden Menschen zur Bildung. Dieser ist allen Menschen zu Schulen, |

26 Die Zahlenfolge hinter dem Semikolon gibt die Ja-, Nein-Stimmen und Enthaltungen an. Die mit einem (*) gekennzeichneten Abstimmungsergebnisse sind wegen der offensichtlichen Mehrheitsverhältnisse nicht einzeln ausgezählt worden (vgl. Tonbandprotokoll 1993, 49-70). Steht das Abstimmungsergebnis hinter einem Satz eines Artikels, so gilt es für diesen Satz.

27 Die Ergänzung entspricht im wesentlichen der Formulierung der SVK 1983, Rz. 89.

28 Das Land Berlin ersetzte in seinem Antrag den Begriff der „sozialen Sicherheit" durch den der „sozialen Sicherung" (vgl. GVK 1993, K.drs. 43; 32/21/0).

29 Dieser Antrag ist im Sinne eines *Grundrechts* auf Bildung gestellt worden.

| | | |
|---|---|---|
| | entsprechend ihren Neigungen im Geiste freier Selbstbestimmung und sozialer Verantwortung. Die Durchlässigkeit der Bildungswege, die pädagogische Freiheit der Lehrkräfte, das Recht der einzelnen Schule auf Selbstverwaltung nach Maßgabe der Gesetze sowie die Mitwirkung von Eltern und Schülerschaft in der Schule werden gewährleistet.<br>(4) Das gesamte Schulwesen steht unter Aufsicht des Staates. Vertreterinnen und Vertreter der Eltern-, Schüler-, und Lehrerschaft sowie der Schulträger sind an den Aufsichtsgremien zu beteiligen.<br>(5) Das Recht zur Errichtung von Schulen in freier Trägerschaft wird gewährleistet. Diese bedürfen der Genehmigung des Staates und unterstehen den Landesgesetzen. Die Genehmigung ist zu erteilen, wenn Schulen in freier Trägerschaft in ihren Lehrzielen und Einrichtungen sowie in der wissenschaftlichen Ausbildung ihrer Lehrkräfte nicht hinter den öffentlichen Schulen zurückstehen und eine Sonderung der Schülerinnen und Schüler nach den Besitzverhältnissen der Eltern nicht gefördert wird. Die Genehmigung ist zu versagen, wenn die wirtschaftliche und rechtliche Stellung der Lehrkräfte nicht genügend gesichert ist." | Hochschulen, Aus- und Weiterbildungseinrichtungen in gleicher Weise zu eröffnen, unabhängig von ihrer wirtschaftlichen und sozialen Lage und politischen Überzeugung."(20/27/4)<br>2. „Er schützt und fördert das kulturelle Leben seiner Bürger." (25/24/1) |

## *3. Der Streitstand*

### *3.1 Der Bedingungszusammenhang zwischen klassisch-liberalen Freiheitsrechten und sozialen Staatszielbestimmungen*

Auf dem Hintergrund der K.drs. 24, 23, 28, 34 und 43 folgt nun der Versuch einer knappen Zusammenfassung der Argumente, die für die Aufnahme weiterer sozialer Staatszielbestimmungen in das GG vorgebracht worden sind (vgl. GVK 1993, 153ff.). Sie werden durch kommissionsinterne, aber auch externe Argumentations- und Begründungsmuster ergänzt. Diese Art des Vorgehens gilt auch für die noch darzustellenden Gegenpositionen unter 3.2.

Eine moderne Verfassung, so die Befürworter, müsse Auskunft darüber geben, wofür der Staat da sei und welche elementaren Ziele er zugunsten seiner Bürger verfolge. Über das Formale und Organisatorische, über die Freiheits- und Gleichheitssrechte sowie über Recht und Ordnung hinaus müsse sie auch Auskunft über das *Ethos des Staates und inhaltliche Orientierung* für die nächsten Jahrzehnte geben. Das GG von 1949 habe es für seine damalige Zeit getan. Wegen der zwischenzeitlich eingetretenen strukturellen und epochalen Änderungen und Umbrüchen gesellschaftlicher Situationen, sei jedoch nun eine Modernisierung und Neuorientierung der Verfassung überfällig.[30]

30 In diesem Sinne der Sachverständige Lübbe Wolff A S. 9ff.

Neben dem Umweltschutz könnten als neue Staatsziele nur jene berücksichtigt werden, die *existentielle menschliche Bedürfnisse* ansprächen und über deren Notwendigkeit weitgehend Konsens herrsche, wie die Bereiche Arbeit, Wohnen, soziale Sicherheit sowie Bildung und Kultur. Es sei ein gebotenes und unverzichtbares Ziel, im staatlichen Aufgabenkatalog Prioritäten zu setzen, dem Gesetzgeber dabei allerdings den notwendigen Gestaltungsspielraum zu belassen sowie Verwaltung und Rechtsprechung Auslegungshilfen und Kontrollmaßstäbe zu geben. Damit die Menschen sich mit ihren Sorgen in der Verfassung wiedererkennen könnten, müsse in ihr der erreichte Zustand verfassungsrechtlicher Sozialstaatlichkeit auch sichtbar sein.

Das Bundesverfassungsgericht habe in seinen Urteilen längst erkannt,[31] daß neben die grundrechtliche Freiheitssicherung „die komplementäre Forderung nach grundrechtlicher Verbürgung der *Teilhabe an staatlichen Leistungen*" treten müsse. Soziale Staatsziele stellten demnach zweifellos Voraussetzungen für eine effektive und chancengleiche Inanspruchnahme von Freiheitsrechten dar. Genau dieser Sachverhalt könne die Chance einer stärkeren Identifizierung der Menschen mit „ihrer" Verfassung bieten,[32] weil sie erkennen könnten, daß der Staat ihre Sorgen ernst nehme. Dagegen sei die geltende Staatszielbestimmung „sozialer Rechtsstaat" für die Mehrheit der Bevölkerung ein recht abstrakter Begriff.

Es ist unschwer zu erkennen, daß die bisherige Argumentation der Befürworter auf die Prämisse setzt, daß der Sozialstaatsauftrag des GG ebenso umfassend wie rechtlich verbindlich ist.[33] Diese Sichtweise relativiert bei konkreter Betrachtung die Unterschiede zwischen sozialen Grundrechten und sozialen Staatszielbestimmungen. Damit wird auch die Unterscheidung zwischen sozialen Grundrechten als subjektiven Rechten und sozialen Staatszielbestimmungen als objektiv-rechtliche Verpflichtungen der zuständigen staatlichen Stellen, sozial Schwachen Schutz zu gewähren, fraglich. Subjektive Rechte seien wertlos, „wenn ihnen nicht eine Verpflichtung von Staat und Gesellschaft gegenüber steht, für ihre Verwirklichung einzustehen. Andererseits ist eine objektiv-rechtlich soziale Verpflichtung der zuständigen staatlichen Stellen wertlos, wenn sich nicht der Staat tatsächlich ‚letztlich im Einzel- und Ausnahmefall auch mit Hilfe seiner Justiz, auf ihre Einhaltung festnageln ließe" (Hammer 1993, 49). Hammer zieht daraus den Schluß, „daß auch subjektive Rechte objektiv-rechtliche Wirkungen zeigen, während objektive Rechte subjektiv-rechtliche Reflexe auslösen, die im Einzel- und Ausnahmefall auch in durchsetzbare (einklagbare) Rechte umschlagen können" (ebd.). Damit stellt er einen Bedingungszusammenhang zwischen den beiden verfassungsrechtlichen Rechtsfiguren her und verwirft die Gegenthese. Sein daraus auch für die vorliegende Problematik gezogener Schluß ist eindeutig: „Die klassisch-liberalen Freiheitsrechte sind sowohl (Legitimations-) Grund

31 Vgl. BVerf.GE 33, 303, 330f.; 35, 79, 115f.; 39, 276, 294, 299; 62, 117, 168.
32 Dazu abwägend der Sachverständige Lübbe Wolff, Au Nr. 52, S. 6.
33 Zu dieser Problematik u.a. Richter/Schuppert 1991, 359f.

als auch Grenze des Geltungsanspruchs sozialer Grundrechte und Staatszielbestimmungen. Letztere *können* erstere nicht beseitigen, weil sie lediglich ihrer Verwirklichung in der Gesellschaft dienen. [...] Nur durch die Normierung sozialer Grundrechte und Staatszielbestimmungen in einer freiheitlichen Verfassung kann verhindert werden, daß individuelle Freiheit von *Verfassungs wegen* zum Privileg einer wohlhabenden Minderheit verkommen kann. Freiheit läßt zwar soziale Ungleichheit zu; Freiheitsspielräume und -verwirklichungschancen zwischen [...] wohlhabenden und sozial benachteiligten Bevölkerungskreisen auszugleichen und abzuwägen, ist aber genuine Aufgabe des Sozialstaats, der hierzu eines möglichst konkreten verfassungsrechtlichen Auftrags ebenso wie eines individualrechtlichen Impulses im Verfassungsrecht bedarf" (ebd., 53). Hinsichtlich der Aufnahme weiterer sozialer Staatszielbestimmungen (Recht auf Arbeit, Recht auf Wohnung), plädiert Hammer also nicht auf ein Recht als solches. Es geht ihm vielmehr um eine nähere verfassungsrechtliche Konkretisierung, in der sich Hinweise auf Mittel und Wege zu ihrer Verwirklichung finden. Dabei müsse deutlich werden, daß der Verzicht auf eine verfassungsrechtliche Normierung sozialer Grundrechte verfassungs*politisch* unverständlich sei. Dagegen stieße bzw. stößt ihre Aufnahme auf keinerlei durchgreifende verfassungs*rechtliche* Argumente (ebd., 52).

Tatsächlich sind wichtige soziale Staatsziele bereits in vielen Landesverfassungen – übrigens größtenteils in CDU-regierten Bundesländern – verankert verankert worden. Aus diesem Grund, so die GVK-Mitglieder, die eine Aufnahme weiterer sozialer Staatszielbestimmungen in das GG forderten, könne das Argument, eine solche Konkretisierung entspräche nicht dem Rechtscharakter von Verfassungen oder wecke *Illusionen,*[34] mit Blick auf die Bundesverfassung nicht gelten.

Im übrigen, so kann argumentiert werden, weisen bürgerliche Verfassungen seit langer Zeit aus gutem Grund neben klassisch-liberalen Freiheitsrechten auch soziale Grundrechte und Prinzipien in unterschiedlichen Ausprägungen auf. Überzeugend argumentiert in diesem Zusammenhang die Sachverständige Lübbe Wolff: „Entscheidungen über die Aufnahme arbeits-, umwelt- und wohnraumbezogener Verfassungsaufträge in das Grundgesetz werden die Bereitschaft zu verstärkten Anstrengungen gegen Arbeitslosigkeit, Umweltzerstörung und Wohnraummangel weniger *steuern* als vielmehr den Stand der politischen Bereitschaft dazu *indizieren.* [...] Dies spricht in der jetzigen Situation für größtmögliche Offenheit vor allem gegenüber den Wünschen, die als Wünsche einer breiten Mehrheit in den neuen Bundesländern an unsere gemeinsame Verfassung herangetragen werden" (Au Nr. 56, 6 und GVK 16.6.1992, 9).

Justiz und Verfassungsgerichtsbarkeit sind wegen ihrer Organisation, Qualifikation und Legitimation nicht die Steuerungsinstanzen für Programme sozialstaatlicher und ökologischer Verfassungsgewährleistungen. Aus diesen

34 Repräsentativ für viele: Badura, Isensee, Vitzthum 2. A, 3ff., 7ff., 20ff.

Gründen wird (sozialen) Staatszielbestimmungen eine eng begrenzte *Justitiabilität* zugeschrieben. So ist auch der Hinweis der GVK zu verstehen, daß besonders die Anträge in den K.drs. 23, 24 und 28 knapp und grundsätzlich formuliert seien. Mit ihnen bleibe die notwendige Offenheit des GG gewahrt. Dem Gesetzgeber sei genügend Spielraum eingeräumt, um seine Vorstellungen über Art, Ausmaß und Zeitpunkt konkreter Maßnahmen zu realisieren. Deshalb könne auch nicht von einer unangemessenen Gewichtsverschiebung zugunsten der Gerichte gesprochen werden.[35]

Kern des Problems ist hierbei die Behauptung bzw. die Befürchtung, daß die Juridifizierung politischer Prozesse und Justitialisierung politischer Entscheidungen zwangsläufig die Entmachtung der gewählten Parlamente herbeiführe. Diese potentielle Gefahr besteht in jedem Rechtsstaat und ist nicht erst bei sozialen Grundrechten und Staatszielbestimmungen gegeben. Sie wird durch die Rechtsfigur des *judical self restraint*, der richterlichen Selbstbeschränkung, begrenzt. Das Bundesverfassungsgericht räumt dem Gesetzgeber bei seinen Entscheidungen stets einen weiten Ermessensspielraum ein, damit der Prozess der politischen Willensbildung nicht in undemokratischer Weise eingeschränkt wird.[36] Das Gericht schreitet gegenüber der Legislative erst dann ein, wenn die Umsetzung einer Staatszielbestimmung augenscheinlich durch eine Maßnahme des Gesetzgebers konterkariert wird,[37] bzw. er den ihm eingeräumten Ermessensspielraum durch eine „willkürliche, manifeste Mißachtung" überschreitet.[38] An diesem Sachverhalt zeigt sich ein grundlegendes Kennzeichen des modernen Verfassungsstaates: er will staatliche Politik durch Verfassungsrecht binden. Die Frage sei also nicht „Freiheit oder Bindung der Politik", sondern welche Inhalte und welche Richtung der unausweichlichen und notwendigen Bindung von Politik durch die Verfassung gegeben werde (Hammer 1993, 50).

Recht deutlich wird diese Problematik am Beispiel des Absatzes 2 der K.drs. 34. Dort heißt es: Der Staat „schützt und fördert das kulturelle Leben seiner Bürger". Zwar ist ein Kulturauftrag nicht positiv im GG verankert, doch folgert das Bundesverfassungsgericht diesen Kulturstaatscharakter aus der Wertentscheidung des Art. 5 III GG, indem es dem Staat entsprechende Schutz- und Förderpflichten auferlegt (BVerfGE 35, 79/144; 36, 321/331). Deutet man diese Argumentation als einen ungeschriebenen verfassungsrechtlichen Kulturauftrag, so könnte nach Ansicht der SVK eine ausdrückli-

---

35 Ausführlich zu dieser Problematik Lübbe Wolff Au Nr. 56, 4 und 2. A, 9ff. sowie Paech ebd., 14ff.

36 BVerfGE 59, 231, 263 für die Konkretisierung des Sozialstaatsprinzips.

37 BVerfGE 36, 1/17; 56, 54/81.

38 Vgl. GVK 16.6.1992, Nr. 52, 4 und die Ausführungen von Pieroth/Siegert 1994, 446. Sie diskutieren dezidiert die Aufnahme von kulturellen Staatszielbestimmungen am Beispiel der K. drs. 34 vornehmlich unter verfassungsrechtlichen Gesichtspunkten und kommen zu dem Ergebnis, daß der vehemente Widerstand gegen neue Staatszielbestimmungen aus juristischer Sicht unverständlich sei (Pieroth/Siegert 1994, 455).

che Staatszielbestimmung eben nur deklamatorischen Charakter haben (Rz 213). Kritische Stimmen folgern aus diesem Sachverhalt, daß danach das kulturelle Engagement des Staates auf der Entscheidung der zuständigen Organe – grundsätzlich also des Gesetzgebers – beruhe. Dieser bedürfe eben keiner ausdrücklichen Ermächtigung, um sich einer Staatsaufgabe anzunehmen (vgl. Steiner 1984, 16; SVK 1983, Rz 2). Die Aufnahme einer kulturellen Staatszielbestimmung in das GG hätte jedoch *konstitutive* Wirkung, d.h. der Staat wäre zu Entscheidungen im Sinne eines „Kulturstaates" *verpflichtet,* und damit ein Regelungsdefizit aufgehoben.[39]

Schließlich wurde die Unhaltbarkeit das sog. *Gewichtsverschiebungs-* bzw. *Schlagseitenargument* durch die SPD-Mitglieder der GVK herausgestrichen. Es besagt, daß bei Überbetonung eines Ziels (z.B. Arbeit), die anderen Ziele zwangsläufig vernachlässigt würden. Dieses, so der Sachverständige Denninger, erledige sich, wenn nicht willkürlich ein Ziel isoliert gefördert werde. Im übrigen sei es „nicht Aufgabe des Verfassungstextes, solche Spannungsverhältnisse im konkreten Fall aufzulösen; hier beginnt das Aktionsfeld demokratischer Politik bzw. rechts- und sozialstaatlicher Verwaltung" (GVK 16.6.1992, 12).

## *3.2 Zur Poblematik sozialer Grundrechte und ihr Verhältnis zu Staatszielbestimmungen*

Welches waren nun die Argumente der Gegner hinsichtlich der Anreicherung des GG mit weiteren sozialen Staatszielbestimmungen? Ihre Begründungen lassen sich, wie folgt, kurz zusammenfassen (vgl. GVK 1993, 158f.).

Mit Ausnahme der Regelungen in Art. 20 I, Art. 28 I und Art. 109 II GG hätten die Väter der Verfassung nahezu vollständig auf Programmsätze verzichtet, in denen Staatsziele in appellativer Form oder als Verheißungen umschrieben werden. Dieses sei eine bewußte Entscheidung für „*justitiable Grundrechte*, für hartes Verfassungsrecht, gegen nicht justitiable Staatsziele, gegen weiches Verfassungsrecht" gewesen.[40] Die Qualität der Entscheidung werde in Art. 1 III GG in bezug auf die unmittelbar wirkenden Grundrechte deutlich.[41] Deshalb gehe es in der Verfassungsdiskussion der GVK im Prin-

---

39 Ausführlich zu diesem Staatsziel Pieroth/Siegert 1994, 442 ff.

40 Repräsentativ: Der Sachverständige Isensee: Das GG entsage planmäßig der Volkskatechese [...] Es sei ein Konzept juristischer Kargheit [...] unter Verzicht auf Verheißungsprogrammatik und Volksbelehrung. Die Kargheit ermögliche juristische Redlichkeit. Es sei eine Juristen- und keine Pastorenverfassung (GVK 16.6.1992, 7f. Ähnlich der Sachverständige Denninger, ebd., 8ff.

41 Zum Grundgesetzverständnis als Rechtsgesetz äußerte sich auch die SVK 1983. Sie räumte allerdings u.a. ein, daß „die vom Parlamentarischen Rat getroffene und vom verfassungsändernden Gesetzgeber bis heute festgehaltene Entscheidung über Stil und Praxis der Verfassungspolitik [...] *verfassungsrechtlich* kein Grenzdatum zukünftiger Verfassungsänderungen" ist (Rz. 14).

zip um die Frage, ob das GG seinen bewährten Charakter als Rechtsgesetz behalten oder den Charakter eines „Verheißungsprogramms" annehmen solle, das einen Katalog von Staatszielen und Staatsaufgaben vorschreibe. Aufgabe eines demokratisch gewählten Parlaments sei es, die politischen Leitlinien staatlichen Handelns festzulegen und sie den jeweils sich ändernden Bedürfnissen des Gemeinwesens anzupassen. Dieses sei seine wichtigste Gestaltungsaufgabe, die durch eine Festschreibung staatlicher Leitlinien in der Verfassung verloren gehe. Eine weitere Übernahme von Staatszielen in die Verfassung verlagere den politischen Prozeß des Setzens von Prioritäten und des Abwägens politischer Ziele und Interessen aus dem Parlament in den Bereich der *Gerichtsbarkeit.* Damit entwerte sich die Möglichkeit für den Bürger, diesen politischen Prozeß durch Wahlen zu kontrollieren und zu beeinflussen. Hinzu trete die Gefahr, daß die Gewichtsverlagerung die Gewaltbalance der Verfassung ohne Not verändere, was mit einem Macht- und Autoritätsverlust des Parlaments verbunden sei.[42]

Einklagbare *soziale Grundrechte* ständen im Widerspruch zu einer freiheitlichen Verfassung. Sie bewirkten zwangsläufig dirigistische Eingriffe in Arbeitsvertragsfreiheit sowie Tarifautonomie und führten zu einer Einschränkung der (wirtschaftlichen) Freiheitsrechte der Bürger. Nicht durch unerfüllbare Verheißungen in der Verfassung seien Wohnungen oder Arbeitsplätze zu schaffen, sondern nur durch eine entsprechende Ausgestaltung der Wirtschaftspolitik des Gesetzgebers und der Regierung im Rahmen einer freiheitlichen marktwirtschaftlichen Ordnung. In ihr könne der Staat nur mittelbaren Einfluß auf den Arbeits- und Wohnungsmarkt nehmen. Die Umsetzung konsensorientierter Ziele läge ausschließlich beim Gesetzgeber. Er könne – im Zusammenwirken mit der Regierung – Kriterien der Machbarkeit und Finanzierbarkeit berücksichtigen. Im übrigen sei bei der Frage „Schaffung von Arbeitsplätzen" auch auf Art. 109 II GG zu verweisen. Dort sei das wirtschaftspolitische Ziel eines gesamtwirtschaftlichen Gleichgewichts verankert. Durch die Hervorhebung gerade des Teilziels „Vollbeschäftigung" könne das übergeordnete Ziel mit der Folge ökonomischer Ungleichgewichte, verbunden mit weiterer Arbeitslosigkeit, gefährdet werden.

Wie an anderer Stelle dargelegt, hat sich nur der Sachverständige Vitzthum mit dem Begriff „Soziale Grundrechte" und ihre Erforderlichkeit kritisch auseinandergesetzt. Obwohl diese Problematik in der GVK allenfalls randständig behandelt worden ist, sollen an dieser Stelle die mehrheitlich vorgebrachten Argumente kurz aufgelistet werden, die sozialen Grundrechten als echten individuellen Leistungsansprüchen entgegenstehen.[43]

---

42 Kritisch zu diesem Argument Sterzel (Au Nr. 49, 2), der die Frage als strukturelle Systemproblematik sieht. Erfülle das Parlament seine Aufgaben, so könne es dieser Tendenz erfolgreich begegnen. Außerdem habe das Bundesverfassungsgericht die ausdrückliche Respektierung eines Politikvorbehalts der Exekutive und des Parlaments betont (BVerfGE 33, 333).

43 Als Grundlage dienen Vitzthum, GVK 16.6.1992, Nr. 52, 6-9 sowie Brohm (ebd.) mit ausführlicher Literatur.

a) Liberale Freiheitsrechte beinhalten eine Ausgrenzung vorgegebener Freiheitsräume. Jeder Eingriff des Staates in diesen Rechtsraum kann nur durch eine Rechtfertigung und eine präzise gesetzliche Regelung, die rechtsstaatlichen Grundsätzen und Maßstäben genügt, durch den Staat erfolgen. Dagegen bedingt die lapidare Definition sozialer Grundrechte ( z.B. „Recht auf Arbeit"), eine fehlende Konkretheit und führt damit zu nicht begrenzbaren, inflationären Individualansprüchen.

b) Diese strukturelle Verschiedenheit zu den liberalen Freiheitsrechten führen im praktischen Vollzug zu Friktionen. Garantiert z.B. der Staat dem einzelnen das Recht der freien Berufswahl, so läßt sich mit diesem Recht eine Arbeitsplatzgarantie in eben diesem Beruf nur schlecht verbinden. Eine staatliche Berufsplanung wäre zwar eine mögliche aber keine systemkonforme Antwort. Darüber hinaus können dem Recht auf Arbeit auch Freiheitsrechte Dritter, etwa auf Grund der Eigentumsgarantie, entgegenstehen.

c) Eine Verwirklichung sozialer Grundrechte setzt erhebliche staatliche finanzielle Mittel und andere Ressourcen voraus. Ihre konjunkturelle Abhängigkeit begrenzt sie im Umfang und in ihrer Planbarkeit.

d) Die Endlichkeit von Ressourcen und die gegen unendlich tendierenden Leistungsansprüche führen zu Kollisionen, die nur durch Prioritätensetzung des demokratisch legitimierten Gesetzgebers entschärft werden können. „Soziale Gewährleistungen lassen sich daher allenfalls als Staatszielbestimmungen, die die staatlichen Organe, allen voran den Gesetzgeber, lediglich auf die Verwirklichung bestimmter Ziele festlegen, in der Verfassung verankern (Brohm 1994, 216).

Auch mit Blick auf das Staatsziel „Bildung und Kultur" wurde kein Regelungsbedarf gesehen. Art. 6 II, 7 I, 3 und 12 GG übten bereits einen vereinheitlichenden Einfluß auf die Gesetzgebung der Länder aus; dem Bund seien durch die Kompetenznormen Art. 74 Nr. 13 GG (Ausbildungs- und Forschungsförderung), Art. 75 Nr. 1a GG (Hochschulrahmengesetzgebung) sowie Art. 91a und 91b GG (Gemeinschaftsaufgaben) sinnvolle Ergänzungen und Maßnahmen der Hauptverantwortlichen im Bildungsbereich, also den Ländern, erlaubt.

*Staatszielbestimmungen* wie solche für Arbeit und Wohnen erweckten bei den Menschen unerfüllbare Erwartungen und förderten *Illusionen.* Aus der Diskrepanz von Verfassung und Verfassungswirklichkeit folgten unweigerlich Enttäuschungen, die die Autorität und die Akzeptanz der Verfassung beschädigten und erheblich zur Politikverdrossenheit beitrügen. Deshalb sei das von den Befürwortern vorgebrachte Integrationsargument hinsichtlich sozialer Staatsziele äußerst fraglich. Das Gegenteil sei wahrscheinlich: Distanzierung und Mißtrauen gegenüber Staat und Verfassung.[44]

---

44 Lübbe Wolff (GVK 16.6.1992, Nr. 56, 6) sieht diese Gefahr nur dann, wenn Staatszielbestimmungen die Rolle eines „folgenlosen Papierbekenntnisses" zugedacht wird. Wenn Bürger dagegen die Aufnahme neuer Staatsziele (Erhaltung und Schaf-

Grundsätzlich sei der Auftrag des Gesetzgebers zur Schaffung einer gerechten Sozialordnung bereits aus dem *Sozialstaatsgebot* der Art. 20 und Art. 28 GG abzuleiten.[45] Dieser Regelungsauftrag beinhalte schon die oben genannten sozialen Staatsziele. Er werde darüber hinaus durch die Grundrechtsgewährleistungen der Art. 12, 9 III, 33 II GG und durch die Verfassungsverpflichtung nach Art. 109 II GG ergänzt und verstärkt. Deshalb bedürfe es auf Bundesebene keiner weiteren Konkretisierungen. In Anlehnung an Brohm läßt sich die Argumentationskette der ablehnenden Stimmen durch die nachfolgenden verfassungsrechtlichen Überlegungen untermauern. Er vertritt die These, daß hinter den Grundrechten als subjektive Abwehrrechte Werte oder Rechtsgüter stehen, „die als Elemente objektiver Ordnung grundlegende Gestaltungsprinzipien einer bestimmten Gesellschaft und ihres politischen Systems bilden". Die Pflicht des Staates sei es nun, diesen objektivrechtlichen Gehalt der Grundrechte zu fördern, was allgemein anerkannt sei. In dieser Gehaltsqualität wendeten sich die Grundrechte vorrangig an den Gesetzgeber mit dem Auftrag, „eine Rechtsordnung zu schaffen, die möglichst vielen es erlaubt, von ihren Grundrechten als subjektiven Individualrechten auch Gebrauch machen zu können". Insofern habe der objektiv-rechtliche Gehalt die Funktion, die Grundrechte als subjektive Rechte zu stärken. Allerdings fügt er sogleich einschränkend hinzu, daß dem Gesetzgeber dabei ein weites Entschließungs- wie auch Auswahlermessen einzuräumen sei. Nur in Extremsituationen könne sich das Ermessen zu einer Pflicht zum Handeln und noch seltener zu einer Pflicht zu einer bestimmten Handlung verdichten. Damit erfüllten die Grundrechte als Elemente subjektiver Ordnung praktisch die Funktion von Staatszielen. Hinsichtlich einer weiteren Konkretisierung von Staatszielen sei Zurückhaltung geboten, weil ausdrückliche Festlegungen wiederum mit den oben aufgezählten Konsequenzen (Legitimationsschwund der Verfassung, Einschränkung der Entscheidungsfreiheit des Gesetzgebers usw.) verbunden seien. Aus diesem Grund empfiehlt er, Staatsziele „interpretativ" aus den Grundrechten abzuleiten. Diese Praxis vermeide weitgehend die unerwünschten Folgen und erlaube darüber hinaus eine „flexibelere Anpassung an die jeweils vorgegebenen Situationen" (Brohm 1994, 217f.).

Pointiert formuliert lag der Kern des Streits um Staatsziele und Grundrechte in der GVK in der unterschiedlichen Interpretation des *politischen* Bedingungszusammenhangs beider Rechtsfiguren. Die Position der *Reformbefürworter* läßt sich demnach wie folgt zusammenfassen: Der soziale Leistungsstaat als Sozialstaat existiert unabhängig von der Tatsache, ob soziale Grundrechte oder Staatszielbestimmungen als solche, d.h. ohne jede verfassungsrechtliche Konkretisierung weitergehend die Verfassung anreichern.

---

fung von Arbeitsplätzen, Schutz der Umwelt) befürworteten, so könne man davon ausgehen, daß es ihnen um einen effektiven Schutz ihrer sozialen und ökologischen Anliegen gehe und nicht um folgenlose Verlautbarungen.

45 So auch die SVK 1983 in bezug auf Beschaffung von Arbeit und Ausbildungsplätzen (Rz. 94).

Vielmehr gilt, daß sich das Sozialstaatsprinzip mit den klassisch-liberalen Freiheitsrechten zu sozialen Teilhaberechten verschränkt. Sie bedeuten die verfassungsrechtliche Anerkennung des Geltungsanspruchs sozialer Grundrechte und Staatszielbestimmungen. Deshalb sollte sich der Verfassungsgeber ausdrücklich zu ihnen bekennen (vgl. Hammer 1993, 52f.). Dagegen argumentieren die *Reformgegner*: Hinter den Grundrechten als subjektive Abwehrrechte stehen Rechtsgüter. Sie gelten als Elemente objektiver Ordnung und sind als ‚Wertentscheidung mit positiver Förderungsfunktion des Staates zugunsten des Grundwertes' anzusehen. Der Staat hat die Pflicht, diesen objektiv-rechtlichen Gehalt der Grundrechte zu fördern, indem er etwa Staatsziele interpretativ aus ihnen ableitet. Allenfalls sollten daher soziale Gewährleistungen Inhalt von Staatszielbestimmungen sein.

## 4. *Die Verfassung ein politisches Grundbuch? Deutsches Verfassungsverständnis und deutsche Verfassungsinterpretation*

Nachdem sich Pulverdampf und Gefechtslärm um das Ergebnis der Arbeit der GVK relativ rasch verflüchtigt haben, ist es an der Zeit, den Versuch einer Bewertung des Reformvorhabens zu unternehmen. Richtpunkte werden dabei nicht die konträren und z.T. polemisch vorgetragenen Positionen und Meinungen sein[46]. Sie sind sowohl hinsichtlich der Arbeit als auch in bezug auf das Arbeitsergebnis der Kommission unangemessen. Vielmehr geht es darum aufzuzeigen, welche Entwicklungspotenz der Verfassungsgedanke im aktuellen Wechselverhältnis von Verfassung und politischer Wirklichkeit besitzt sowie ob und wie diese Potenz durch die Kommission ausgeschöpft wurde. Damit stellen sich Fragen nach der *Funktion* sowie den *Leistungsgrenzen* einer Verfassung und gleichzeitig nach den *Orientierungspunkten* ihrer möglichen Änderung.[47] Die Antworten können durchaus als Maßstab für ein abgewogenes Urteil über das Arbeitsergebnis der GVK und damit auch für die erzielte Reformweite und -tiefe des GG gelten.

Zentrale Aufgabe aller Verfassungen ist nach wie vor die Festlegung von Regeln, nach denen Organe und Verfahren der politischen Willensbildung, der Willensdurchsetzung und ihrer Kontrolle bestimmt werden. Wie die Entwicklung des formellen Rechtsstaatsgedankens zeigt, kennzeichnet den Charakter einer solchen Herrschaftsorganisation nicht nur ein formales Sy-

---

46 Stefan Kornelius spricht von einem Renovierungstrupp, der nicht viel mehr produziert habe als einen Berg Papier, in: Süddeutsche Zeitung vom 3./4. 7. 1993, S. 10. Für Scholz (1993, 249) wurde dagegen darüber gestritten, „ob das Grundgesetz in seiner prinzipiellen Struktur und Methodik erhalten bleiben solle oder ob hier eine mehr oder weniger grundlegende Systemveränderung angestebt werden solle".

47 Aufschlußreich Grimm 1994, 321ff., 374ff, der diese Fragestellungen überwiegend unter verfassungsrechtlichen Gesichtspunkten diskutiert.

stem beliebiger Spielregeln. Sie kann durchaus Strukturen enthalten, die den Prozeß der Umsetzung faktischer in rechtlich gebundene Macht mehr oder weniger an Öffentlichkeit bindet und damit Rücksichten bei der Machtausübung erzwingt.

Einen Funktionswandel hat die Verfassung durch die Umdeutung der Grund- bzw. Freiheitsrechte von Abwehrrechten des einzelnen gegenüber dem Staat hin zu Teilhaberechten erfahren. Dieser Vorgang war die Konsequenz der Einsicht, daß formelle verfassungsrechtliche Garantien – wie etwa die Gleichheit vor dem Gesetz – nur durch ihre materielle Fundierung sozialen Ungerechtigkeiten entgegenwirken können. Damit konnte der Sozialstaatsgedanke des GG zum Korrelat des Rechtsstaatsprinzips werden.[48]

Verfassungen erfüllen eine weitere wichtige Aufgabe. Als Normengefüge bewirken sie eine gewisse Regelmäßigkeit und Gleichförmigkeit von Handlungsabläufen. Damit entlasten sie den Normanwender von der Notwendigkeit, ständig neue situationsgerechte Handlungsweisen zu entwerfen. Neben diese Entlastungs- tritt eine sinnstiftende Funktion. Immer dann, wenn Individuen, Gruppen, Staaten usw. von ihren Handlungsadressaten regelmäßiges Verhalten erwarten und sich darauf einstellen können, sind sie in der Lage, selbst konsistent zu handeln und soziale Beziehungen zu knüpfen. Entlastend und sinnstiftend wirken sowohl verfassungsrechtliche Normen als auch die Sozialstaatsklausel des GG als Pogrammsatz. „Sie reduzieren als Grundprinzipien der Verfassung den Auslegungsspielraum und nennen die Interpretationsrichtung" (Grimm 1994, 326).

Diese Verfassungsleistungen müssen im Zusammenhang mit modernen Politikprozessen gesehen werden. Sie stellen sich nicht mehr als einseitige Durchsetzung obrigkeitsstaatlicher Gerechtigkeitsvorstellungen dar. Vielmehr vollziehen sie sich im Rahmen von Netzwerken auf der Ebene von „Aushandelungs-Expertokratien". Netzwerke dieser Art bilden in der Regel eher egalitäre als hierarchische Strukturen, fragmentieren politische Diskurse und reduzieren staatliche Gestaltungsfähigkeit hinsichtlich angestrebter Ordnungskonzeptionen.[49] Angesichts dieser Herausforderungen kann und darf sich eine Verfassung nicht mehr auf die bloße Organisation des Staatsapparats und die Begrenzung der Staatsgewalt konzentrieren. Sie muß vielmehr Staats- *und* Sozialordnung sein. Die Konsequenz dieser Einsicht für das GG liegt auf der Hand: die Verfassung gewinnt zwangsläufig in dem Maße an programmatischer Qualität wie sie an mittelbarer Anwendbarkeit verliert. Daraus folgert Grimm, daß man sich angewöhnen müsse, Verfassungen zu weiten Teilen als – freilich normativen, d.h. verbindlichen – Entwurf zu se-

48 Diese Position ist nicht unumstritten. Forsthoff (1961, 145) erkennt den Sozialstaat zwar als tatsächliche und rechtliche Realität an, postuliert jedoch, „daß Rechtsstaat und Sozialstaat *auf der Verfassungsebene* nicht vereinbar sind und das daß Grundgesetz als eine prinzipiell rechtsstaatliche Verfassung verstanden werden muß".

49 Zu den verfassungsrechtlichen und verfassungspolitischen Konsequenzen solcher Vorgaben für die Politikfelder „Sozialpolitik" und „Staatsfinanzen" s. Gerlach/Konegen/Sandhövel 1996, 21f., 167ff.

hen. Die Verfassung sei als normatives Sinngefüge primär etwas Gesolltes, nicht notwendig etwas Bestehendes. Darin liege eben nicht der Niedergang des Verfassungsgedankens, sondern seine Verwirklichung unter veränderten Bedingungen. Was als Niedergang beschworen werde, habe sich als die Ablösung eines bestimmten Verfassungsbegriffs herausgestellt (Grimm 1994, 328).

Der Tatbestand der schwindenden unmittelbaren Anwendbarkeit verfassungsrechtlicher Normen des GG ist die Folge einer zwangsläufigen sozialstaatlichen Eigendynamik, die zum *Sachverhalt* der Unterschiedlichkeit von Verfassung und Verfassungswirklichkeit führt, der als durchaus normal anzusehen ist. In Verkennung der zunehmenden programmatischen Funktion der Verfassung wird dieser Befund im deutschen Staats- und Verfassungsdenken jedoch häufig zum *Problem* eines Gegensatzes von Verfassungsnorm und Verfassungswirklichkeit umgedeutet, dessen Lösung in der fortwährenden Angleichung von Verfassungsrecht und sozialen Strukturen zu suchen ist. Gelingt der Ausgleich nicht, beschreibt die Verfassung also nicht die Realität,[50] so ist der Substanzverlust der Verfassung programmiert und sie wird nicht mehr „ernst" genommen. Bestenfalls „dient (sie dann nur noch) als ideologischer Schein zur Verdeckung einer sich im Zustand der Sündigkeit befindlichen Wirklichkeit" (Hennis 1968, 252). Hennis hat auf die folgenreichen Konsequenzen eines solchen Verfassungsverständnisses hingewiesen. Danach wird die Verfassung zwangsläufig zu einem „politischen Grundbuch" (ebd., 245) degradiert, in dem akribisch geistige, politische und ökonomische Entwicklungen immer nur nachgetragen werden müssen, weil sie in der erforderlichen Präzision eben nicht antizipierbar und auch nicht vollständig erfaßbar sind. In diesem einfachen Zusammenhang liegt der Grund, warum sich das vermeintliche Problem auf einen selbstverständlichen Sachverhalt reduziert. So wird die Fiktion des *Problems* eines Gegensatzes von Norm und Wirklichkeit zur Realität – ein klassisches Beispiel für eine sich selbst erfüllende Voraussage! Durch sie erhält das GG über die gebotene Normalität hinaus einen geradezu sakralen Gebotsrang und die Verfassung degeneriert zu einer „Vergatterung der Nation zum Grundrechtsvollzug" (ebd., 250) mit dem Ziel, das GG zu „erfüllen". Folgt man diesen Überlegungen, so war es nur konsequent, das GG nicht mit sozialen Grundrechten anzureichern.

Der Tatbestand (nicht das Problem!) der Diskrepanz von Recht und Wirklichkeit weist auf die Leistungsgrenzen von Verfassungen hin, die bei einer Reform auch des GG stets zu beachten sind. Sie werden u.a. durch Sachzwänge, Systemgrenzen und durch die beschränkte Reichweite der Verfassung selbst besonders deutlich. So mutiert die strahlende Hinterlassenschaft von Kernkraftwerken zum Sachzwang, weil die Folgen der Entscheidung zum Einstieg in die Atomwirtschaft nicht mehr änderbar sind; im übrigen auch nicht durch einen demokratischen Mehrheitswechsel nach Punkt und Komma der geltenden Verfassung. Verfassungsrecht stößt an System-

50 Die Aufgabe sollte zuständigkeitshalber eher der Politikwissenschaft bzw. der Soziologie zugewiesen werden.

grenzen immer dann, wenn beispielsweise die Aufnahme sozialer Grundrechte in das GG eine Änderung grundlegender Prinzipien des Teilsystems „Wirtschaftsordnung“ bedeuten würde. Schließlich besitzen Verfassungen in der politischen Wirklichkeit stets eine beschränkte Reichweite, weil sich extrakonstitutionelle Akteure über legale Organe Einfluß auf staatliche Entscheidungsprozesse verschaffen. Ihre Einflußmacht ist jedoch juristisch kaum zu begrenzen (Grimm 1994, 332). Der Hinweis auf die bisher erfolglosen Versuche einer wirksamen Kontrolle von Verbandstätigkeiten mag an dieser Stelle genügen. Es sind die sozialen Wirklichkeiten mit ihren hohen Eigendynamiken, die besondere Anforderungen an den Realitätsbezug und an die Vollzugsqualität von Verfassungen stellen.

Auch Verfassungen altern, sie können änderungsbedürftig werden. Zum einen produzieren sich neu konstituierende soziale Wirklichkeiten einen ständigen Regelungsbedarf, zum anderen sind Verfassungsartikel stets historische Ausprägungen bestimmter bzw. überzeitlicher Ideen, die einem Anpassungsbedarf unterliegen können. Beide Gesichtspunkte hatte die GVK in ihren Beratungen zu bedenken. Weiterhin hatte der Grundsatz zu gelten, daß Verfassungsänderungen nur dann angebracht sind, „wenn sich die Verfassung mit Zwangsläufigkeiten in Widerspruch befindet und so ihre Verletzung selbst heraufbeschwört oder wenn sie wünschbare Entwicklungen behindert und sich dadurch um ihre innere Legitimation bringt“ (Grimm 1994, 337). Für den Bereich „Staatsziele und Grundrechte“ – und nur für diesen – kann mit Einschränkung gelten, daß die vorgenommenen Verfassungsänderungen auch zu einer Verfassungsverbesserung führen können. „Können“ deshalb, weil Verfassungen stets (nur) Sollzustände angeben und damit den politischen Akteuren Handlungshinweise und Anordnungen im Rahmen der durch die Verfassungsartikel abgesteckten Auslegungsspielräume und Interpretationsrichtungen einräumen. Dabei ist jedoch stets zu bedenken, daß nicht schon der Erlaß einer Norm einen gesollten Zustand realisiert, sondern erst die Art und Weise ihrer Anwendung auf die soziale Wirklichkeit durch die dafür legitimierten Akteure. Neben Verfassungsverständnis und Verfassungsinterpretation hatten Stil und Procedere des gesamten Reformprozesses Einfluß auf die Qualität des Beratungsergebnisses. Auch in diesem Fall gilt wohl der klassische Satz: Verfassungsfragen sind stets Machtfragen. Und die waren längst entschieden.

## *Literatur*

*Badura,* Peter 1986: Staatsrecht, München

*Badura,* Peter 1992: Kurze thesenartige Stellungnahme zur Vorbereitung der öffentlichen

*Brohm,* Winfried 1994: Soziale Grundrechte und Staatszielbestimmungen in der Verfassung. Zu den gegenwärtig diskutierten Änderungen des Grundgesetzes, in: Juristen Zeitung, Jg. 49, Heft 5, S. 213-220

*Bundesrat* 1992: Stärkung des Föderalismus in Deutschland und Europa sowie weitere Vorschläge zur Änderung des Grundgesetzes. Bericht der Kommission Verfassungsreform des Bundesrates, Drucksache 360/92, *Bonn*

*Entscheidungen des Bundesverfassungsgerichts* 33 (1973), 35 (1974), 39 (1975), 62 (1983)

*Forsthoff*, Ernst 1961²: Verfassungsprobleme des Sozialstaates, in: Ders. (Hrsg.) 1968: Rechtsstaatlichkeit und Sozialstaatlichkeit, Darmstadt

*Gemeinsame Verfassungskommission* (GVK) 16.6.1992: 2. Öffentliche Anhörung (A). „Staatsziele und Grundrechte" (außer Art. 3. und 6 GG), Bonn

*Gemeinsame Verfassungskommission* (GVK) 16.6.1992: Anhörung zum Thema Staatsziele und Grundrechte, Arbeitsunterlage (Au) Nr. 45

*Gemeinsame Verfassungskommission* (GVK) 16.6.1992: Denninger, Erhard: Anhörung der gemeinsamen Verfassungskommisssion. Schriftliche Stellungnahme zum Fragenkatalog, Arbeitsunterlage (Au) Nr. 47

*Gemeinsame Verfassungskommission* (GVK) 16.6.1992: Lübbe Wolff: Staatsziele und Grundrechte, Arbeitsunterlage Nr. 52

*Gemeinsame Verfassungskommission* (GVK) 16.6.1992: Sterzel, Dieter: Thesen zum Anhörungsthema Staatsziele und Grundrechte, Arbeitsunterlage Nr. 49

*Gemeinsame Verfassungskommission* (GVK) 16.6.1992: Vitzthum, Wolfgang Graf: Stellungnahme zum Fragenkatalog zum Beratungsgegenstand der Gemeinsamen Verfassungskommisssion Staatsziele und Grundrechte vom 27. Mai, Arbeitsunterlage Nr. 52

*Gemeinsame Verfassungskommission* (GVK) 14.5.1992 u. 12.11.1992: Stenographischer Bericht, 6. Sitzung

*Gemeinsame Verfassungskommission* (GVK) 11.2.1993: Tonbandprotokoll, 17. Sitzung

*Gemeinsame Verfassungskommission* (GVK) 5/1993, hrsg. v. Deutschen Bundestag, Bonn

*Gemeinsame Verfassungskommission* (GVK) 5/1993: Kommissionsdrucksache Nr. 43: Antrag zum Bereich „Staatsziele" (Land Berlin), Bonn, 294

*Gemeinsame Verfassungskommission* (GVK) 5/1993: Kommissionsdrucksache Nr. 45: Antrag zur Verankerung des Umweltschutzes im Grundgesetz (Abg. Dr. Ullmann), Bonn, 295

*Gemeinsame Verfassungskommission* (GVK) 5/1993: Kommissionsdrucksache Nr. 47: Antrag zum Staasziel „Umweltschutz" (CDU/CSU-Fraktion, Bonn, 295

*Gemeinsame Verfassungskommission* (GVK) 5/1993: Kommissionsdrucksache Nr. 49: Antrag zum Themenbereich „Staatsziele" (Staatsminister Dr. Stoiber), Bonn, 296

*Gemeinsame Verfassungskommission* (GVK) 5/1993: Kommissionsdrucksache Nr. 9: Antrag zur Einführung eines Staatsziels „Umweltschutz" ins Grundgesetz (Hessen), Bonn, 277

*Gemeinsame Verfassungskommission* (GVK) 5/1993: Kommissionsdrucksache Nr. 94: Antrag auf Einfügung eines Artikels 20a GG „Umweltschutz" (Abg. Dr. Jahn), Bonn, 314

*Gerlach*, Irene/Konegen, Norbert/Sandhövel, Armin 1996: Der verzagte Staat. Policy-Analysen Sozialpolitik, Staatsfinanzen, Umwelt, Opladen

*Grimm*, Dieter 1994²: Das Grundgesetz nach vierzig Jahren, in: Ders., Die Zukunft der Verfassung, Frankfurt/M., S. 374-395

*Grimm*, Dieter 1994²: Verfassungsfunktion und Grundgesetzreform, in: Ders., Die Zukunft der Verfassung, Frankfurt/M., S. 315-337

*Hammer*, Ulrich 1993: Soziale Grundrechte und Staatszielbestimmungen zwischen Ideologie und Wirklichkeit, in: Zeitschrift für Tarifrecht, Heft 2, S. 47-53

*Heitmann*, Steffen 1993: Etwas hat sich geändert, vieles wird sich ändern. Das Grundgesetz bleibt. – Gedanken zum Abschluß der Arbeit der Gemeinsamen Verfassungskommission, in: FAZ vom 22.11.1993, S. 12

*Hennis*, Wilhelm 1968: Verfassung und Verfassungswirklichkeit. Ein deutsches Problem, in: Manfred Friedrich (Hrsg.): Verfassung. Beiträge zur Verfassungstheorie; Darmstadt 1978, S. 232-267

*Hofmann*, Gunter 1993: Eine Chance wird vertan, in: Die Zeit v. 19.2., S. 8

*Isensee*, Josef 1980: Verfassung ohne soziale Grundrechte, in: Der Staat 19, S. 367-384

*Kriele*, Martin 1994: Tricks zur Verfassungsänderung, in: Frankfurter Allgemeine Zeitung v. 4.2., S. 11

*Meyer-Teschendorf*, Klaus G 1993: Staatszielbestimmung und Umweltschutz, in: Aus Politik und Zeitgeschichte, Betrifft: Ihr Schreiben vom 52-53, 24. Dezember, S. 23-27

*Müller*, Jörg P. 1992: Stellungnahme zu Händen der Gemeinsamen Verfassungskommission zum Fragenkatalog „Staatsziele und soziale Grundrechte“ vom 27. Mai, Arbeitsunterlage Nr. 54

*Narr*, Wolf-Dieter 1994: Nachruf auf ein Nichtereignis: Die Verfassungsreform, in: Leviathan, Heft 4, S. 461-469

*Pieroth*, Bodo/*Siegert*, Anja 1994: Kulturelle Staatszielbestimmungen. Analyse der Beratungen der Gemeinsamen Verfassungskommission, in: Recht der Jugend und des Bildungswesens, Jg. 42, Heft 4, S. 438-456

*Richter*, Ingo/*Schuppert*, Gunnar F. 1991[2]: Casebook Verfassungsrecht, München

*Sachverständigenkommission* (SVK) 1983: Der Bundesminister des Innern, Staatszielbestimmungen Gesetzgebungsaufträge, hrsg. v. Bundesminister der Justiz, Bonn

*Scheuner*, Ulrich 1972: Staatszielbestimmungen, in: Manfred Friedrich (Hrsg.): Verfassung. Beiträge zur Verfassungstheorie, Darmstadt 1978, S. 329-354

*Schmidt-Bleibtreu*, Bruno/*Klein*, Franz 1995[8]: Kommentar zum Grundgesetz, Berlin

*Scholz*, Rupert 1993: Neue Staatsziele in das Grundgesetz?, in: Die neue Ordnung, Heft 4, S. 249-255

*Steiner*, Udo 1984: Kulturauftrag im staatlichen Gemeinwesen, in: Veröffentlichungen der Vereinigung deutscher Staatsrechtslehrer (VVDStRL) H. 42

*Stern*, Klaus 1988: Das Staatsrecht der Bundesrepublik Deutschland, München

*Peter Nitschke*

# Grundgesetz und Europa

Von vornherein stand diese Debatte in der GVK unter dem Vorzeichen des Maastricht-Vertrags. Es war dies vor allem im Hinblick auf die aufrechtzuerhaltende Qualität des Grundgesetzes die maßgebliche Debatte, in der, mehr noch als bei den anderen Sachfragen, die Substanz – oder wenn man es anders ausdrücken will: der Sinnverlust – der Parlamentarier und Bundesratsrepräsentanten im Umgang mit *ihrer* Verfassung sinnfällig zum Ausdruck gekommen ist. Zur Einordnung dieser Auseinandersetzung, die dann in der Neufassung von Art. 23 GG als dem sogenannten *Europa-Artikel* zur verfassungsrechtlichen Ratifizierung kam, müssen daher eingangs ein paar Rahmenbedingungen dieser Debatte vorausgeschickt werden.

## *I. Maastricht-Europa und das große Fragezeichen*

Im Hinblick auf die durch Maastricht zunächst noch zu unionisierende Kraft der Europäischen Gemeinschaft gab es Anfang der 90er Jahre bezüglich der deutschen Länder eine Vielzahl von Befürchtungen, was die Qualität ihrer politischen Kompetenzen im weiteren Integrationsprozeß ausmachen würde. Wie z.B. bei den Nassauer Gesprächen 1991 auf den Punkt gebracht, sah man für die bevorstehende Europäische Union eine strukturelle Beeinträchtigung der Länderkompetenzen in einer ganzen Reihe von Politikfeldern voraus (vgl. Dette-Koch 1991, 112ff.):

1. Bildungs- und Kulturpolitik
2. Forschungspolitik
3. Rundfunk
4. Förderung der regionalen Wirtschaftsstruktur
5. Mittelstandspolitik
6. Umweltschutz
7. Finanzpolitik

All diese Policyfelder erschienen problematisch (und sind es nach wie vor), weil die Kompetenzverteilung zwischen der EG und den Mitgliedsstaaten einzig im Bereich der gemeinsamen Politiken wie der Landwirtschaft, der Verkehrs- und Handelspolitik auf dem gemeinsamen Binnenmarkt verfahrensrechtlich exakt festgelegt sind. Selbst hier gibt es bekanntlich noch genug Streitigkeiten.

Ansonsten sind auch mit dem Maastrichter Vertragswerk für die zentrale Koordination keine thematisch abgeschlossenen Politikbereiche zusätzlich übertragen worden. Was aber nicht bedeutet, daß die Brüsseler Kommission nicht in all die oben genannten Materien (1-7) über den funktionalen Weg mit hineinredigieren könnte. Dieser Problematik hatte man sich in der GVK zu stellen – und zwar unter einer zeitlichen Vorgabe, denn Maastricht konnte vom Deutschen Bundestag nur (und erst) dann ratifiziert werden, wenn zuvor die Frage der neuen Qualität der Europäischen Union im Grundgesetz selbst entschieden und vor allem das bundesrepublikanische institutionelle Gefüge zwischen Bund und Ländern im Hinblick auf die weitere europäische Integration verfassungskonform festgelegt worden ist.

Es galt daher für die Mitglieder der GVK vorrangig zu prüfen und zu klären:

1. wie die Beziehung von Bund und Länder im Hinblick auf die EU aussehen soll.
2. wieviel der bundesrepublikanische Föderalismus durch die Bestimmungen von Maastricht eventuell an Substanz verliert (oder im Vorfeld bereits verloren hat) und was sich davon überhaupt noch für die Länder kompensieren läßt.
3. wieviele föderale Strukturmuster von Seiten des Bundes und der Länder in den Integrationsprozeß der EU hineingetragen werden können, damit die föderale Substanz des Grundgesetzes noch gewährleistet ist bzw. eventuell gestärkt wird.

Die Probleme, um die es also ging (und nach wie vor geht), sind wechselseitig verschränkt und leiden allesamt unter dem Manko, daß es in der seinerzeitigen Situation im Jahre 1992 schwer gewesen ist, sich ein klares hermeneutisches Profil von der Verfassungssubstanz und politischen Tragweite der EU zu machen.Voscherau brachte dies bereits in der vierten Sitzung der GVK auf den Punkt, indem er konstatierte, daß die Ergebnisse von Maastricht zur Politischen Union „auch nicht so“ seien, „daß man daraus schon Maßstäbe ableiten könnte, auf die hin eine deutsche föderative Ordnung kompatibel fortentwickelt werden könnte“ (GVK 2.4.1992, 23).

Die Schwierigkeit für alle Beteiligten bei der Diskussion um die Wahrung der föderalen Struktur in Deutschland lag also rein hermeneutisch schon darin begründet, daß die Verfassungskommission durch die zeitgleichen Vorgänge im Zusammenhang mit den Bestimmungen von Maastricht im Zugzwang war. Die GVK arbeitete nicht in statu nascendi wie seinerzeit der Parlamentarische Rat, d.h., es gab hier keine Möglichkeit einer Tabula-rasa-Option: das Grundgesetz existierte nach Ansicht vieler Teilnehmer der Veranstaltung in optimaler Weise und sollte lediglich in einigen Punkten, wie dem der Europa-Frage, modifiziert werden. Aber unzweideutig war, daß durch den mit Maastricht forcierten Prozeß der europäischen Integration sich doch die Gewichte in der Perspektive für den bundesdeutschen Föderalismus verschieben würden: sollte es nun vorrangig um die Binnenstruktur der föderalen Ordnung Deutschlands gehen oder um die der Europäischen Union? – Die Gleichzeitigkeit dieser beiden Vorgänge wäre natürlich in einer Gesamtperspektive möglichst ausgewogen zu vereinen gewesen. Aber genau hier ergab sich die fundamentale Schwierigkeit: was für die Bundesregierung als nationalen Basisbaustein mit dem in Maastricht vereinbarten Subsidiaritätsprinzip in Art. 3b unter *Föderalismus* wichtig ist, wäre ihre unter Zentralismus und Monopolisierung zu sehende nationale Handlungsfreiheit, weil sie sich in Konkurrenz mit den anderen nationalen Föderationspartnern in der EU zu behaupten hat. Für die Länder im Bund jedoch wäre genau dies zweifellos eine fatale Lösung: für sie muß es im Gegenteil mit und durch Maastricht um eine Rückgewinnung ihrer ursprünglichen föderalen Qualitäten gehen. Andernfalls würden sie noch mehr in ihrer Handlungssubstanz ausgehöhlt und ihre Parlamente zu bloßen Akklamationsorganen nicht nur der Bundesregierung, sondern dann eben auch der Brüsseler Zentrale. Die deutschen Länder als *potenzierte Selbstverwaltungskörperschaften* (Scholz 1993a, 4) wären dann gerade durch die europäische Integration auf der Strecke geblieben. Das galt es zu verhindern, und so war zwangsläufig die Debatte in der GVK auch mustergültig eine Auseinandersetzung zwischen den überzeugten Föderalisten und den nicht minder überzeugten nationalen Zentralisten.

## *II. Die Debatte*

Die Parteien selbst waren in der Frage der Europafähigkeit des Grundgesetzes nicht so sehr der Ausgangspunkt der Polarisierung, sondern die Konstellation zwischen den Ländervertretern als Föderalisten und den Bundestagsabgeordneten mehrheitlich als Zentralisten gab hier vielmehr den Ausschlag für die Debatte (vgl. auch Klotz 1993, 40).

Die grundsätzliche Bedeutung, die der Föderalismus in den Diskussionen der GVK gehabt hat, wird ersichtlich, wenn man sich die Anzahl der diesbezüglichen Änderungsvorschläge in der Synopse der Bestimmungen seitens der GVK anschaut: von 23 Vorschlägen zu Artikel-Änderungen des Grundgesetzes betreffen immerhin 16 die Föderalismus-Frage (ca. 70%)![1] – Analysiert man die Änderungen bzw. Ergänzungsvorschläge in den einzelnen Absätzen, so kommt man bei insgesamt 44 Vorschlägen auf 24 – das entspricht einer Quote von etwa 55% (Auswertung nach GVK 1993, 128ff.).

---

1 Diese Relevanz ist insofern verständlich, da etwa 55% aller Bundesgesetze der Zustimmung des Bundesrats bedurfen. Als Folge dieser Relation in der nationalen Polity sind bisher zwei Drittel aller Verfassungsänderungen des Grundgesetzes bezüglich föderalistischer Fragen erfolgt.

Dabei war der Föderalismus nur bei 7 von insgesamt 26 Sitzungen Thema der Diskussion (ca. 25%) sowie bei der Anhörung der Sachverständigen am 22. Mai 1992.

In dieser Föderal-Debatte über Europa wurde gleich von Anfang an deutlich, daß sowohl CDU/CSU als auch die SPD eine Änderung von Art. 24 GG anstrebten. So meinte beispielsweise Günter Verheugen, daß sich in einem hegelschen Sinne die deutsche Verfassung und der Nationalstaat in einem europäischen Bundesstaat aufheben würden (vgl. GVK 13.3.1992, 30). Bis es eines Tages dahin käme, wären allerdings zuvor elementare Gefahren für das Grundgesetz in Rechnung zu stellen bzw. auszutarieren, so z.B. die Frage, „ob durch den heutigen Zustand nicht bereits das Demokratiegebot unseres Grundgesetzes verletzt wird" (GVK 13.3.1992, 31)? – Ist zudem die Europäische Gemeinschaft wirklich noch eine zwischenstaatliche Institution – oder schon mehr? – Darf die Bundesregierung überhaupt Normen auf europäischer Ebene zustimmen, obwohl sie hierfür in den Sachfragen eventuell keine Mehrheitsfähigkeit bei den gesetzgebenden Körperschaften findet (vgl. GVK 13.3.1992, 32)?

Fragen dieser Reichweite mußte sich die GVK stellen. Das betraf auch Materien, die bis in die Haushaltswirtschaft (Art. 109 GG) die materielle Selbstständigkeit von Bund und Ländern in ihren jeweiligen Regelungsbereichen zusichern, was durch Maastricht strukturell in Frage gestellt ist (vgl. auch GVK 13.3.1992, 33). Die Gefahr liegt darin, wie auch Herbert Schnoor betonte, daß die Länder auf die Stufe von Provinzen degradiert werden könnten, sofern man hier nicht einen entsprechenden Passus als Sicherungsanker für die Länder im Grundgesetz einbauen würde (vgl. GVK 13.3.1992, 37).[2] Hierin war man sich immerhin weitgehend einig: „ohne substantielle Kompetenzen" würden die Länder für die weitere Integrationsperspektive „in Deutschland und Europa nicht überleben können" (GVK 2.4.1992, 7).

Die wesentliche Frage war allerdings, wie weit die Kompetenzrechte gehen sollten, die den Ländern zugebilligt werden müßten. Genau hierüber gab es den grundsätzlichen Disput. Rupert Scholz, nicht nur in seiner Eigenschaft als Vorsitzender brillant, erwies sich in dieser Debatte als signifikanter Vertreter und Verfechter der zentralistischen Kompetenz des Bundes, indem er die Dialektik zwischen Bund und Ländern einzig unter dem Gesichtspunkt von *divide et impera* auslegte.

---

2 Das gilt im übrigen auch und mehr noch für die Kommunen. Hier ist evident, daß der Maastrichter Vertrag die Ebene der kommunalen Selbstverwaltung keinesweg explizit schützt. Bezeichnenderweise ist auch der Versuch von Schnoor u.a., im Rahmen der GVK-Diskussion hier eine entsprechende Staatszielbestimmung für den Europa-Artikel des Grundgesetzes mit aufnehmen zu lassen, nicht durchsetzungsfähig gewesen (vgl. Schnoor 1993, 11). Lediglich im Rahmen einer Protokollnotiz haben die Berichterstatter zum Ausdruck gebracht, daß „ihr" Verständnis von Subsidiarität „die Bestandsgarantie der kommunalen Selbstverwaltung in der Bundesrepublik Deutschland einschließt" (GVK 26.6.1992, Arbeitsunterlage Nr.63).

Das ist allerdings ein Standpunkt gewesen, der auch von vielen Vertretern aus der Sozialdemokratie ähnlich gesehen wurde, jedenfalls immer dann, wenn sie positionell aus dem Bundestag kamen – wie etwa Willfried Penner, der kritisierte, daß die Länder beim Föderalismus eigentlich nur ihre Exekutivrechte als Regierungen im Sinne hätten (vgl. GVK 2.4.1992, 15). Es wurde also recht schnell deutlich, daß Vertreter aus dem nationalen Parlament, insbesondere die der CDU und FDP, letztere nochmals mit einem spezifischen Approach aus dem Auswärtigen Amt, in der bereits zu Ende der 80er Jahre debattierten Frage der sogenannten *Nebenaußenpolitik* der Länder ein ganz wesentliches Konkurrenzmodell für die außenpolitische Kompetenz des Bundes sahen und dies auch in der GVK so darstellten.

Im Prinzip aber ist die „Konkurrenzsituation" der Länder gegenüber dem Bund in Fragen der politischen Gestaltung auf der Ebene der EG nichts Verwerfliches, zumal ohnehin Art. 32 II GG den Ländern ein Anhörungsrecht zubilligt, wenn diese durch Beschlüsse des Bundes in internationalen Beziehungen spezifisch berührt werden. Im eigentlichen Sinne müßte man hier von einem subnationalen Kongruenzverhältnis sprechen, in dem die nationale Polity ihre subnationalen politischen Teil-Akteure befragen muß. Insofern ist hier eine konkordanzdemokratische Relation angesprochen, denn die politische Selbstbestimmung wird auch für die Länderparlamente nur dann (wieder) interessant, wenn ihre jeweilige Landesregierung auch tatsächlich eine Exekutive ist.

Penners Einwand ist aber wiederum in anderer Hinsicht durchaus berechtigt gewesen, indem er darauf hinwies, daß die Länder bei einer weitergehenden Integration der EU auf regionaler Ebene (etwa als selbständige europäische Kammer, wie es gegenwärtig für den *Ausschuß der Regionen* im Diskussionsraum steht) angesichts der großen Zahl der anderen territorialen Gebietskörperschaften (etwa in Frankreich) kaum ihre Interessen würden so erfolgreich durchsetzen können wie mit einer starken Bundesregierung (vgl. GVK 2.4.1992, 16). Die Quintessenz einer solchen, vom Grundgesetz abgesegneten, Politik würde bedeuten, daß man (um der eigenen Existenz willen) auf europäischer Ebene eigentlich auch die unitarischen Nachbarstaaten föderalisieren müßte (vgl. auch Nitschke 1996). Anke Fuchs brachte dies auf die Formel, daß die deutschen „Verfassungsprinzipien auch nach Europa getragen werden" müssen (GVK 7.5.1992, 19).

Allerdings wurden auch Bedenken geäußert, daß man vom Grundgesetz her die bundesrepublikanischen föderalen Elemente nicht einfach schematisch hoch rechnen kann, um die weitere europäische Integration quasi nach einem deutschen Standard hin zu erzwingen (vgl. GVK 12.3.1992, 10). Die europäische Einigung ist nicht einfach nur als eine funktionale Addition von Staatsgebieten zu begreifen, wobei die fundamentale Schwierigkeit darin bestand (und weiterhin besteht), wie denn die nationalen Systeme zu dieser Integration kommensurabel gemacht werden können. Was überhaupt ist an nationaler Substanz bei der weiteren europäischen Integration noch wünschenswert und muß unbedingt erhalten werden? – Hier stand gleichsam das einschlägige Statement von Daniel Bell als Paradigma zur Diskussion, demzufolge die klassischen Nationalstaaten *für die großen Probleme zu klein und für die kleinen Probleme zu groß* geworden seien (GVK 12.3.1992, 18).[3]

Die Focussierung um dieses Paradigma kam natürlich den Ländervertretern bei ihrer Argumentation zugute, konnten sie doch somit im Kontext der Frage nach einer Neuformulierung von Absatz 1 des Artikels 24 signifikant den Standpunkt vertreten, daß „es einer Zustimmung des Bundesrats künftig bedürfen soll, wenn Hoheitsrechte auf zwischenstaatliche Einrichtungen übertragen werden" (GVK 12.3.1992, 7).[4] Nicht von ungefähr hat man daher auch als ein weiteres Staatsziel das Paradigma einer *Europäischen Gemeinschaftsbildung* (Hartmut Soell, SPD) für das Grundgesetz vorgeschlagen (GVK 12.3.1992, 10): „Denn es geht hier nicht mehr nur um komplementäres Recht, sondern das, was wir hier haben, ist auch ein Stück supranationale Struktur, eine Art Megaverfassung."

Herta Däubler-Gmelin plädierte in diesem Zusammenhang dafür, ob man nicht den Grundgesetzpassus *Bund und Länder* umwandeln könne in die Titulation *Die Länder, der Bund und die Europäische Union* (vgl. GVK 12.3.1992, 24) – wobei es dann auch noch Stimmen gab, die den Status der Kommunen spezifisch berücksichtigt sehen wollten. Solche Ansätze fanden bekanntlich schließlich keine Mehrheit, jedoch gab es Einigkeit darin, daß mit Maastricht etwas ganz Fundamentales für das Verhältnis von Bund und Ländern auf den Weg gegeben sei, wie Stoiber es ausdrückte, „mit Sicherheit die gleiche Bedeutung wie die Schaffung des Grundgesetzes 1949" (GVK 12.3.1992, 27). In Anbetracht dieser Einschätzung fanden sich klare Positionen, die dafür plädierten (wie etwa Verheugen), daß den Ländern mit Zustimmung der Bundesregierung eigene Hoheitsrechte für den Bereich zwischenstaatlicher Einrichtungen zu übertragen seien (vgl. GVK 7.5.1992, 17); dies im übrigen auch im Hinblick auf interregionale Einrichtungen wie etwa den Euregios (vgl. hierzu Nitschke 1997a).

Allerdings schien zum Zeitpunkt der Debatte bei den Vertretern der SPD eine negative Bewertung der Möglichkeiten von Maastricht zu überwiegen. Dies zeigt sich signifikant u.a. an der Frage des Subsidiaritäts-Prinzips: so betonte z.B. derAbgeordnete Elmer (SPD) die ganz *schreckliche Subsidiarität*, die mit Maastricht für die EU verankert worden sei (GVK 7.5.1992, 24). Hier sah er zu Recht eine viel zu starke Formatierung auf den nationalstaatlichen Akteur im Rahmen der EU voraus. Daher forderte Elmer wie andere auch, in der deutschen Verfassung etwas festzuschreiben, was Maastricht zumindest für Deutschland in seinem dezentralen Rahmen beläßt und hierin sogar für Europa stärken kann. Im übrigen war er einer der wenigen, die darauf verweisen, daß auch die Kommunen, z.B. über die Schaffung einer Kommunalkammer, in der Länderebene gestärkt werden müßten (vgl. GVK 7.5.1992, 25).

---

3 In der Debatte zitiert von Heiner Geißler. Das Original findet sich bei Bell in seinem Aufsatz über „*The World and the United States in 2013*" (s. Bell 1987, 1ff.).

4 Vgl. hierzu auch den Bericht der Kommission „Verfassungsreform des Bundesrates" (Bundesrat 1992, 7ff.).

Nicht vergessen werden darf in diesem Zusammenhang auch die Sicht der PDS/LL. Hier machte der einzige Vertreter aus diesem politischen Spektrum (Uwe-Jens Heuer) deutlich, daß die von den westdeutschen Ländern übernommene Föderalperspektive sich seiner Ansicht nach in den neuen Ländern uniformierend auswirke (GVK 7.5.1992, 29): „Ein Föderalismus mit westdeutscher Schlagseite, der den Ostdeutschen die soziale Katastrophe beschert, ist inakzeptabel und verschärft die vorhandenen Konflikte".

Doch Stimmen wie diese blieben exotische Außenposten in der GVK-Debatte, der Mainstream wurde fast hierarchisch beherrscht von den beiden großen Volksparteien, die sich in dieser Frage allerdings in der bereits aufgezeigten doppelten Konstellation zwischen Zentralisten und Föderalisten jeweils im eigenen Lager aufteilten.

Die Tatsache, daß die Länderparlamente trotz verschiedener Bestrebungen ihrerseits im Vorfeld zur Gründung der GVK nicht mit hinzugezogen worden sind, und zwar letztendlich, weil der Bundesrat diesen Wünschen nicht entsprochen hat (vgl. GVK 1993, 12), ist bezeichnend für das Verfassungsverständnis, welches sich in der GVK als dem scheinbar kompetenten Forum der deutschen Verfassungsfrage manifestiert hat.[5] Immerhin aber hat man einmal, bei der fünften Sitzung am 7. Mai, zumindest die Präsidentinnen und Präsidenten der Länderparlamente zur Frage der föderalen Struktur (pro forma) mit angehört. Hierbei hat sich sogleich gezeigt, daß nach dem Selbstverständnis (etwa der Präsidentin Ingeborg Friebe von NRW) in der GVK auch Vertreter der Länderparlamente hätten sitzen müssen (vgl. GVK 7.5.1992, 3). Sehr viel deutlicher als von Seiten der Bundesratsmitglieder sind denn auch die Präsidenten und Präsidentinnen der Länderparlamente bei dieser einzigen Gelegenheit mit konkreten Vorschlagsszenarien (etwa aus der *Martin-* oder der *Ziegler-Kommission*) in die Diskussion gegangen. In bezug auf den Unionsprozeß konstatierte beispielsweise Friebe signifikant, daß durch die weitere Integration einerseits zwar eine Stärkung der europäischen Exekutive, andererseits aber auch ein „Abbau demokratischer Kontrollen" in Europa zu befürchten wäre (GVK 7.5.1992, 3). Gottfried Müller, der Präsident des thüringischen Landtags, bemerkte, daß angesichts offenkundiger Ressentiments gegenüber der westdeutschen Politik im allgemeinen die Europafrage für viele Bürger im Osten erst recht „mit mancherlei Ängsten besetzt" sei (GVK 7.5.1992, 8). Die Steigerung der Kompetenz der Länder im Hinblick auf die weitere europäische Integration sahen Müller u.a. im wesentlichen von einer „am Grundsatz der Subsidiarität orientierten Regelung der Rechtssetzungs- und Vollzugskompetenzen der EU abhängen" (GVK 7.5.1992, 10). Doch hier ergibt sich sogleich die Frage, die auch alsdann wesentlich die weitere

---

5 Die Landtage als demokratische Repräsentationsgremien sind bereits seit der zweiten Hälfte der 80er Jahre in Fragen der internationalen Politiken der Länder als europäische Regionen schlecht weggekommen, wobei insbesondere hier die „enge Verschränkung zwischen Regierungen und Fraktionen" zu kritisieren ist, welche die Rechte der Landtage sukzessive minimiert bzw. ausgehöhlt hat (Goll 1989, 591).

Diskussion in der GVK bestimmte: wie exakt lassen sich solche Regelungsszenarien nach dem Subsidiaritätsprinzip als Rechts- und (politische) Dezisionskompetenz definieren? Und vor allem: wer legt diese Definitionsgrundsätze dann inhaltlich aus?

Die Länderparlamente jedenfalls nicht oder kaum mehr, denn hier gilt nach realistischer Einschätzung des hessischen Landtagspräsidenten Starzacher, daß der deutsche Föderalismus im Prinzip zu einem *Regierungsföderalismus* verkommen sei (GVK 7.5.1992, 14).

Auch wenn die Diskussion mit den Landtagspräsidenten inhaltlich etwas konkreter ausfiel als so manch andere Debatte in der GVK, so wurde hierbei zugleich auch deutlich, daß es eigentlich keinen richtigen Diskussionsstil im Sinne eines Diskurses oder Interessen vergleichenden Disputs gab. Die GVK begnügte sich vielmehr mit mehr oder weniger parteilich selbstreferentiellen Monologbeiträgen für die rituelle Parteiabgrenzung. Passend hierzu die Aussage von Scholz am Ende einer Sitzung: „Ich glaube, jeder ist jetzt hinreichend salviert" (GVK 7.5.1992, 26).

## *III. Die Anhörung*

Das Konzept der hinreichenden Salvierung zeigte sich auch bei der Anhörung zum Thema *Grundgesetz und Europa*, die am 22. Mai 1992 stattfand. Die Obleute der einzelnen Parteien hatten im Vorfeld hierzu beschlossen, daß die Sachverständigen für diese Anhörung nach dem Parteienproporz von 3 (CDU) zu 3 (SPD) zu 1 (FDP) zu 1 (Bündnis 90/Die Grünen) zu 1 (PDS/LL) vollzogen werden sollte (vgl. GVK 2.4.1992, 3). Hieran zeigt sich einmal mehr, daß wichtige verfahrenstechnische Fragen, welche die Qualität und Dimension der Diskussion bestimmt haben, im Vorfeld bzw. Hintergrund von den Obleuten geregelt (fast muß man sagen: diktiert) worden sind.[6] Dagegen gab es nur geringfügigen Widerstand. So hat beispielsweise Fischer (Grüne/Bündnis 90) als Vertreter Hessens gegen dieses Muster eines *Parteienrubrums* votiert (GVK 2.4.1992, 4) indem er forderte, daß auch spezifisch die Länder zwei Sachverständige nominieren können sollten. Dieser Antrag fand selbstverständlich keine Mehrheit. Gerade indem Jahn in seiner Eigenschaft als Obmann der CDU darauf verwies, daß diese Frage bereits „in dem Obleutegespräch umfassend erörtert" worden sei (GVK 2.4.1992, 4), wurde klar, wie sehr der Obleutezirkel die Marschroute der Diskussion unter den beiden großen Parteien bestimmte und damit die GVK-Mitglieder von vornherein zu Akklamationskörpern reduzierte.

Trotz dieser Tatsache war die Anhörung zum Gegenstand (wie alle anderen Anhörungen im übrigen auch) keine formelle Angelegenheit. Denn hier zeigte sich jeweils für ein einziges Mal signifikant im ganzen Diskurs der

6 Vgl. hierzu auch der Beitrag von Schmidt in diesem Band.

GVK, daß es auch noch ganz andere Standpunkte und Perspektiven für die jeweilige Sachfrage gab. Auch wenn die beteiligten Wissenschaftler oft nur Nuancen voneinander abwichen und durchaus parteipolitisch vorinstruiert waren, so kamen doch letztendlich beträchtliche Erkenntnisgewinne und Alternativoptionen zur Sprache.

Im Hinblick auf die föderale Verfassungsfrage vertrat z.B. Roland Bieber aus Lausanne den Standpunkt, daß die EU noch kein Zustand, sondern „ein sich fortwährend wandelndes Beziehungsgeflecht" kennzeichnet (GVK 22.5.1992, 3). Wesentliches Charakteristikum dieses Beziehungsgeflechts ist es, daß es bis dato keine eigene Rechtspersönlichkeit aufweist (vgl. hier auch u.a. Weidenfeld 1991, ders. 1995, Schleyer-Stiftung 1996 u. Joerges 1996). Die EU bildet auch weder territorial noch qualitativ eine abgeschlossene Verfassungsentwicklung; insofern hat sie nach Auffassung von Bieber bisher nur Tragfähigkeit, wenn man sie als Prozeß versteht, „wenn also der Weg selber das Ziel ist" (GVK 22.5.1992, 3). Als kennzeichnendes Merkmal dieses Prozesses versteht der Lausanner Jurist die „Dialektik zwischen dem immer engeren Zusammenschluß der Völker einerseits und der Existenzerhaltung der Staaten andererseits" (ebd., 4).

Ferner führte Bieber die Bedeutung des Europäischen Gerichtshofs vor: der EuGH hat das Handeln der Gemeinschaft auf die europäische Menschenrechtskonvention hin festgelegt; insofern gibt es hier rein normativ einen einheitlichen Standard für das Wertesystem der Vertragspartner von Maastricht. Dieser einheitliche Standard bzw. die Verpflichtung hierzu bleibt allerdings recht abstrakt, solange keine verbindliche Sozialcharta von den beteiligten nationalen Systemen deklariert wird. Insofern unterstrich Bieber mit seinem Beitrag deutlich die Problematik des Demokratiedefizits im Hinblick auf die europäische Integration und forderte diesbezüglich ein ausdrückliches Postulat im Grundgesetz (vgl. ebd., 5).

Im Kontext hierzu – aber auch in Differenz zu Biebers Position – verstand der Sachverständige Bernd Hölzer (Berlin) die EG als „eine Art öffentlicher Gewalt" (ebd., 6), welche bereits auf den Sektoren der Agrar-, Handels-, Zoll- und Fischereipolitik die primäre Entscheidungsbefugnis an sich gezogen habe. Hölzer, der für die PDS/Linke Liste sprach, wies im übrigen darauf hin, daß nicht erst seit Maastricht die Kompetenzumverteilung zugunsten der EU stattfindet, sondern daß dies als Prozeß bereits schon zuvor eingeleitet worden war (vgl. ebd., 7). Bemerkenswerterweise sah dieser Sachverständige eine gewisse Analogie zu den Föderationsprozessen des 18. und insbesondere des 19. Jahrhunderts (ebd.): „Schon immer waren mehr oder weniger kompetente Konföderationen eine Art Durchgangsstufe zu einem dann endgültigen Föderalstaat, der sich in der einen oder anderen Weise ausgeprägt hat". – „Die Endform, die uns in Europa bevor steht und erwartet, kann [allerdings] nicht präjudiziert werden", meinte Hölzer jedoch abschließend (ebd.).

Bei diesen und den übrigen Ausführungen seitens der Sachverständigen zeigte sich erneut, daß ein wesentliches Problem für die GVK darin bestand, hermeneutisch die EG in ihrem gegenwärtigen Stadium adäquat zu beschreiben, um von hierher dann die Folgerungen für die politische und justizielle Handlungsanweisung geben zu können. D.h., das Problem für die Verfassungsänderung bestand in der Beantwortung, was die *politische* Union Europas eigentlich ist oder sein soll bzw. eben nicht sein soll: ein *Bundesstaat – Staatenbund* – oder gar supranationale Institution als *Megastaat*?

Joseph Isensee (Bonn) sah z.B. die EG in ihrer derzeitigen Konfiguration *noch* durch die Reichweite von Art. 24 GG gewährleistet (vgl. ebd., 9). Er plädierte jedoch auch dafür, eine *lex specialis* im Hinblick auf die EU zu formulieren. Eine absolute Grenze für jegliche Änderung stellt für Isensee allerdings Art. 79 III GG dar. Dies sei quasi der metaphysische Kern des Grundgesetzes, ohne den nichts geht, d.h., er schreibt die zeit- und meinungsunabhängige republikanische Dignität der Bundesrepublik fest.[7] Folgerichtig stellte der Bonner Staatsrechtler daher zur Diskussion, inwieweit der Art. 79 III GG „nicht auch die Staatlichkeit der Bundesrepublik und ihre Souveränität als solche schützt" (ebd., 10)?

Obwohl der CDU-Sachverständige den Bund „in gewissen Bereichen [als] Gewinner der Integration" sah, ohne daß dieser „ein Opfer gebracht" habe (ebd.), hielt er es dennoch für unzulässig, wenn die Länder Außenvertretungskompetenzen zugeteilt bekämen. Hier würde sich sonst „die Bundesstaatlichkeit und damit die Entscheidungs- und Handlungseinheit in eine staatenbündische Struktur auflösen" (ebd.).

Es zeigt sich schon bis zu diesem Stand der Vorträge durch die Sachverständigen, daß sie selbst im wesentlichen einer Dichotomie zwischen Föderalismus und Zentralismus aufsaßen. Somit wurde hierbei im wesentlichen nur das rekapituliert, was durch den Gegensatz zwischen Bund und Ländern in der GVK ohnehin bis zu diesem Zeitpunkt an der Tagesordnung gewesen ist. Da die Parteien jeweils *ihre* Sachverständigen ausgewählt hatten, kann dieses Ergebnis nicht verwundern. Es zeigt sich aber bei den Statements auch, daß die Sachverständigen analog zu den Politikern nicht so recht wußten (und wissen), wie es weitergehen soll. Symptomatischerweise wird von allen (auch den beiden Sozialwissenschaftlern Lepsius und Scharpf) in den Kategorien des Nationalstaates gedacht.

Immerhin versuchte zumindest Mario R. Lepsius (Heidelberg), der vom Bündnis 90/Grüne nominiert war, die EU insofern als etwas völlig Neues zu begreifen, indem er sie mit dem Begriff *politisches Regime* dechiffriert hat (ebd., 10f.). Die „kumulative Kompetenzausdehnung" der EG war seiner Auffassung nach mittlerweile deutlich von dem entfernt, was man bis dato allgemein mit einer *Zweckverbands-Position* gekennzeichnet hat. Lepsius plädierte im übrigen dafür, die Handlungskompetenz in bezug auf das Grundge-

---

7 So im übrigen gleichfalls der Sachverständige Albrecht Randelzhofer (Berlin), der mit Isensee auch ansonsten recht übereinstimmend die CDU-Bundestagsfraktionsseite – also den zentralistischen Argumentationspart – bei der Anhörung vertrat (vgl. GVK 22.5.1992, 15).

setz nicht zu funktionalistisch festzulegen (vgl. ebd., 11). Eben deswegen sprach er sich auch gegen das Subsidiaritätsprinzip aus, weil es gewährleiste, daß „durch funktionale Interpretation der jeweils erforderlichen oder der jeweils besseren Zuständigkeit entschieden wird“, was sein soll und was nicht.[8] Hierbei würde nach Ansicht des Heidelberger Soziologen „eine fließende, normativ unbestimmte, daher auch nicht einklagbare Kompetenzzuweisung“ inauguriert (ebd.).

Peter Lerche (München) ging in seiner Rahmenskizze in eine etwas andere Richtung, die aber hinsichtlich des Integrationsprozesses einen ähnlichen Akzent setzte wie zuvor Lepsius, insofern er für die Binnenbeziehungen der EG-Mitglieder mittlerweile eine „Gemengelage zwischen klassischer Außenpolitik und Innenpolitik“ konstatierte (ebd., 12). Was im übrigen bedeutet, daß man das hermeneutische Raster dieser klassisch nationalstaatlichen Dichotomie schleunigst aufgeben sollte! – Lerche wollte folgerichtig den Begriff *zwischenstaatliche Einrichtung* in Art. 24 GG durch eine andere Formulierung im Hinblick auf die weitere Integration in Europa ersetzt sehen. Es liegt in der Logik seiner Argumentation, daß hier das Plädoyer für eine Föderalisierung der Bund-Länder-Relation erstmalig klar zum Ausdruck gebracht wurde (ebd., 13): „Wenn bloße Berührung der Länderzuständigkeiten, dann Einflußnahme auf die Willensbildung; wenn schwerpunktmäßige Berührung der Länderzuständigkeiten, dann Selbstwahrnehmung“, lautete sein Fazit.

Albrecht Randelzhofer vertrat demgegenüber jedoch gleich wieder eine ausgesprochen zentralistische Position bei der Anhörung. Für ihn (waren) und sind die wesentlichen Mitspieler in der EU „noch immer die Staaten“ (ebd., 14). Vehement wehrte er sich dagegen, das Grundgesetz quasi zum Maßstab aller Bemühungen um Europa zu machen. Das käme einem *Grundgesetzimperialismus* für das Mehrebenensystem der EU gleich (ebd., 15). Bezeichnenderweise sind jedoch gerade diejenigen, welche wie Randelzhofer hiervon abraten, weil dies natürlich ein stärkeres verfassungsrechtliches Plädoyer für die föderale Grundstruktur beinhalten würde, die eigentlichen Imperialisten in der Debatte, indem sie das etatistische Motiv zugunsten der nationalen Zentrale auslegen.

Fritz W. Scharpf (Köln) hielt es nicht für machbar, die zentralistischen Mitgliedsstaaten England und Frankreich quasi über die Unionsebene zu föderalisieren (vgl. ebd.). Aber genau das ist der springende Punkt: werden diese nicht föderalisiert, dann besteht die grundsätzliche Gefahr einer zunehmenden Zentralisierung der Bundesrepublik durch die EU. Mit anderen Worten: in der Unionsfrage kristallisierte sich für die GVK die Föderalismusfrage in einer Perpetuierung der differenten Vorstellungen zwischen Bund und Ländern auf höherer Ebene. D.h., auf der supranationalen Ebene entscheidet sich, welche Qualität der Föderalismus in Zukunft behalten, bekommen oder gar nicht mehr haben wird. Denn wenn sich die Union als ein zentralistisches Konsortium na-

---

8 Zu den Testprinzipien der EG-Kommission bezüglich der Festlegungsmodalitäten und Szenarien von Artikel 3b des Maastricht-Vertrages dezidiert (vgl. Pernice 1993, 475f. sowie Schleyer-Stiftung 1993) und allgemein zum Gegenstand (Riklin/Batliner 1994).

tionaler Etatismen herausstellen sollte, dann wäre die föderale Struktur der Bundesrepublik gefährdet, zur formalen Rechtshülle zu degenieren.

In der anschließenden Aussprache zur Anhörung wies Wolfgang Ullmann (Bündnis 90/Die Grünen) darauf hin, daß mit dem Subsidiaritätsprinzip nicht nur eine funktionale Kategorie, sondern auch ein zentralistisches Strukturprinzip zum Tragen kommt, „d.h. es wird angewandt, um Kompetenzen gegenüber einer zentralen Kompetenz abzugrenzen, deren Priorität in dem Wort schon festgelegt ist" (ebd., 25). Fischer (Hessen) betonte nochmals die Gefahren für die föderale Ordnung und die damit verbundene Substanzschwächung der Länder, die seiner Ansicht nach nur zu rein funktionstechnischen Verwaltungsvollzugsaufgaben degradiert werden: die Landesparlamente würden damit „faktisch auf die Ebene von Kreistagen herabsinken" (ebd., 26), sollte sich für das Grundgesetz keine entsprechende Schutzbestimmung oder Kompetenzaufwertung finden.

Grundsätzlich waren sich jedoch die Mitglieder der GVK mit den Sachverständigen mehrheitlich einig, daß in bezug auf die Europafähigkeit das Grundgesetz eher in Art. 23 als in Art. 24 Ia zu ändern sein sollte. Vogel (SPD) unterstrich nochmals signifikant, worum es eigentlich geht, nämlich die Tatsache, daß Europarecht das Bundesrecht und dieses wiederum Landesrecht brechen wird (vgl. ebd., 30).

Bezeichnenderweise kristallisierte sich auch in dieser Aussprache der Disput zwischen Zentralisten und Föderalisten deutlich heraus. Es war hier vor allem der Sachverständige Christian Tomuschat (Bonn), der sich hier sehr engagiert für die Entscheidungsfähigkeit der Bundesregierung stark machte, indem er fast schon ideologisch den Kompetenzverlust von Bundestag und Bundesrat als „das Unvermeidbare" darstellte (ebd., 31): „Der Bundestag kann davon ausgehen, daß die Bundesregierung im Ministerrat in Brüssel eine Politik betreibt, die mit den Ansichten der Mehrheit im Bundestag übereinstimmt. Mehr kann der Bundestag eigentlich nicht erreichen." – Es offenbart sich an dieser rein nominalistischen Auffassung das ganze Dilemma dieser überwiegend unter dem Diskurs des Juristischen betrachteten Perspektive. A) dokumentiert diese Sicht eine erschreckend positivistische Funktion für das Parlament als reines Akklamationsorgan für die Bundesregierung; B) stellt sie zudem überhaupt nicht in Rechnung, daß eine jede Regierung rein funktionstechnisch vom Apparat her ganz andere Interessen haben oder entwickeln kann, als es die parlamentarische Regierungsmehrheit substantiell will. Es mangelt insofern hier eindeutig an einer politologischen Stellungnahme – auch wenn Scharpf und Lepsius in diese Richtung gehen. Tomuschat wiederum versteht (bezeichnenderweise als Zentralist) das Subsidiaritätsprinzip nach Maastricht schon nominal als Hinweis auf dezentralisiertes Handeln in Europa (vgl. ebd., 32).

Der Sachverständige Stern betonte demgegenüber nochmals die Komplexität der anstehenden Sachfrage: „Wenn irgend jemand sagen würde, die Konsequenzen für die deutsche Verfassungsordnung sind diese – erstens..., zweitens..., drittens...–, dann geht das meiner Meinung nach einfach zu weit" (ebd.).

Im übrigen wies er darauf hin, daß seinerzeit der Parlamentarische Rat stets nur von *sektoralen Kompetenzübertragungen* ausgegangen sei (ebd.), man solchermaßen mit der Perspektive und Projektstruktur der politischen Union in Europa mittlerweile weit darüber hinaus in einer Ebene angelangt ist, die bis dato terra incognita sei. Insofern sollte man seiner Ansicht nach durchaus die *Europafähigkeit* der Länder stärken (ebd., 33). Dieser Argumentationsperspektive schlossen sich Lerche und Lepsius an, wobei letzterer betonte, wie sehr sich der seit den 70er Jahren in der Bundesrepublik eingespielte Verflechtungsföderalismus auch zum Nachteil für politisches Handeln ausgeprägt habe (vgl. ebd., 40).

Demgegenüber verfocht Isensee das Außenvertretungsmonopol der Bundesregierung, welche als einzige Instanz formelle Rechtsakte wie Verträge und diplomatische Kontakte vollziehen dürfe. Fast schon zynisch seine zentralistische Perspektive zum Verflechtungsföderalismus: „Der Verflechtungsföderalismus ist ein Trostpreis für den Föderalismus" (ebd., 41), da nicht zuletzt auch die Bundesregierung Opfer an Europa erbringt, müssen diese eben auch die Länder mit tragen. Die aristotelische Kategorie des *bonum commune* tritt im übrigen in seiner rechtsformalistischen Argumentation mit ihrem schweren Akzent auf der Seite der höchsten Administration deutlich hervor: „Auch die Landesvertreter im Bundesrat, in einem Bundesorgan, nicht in einem Landesorgan oder Länderorgan, sind gehalten, das Gemeinwohl des Bundes und des Gesamtstaates auf ihre Weise zu fördern" (ebd., 42). Wenn Isensee dann noch diesbezüglich „juristisch greifbare Kriterien" von den Verfassungspolitikern einforderte (ebd., 43), verschärft er damit im Grunde die Juridizierung des politischen Mandats.

Genau dieser Sachverhalt, die Juridizierung des Politischen, erwies sich dann letztendlich als die signifikante Crux der GVK-Debatte. Es wurde weniger nach den politischen Möglichkeiten als vielmehr nach den juristischen Bestimmungen gefragt. Die Debatte zwischen Zentralisten und Föderalisten verkam somit zu einer rein justizialen Angelegenheit. Das zeigt auch der Ausgang der Debatte nach der Anhörung.

So fragte der PDS-Vertreter Heuer nach der Möglichkeit, ob sich die EU als Bundesstaat „gleichsam hinter unserem Rücken" herstellen könne (ebd., 47), was der Sachverständige Stern bejahte, indem er auf seine Formulierung vom *präföderalen* Zustand der Union verwies (vgl. ebd., 48). Wenn sich dies allerdings zu einem auch faktisch justizialisierbaren Staatstypus entwickeln sollte, dann wäre seiner Ansicht nach die Grenze von Art. 79 III GG überschritten. Der Sachverständige Lerche sah schon im gegenwärtigen Verfahren der EU einen eigentümlichen Schwebezustand erreicht, der sich in Zukunft durch eine „Verstärkung der parastaatlichen Züge" auszeichnen wird (ebd., 51). Er räumte im übrigen ein, daß Art. 79 III GG „sozusagen introvertiert formuliert" worden sei, „als gäbe es nur die Bundesrepublik auf der Welt, die Demokratie in der Bundesrepublik, die Bundesstaatlichkeit der Bundesrepublik, die Rechtsstaatlichkeit der Bundesrepublik" – also ein gewisser Hauch von Solipsismus (ebd.).

## *IV. Das Resultat und seine Folgen*

Das Ergebnis dieser Debatte kam dann recht schnell zustande. Nach dem einigenden Abschluß in der Abstimmung vom 26. Juni 1992 und den daraus resultierenden Vorgaben der GVK wurde am 2. Dezember 1992 der *Europa-Artikel* 23 GG n.F. und die Modifikation von Art. 23 a GG im Bundestag ratifiziert und am 18. Dezember ebenso auch im Bundesrat.

Es war im übrigen der Sonderausschuß des Bundestages über die *Europäische Union (Vertrag von Maastricht)*, der die Ratifikation des Vertragswerkes vorantrieb und damit die wesentliche Schnittstelle für den GVK-Beschluß bedeutete (vgl. Batt 1996, 105). Das zeigt zugleich auch, daß die GVK-Veranstaltung zur Europa-Frage keine singuläre oder gar exklusive Angelegenheit gewesen ist. Im Prinzip war die GVK-Debatte in diesem Punkt in eine Mehr-Ebenen-Diskussion eingespannt, deren wesentliche Eck- und Endpunkte auf der einen Seite der Bundeskanzler selbst stellte und auf der anderen Seite die Ministerpräsidenten der Länder – repräsentiert durch die Ministerpräsidenten Teufel (Baden-Württemberg), Streibl (Bayern), Seite (Mecklenburg-Vorpommern), Rau (Nordrhein-Westfalen) und Eichel (Hessen). In zwei Sitzungen (am 15. Mai und 26. Juni 1992) haben sich Kohl und diese Herren auf die maßgeblichen Rahmenbedingungen zur Grundgesetz-Änderung in diesem Punkt geeinigt (vgl. ebd., 109). Zur gemeinsamen Absprache hatten die Ministerpräsidenten der Länder im übrigen sogar eine organisatorische Arbeitseinheit neben der GVK eingesetzt. Dennoch wäre es etwas zu despektierlich, in der GVK-Debatte lediglich eine Art Dienstleistungsfunktion für den Europa-Artikel sehen zu wollen (vgl. ebd., 108). Die Tatsache, daß nach Insiderbekenntnis der wesentliche Durchbruch zur Einigung in einem der Berichterstattergespräche zustande kam (vgl. ebd., Anm.52), zeigt in diesem Fall deutlich, daß die GVK hier eine ganz wesentliche Scharnierfunktion außerhalb der regulären Spielflächen darstellte.

Wertet man daher das Ergebnis der Verfassungsänderung bezüglich der Grundgesetzartikel 23 und 24 a vor dem Hintergrund der angezeigten GVK-Diskussion, dann kann man die Leistung der GVK (zumindest in diesem Punkt) als gelungen bezeichnen.[9]

Auch wenn es vereinzelt Stimmen gegeben hat, die selbst die Neuformulierung von Art. 23 GG als eine Marginalie aufgefaßt haben,[10] so ist doch zu betonen, daß das Vertragswerk von Maastricht vor dem Bundesverfassungegericht in Karlsruhe nicht Bestand gehabt hätte, wenn diese Neuformulierung nicht zustande gekommen wäre (vgl. auch GVK 28.10.1993, 2). Die oberflächliche und pauschale Weise, mit der bis dato im Schnellverfahren gerade politikwissenschaftliche Kommentatoren die durch die GVK erzielte Verfas-

---

9 Rupert Scholz spricht nicht umsonst in dieser Frage von einer Reparatur des Grundgesetzes, wie sie seit 1949 nicht mehr vorgenommen worden sei (vgl. Scholz 1993b, 4-rb).

10 So in der GVK Staatsminister Caesar (Rheinland-Pfalz), der die Veränderungen in Sachen Föderalismus nur für eine „relative Marginalie" hielt (GVK 22.4.1993, 32).

sungsänderung abfällig belegt haben (vgl. Guggenberger/Meier 1994), bedeutet hier insofern eher eine Selbstdiskreditierung der Zunft, weil sie noch nicht einmal auf dem Niveau der staatsrechtlichen Diskussion in der GVK sich explizit einlassen konnte oder wollte. Hier lediglich von einem *Entsorgungsunternehmen* zu sprechen (Evers 1994, 55), und den bundesdeutschen Föderalismus trotz der Neuschöpfung von Art. 23 GG als einen „Föderalismus ohne Föderalisten" zu bezeichnen (Zeller 1994, 153), entspricht eher den Stereotypen einer bestimmten Denkform und ihrer solipsistischen Rhetorik als den strukturellen und in der GVK geäußerten argumentativen Prinzipien.

Sicherlich ist richtig, daß gerade auf der Grundlage von Art. 23 GG n.F. der bisher bereits gängige „Beteiligungsföderalismus der Exekutiven" noch einmal mehr bestätigt und sogar strukturell aufgewertet worden ist (Zeller 1994, 152). Dennoch ist ebenso deutlich geworden, daß die GVK die unitarische Anlage des Grundgesetzes mit eben diesem Artikel abgemildert hat: die Nebenaußenpolitik der Länder ist nicht nur bestätigt, sondern gar aufgewertet worden. D.h., nun können die Länder auf der europäischen Ebene im weiteren Integrationsprozeß ganz anders mitsprechen – und sie tun dies auch bereits, wie die diversen interregionalen Abkommen und das Forum des *Ausschusses der Regionen* (AdR) in Brüssel deutlich zeigen (vgl. Scharpf 1994, Kalbfleisch-Kottsieper 1993, dies. 1995 u. Nitschke 1997a).

Zwar ist damit grundsätzlich noch keine Neubestimmung für das Binnenverhältnis im föderalen System der Bundesrepublik gegeben, aber diese bleibt nicht aus, da sich auf dem funktionalen Weg notwendigerweise z.T. ganz massive Kompetenzverschiebungen ergeben werden.

Man hat nicht zu Unrecht betont, daß gerade aufgrund der Neufassung von Art. 23 GG die Gefahr gegeben ist, daß mit dem Konsenszwang für Zweidrittelmehrheiten in Bundestag und Bundesrat die konkordanzdemokratische Variante sich im Politikstil der Bundesrepublik noch stärker niederschlagen wird (vgl. Batt 1996, 100). Bedenklich ist hier vor allem auch, daß die Bundesregierung die Einschätzungen von Bundestag und Bundesrat nunmehr nur zur Kenntnis zu nehmen hat, jedoch hieran nicht weisungsgebunden ist. Allerdings ist die Position des Bundesrates im Gegensatz zu der des Bundestages wesentlich stärker, da seine Optionen *maßgeblich* zu berücksichtigen sind, was bedeutet, daß nach dem Ausführungsgesetz (in der Fassung vom 12. März 1993) gemäß Art. 23 VII GG zwischen der Bundesregierung und dem Bundesrat ein Einvernehmen erzielt werden *muß*. D.h., kommt es zu keiner Einigung zwischen Bundesregierung und Bundesrat, so ist (nach Zwei-Drittel-Mehrheitsbeschluß) „die Auffassung des Bundesrates maßgebend".[11] Dies gilt selbstverständlich nur für die Zustimmungsbereiche der Länder. Der Bund muß sogar im Hinblick auf Interessen der Länder auf Verlangen des Bundesrates hin eine Klageposition vor dem Europäischen Gerichtshof einnehmen.

---

11 *Gesetz über die Zusammenarbeit von Bund und Ländern in Angelegenheiten der EU*, § 5.

Umgekehrt gewendet bedeuten diese Bestimmungen zugleich einen entscheidenen Status- und Funktionsverlust für den Bundestag, da er nunmehr für den weiteren Integrationsprozeß auf der europäischen Ebene keine maßgebliche Mitsprachemöglichkeit mehr hat (vgl. auch Di Fabio 1993, 109f.). Am Ende könnte das nationale Parlament womöglich den gleichen schleichenden Funktionsverlust erleiden, den historisch die Länderparlamente bereits durchschritten haben. Geradezu paradigmatisch ist deshalb hier das Ergebnis der GVK, daß es eben zu keiner Stärkung der Länderparlamente gekommen ist, sondern nur die Exekutivorgane der Länder mit Kompetenzen gefüttert worden sind. Insofern hat die GVK (ob gewollt oder ungewollt) den fatalen Zug der Politikverflechtung zu Lasten der demokratisch gewählten Foren auf Länderseite noch verstärkt. Aber auch die Länderregierungen werden ihre Probleme bekommen, wenn sie darlegen müssen, warum gerade aufgrund von Art. 23 IV GG Satz 2 sie jeweils *im Schwerpunkt* betroffen sind. Allerdings ist die Gefahr, „daß durch die Festschreibung der Mitwirkungsrechte der Länder im Grundgesetz vertikale europapolitische Koordinationsanstrengungen zur prestigeträchtigen innenpolitischen Auseinandersetzung zwischen Bund und Ländern mißbraucht werden“ (Batt 1996, 104), m.E. nicht gegeben. Ein derartiger Antagonismus wird sich beim Verflechtungsföderalismus schon einspielen bzw. die bisherige Praxis zeigt, daß dies kein Problem gewesen ist. Ob sich der Bundesrat damit eine „Verhinderungsmacht“ eingehandelt hat (ebd.), bleibt im übrigen noch abzuwarten. Bis dato kann man jedenfalls nur bescheinigen, daß mit dem neuen Art. 23 GG von Seiten der Länder nicht limitierend gegenüber dem Bund agiert worden wäre.

Die Gefahr, die letztendlich auch mit der Neuformulierung von Art. 23 GG und der Modifikation von Art. 24 a nicht ausgeräumt ist, liegt auf einem ganz anderen Feld – und zwar bei der EU selbst. Denn trotz der schönen Formulierung vom System des *Staatenverbunds*, wie ihn das Bundesverfassungsgericht am 12. Oktober 1993 in seinem vielgerühmten *Maastricht-Urteil* charakterisiert hat,[12] bleibt die Frage bestehen, ob damit der Prozeß einer Monopolisierung von politischen Kompetenzzuweisungen an die europäische Unionsebene strukturell von einer (nationalen) Verfassungsgrenze eingebunden ist (vgl. auch Murswiek 1993, 164f.)? – Zwar wird in diesem Zusammenhang immer (wie auch bei der Anhörung in der GVK) auf die Bedeutung von Art. 79 III GG verwiesen. Von daher gibt man sich mit der Bestandsgarantie des föderalen Systems der Bundesrepublik zufrieden. Doch ob dies wirklich im Hinblick auf den europäischen Integrationsprozeß eine substantielle Struktursicherungsklausel darstellt, kann man bezweifeln. Denn solange die EU keine positive Rechtsgröße darstellt, sondern mehr einen politischen Willen emblematisch dokumentiert, ist jede national ausgelegte rechtliche Beschränkung einer Variablengröße gegenübergestellt, die eines Tages auf dem faktischen Weg der tagtäglichen Verwaltungsschritte und Aushandlungsmodalitäten die je nationale Verfassungsbestimmung massiv konterkarieren und aushöhlen kann. Kritischen

12 Abgedruckt u.a. in NJW 1993, S.3047ff. (vgl. hier auch Scholz 1994, 12ff.).

Positionen, die die *Kreation und die anschließend erforderliche Rechtsausstattung eines Europastaates*, wie es das Bundesverfassungsrechtsurteil formuliert, durch Art. 24 a nicht gedeckt sehen (vgl. Behnel 1993, 18 u. Murswiek 1993, 178), ist daher zuzustimmen. Auch die Neufassung von Art. 23 GG kann dieses Ermächtigungsdefizit nicht kompensieren, da gerade hierdurch das Grundgesetz in ein Transitorium zurückverwandelt würde. Tritt die Bundesrepublik in der gegenwärtigen Form einem europäischen Verfassungssystem bei, würde dies das Föderalismusgebot nach Art. 79 III GG „aushöhlen und verletzen" (Behnel 1993, 19). Zur Zeit haben sich jedoch alle aufgrund der schönen Formulierung durch das Bundesverfassungsgericht scheinbar beruhigt. Aber wieviel ist dadurch tatsächlich gewonnen? – Was alles aus der EU wird und werden kann, zeigt sich noch nicht einmal aufgrund der Regierungskonferenz 1996/97 deutlicher (vgl. hier Weidenfeld 1995, Europäische Union 1996 u. Nitschke 1997b). Wie soll man dem daher verfassungsklar Rechnung tragen?

Die GVK hat hier nur einen bestimmten, doch keineswegs unwichtigen Akzent gesetzt. Sie hat zur Europafähigkeit von Bund und Ländern erheblich beigetragen, wodurch nunmehr der „Einstieg in eine Formation eigenstaatlicher Qualität" für die Ebene der Union von der nationalen Polity Deutschlands aus gegeben ist (Scholz 1994, 13). Doch was weiterhin daraus wird, hängt nicht allein (oder schon gar nicht) mehr von der nationalen Polity ab. Die Grundsatzfrage wird hier lauten, ob das Konzept der weiteren europäischen Integration notwendigerweise auf föderaler Basis laufen wird – und wenn *ja*, in welcher Form – oder aber von den nationalen Administrationen und zentralen Exekutiven in zentralistischer Manier allein vorangetrieben wird (vgl. auch Roemheld 1990, Hahn/Husemann 1995)?

Insofern ist auch die Streitfrage, die bereits 1948 auf dem Kongreß in Den Haag über den zukünftigen Weg der europäischen Integration zur Disposition stand zwischen Nationalisten, die für das jeweilige nationale Zentrum plädierten, und den Föderalisten, die sich für klar strukturierte Kompetenzen eines in sich gestaffelten europäischen Gesamtsystems stark gemacht haben (vgl. Delor 1993, 4), immer noch offen. Die GVK hat hier lediglich ein systemisch bedingtes Argumentationsfeld erneuert – zwangsläufig möchte man meinen – und keineswegs endgültig zum Abschluß gebracht.

## Literatur

*Batt*, Helge-Lothar 1996: Die Grundgesetzreform nach der deutschen Einheit. Akteure, politischer Prozeß und Ergebnisse. Opladen

*Behnel*, Ingo 1993: Erlaubt Art. 23 GG n.F. den Beitritt der Bundesrepublik Deutschland zu einem europäischen Verfassungsstaat? In: Deutschland auf dem Weg in die europäische Union, hrsg. v. d. Hanns Martin Schleyer-Stiftung, a.a.O., S.18-19

*Bell*, Daniel: The World and the United States in 2013. In: Daedalus 116, S. 1-31

*Bundesrat* 1992: Stärkung des Föderalismus in Deutschland und Europa sowie weitere Vorschläge zur Änderung des Grundgesetzes. Bericht der Kommission Verfassungsreform des Bundesrates. Dokumentation. Bonn

*Delors*, Jacques 1993: Entwicklungsperspektiven der Europäischen Gemeinschaft. In: APuZG B1, S. 3-9

*Dette-Koch*, Elisabeth 1991: Probleme eines föderalen Staates in der Europäischen Gemeinschaft aus staatsrechtlicher Sicht. In: Europäische Integration und nationalstaatliche Verwaltung. Deutsche Vereinigung und institutionelle Weiterentwicklung der Europäischen Gemeinschaft, hrsg. v. H. Siedentopf, Stuttgart, S.109-119

*Di Fabio*, Udo 1993: Der neue Art. 23 des Grundgesetzes. Positivierung vollzogenen Verfassungswandels oder Verfassungsneuschöpfung? In: Der Staat 32, H.2, S.191-217

*Europäische Union*, Generalsekretariat des Rates (Hrsg.) 1996: Regierungskonferenz 1996 (RK '96) – Bericht der Reflexionsgruppe und dokumentarische Hinweise. Luxemburg

*Evers*, Tilman: Entsorgte Einigung. Warum die Verfassungskommission erfolgreich scheiterte. In: Der Souverän auf der Nebenbühne, hrsg. v. B. Guggenberger u. A. Meier, aaO., S.50-58

*Goll*, Ulrich: Vier Thesen zur Beteiligung der Landesparlamente am EG-Entscheidungsprozeß. In: Z. f. Parlamentsfragen (1989) H.4, S.587-591

*Gemeinsame Verfassungskommission* (GVK) 12.3.1992: 3. Sitzung. Stenographischer Bericht, Bonn

*Gemeinsame Verfassungskommission* (GVK) 2.4.1992: 4. Sitzung. Stenographischer Bericht, Bonn

*Gemeinsame Verfassungskommission* (GVK) 7.5.1992: 5. Sitzung. Stenographischer Bericht, Bonn

*Gemeinsame Verfassungskommission* (GVK) 22.5.1992: 1. Öffentliche Anhörung „Grundgesetz und Europa". Stenographischer Bericht, Berlin

*Gemeinsame Verfassungskommission* (GVK) 22.4.1993: 20. Sitzung. Stenographischer Bericht, Bonn

*Gemeinsame Verfassungskommission* (GVK) 28.10.1993: 26. Sitzung. Tonbandprotokoll, Bonn

*Gemeinsame Verfassungskommission* (GVK) 1993: Bericht. Drucksache 12/6000, Bonn

*Guggenberger*, Bernd/Meier, Andreas (Hrsg.) 1994: Der Souverän auf der Nebenbühne. Essays und Zwischenrufe zur deutschen Verfassungsdiskussion. Opladen

*Hahn*, Karl/Husemann, Martina (Hrsg.) 1996: Föderale Perspektiven für Europa. Münster

*Joerges*, Christian 1996: Das Recht im Prozeß der europäischen Integration. In: Europäische Integration, hrsg. v. M. Jachtenfuchs u. B. Kohler-Koch, Opladen, S.73-108

*Kalbfleisch-Kottsieper*, Ulla 1993: Fortentwicklung des Föderalismus in Europa – vom Provinzialismus zur stabilen politischen Perspektive? In: Die öffentliche Verwaltung, Nr.13, S.541-551

*Kalbfleisch-Kottsieper*, Ulla 1995: Legitimationsprobleme der Europäischen Union – Demokratiedefizit und Handlungspotentiale. In: Interregiones 4, hrsg. v. Institut f. Europäische Regionalforschungen, S.20-40

*Klotz*, Hans-Werner 1993: Die Gesetzgebung im Bundesstaat. In: APuZ B 52-53, S.39-44

*Murswiek*, Dietrich 1993: Maastricht und der Pouvoir Constituant. Zur Bedeutung der verfassungsgebenden Gewalt im Prozeß der europäischen Integration. In: Der Staat 32, H.2, S.161-190

*Nitschke*, Peter 1997a: Der Interregionalismus in der Europäischen Union und das föderale System der Bundesrepublik Deutschland. In: Festschrift f. Gerhard W. Wittkämper, hrsg. v. N. Konegen u. R. Woyke, Opladen

*Nitschke*, Peter 1997b: Europäische Union und die Integration Ost-Mitteleuropas. In: Politisches Denken – Jahrbuch 1997. Hrsg. v. H. Ottmann u. K. Graf Ballestrem. Stuttgart/Weimar

*Pernice*, Ingolf 1993: Maastricht, Staat und Demokratie. In: Die Verwaltung 26, H.4, S.449-488

*Riklin*, Alois/Batliner Gerhard (Hrsg.) 1994: Subsidiarität. Ein interdisziplinäres Symposium. Baden-Baden

*Roemheld*, Lutz 1990: Integral Federalism. Model for Europe – a Way towards a Personel Group Society. Historical Development, Philosophy, State, Economy, Society. Frankfurt a.M. u.a.

*Scharpf*, Fritz W. 1994: Optionen des Föderalismus in Deutschland und Europa. Frankfurt a.M./New York

*Schleyer-Stiftung*, Hanns Martin (Hrsg.) 1993: Deutschland auf dem Weg in die Europäische Union: Wieviel Eurozentrismus - wieviel Subsidiarität?. Forschungsergebnisse im Überblick. Ein Almanach junger Rechtswissenschaftler. IV. Kongreß „Junge Juristen und Wirtschaft", Essen, 2.-4. Juni 1993. Köln

*Schnoor*, Herbert 1993: Föderalismus – Chance für Europa? Hrsg. v.d. Freiherr-vom-Stein-Gesellschaft e.V. Münster

*Scholz*, Rupert 1993a: Die gemeinsame Verfassungskommission. Auftrag, Verfahren und Ergebnisse. In: APuZ B 52-53, S.3-5

*Scholz*, Rupert 1993b: Interview der Woche im Deutschlandfunk v. 24. Oktober 1993, 11.30 Uhr. Deutschlandfunk, Bd.-Nr. 12101/4249

*Scholz*, Rupert 1994: Europäische Union und nationales Verfassungsrecht. Der Vertrag von Maastricht vor dem Bundesverfassungsgericht. Bonn

*Weidenfeld*, Werner (Hrsg.) 1991: Wie Europa verfaßt sein soll. Materialien zur politischen Union. Gütersloh

*Weidenfeld*, Werner (Hrsg.) 1995: Reform der Europäischen Union. Materialien zur Revision des Maastrichter Vertrages 1996. Gütersloh

*Zeller*, Manfred 1994: Föderalismus ohne Föderalisten. In: Der Souverän auf der Nebenbühne, hrsg. v. B. Guggenberger u. A. Meier, aaO., S.147-154

*Tobias Schmack-Reschke*

# Bürgerbeteiligung und Plebiszite in der Debatte der Gemeinsamen Verfassungskommission

## *1. Präliminarien*

Das politische System der Bundesrepublik Deutschland als das einer modernen Demokratie hat sich durch das Grundgesetz eine im wesentlichen repräsentative Ordnung gegeben. Das Volkssouveränitätsprinzip nach Art. 20 Abs. 2 GG bildet hierbei die Basis, nach der das Volk Träger aller Staatsgewalt ist, die sie „[...] in Wahlen und Abstimmungen und durch besondere Organe der Gesetzgebung, der vollziehenden Gewalt und der Rechtssprechung [...]" (Grundgesetz 1993, 19) ausübt, d.h. sie vollzieht sich sowohl unmittelbarer Natur durch das Volk als auch mittelbarer Natur durch die staatlichen Gewalten. Obwohl sich eine in diesem Artikel niedergelegte Gleichrangigkeit der beiden Verfassungskomponenten direkter Staatsgewaltausübung konstatieren läßt (vgl. Obst 1986, 60f.; Jürgens 1993, 263ff.), betont die verfassungsrechtliche Exegese hingegen dieses Demokratieprinzip mit unterschiedlichen Begründungen nur einseitig zugunsten des Repräsentationsgedankens (vgl. Doehring 1984, 109; Weber-Fas 1983, 52; Kriele 1975, 261)[1], wobei die plebiszitäre Komponente ihren Widerhall nur in der vom Grundgesetz geregelten territorialen Neugliederung des Bundesgebietes nach Art. 29 GG erfährt (vgl. Hesse 1991, 62f.). Die politischen Partizipationsmöglichkeiten des Souveräns erschöpfen sich somit einzig im Wahlakt zu den von ihm zu bestellenden Abgeordneten, die ihn in seinem Namen (nach Art. 38 Abs. 1 Satz 2 GG) vertreten. Eine weitere, „[...] unmittelbar plebiszitäre Form der Teilnahme des Volkes an der Staatswillensbildung [...]" (Stern 1980, 17)[2] gibt es darüber hinaus nicht. Die Gestaltung politischer Entscheidungsprozesse bleibt daher dem Parlament als oberstes Staatsorgan der Bundesrepublik vorbehalten, welches seine Legitimität aus dem o.g. Prinzip der Volkssouveränität (vgl. Stammen 1995, 609f.; Evers 1993, 1008-1016) bezieht und als wesentliches Strukturmerkmal für die repräsentative parlamentarische Demokratie charakteristisch ist. Desweiteren kommt den Parteien, die – im Gegen-

1 Dabei wird darauf abgehoben, daß die Ausübung der Staatsgewalt allein der vom Souverän gewählten Körperschaft, die ihn in seinem Namen vertritt, vorbehalten ist.

2 Nach dieser Auffassung fänden sich bereits in Wahlen plebiszitäre Züge, da bei diesen auch über Sachfragen in Form von Programmen und politischen Richtungen abgestimmt werde (vgl. auch Zippelius, 1985, 172).2

satz zur Weimarer Verfassung – durch Art. 21 Abs. 1 GG eine verfassungsrechtlich institutionalisierte Stellung einnehmen, eine besondere Bedeutung zu. Ihnen obliegt als „[...] organisierende Mittlerinstanz zwischen Bevölkerung und Staat [...]" (Woyke 1994, 79) die Aufgabe, am Prozeß der politischen Willensbildung des Volkes *mit*zuwirken, um u.a. für eine ständige lebendige Verbindung zwischen dem Volk und den Staatsorganen zu sorgen.[3]

In der Verfassungswirklichkeit zeigt sich jedoch, daß die politische Willensbildung fast nur noch über die Parteien möglich ist und das Volk lediglich „mediatisiert" in diesen zum Ausdruck kommt. Infolgedessen gelangen auch nur die Themen auf die (tages-)politische Agenda, die sich osmotisch durch die Filter der „Parteieninstanzen" ihren Weg haben bahnen können. Solange es den Parteien gelingt, die Interessen und Anliegen aus dem gesellschaftlichen Spektrum zu kanalisieren, sie zu operationalisieren und so einer Lösungsoption zuzuführen, herrscht eine allgemeine Übereinstimmung mit dem faktischen Repräsentationsmonopol, das durch eine „[...] ständig wachsende Expansion und Etatisierung der Parteien [...]" (Grimm 1991, 296) seit Bestehen der Bundesrepublik errichtet wurde. Je mehr sie jedoch ihren Generalvertretungsanspruch auf alle Bereiche des gesellschaftspolitischen Lebens zu perfektionieren und ihn mit staatlicher Macht abzusichern suchen, um so gravierender wird ihr repräsentativer Funktionsverlust, der sich in einer weitgehenden Unfähigkeit manifestiert, „[...] die soziopolitischen Anliegen samt den Kräften, die hinter ihnen stehen, auf der Ebene des politischen Entscheidungsprozesses integrativ zusammenzuführen" (Guggenberger 1982, 203). Damit wird die „[...] zentrale Aufgabe der Staatswillensbildung [...], die repräsentative Formung und Darstellung des Allgemeininteresses" (ebd.), verfehlt.[4] Das Ausbleiben einer derartigen Vermittlungsleistung durch die Einrichtung der Parteien läßt das Repräsentativsystem insgesamt als defiziär er-

3 Hierbei gilt es anzumerken, daß die Willensbildung, als Faktor der öffentlichen Meinung, vom Volk zu den Staatsorganen, nicht umgekehrt von den Staatsorganen zum Volk hin, zu erfolgen hat. Die Parteien fungieren als „[...] Transmissionsriemen, um diesen Willen des Volkes in Staatswillensbildung umzusetzen" (Stern 1980, 25).

4 Dieses schließt ein autonomes Handeln der Repräsentanten nicht aus, das sich durchaus gegenüber dem empirischen Volkswillen abheben kann; dennoch muß der einzelne als Bürger und das Volk als die Gesamtheit aller Bürger sich im Handeln und Entscheiden der Repräsentanten wiederfinden können, um das, was durch sie als Allgemeininteresse Gültigkeit erlangt, auch für den einzelnen einen reflexiven Bezugspunkt bilden kann, der es ihm erlaubt, sich hinreichend mit der Behandlungs- und Entscheidungsweise, dem Austragungsmodus divergierender Interessen im Hinblick auf das Allgemeine identifizieren zu können. Nur eine solche inhaltliche Repräsentation, verbunden mit der formalen, als Voraussetzung einer „demokratischen Repräsentation", wie es Ernst-Wolfgang Böckenförde nennt, liefert die Voraussetzung für eine funktionierende Demokratie und legitimiert die Verfahren demokratischer Willensbildung und Entscheidungsfindung (vgl. die Ausführungen zu Demokratie und Repräsentation, in: Böckenförde 1991, 379-405). Es kommt hierbei ein normatives Moment zum Vorschein, das auch für die Theorie der responsiven Demokratie konstitutiv ist (vgl. Uppendahl, 1981, 123-134; zur Begriffsbestimmung vgl. Brettschneider 1995, 18f.).

scheinen.[5] Doch nicht nur eine durch Segmentierung in gesellschaftliche Subsysteme kaum noch zu bewältigende Aufgabenstellung an das politische System beeinträchtigt seine Rezeptivität (vgl. Grimmer 1993, 161ff.); hinzu kommt eine damit verbundene gestiegene Erwartungshaltung und ein gewachsenes Problembewußtsein der Öffentlichkeit, die sich durch die konventionell-traditionellen Stukturen demokratischer Willensbildung nur unzureichend repräsentiert fühlt. Die Folgen eines daraus resultierenden Legitimationsdefizites sind hinreichend bekannt und werden unter dem Schlagwort der „Politik(er)- und Parteienverdrossenheit“ seit einigen Jahren zur Kenntnis genommen. Politische Apathie – vornehmlich durch ein Anwachsen des Nichtwähleranteils an der Bevölkerung zu konstatieren – auf der einen, Bügerinitiativbewegungen auf der anderen Seite sind Ausdrucksformen eines solchen Erosionsprozesses. Zunehmend werden alternative Verfahren als Ergänzungs- und Korrektivfunktion zum parteiendominierenden parlamentarischen Repräsentativsystem in Betracht gezogen, um „Rechtsetzungsprozesse gesellschaftsadäquater zu institutionalisieren“ (Maus 1991, 148) und den vorhandenen Artefakt gestörter Funktions- und Kommunikationsbeziehungen zwischen Volk und Repräsentanten zu kompensieren. Hierbei wird der Gesetzgebung durch das Volk mittels direktdemokratischer Entscheidungsverfahren eine Schlüsselfunktion zugewiesen.

## 2. *Die Verfassungsdebatten im Vorfeld der Gemeinsamen Verfassungskommission*

Bereits vor dem Zusammenbruch des politischen Systems der DDR im Herbst 1989 verstärkten sich Forderungen nach direktdemokratischen Beteiligungsrechten der Bürger. Dabei wurden Bewegungen, Initiativen und Gruppen, die diese erhoben, nicht selten von jenen aus der Bundesrepublik „inspiriert“, die sich schon für erweiterte Teilhaberechte im westdeutschen Verfassungssystem engagierten (vgl. Bull 1992, 266).[6] Anknüpfend an die Traditionen der Bürgerrechtsbewegung mehrten sich im Verlauf des Umbruchprozesses die Stimmen, die im Zuge der Verfassungsgebung für eine Übergangszeit des Teilstaates direktdemokratische Elemente verfassungsrechtlich

---

5 So muß auch Leonardy konstatieren, daß „[...] das Repräsentativsystem Anspruch und Aufgabenerfüllung nur solange miteinander verbinden [kann], wie die zur Kommunikation zwischen hypothetischem und empirischem Volkswillen berufenen Einrichtungen dieser Funktion gerecht werden [können]“ (Leonardy 1989, 446f.). Die Beseitigung des Strukturdefektes kann seiner Meinung nach nur durch eine Reform der Parteiendemokratie vorgenommen werden (gleicher Ansicht auch Bugiel 1991, 485).

6 Als einflußreiche Initiative gilt in diesem Zusammenhang die „Aktion Volksentscheid“, die seit 1987 bereits systematische „Unterstützungshilfe“ leistete (vgl. Hasen-Müller/Heidt 1992, 130ff.).

institutionalisiert sehen wollten.[7] Noch vor dem Beitritt der ehemaligen DDR in den Geltungsbereich des Grundgesetzes der Bundesrepublik legte die Arbeitsgruppe „Neue Verfassung der DDR“ des Runden Tisches einen Verfassungsentwurf vor, in dem plebiszitäre Elemente in Form von Volksbegehren und Volksentscheiden verankert wurden (vgl. Art. 98 des Entwurfs, in: Frankfurter Rundschau 1990, 16). Er scheiterte jedoch mit einer knappen Mehrheitszustimmung der Abgeordneten in der neu gewählten Volkskammer der DDR am 26. April 1990 bereits als Ausschußberatungsvorlage für eine eigenstaatliche Verfassung der DDR neben dem Grundgesetz der BRD.[8]

Mit der Vereinigung der beiden deutschen Staaten 1990, und in Folge des durch den Einigungsvertrag Art. 5 enthaltenen Empfehlungen an die „[...] gesetzgebenden Körperschaften des vereinten Deutschlands, sich [...] mit den im Zusammenhang mit der deutschen Einigung aufgeworfenen Fragen zur Änderung oder Ergänzung des Grundgesetzes zu befassen [...]“ (Einigungsvertrag, in: GBl. DDR 1990, 1627), wurde die Thematik erneut auf das Tableau des verfassungspolitischen Diskurses gebracht. Das für die Beratungen zum Grundgesetz institutionalisierte Gremium der Gemeinsamen Verfassungskommission von Bundestag und Bundesrat nahm sie nach vorausgegangenen Kontroversen im Bundestag (vgl. Dt. Bdg. 1991: Stenogr. Ber. 12/25) in ihren Themenkatalog auf. Eingang in die Beratungen der Verfassungskommission sollten nach dem Willen der „Reformer“ sowohl die Verfassungsvorstellungen der Arbeitsgruppe des Runden Tisches finden, als auch die Überlegungen der unabhängigen Bürgerinitiative des „Kuratoriums für einen demokratisch verfaßten Bund deutscher Länder“,[9] die auf der Vorlage des Verfassungsentwurfs der Arbeitsgruppe des Runden Tisches ihren Entwurf für eine gesamtdeutsche Verfassung konzipierte (vgl. Prantl 1991, 8). In diesem waren ebenfalls direkte Partizipationsmöglichkeiten des Souveräns[10] an der staatlichen Willensbildung enthalten.[11] Auch die Verfassungs-

7 So wurde am 14.11.1989 initiierte Unterschriftensammlung von der Initiative „Aufbruch 89“ durchgeführt, die die Wiedereinführung eines Volksentscheids in die DDR-Verfassung zum Ziel hatte (vgl. Schüddekopf (Hrsg.) 1990, 220-223; vgl. auch tageszeitung 1990, 5).

8 Die Ursache des Scheiterns beruht dabei in der Intention der Volkskammer, eine sich daraus ergebende Verzögerung des Vereinigungsprozesses zu verhindern (vgl. Roellecke 1991, 368).

9 Das Kuratorium, bestehend aus Bürgern beider deutscher Staaten, wurde am 16. Juni 1990 gegründet. Es verstand sich als ein gesellschaftliches Fundament, daß eine Verfassungsgebung in freier Selbstbestimmung und im Hinblick auf die sozialpolitische Einheit beider deutscher Staaten zu konzipieren suchte. Es war somit überparteilich und gesellschaftlich offen.

10 Dieser, am 29.6.1991 vorgelegte Entwurf enthielt in Kap. VIIa Art. 82a entsprechende Regelungen zur Volksgesetzgebung, die bewußt als eine Reaktion auf die Bürgerrechtsbewegung der DDR des Herbstes 1989 erarbeitet wurden (vgl. Guggenberger/Preuß/Ullmann (Hrsg.) 1991, 205ff). Er betonte die Einführung einer Volksgesetzgebung in erster Linie mit der Entscheidung in Sachfragen als letztentscheidungsrechtliche Instanz und nur im Ausnahmefall. Der Grund einer solchen sei nicht pri-

gebung der re-konstituierten Bundesländer, die partiell parallel zu den Debatten zur Grundgesetzrevision geführt und in denen Bestimmungen für direktdemokratische Elemente behandelt wurde (vgl. Berlit 1992, 437-462; Dambeck 1994, 208-222; Degenhart 1992, 77-97), bot Anlaß für die Gemeinsame Verfassungskommission, über eine Öffnung der verfassungsrechtlichen Auslegung des Demokratieprinzips zugunsten plebiszitärer Mitwirkungsmöglichkeiten zu reflektieren.

Als „vorbereitender Konvent" zur Debatte in der GVK ist in dieser Frage die Kommission Verfassungsreform des Bundesrates zu interpretieren, die in ihrem Abschlußbericht die Aufnahme plebiszitärer Elemente empfahl (vgl. Dt. Bdr. (Hrsg.) 1992, 29ff.). Dabei befürworteten eine Mehrzahl der Länder (Brandenburg, Bremen, Hamburg, Hessen, Niedersachsen, Nordrhein-Westfalen, Rheinland-Pfalz, Saarland, Schleswig-Holstein) ein verfassungsrechtliches Addendum, während sich die zumeist unionsgeführten Länder (Baden-Wüttemberg, Bayern, Mecklenburg-Vorpommern, Sachsen, Sachsen-Anhalt, Thüringen) unter Vorsitz des berichterstattenden Landes Sachen-Anhalts gegen eine Aufbrechung des Repräsentationsmodells aussprachen. Es blieb aber ein konkreter Regelungsvorschlag als Beratungsgrundlage für die spätere Arbeit der Verfassungskommission aus, da man in der Ausgestaltung der Modalitäten keine Einigung erzielen konnte. Die Argumente, die die beiden Antagonisten zur Begründung ihrer Entscheidung anführten, waren die gleichen, die später in der Gemeinsamen Verfassungskommission die parteipolitischen Standpunkte von CDU/CSU auf der einen und SPD, Bündnis '90/ Grüne und PDS/LL auf der anderen Seite beherrschten.

Bemerkenswerterweise diente der im Verlauf der Bundesratsdebatten überarbeitete Minderheitenvorschlag Nordrhein-Westfalens zur Einfügung eines Art. 20b ins Grundgesetz, der ein dreistufiges Volksgesetzgebungsverfahren vorsah und der die Zustimmung von sechs Bundesländern fand, als – zwar in einzelnen Punkten modifizierte, substantiell aber unveränderte (vgl.

---

mär in den Ergebnissen, sondern vor allem im Verfahren selbst zu finden. Es diene zur Ergänzung, nicht als Ersatz parlamentarischer Entscheidungsfindung. Es solle „[...] dazu beitragen, daß politische System für neue Inhalte und Politikformen zu öffnen" (ebd., 31).

11 Diese wurden später in fast identischer Form in den Abstimmungsantrag von Bündnis '90/Die Grünen in der GVK aufgenommen. Der einzige Unterschied zum Kuratoriumsentwurf bestand darin, auf ein fünfzigprozentiges Zustimmungsquorum der Stimmberechtigten bei verfassungsändernden Gesetzen zu verzichten (vgl. Kom-Drs. 32). Bei einem dreistufigen Verfahrensaufbau waren für das Zustandekommen der Volksinitiative 100. Tsd. Stimmen notwendig, um den Bundestag mit einem Gesetzesentwurf konfrontieren zu können. Stimmte er nach sechsmonatiger Beratungsfrist nicht zu, so konnte das Volksbegehren eingeleitet werden, das 1. Mio. Unterschriften innerhalb eines halben Jahres bedingte. Nach nicht genau bezifferter Beratungsfrist für das Parlament, das zudem keine Option erhalten sollte, einen eigenen Gesetzesentwurf zu stellen, konnte der Volksentscheid stattfinden, der durch die Mehrheit der Abstimmenden bei einfachen Gesetzen entschieden werden sollte.

ebd., 31)[12] – Beratungs- bzw. Abstimmungsvorlage der SPD-Fraktion in der Verfassungskommission (vgl. Kom.-Drs. 35) sowie auch als Teil der Arbeitsunterlage zu Beginn der Verhandlungen (vgl. Au. Nr.16)

## *3. Die Beratungen in der Gemeinsamen Verfassungskommission*

### *3.1. Die 6. Sitzung der Gemeinsamen Verfassungskommission*

In der Verfassungskommission wurde die Aufnahme plebiszitärer Elemente in zwei Kommissionssitzungen, einer öffentlichen Sachverständigenanhörung und einem Berichterstattergespräch diskutiert. Bereits in der ersten Sitzung vom 14. Mai 1992, der insgesamt sechsten Sitzung der Gemeinsamen Verfassungskommission, wurde deutlich, daß der zeitliche Rahmenplan, den man sich gesetzt hatte, nicht erfüllt werden konnte. So sollte die zweite Aussprache zum Komplex „Bürgerbeteiligung/Plebiszite", die für den 9. Juli 1992 anberaumt war, nunmehr auf den 17. September 1992 verschoben werden. Die Abstimmung zu diesem Thema sollte demnach am 15. Oktober 1992 stattfinden. Ferner wurde der 17. Juni 1992 genannt, an dem die Sachverständigenanhörung durchgeführt werden sollte. Lediglich der letztgenannte Termin konnte beibehalten werden. Auf die Fortsetzung der Aussprache wurde im Verlauf des Bestehens der Kommission unter anderem aus Zeitmangel verzichtet. Die Abstimmung zu diesem Sujet fand letztendlich auch nicht an dem geplanten Datum, sondern erst am 11. Februar 1993 statt.

Zur Sachverständigenanhörung am 17. Juni vereinbarte man die Benennung der Gutachter bis zum 22. Mai 1992. Ebenfalls sollten bis zu diesem Termin Fragekataloge erarbeitet werden, die diesen zur Beantwortung übersandt werden sollten.[13] Die Benennung der Anzahl der Sachverständigen erfolgte nach dem vorher in der Gemeinsamen Verfassungskommission ausgehandelten Schlüssel, nach dem die beiden großen Volksparteien von CDU/CSU und SPD jeweils drei Gutachter nominieren konnten, die kleineren

12 Wesentliche Unterschiede zu jenem waren die Ausklammerung von Dienst- und Versorgungsbezügen in der Volksinitiative und die Herabsetzung des Prozentsatzes von einem auf 0,5 Prozent, die Verlagerung der Zulässigkeitsprüfung durch die Bundesregierung in der Volksinitiative nur mehr auf Antrag der Bundesregierung, einer Landesregierung oder eines Drittels der Mitglieder des Bundestages durch das Bundesverfassungsgericht beim Volksbegehren, die Absenkung des Zustimmungsquorums von einem Drittel auf ein Viertel der Stimmberechtigten bei einfachen Gesetzen und ein Föderalquorum lediglich bei zustimmungspflichtigen Gesetzen. Die fünfprozentigen Unterstützungsunterschriften zum Volksbegehren sowie ein fünfzigprozentiges Zustimmungsquorum der Stimmberechtigten, mindestens jedoch die Zustimmung einer qualifizierten Mehrheit der Abstimmenden bei Verfassungsänderungen blieben hingegen bestehen.

13 Der Fragekatalog findet sich abgedruckt in: Thaysen 1993, 191-193.

Fraktionen von F.D.P., Bündnis '90/Grüne und die PDS/LL jeweils einen, so daß insgesamt neun Sachverständige[14] zur Beurteilung der Einführung von Bürgerbeteiligungen in das Grundgesetz beauftragt wurden.[15] Desweiteren verständigte man sich zu Beginn der ersten Sitzung durch die vorangegangenen Verfahrensvorschläge der Obleutebesprechung darauf, diesem Themenkomplex etwa neunzig Minuten einzuräumen. Dabei entfielen auf die beiden großen Parteien eine paritätisch verteilte Redezeit von jeweils dreißig Minuten, auf die F.D.P. fünfzehn Minuten und acht Minuten auf die anderen beiden Gruppen.[16] Allein diese zur Verfügung gestellte Zeit zeigt deutlich, daß eine genauere Betrachtungsweise der Thematik und intensivere Erörterungen nicht möglich waren (vgl. Landfried 1995, Fn. 7, 51). So zeichnet sich denn auch im Verlauf der ersten Sitzung eine Kontroverse ab, die vom Vorsitzenden abrupt beendet werden mußte, da sonst für einen weiteren Tagesordnungspunkt keine weitere Zeit verblieben wäre (vgl. GVK 14.5.1992, 23).

Inhaltlich war die Debatte durch die sich konträr gegenüberstehenden Fundamentalpositionen geprägt. Die divergierenden demokratietheoretischen Standpunkte der Parteien traten hierbei merklich zu Tage: Die konservativen und liberalen Vertreter verfochten ein „output-orientiertes" Politikmodell im elitentheoretischen Demokratieverständnis, wonach Demokratie in erster Linie unter Effizienzkriterien betrachtet wird. Definiert wird Demokratie hier als ein System von Institutionen und Verfahrensregeln, auf deren Stabilität und Funktionsfähigkeit zuvörderst Bezug genommen wird. Dies schließt weiterreichende Beteiligungsmöglichkeiten des Souveräns aus; das Prinzip der Volkssouveränität wird auf den Wahlakt als Zustimmung der Bevölkerungsmehrheit zu einer Regierungspartei oder -koalition reduziert (vgl. Lenk 1993, 933-989, hier 954f.; Lenk/Franke 1987). Diesem Grundsatz kommt daher eine im wesentlichen herrschaftslegitimierende Funktion zu und es kann somit als obrigkeitsstaatlich-etatistisches Demokratieverständnis gewertet werden (vgl. Evers 1991, 5; Thierse, in: GVK 14.5.1992, 6). Die dichotomische Perspektive stellte dem ein freiheitliches-republikanisches Verständnis der Demokratie gegenüber, demzufolge jene auf ein Maximum an politischen Beteiligungsmöglichkeiten der Bürger, an Selbst- und Mitbestimmung definiert wird. Als „input-orientiertes" Modell zielt es darauf ab, Volkssouveränität als permanenten Prozeß politischer Willensbildung des Volkes zu betrachten, der durch eben jene verfassungsmäßigen Teilhaberechte garantiert wird. Dieser Auffassung von Demokratie, die als partizipatorische Variante der kritischen Demokratietheorie rubriziert werden kann (vgl. Guggenberger 1995,

---

14 Dies waren für die Parteien die folgenden: CDU/CSU: Prof. Peter Badura, Prof. Eckart Klein, Prof. Gerhard Schmid; SPD: Dr. Tilman Evers, Prof. Uwe Thaysen, Prof. Claus Offe; F.D.P.: Prof. Edzard Schmidt-Jortzig; B`90/Grüne: Prof. Ulrich K. Preuß; PDS/LL: Bruno Kaufmann.

15 Zu Verfahren und Organisation der Kommission vgl. GVK (Hrsg.) 1993, 23-27; vgl. ebenfalls den Beitrag von Marion Schmidt in diesem Band.

16 Auch bei der Disponibilität der Redezeit orientierte man sich an der Parlamentarischen Geschäftsordnung des Bundestages und damit an seinem parteipolitischen Proporz.

80-90, hier 86f.), hingen die Vertreter der Parteien von SPD, Bündnis '90/Grüne und PDS/LL in der Kommission an (Thierse, in: GVK 14.5.1992, 6).

Diese Zuordnung vorauszuschicken mag zwar prima vista als marginal erscheinen, ist aber schon alleine deshalb notwendig, weil es den Verhandlungsspielraum der politischen Akteure zwischen jenen beiden Fundamentalpositionen kennzeichnet, innerhalb dessen überhaupt erst Konzessionen gemacht werden konnten, um eine heuristische Lösung zur Konvergenz beider Prinzipien zu offerieren. Auch ist sie deswegen konstitutiv, da die These der prinzipiellen Unvereinbarkeit von liberaler bzw. repräsentativer und radikaler bzw. identitärer Demokratie im Rahmen dieser antinomischen Gegenüberstellung in den bisherigen Kontroversen geführt wurde und sich aus diesen speist (vgl. Sommer 1993, 11). Daß sich hierin ein „[...] institutionelle[r] Rigorismus in der Demokratietheorie [...]" ausdrückt, bei dem es sich um das Verfahren „[...] ‚der geistesgeschichtlich-genealogisierten Typenbildung' [handelt], bei dem nur in der Reinlichkeit des ‚Entweder-Oder, des Ganz oder Gar-Nicht' gedacht wird" (Jung 1990, 491f.) fand in den Argumentationen der Verfassungskommission seine Entsprechung.

Als ein zentraler Punkt der Dispute erwies sich die Frage nach der Kompatibilität plebiszitärer Elemente zum Repräsentativsystem. Dabei stand nicht die verfassungsrechtliche Auslegung des Art. 20 im Vordergrund – diese wurde eher im Rahmen einer historisch-genetischen Argumentation vollzogen –, sondern eine politiktheoretische Kontemplation. Thematisiert wurde daher die Frage, inwieweit es sich nicht um zwei einanderausschließende Verfahren der Gesetzgebung handelt, die auf unterschiedlichen Legitimationsprinzipien der Entscheidungsfindung basieren und welche Auswirkungen eine derartige Strukturveränderung mit der Implementation der Volksgesetzgebung nach sich gezogen hätte. Dabei wurde den Konstituanten des politischen System der Bundesrepublik, wie etwa dem Föderalismus und den Institutionen der Parteien, besonderes Augenmerk geschenkt. Im Kern ging es also um die pointierte Fragestellung, ob damit eine Gefährdung oder eher eine Stabilisierung des politischen Systems bewirkt werde.

Die in der ersten Sitzung vorgetragenen Begründungen derer, die das Repräsentativsystem als für prinzipiell unvereinbar mit plebiszitären Elementen hielten, durchzogen dabei unverändert den gesamten Beratungsverlauf. Eine Schwächung des parlamentarischen Regierungssystems (vgl. Geis, in: GVK 14.5.1992, 2; so auch in: GVK 11.2.1993, 34), vor allen Dingen durch eine Delegitimierung parlamentarischer Willensbildung und Entscheidungen, war hierbei primäres Motiv einer Ablehnung. Dadurch, daß dem Souverän die Chance einer „eigenen" Gesetzgebung eröffnet werde, würde den im Parlament beschlossenen Gesetzen eine Zweitrangigkeit zukommen (vgl. Geis, in: GVK 14.5.1992, 4) mit der Folge, daß eine Aufsplittung in zwei „unterschiedliche Gesetzgeber" im Bewußtsein der Bevölkerung dazu führe, daß ein vom Volk beschlossenes Gesetz das größere Gewicht hätte, die „Weihe höherer Legitimität" genieße, weil nunmehr der Souverän durch Erlangung einer Entscheidungskompetenz den unmittelbaren Volkswillen zum

Ausdruck bringen könne, der prinzipiell höherrangig zu gewichten sei, als der durch Entscheidungen des Parlaments geäußerte (hypothetische) Volkswille. Das schränke eine spätere Abänderbarkeit der durch Volksentscheide zustande gekommenen Gesetze ein. Einher ginge damit ein schleichender Verlust der Entscheidungsmacht des parlamentarischen Gesetzgebers, dem durch häufigere Inanspruchnahme des Volksgesetzgebungsverfahrens – so das befürchtete Szenario – die Kompetenzen einer adäquaten Problembearbeitung seitens der Bürger aberkannt werden könnten, was wiederum dazu führe, daß das Vertrauen in das bestehende Repräsentativsystem sich nicht vergrößere bzw. stabilisiere, sondern eher anzunehmen sei, daß es sinken werde. Ein Abbau der Staatsverdrossenheit, die im übrigen auch in den Ländern, die über plebiszitäre Beteiligungsinstitute verfügten, nicht kleiner sei, sei damit nicht zu erreichen; eher sei ein gegenteiliger Effekt zu erwarten (vgl. Graf von Schönburg-Glauchau, in: ebd., 20). Insgesamt betrachtet würde ein solches Gesetzgebungsverfahren zu einer Abwertung des Parlaments beitragen. Das in diesem Nexus in den Beratungen immer wieder auftauchende Argumentationsparadigma der konservativ-liberalen Fraktion läßt sich wie folgt zusammenfassen: Die ständig wachsenden Probleme seien nur durch parlamentarische Gesetzgebungsverfahren zu lösen, bei denen gewährleistet sei, daß diese sachgerecht beurteilt und bearbeitet werden können, um sie in Gesetzesform zu gießen. Plebiszite eigneten sich hierfür nicht (vgl. Geis, in: ebd., 3). Eine sachgerechte Regelung komplizierter gesellschaftlicher Verhältnisse sei deshalb nur durch den Politiker gegeben, der sich von Berufs wegen intensiver und umfassender mit politischen Sachfragen beschäftige. Auch zeuge die vorparlamentarische Behandlung von Gesetzesentwürfen, in die bereits Meinungen und Wissen von Referenten und Verbänden eingebracht würden, sowie die Erörterungsphasen in Ausschüssen, in denen noch einmal über Einzelfragen eines Gesetzes beraten werden könne, von einer adäquaten Problembehandlung. Dies alles könne bei Plebisziten, bei denen nur eine Ja-Nein-Entscheidung möglich sei, nicht erreicht werden (vgl. ebd.). Insoweit entbehrten plebiszitäre Entscheidungsverfahren auch des Kompromißcharakters. Wolle man dem Volk Entscheidungen überantworten, so sei dies aufgrund der o.g. Merkmale, die das parlamentarische Verfahren kennzeichneten, in plebiszitären Entscheidungsprozessen jedoch ausblieben, nicht imstande, rationale Abwägungen aller die ein Problem tangierenden Gesichtspunkte in eine Entscheidung einzubeziehen. Demnach sei dadurch die Eventualität gegeben, daß Plebiszite in einer momentanen Stimmung des Volkes stattfänden, sie damit die Gefahr einer Stimmungsdemokratie und des Populismus in sich tragen. So würden der Demagogie und Manipulation bei Volksabstimmungen Tür und Tor geöffnet, weil das Volk sich von subjektiver Betroffenheit und mediengeprägten Stimmungen leiten ließe. Das Beispiel der Wiedereinführung der Todesstrafe oder des Grundrechts auf Asyl wurde hierbei mehrfach angeführt (vgl. ebd.).

Die Retrospektive auf die Weimarer Erfahrungen im Zusammenhang mit Plebisziten und den Konsequenzen, die der Parlamentarische Rat aus ihnen zog, war ein weiteres Gegenargument, welches die Unionsfraktion zu einer Ablehnung direktdemokratischer Elemente veranlaßte (vgl. ebd. 4). Auch aufgrund der negativen Erfahrungen der Schweiz, die als einzige „[...] alte Demokratie des Westens [...]“ (ebd.) Institute der Volksabstimmungen kenne, sei es nicht ratsam, Plebiszite in das Grundgesetz aufzunehmen. Dagegen spreche auch das Faktum, daß der Bundesrat als selbständige Einheit innerhalb der Machtverteilung des politischen Systems bei Plebisziten ausgeschlossen wäre. Dadurch würde das Element des Föderalismus geschwächt werden. Auch Regelungen mit dem Ziel, plebiszitäre Gesetzesvorlagen nur mit den Stimmen der Mehrheit der Länder im Bundesrat anzunehmen, seien nicht akzeptabel, weil dieser eben nicht bloß die Addition von Ländern darstelle (vgl. ebd., 3).

Dem Argument, nach dem die Vorgänge des Herbstes 1989 in der ehemaligen DDR, die aus der unmittelbaren Beteiligung des Volkes erwuchsen, zu berücksichtigen seien, wurde entgegnet, daß es sich dabei um eine Ausnahmesituation gehandelt habe, die eine Einführung direkter Demokratie jedoch nicht rechtfertige. Im Normalfall würden die Menschen dem „alltäglichen Leben“ von Arbeit und Familie nachgehen „[...] und sich nicht immer mit politischen Fragen auseinandersetzen. Im Normalfall [...] [gelte] die Verfassung“ (Geis, in: ebd., 19). Die Tatsache, daß in die Verfassungen der ostdeutschen Bundesländer die Aufnahme partizipatorischer Elemente erwogen würde, sei insofern ein Spezifikum der verfassungspolitischen Bewußtseinslage in jenen, das aber nicht auf die Bundesebene übertragbar sei. Anders als hier würden dort nach der Abschaffung einer Diktatur die Neugründung von Staatswesen mit der Beschreibung von Zielen einhergehen. Da auf der Bundesebene ein bereits vorhandenes stabiles, bewährtes Staatswesen vorhanden sei, bedürfe es dieser Elemente dort nicht (vgl. Heitmann, in: ebd., 8).

Von den Befürwortern plebiszitärer Elemente wurde dagegen hervorgehoben, daß es sich hierbei um eine Ergänzungs- und Bereicherungsfunktion zum parlamentarischen Normalverfahren handele und nicht um seine Substitution (vgl. Thierse, in: ebd., 6). Unter Verweis auf eine sich im Laufe des Bestehens der Bundesrepublik veränderten Verfassungswirklichkeit müsse sich die Verfassung „[...] einer demokratisch reifen und sozial stabilen Gesellschaft [...] den Mitsprache- und Mitwirkungsansprüchen und -erwartungen seiner Bürger öffnen“ (ebd., 5). Nur mit der Einführung von Mitwirkungsmöglichkeiten könne die Stabilität der bundesdeutschen Demokratie gesichert werden. Eine Abwertung des Parlaments sei schon deswegen nicht zu befürchten, weil es erst unter Berücksichtigung der Bedürfnisse und Interessen des Souveräns auch außerhalb des Wahltermins – durch Bürgerinitiativen und Volksbegehren – bei seinen Entscheidungen seine Aufgabe erst wahrnehme (vgl. ebd., 6). Damit aber werde das Vertrauen in die Problembefassungs- und -lösungskapazitäten des parlamentarischen Gesetzgebers gestärkt. Der Parteienverdrossenheit, der Politik- und Wahlmüdigkeit, dem Vertrauensschwund der Politiker und Parteien, der Parlamente und Regierungen, die mit den Integrationsproblemen der Parteien zusammenhänge, könne durch Angebote anderer Formen der Mitwirkung entgegengetreten werden (vgl. ebd., 7; Schnoor, in: ebd., 9), was die Demokratie funktionsfähiger, moderner gestalte (vgl. Thierse, in: ebd., 7). Bei dem Phänomen der Politikverdrossenheit handele es sich schließlich um eine Institutionenentfremdung (vgl. Vogel, in: ebd., 18). Die politische Mitgestaltung in Form von Abstimmungen brächte die Bürger an die Aufgaben des Gemeinwesens heran, bei denen nicht das Ergebnis, sondern der Entscheidungsprozeß von Wichtigkeit sei (vgl. Schnoor, in: ebd., 9 und 11). Daß eine in dem befürchteten Maße stattfindende Entparlamentarisierung nicht erfolgen werde, würde sich bereits aus der Vielzahl der Themen ergeben, bei denen schon aus praktischen Erwägungen die politischen Entscheidungen weiterhin in den Parlamenten, Regierungen und Verwaltungen gefällt werden würden; insofern käme in der Volksgesetzgebung lediglich der Ergänzungscharakter zum Vorschein (vgl. Schnoor, in: ebd., 11).

Dem Argument, Plebiszite würden das föderale Prinzip schwächen, wurde mit dem Einwand begegnet, daß man diesem durch spezielle Modalitäten entsprechen könne, etwa durch ein besonderes Quorum, wobei man aber auf die Details nicht einging (vgl. ebd, 10).

Bezogen auf die von der CDU/CSU angeführten Weimarer Erfahrungen und die Entscheidungen des Parlamentarischen Rates, plebiszitäre Elemente nicht in das Grundgesetz aufzunehmen, müsse konstatiert werden, daß andere Ursachen zum Scheitern der Weimarer Republik beitrugen als die in dieser Zeit angestrengten Volksbegehren und -entscheide. Die Gründe seien hier vielmehr in der „[...] Unentschiedenheit der Verfassung zwischen parlamentarischem System und dem Wahlkönigtum des Reichspräsidenten [...][, den] schweren politischen Belastungen und [... dem] unterentwickelten Demokratieverständnis" (Thierse, in: ebd., 4) zu verorten. Die Entscheidungen des Parlamentarischen Rates nach den Erfahrungen von 1933 bis 1945, plebiszitäre Verfahren nicht in die Verfassung aufzunehmen, könnten keine überzeitliche Vernunft für sich beanspruchen. Die veränderte Verfassungswirklichkeit und die positiven Erfahrungen mit Bürgerinitiativen und Demonstrationen müßten einer Weiterentwicklung des demokratischen Gedankens Rechnung tragen (vgl. ebd., 5).

Summarisch betrachtet zeige sich ein durch die vierzigjährige stabile Demokratie der Bundesrepublik gestärktes und gefördertes demokratisches Selbstbewußtsein des Souveräns, das auch demokratische Mitwirkungswünsche befördert hätte. Dies ließe sich an den Mehrheiten in der Bevölkerung für eine erweiterte Ausgestaltung des Demokratieprinzips in der Verfassung bei Meinungsumfragen deutlich erkennen (vgl. Heuer, in: ebd., 14). Der Grund für eine Weiterentwicklung zur partizipativen Demokratie sei eine neue Stufe von Bürgeraktivität, die es ernst zu nehmen gelte. Zudem seien die Grenzen der Repräsentation durch eine Parzellierung der Gesellschaft sichtbar geworden, die eben nicht mehr alle Gruppen umfassen könne (vgl. Ullmann, in: ebd., 13).[17]

17 Der Vertreter von Bündnis 90/Grüne klammerte die Verdrossenheit und eine antirepräsentative Haltung als Begründung für die Forderung aus.

Auch die Erfahrungen der Bürgerbewegungen in der ehemaligen DDR, die Eingang in den Verfassungsentwurf des Runden Tisches und des Kuratoriums für einen Bund deutscher Länder fanden, sollten bei einer Grundgesetzreform Beachtung finden.

Anhand des Entwurfes Nordrhein-Westfalens zur Ausgestaltung der Volksgesetzgebung machte der SPD-Abgeordnete Schnoor noch einmal die Modalitäten deutlich, unter denen die Aufnahme direktdemokratischer Beteiligungsinstitute vorgenommen werden könne und versuchte damit den Beanstandungen der CDU-Mitglieder gegen die Volksgesetzgebung entgegenzutreten. Dabei sprach er sich noch einmal für das Verfahrenserfordernis der angeführten Quoren aus und begründete deren Prozentsatz mit dem funktionalen Anspruch, einerseits dadurch die Sachgerechtigkeit des Anliegens deutlich werden zu lassen, andererseits keine Verfahrenshürden aufstellen zu wollen, die einen tatsächlichen Gebrauch verhinderten. Als Kompromißformel nannte er zu Abschluß seines Redebeitrags die Volksinitiative ein plebiszitäres Element, die im weiteren Verhandlungsverlauf, auch im Berichterstattergespräch, noch einmal thematisiert werden sollte (vgl. ebd., 8ff.). Nachdem auch der Liberale Caesar sich für ein Aufbrechen der starren Fronten aussprach und für die Aufnahme von Volksinitiative und -begehren plädierte – wobei er die Einzelheiten des Verfahrens detailliert in der Diskussion erörtert wissen wollte (vgl. ebd., 11ff.) – lenkte auch die Unionsseite ein und machte deutlich, daß in diesen Punkten eine Kompromißbildung möglich sei (vgl. Geis, in: ebd., 20). Das zu Beginn der Debatte vorgetragene apodiktische Nein des Berichterstatters der CDU/CSU-Fraktion zu sämtlichen plebiszitären Instituten (vgl. ebd., 2) wurde von ihm gegen Ende des ersten zu debattierenden Tagesordnungspunktes der Sitzung in dieser Hinsicht relativiert.

## *3.2. Die Sachverständigenanhörung*

Wie schon in der ersten Sitzung stand auch die öffentliche Anhörung vom 17. Juni 1992 unter deutlichem Zeitdruck. Die neun Sachverständigen mußten sich bei der Darlegung ihrer Argumentationen innerhalb von zehn ihnen zur Verfügung stehenden Minuten auf wesentliches beschränken, was bei einigen dementsprechenden Mißmut hervorrief.[18] Die Gesamtdauer der Vorträge belief sich auf ca. zweieinhalb Stunden. Nach einer Sitzungsunterbrechung von etwas mehr als einer Stunde sollte den Kommissionsmitgliedern eine Fragerunde eingeräumt werden, die nach etwa zwei Stunden mit der Beantwortung durch die Sachverständigen ihr Ende finden sollte, da sich eine

---

18 So z.B. den Äußerungen des Sv Thaysen, in: GVK 17.6.1992, 24: „Es handelt sich darum, eine mindestens 200jährige Debatte in höchstens zehn Minuten auf einen kurzen Nenner zu bringen und gleichzeitig noch konkrete Vorschläge zur Gestaltungsfrage zu beantworten. Was sie von uns erwarten, sind Güterabwägungen bekannter Argumentationskonvulte.“

namentliche Abstimmung im Bundestag unmittelbar anschloß. Es stellte sich jedoch heraus, daß das Zeitlimit nicht ausreichend war, so daß man sich darauf verständigte nach einer zwanzigminütigen Zäsur die Beratungen mit der Fortsetzung der Fragebeantwortung wieder aufzunehmen. In begrenzter Besetzung (vgl. Scholz, in: GVK 17.6.1992, 41) fuhr man also fort und schloß nach weiteren eineinhalb Stunden die insgesamt sechsstündige Sitzung.

Zu Beginn der Anhörung wurde der Kommission mit Zustimmung der Fraktionen durch Gerald Häfner eine Petition mit 265. Tausend Unterschriften übergeben, die sich durch diese für die Aufnahme einer Volksgesetzgebung in das Grundgesetz aussprachen;[19] weitere 1,1 Millionen seien in einer vier Meter hohen transparenten Glassäule als „Mahnmal für direkte Demokratie" vor dem Deutschen Bundestag installiert worden. Als Vertreter der „Initiative Demokratie Entwickeln" (IDEE) und beteiligter Initiativen wie des „Kuratoriums", der „Demokratie-Initiative 90", des „Omibus für Direkte Demokratie" und Mitgliedern der ehemaligen Arbeitsgruppe „Neue Verfassung" des Runden Tisches plädierte er eindringlich für eine verfassungsrechtliche Ausgestaltung des Volkssouveränitätsprinzips nach Art. 20 (vgl. Haefner, in: GVK 17.6.1992, 3), das sich in einem dreistufigen Verfahren der Volksgesetzgebung in das Grundgesetz konkretisieren sollte. Eine konsultative Volksbefragung hingegen sollte ausgeschlossen bleiben (vgl. ebd., 4). In seinem Appell problematisierte er ausführlich die Gründe, die seiner Meinung nach zu dieser Forderung Anlaß gaben.

Die Sachverständigen trugen in den knappen Statements hauptsächlich ihre in den schriftlichen Stellungnahmen vorgenommenen Argumentationen vor. Diese waren bis auf geringfügige Nuancen kongruent mit den Standpunkten der Parteien, in deren Namen sie bestellt waren.

Der Gutachter Badura machte deutlich, daß mit der Einführung von plebiszitären oder partizipatorischen Teilhaberechten der institutionell geordnete Prozeß der staatlichen Willensbildung, der auf Wahlen und parlamentarischer Demokratie beruhe, verändert würde, in dem „[...] die Bürger als Glieder des Staatsvolkes an der Bildung des Staatswillens teil[nehmen]" (Au Nr. 46, 5; vgl. auch GVK 17.6.1992, 5). Unter dem Gesichtspunkt der Leistungsfähigkeit und Flexibilität des parlamentarischen Verfahrens sei dieses dem realplebiszitären Abstimmungsverfahren an Effizienz und der Richtigkeitsgewähr überlegen. Zudem seien auch diese Verfahren nur eine Form der mittelbaren Demokratie, nämlich der Parteiendemokratie; den Parteien würden dadurch zusätzliche Tätigkeitsfelder eröffnet. Da es die Eigenart plebiszitärer Verfahren sei, nicht alle Aspekte des Gemeinwohls berücksichtigen zu müssen, da sie nur punktuelle Interessen behandelten, verfälschten sie die politi-

19 Das Thema „Bürgerbeteiligung und Plebiszite" hatte damit die größte Resonanz in den Verfassungsberatungen. Die Zahl machte rd. ein Drittel aller Eingaben aus, die sich insgesamt auf ca. 800. Tausend beliefen und bezeugen aufgrund der Quantität ein enormes Interesse am verfassungspolitischen Diskurs in der Frage, was als Ausdruck „allgemeiner verfassungspolitischer Vorstellungen" (GVK (Hrsg.) 1993, 28) gewertet werden kann.

schen Entscheidungsverfahren. Die Übertragbarkeit der Erfahrungen aus den Bundesländern auf die Bundesebene sei insofern problematisch, als daß a) sich hier die Regelungsmaterien für Volksabstimmungen nicht eignen würden und b) aufgrund der unterschiedlichen Bevölkerungsverhältnisse ein analoger Schluß nicht gezogen werden könnte, eine sinnvollen Gestaltung bezgl. der Quoren daher nicht möglich sei (vgl. ebd., 6f. u. 51ff.).

Der Sachverständige Klein wies zwar auf die Ambivalenz der Pro- und Kontra-Argumente zur Volksgesetzgebung hin, machte jedoch zwei Gesichtspunkte geltend, die zwingend gegen sie sprächen. Erstens sei es durch sie möglich, daß das Parlament bzw. der Parlamentarier sich vorzeitig seiner Verantwortung entledigen könne. Handele an seiner statt nun das Volk, quasi als Staatsorgan, so könne es aufgrund seiner Anonymität nicht zur Verantwortung gezogen werden. Zweitens sei hierbei die Mitwirkung der Länder im Bundesrat in Frage gestellt, die als organisatorische, vom Bund getrennte territoriale Einheiten zu Wort kommen müßten und nicht durch ihre Bevölkerung (vgl. ebd, 13ff.). Ferner sei damit auch die Einführung eines Föderalquorums bei einem solchen Verfahren untauglich, da das Volk nicht in personeller Duplizität – als Teil des Gesamtstaatsvolkes und für ihr Land – sprechen könne (vgl. ebd., 47). Überdies gebe es keine sinnvollen Differenzierungskriterien für eine inhaltliche Abgrenzung der Materien, die sich für eine Volksgesetzgebung eigneten.

Beide Sachverständige machten deutlich, daß sie keine verfassungspolitische Notwendigkeit sahen, das Grundgesetz um die Institution einer Volksgesetzgebung zu ergänzen, da sie nicht den von den Befürwortern einer solchen erhofften Legitimitätszuwachs, eine Stabilisierung des politischen Systems und einen Abbau der Politik- bzw. Staatsverdrossenheit erwarteten. Im Gegensatz zu Badura empfahl der Gutachter Klein jedoch die Aufnahme der Volksinitiative, die er als Anregung für die politische Arbeit erachtete sowie die Option eines obligatorischen Verfassungsreferendums bei Verfassungsänderungen, das zusätzlich neben die Entscheidungen von Bundestag und Bundesrat nach Art. 79 Abs. 2 treten sollte.

Ähnliche Empfehlungen machte der Sachverständige Schmidt-Jortzig, der in der Volksinitiative zudem den Vorteil sah, daß Sachthemen wie z.B. Finanzfragen nicht ausgeklammert werden müßten. Weiterreichende Entscheidungsverfahren wie Volksentscheide lehnte er aus den bereits genannten Motiven ab. Als zusätzliches Argument nannte er die Problemferne der Bundesebene. Danach seien die Bürger – anders als auf kommunaler Ebene – nicht unmittelbar erfahrbar betroffen, weswegen er formelhaft dafür plädierte, plebiszitäre Elemente auf Bundesebene begrenzt, auf Landesebene erweitert und auf kommunaler Ebene ausgiebig zu ergänzen (vgl. ebd., 23).

Auch der Gutachter Offe empfahl nur bedingt die Einführung direktdemokratischer Elemente. Bei einem positiven Votum zugunsten plebiszitärer Elemente sei das Ziel der Verfahren nicht darin zu sehen, „[...] die verstärkten politischen Rechte der Bürger zu einem Routineverfahren kollektiven Entscheidens werden zu lassen“ (ebd., 20), sondern sie als in Reserve stehende Handlungsmöglichkeiten der Bürger zu betrachten, die – und darin läge ihr Haupterfolg – im günstigsten Fall den politischen Eliten mehr Rechtfertigungsdruck für ihr legislatives Handeln auferlegen würden. Bezogen auf die dieser Verfahren innewohnende Problematik der einfachen Ja-Nein-Entscheidung betonte er die in parlamentarischen Entscheidungsprozessen reichere Kommunikationssituation, die es zuließe, daß in Zeitdimensionen operiert, neue Verhandlungsgegenstände eingeführt und die Kompromißbildung durch Tauschhandlungen erleichtert werden könnten. Zugleich legte er jedoch dar, daß repräsentative Entscheidungskörperschaften durch den „[...] Imperativ der Macht- und Koalitionsrücksichten [...]" (ebd., 19) geprägt seien, die diese Optionen zunichte machen könnten. Notwendiger erachtete er eine Vitalisierung der demokratischen Öffentlichkeit und eine interne Demokratisierung des politischen Systems, insbesondere der Parteien und Verbände.

Diese Forderung vertrat ebenfalls der Gutachter Thaysen, der inhaltlich die Reform der Parteien einer plebiszitären Ergänzung vorangestellt sehen wollte, da es die Parteien seien, die diese Instrumente handhabten und dadurch in erster Linie zu Trägern und Profiteuren von Plebisziten würden. Die negativen Effekte der monopolartigen Stellung der Parteien in der politischen Willensbildung sowie die Defizite der deutschen politischen Kultur ließen ihn indes zu einer ansonsten positiven Beurteilung kommen, wobei auch er die Gestaltung der Verfahrensmodalitäten unterstrich und hierbei an einer Parlamentsprärogative festhielt. Auch hob er auf das im Prozeß der Repräsentation innewohnende Normative ab und stellte dem eine empirische Betrachtung entgegen, bei der eine plebiszitäre Mitwirkung ebenfalls Elemente der Repräsentation beinhalte.[20] Die Begriffe repräsentativ und plebiszitär könnten somit zwar einen gewissen Erkenntniswert für sich beanspruchen, doch schlössen sie sich damit als Formen der politischen Willensbildung nicht gegenseitig aus. Vielmehr müsse das Erkenntnisinteresse dahingehend führen, einen pragmatischen Mittelkurs einzuschlagen, der die Stärken beider idealtypischen Elemente gewährleiste (ebd., 24f.).

Die Probleme des Parteienstaates waren auch für den Sachverständigen Evers primärer Grund für die Aufnahme direktdemokratischer Institute zu votieren. Die Parteien hätten sich zu parakonstitutionellen Apparaten entwikkelt, die den Mechanismus der Gewaltenteilung unterliefen. Zudem wies er auf die Problemverdrängung durch eine auf Stimmenkonkurrenz in den kurzen Fristen von Wahlperioden fixierten Parteienkonkurrenz hin, die eine Lösung längerfristiger und drängender Probleme verhindere. Zwar sah auch er in der Volksgesetzgebung kein Allheilmittel für alle Probleme des Parteienstaates und der Politikverdrossenheit, doch könne die Summe der Probleme nur bewältigt werden, wenn die Selbstgestaltungskräfte der Gesellschaft dazu herangezogen und ermutigt werden. Ebenso erwachse aus der deutschen Ei-

20 Dies käme in der Frageformulierung der Antragsteller, der Vermittlung und dem Adressatenkreis zum Ausdruck (vgl. ebd., 24f., Au Nr. 59a, 6).

nigung die Verpflichtung einer Neugestaltung des Verhältnisses von Bürger und Staat (vgl. ebd., 8f.).

Der Gutachter Preuß begriff plebiszitäre Elemente als spezifische Instrumente der Impulsgebung in das politische System, durch die im konkurrierenden Zusammenwirken mit der repräsentativen Komponente eine Steigerung der Leistungs- und Reflexionsfähigkeit des Repräsentativsystems erreicht werden könne. Die hierbei in einem Spannungsverhältnis zueinander stehenden Legitimationsgründe demokratischer Herrschaft beruhten zum einen auf der Vernünftigkeit, der sachlichen Richtigkeitsgewähr der getroffenen Entscheidungen, daher dem repräsentativen System zugehörig, und zum anderen auf dem des im plebiszitären Verfahren enthaltenen expressiv-partizipatorischen Elementes.[21] Erster müsse aufgrund der Praxis der Repräsentation, die in der Tendenz auf eine absorptive hinauslaufe, durch ein duales oder plurales System wechselseitiger Konkurrenz, auch i.S. von „checks and balance", „korrigiert" werden (vgl. ebd., 15f.).

Die Legitimationskrise der politischen Institutionen in der repräsentativen Demokratie war Anlaß für den Sachverständigen Kaufmann, direktdemokratische Elemente zu befürworten. Er stellte den positiven Faktor der Verfahren heraus, der weniger die Entscheidungsmacht als vielmehr die kommunikative Macht betone, und dokumentierte dies am Beispiel der schweizer Erfahrungen.

Diese bildeten auch den Ausgangspunkt der Analyse des Sachverständigen Schmid, wobei er in summa vier Aspekte der Auswirkungen der Volksrechte auf das politische und das Regierungssystem der Schweiz hervorhob,[22] eine abschließende eindeutige Bewertung pro oder kontra in Bezug auf die deutsche Situation aber nicht vornahm.

Sieht man von der letztgenannten Expertise des Gutachters Schmid ab, so lassen sich den meisten Aussagen der Sachverständigen entnehmen, daß sie gewisse Krisensymptome des Repräsentativsystems konstatierten. Über die Maßnahmen, die als kompensatorische Ausgleichsmöglichkeiten oder Behebungsversuche vorgenommen werden sollten, um die Mißstände legitimatorischer Natur zu beseitigen, bestand jedoch keine Einigkeit. Deutlich wurde dies bei den Vorschlägen für die Aufnahme der unterschiedlichen Beteiligungsinstitute der Volksgesetzgebung, die einer differenzierten Betrachtung unterzogen wurden, aber auch bei den Erwägungen für systemimmanente Reformen wie etwa im Parteien- und Wahlrechtssystem, die das Thema „Plebiszite" unweigerlich nach sich zog. Von den insgesamt neun

21 Preuß markierte damit noch einmal die beiden demokratietheoretischen Positionen, die die Debatte dominierten (vgl. 3.1.).

22 Wichtige Punkte der Beurteilung des politischen Systems der Schweiz seien dabei insbesondere die im Vergleich zu anderen Entscheiden höhere legitimierende Wirkung von Volksentscheiden, Konkordanzzwänge innerhalb der im Parlament vertretenen Parteien, ein Erschweren staatlichen Agierens und die Herausbildung von Mehrheits-Minderheits-Konstellationen zu verschiedenen Sachfragen als okkasionelle Bereichsopposition (vgl. Schmid, in: GVK 17.6.1992, 21).

Sachverständigen sprachen sich sieben für die Einführung der Volksinitiative auf Bundesebene aus. Aufgrund deren Argumentationsherleitungen und den damit verbundenen impliziten Zielsetzungen wurde aber eine Ausgestaltung bezgl. der hierfür erforderlichen Quoren und der inhaltlichen Abgrenzung der Materien verschiedenartig bewertet. Die Gutachter Klein und Schmidt-Jortzig empfahlen die Aufnahme der Volksinitiative als ein eigenständiges Verfahren im Sinne einer qualifizierten Massenpetition mit Artikulations-, Anhörungs- und Einbringungsrechten, ohne sich daran anschließende Verfahrensstufen, was insbesondere von Preuß und Evers aufgrund des fehlenden Entscheidungsrechts kritisiert wurde. Neben diesen beiden sprachen sich ferner Thaysen, Offe und Kaufmann für die Einführung weiterreichender Beteiligungsmöglichkeiten in Form von Volksbegehren und Volksentscheid aus. Unstrittig war die Ablehnung von Volksbefragungen, die auch in keinem Fraktionsantrag der Parteien vorgesehen waren. Vier Sachverständige hielten desweiteren die Aufnahme eines konsultativen Verfassungsreferendums für erwägenswert. Dem Vorschlag der nordrhein-westfälischen Landesregierung zur Ergänzung des Grundgesetzes um direktdemokratische Verfahren schlossen sich die beiden von der SPD benannten Gutachter Thaysen und Evers an.[23]

### *3.2.1. Exkurs: Skizzierung der diskutierten Problembereiche direktdemokratischer Elemente*

Als Fazit der Anhörung muß konstatiert werden, daß die Argumente der Sachverständigen von den konservativen Mitgliedern nicht einer objektiven, der Sache dienenden Evaluation unterzogen wurden.[24] Wie die Diskussion um die Erfahrungen aus Weimar und die Entscheidungen des Parlamentarischen Rates, plebiszitäre Elemente nicht in das Grundgesetz aufzunehmen, belegt, machten sich die Antipoden direktdemokratischer Institute nicht die Mühe, ihre Position im Hinblick darauf zu relativieren, sondern führten sie weiterhin als These gegen die Volksgesetzgebung an. Daran änderten auch die vom Sachverständigen Evers (vgl. ebd., 9) aufgezeigten wissenschaftlichen Erkenntnisse nichts, die er in Rekurs auf die Studien Jungs anführte,[25]

---

23 Evers kritisierte den in diesem festgelegten Quorum von 600. Tsd. Unterschriften für die Volksinitiative allerdings als zu hoch und plädierte stattdessen für nur 100. Tsd (vgl. ebd., 49).

24 Dies verdeutlicht vor allen Dingen die nach dem Vortrag der Gutachter eingeräumte Fragerunde, bei der eine Vermischung von Fragen und gleichzeitigen Statements vorherrschend war (vgl. Paterna 1995, 116) und im wesentlichen die implizit vorhandenen Vorabqualifizierungen zum Ausdruck brachte.

25 Jung analysierte die Volksabstimmungen in der Weimarer Republik, mit dem Ergebnis, daß sie nicht die zersetzende Wirkung zeitigten, die ihnen bisher zugeschrieben wurden (vgl. Jung 1989; ähnlich relativierend Strenge 1994, 275). Die Entscheidungen des Parlamentarischen Rates gegen die Volksgesetzgebung behandelt er in einer weiteren Studie, die aufzeigt, daß es andere Faktoren waren, die den Parlamen-

und aus denen sich derartige monokausale Erklärungsversuche nicht ergeben würden.

Dem Argument, das mit der Implementation von direktdemokratischen Beteiligungsformen eine Schwächung oder gar eine Delegitimierung des Repräsentativsystems und seiner Entscheidungsverfahren eintrete, ist mehrfach begegnet worden. Dabei wurden sowohl grundlegende (normative) Aspekte, als auch empirisch-konkrete Sachverhalte thematisiert, aus denen sich eine Bestätigung der These nicht konkludieren ließ. Die Tatsache, daß die Volksgesetzgebung ein seltenes und ausnahmsweises Korrektivverfahren darstellt, macht bereits deutlich, daß sie in keiner Weise den parlamentarischen Normalbetrieb ersetzen kann. Eine befürchtete „[...] Dauerparallelität von zwei sich konterkarierenden Gesetzgebern [...]" (Evers, in: Au. Nr. 57a, 4) ergibt sich schon aufgrund der Anstrengung des Verfahrens nicht. In dem aber das Parlament auf sein Entscheidungsmonopol - nicht aber Primat - verzichte, dem Bürger daher die Möglichkeit einer „Einspruchsentscheidung mittels der Volksgesetzgebung" eingeräumt wird, wäre damit gleichzeitig eine höhere Legitimität von Parlamentsentscheidungen verbunden, „[...] wenn die Bürgerinnen und Bürger widersprechen könnten, es aber nicht tun" (ebd., 5). Die Einschätzung, daß es eher eine Stabilisierungsfunktion übernehme und zu vermehrter Legitimation und Akzeptanz beitrage, korrespondiert im wesentlichen auch mit den empirischen Befunden, die auf der Ebene der deutschen Bundesländer (vgl. Fijalkowski 1986, 259ff.), aber auch anderer europäischer Staaten (vgl. Luthardt 1994, 157ff.), bisher gewonnen werden konnten. Begründet wurde auch, daß ein durch Volksentscheid entstandenes Gesetz von gleichrangiger Rechtsnatur ist wie ein parlamentarisch zustande gekommenes, somit beide einer späteren Abänderbarkeit ausgesetzt sind. Da das Volk hier quasi als Parlamentsersatz handelt, ist es als Organ des Staates zu bewerten und das Verfahren der Volksgesetzgebung in den Rahmen der Verfassung und deren Maßstäbe eingebunden, was insofern auch die Kontrolle bzw. die Rechtsprüfung durch das Bundesverfassungsgericht beinhaltet (vgl. Klein ebd., 46). Der Einwand, daß die Volksgesetzgebung aufgrund der Komplexität der Materien ungeeignet sei, das Volk über bestimmte Sachgegenstände entscheiden zu lassen, trifft auf das repräsentative Verfahren gleichermaßen zu (vgl. Thierse, in: GVK 14.5.1992, 5). Zum einen muß hierbei konzediert werden, daß auch die von Parlamentariern getroffenen Entscheidungen in der Regel nicht auf deren persönlichen Fach- und Detailwissen beruhen. „Die sachverständige Professionalität ist vielmehr einerseits als ‚Herrschaftswissen' der Regierung und der Ministerialbürokratie angesiedelt, andererseits als – überwiegend interessengebundener – externer Sachverstand in zum Beispiel Unternehmen, Vereinigungen und Organisationen" (Paterna 1995, 144;

tarischen Rat zu diesem Entschluß verlaßt haben. Demnach sei es das von der SED angestrengte Volksbegehren „für die Einheit Deutschlands" und mithin die politische Lage gewesen, die zu einer „plebiszitären Quarantäne" der Verfassung geführt hätten (vgl. Jung 1992; Jung 1994).

vgl. Obst 1985, 280f.). Zudem bedienen sich in der Regel auch die Proponenten einer Initiative der politischen, rechtlichen und fachlichen Beratung von anerkannten Fachleuten, „[...] so daß auch die erwünschte Selbsttätigkeit der Bürger nicht ohne technokratische Beimengungen bliebe" (Evers 1991, 9). Zum anderen ist unter Betrachtung des funktionalen Aspektes beider Entscheidungsverfahren, die Reduktion von Komplexität auch im repräsentativen Problemlösungsverfahren vorhanden, die in der finalen Entscheidungsoption des Ja-oder-Nein ihren Höhepunkt findet. „Der Antrag auf Zulassung eines Volksbegehrens entspricht [daher] dem Aufruf der parlamentarischen Schlußabstimmung" (Jung 1987, 250, vgl. auch Evers, in: GVK 17.6.1992, 49). Zu dem im Zusammenhang mit der Komplexität auftretenden Kriterium der Emotionalisierung und der manipulativen Beeinflussung, das als negatives Charakteristikum des Entscheidungsprozesses hervorgehoben wird (s.o.), ist zu konstatieren, daß auch dies kein spezielles Problem der Volksgesetzgebung darstellt, sondern sich in der politischen Kultur allgemein manifestiert (vgl. Otto 1990, 205). Dieser Einwand ließe sich demnach auch bei Wahlentscheidungen anführen, bei denen es sich ohnehin um ein Paket von Sachentscheidungen, vermischt mit Personalentscheidungen, handelt. Auch hier ist die Gefahr irrationalen Handelns immanent. Zusammenfassend liefe eine derartige Betrachtungsweise darauf hinaus, die Grundlagen des politischen Systems und dessen Repräsentationsgedankens insgesamt in Frage zu stellen (vgl. Rittger, 221; Evers 1991, 11).

Ersichtlich wurde in den Diskussionen, daß die die Volksgesetzgebung ablehnenden Kommissionsmitglieder diese nach dem zu erwartenden qualitativen Output beurteilten und sie am überdies idealisierten „parlamentarischen Normalverfahren" maßen. Die Untauglichkeit des politischen Entscheidungsprozesses wurde mit der unter ihr leidenden Qualität und der ihr fehlenden Rationalität sowie der ihm abgehenden Kompromißfindung in Frage gestellt. Daß aber eine unter der Prämisse geführte Argumentation, daß mehr direkte Demokratie eine „bessere Politik" hervorbringen müsse und sie am Kriterium der Effizienz von Politik ausrichtet (so Bredow 1994, 177f.), bereits im Ansatz scheitern muß, ist alleine schon deshalb offenkundig, weil auch die Volksgesetzgebung wie jedes andere demokratische Verfahren vom Ergebnis her offen ist (vgl. Jung 1990, 502f.); eine damit verbundene Implikation von (wünschbaren oder befürchteten) Resultaten würde daher auch repräsentative Entscheidungsverfahren diskreditieren.

Ambivalent beurteilt wurden in der Anhörung die Auswirkungen einer Volksgesetzgebung auf die Stellung der Parteien. Während von den Befürwortern in ihr ein „[...] innovative[r] Stachel gegenüber den bestehenden Parlamenten und ihren Parteien [...]" erblickt wurde, der als „[...] themenspezifische Opposition auf Zeit [...]" (Evers, in: GVK 17.6.1992, 9) fungiere, beurteilte sie die Gegenseite als Verdoppelung der Parteiendemokratie und der von den Parteien gesteuerten Willensbildung, da Volksbegehren und -entscheid immer an die Organisationskraft der Parteien gekoppelt seien. Daher tauge die Volksgesetzgebung als Instrument zum Abbau der Politikverdrossenheit wenig, wenn sie de facto das Parteienmonopol stärke und ihr dadurch neue Nahrung gebe. Daneben würde sie den Parteien außerparlamentarische Aktionsmöglichkeiten einräumen, um auf diesem Wege ihre oppositionellen Ziele durchzusetzen. Beide Diagnosen können im Hinblick auf bisherige Erfahrungen als zutreffend bewertet werden. Einerseits zeigen z.B. die Befunde in den Bundesländern, daß von Parteien und Parlamenten (bewußt?) vernachlässigte Themen durch direktdemokratische Instrumente auf die Agenda der Politik gesetzt werden können.[26] Allein die Existenz der Volksgesetzgebung als „fleet in being" würde die repräsentativen Entscheidungskörperschaften zu erhöhter Responsivität veranlassen. Andererseits ist nicht zu leugnen, daß aufgrund der Quoren im Flächenstaat mit Millionenbevölkerung ein Organisationsdruck entsteht, der die Proponenten eines Gesetzesentwurfs zur „Zusammenarbeit" mit den Parteien oder anderer Verbände und Organisationen zwingen könnte. Das nur als strukturelles Problem einer Volksgesetzgebung zu betrachten, blendet die Tatsache aus, daß auch im repräsentativen System organisierte Interessen in die Entscheidungsprozesse einbezogen werden, die als solche aber nicht transparent zur Geltung gebracht werden (vgl. Paterna 1995, 140). Daß plebiszitäre Elemente von den Parteien zu deren Zwecken instrumentalisiert werden könnten, mag mit Blick auf die sich daraus ergebenden Möglichkeiten für die Oppositionsparteien, Entscheidungen dadurch auf außerparlamentarischem Weg herbeizuführen, plausibel sein. Jedoch muß hierbei die Tatsache berücksichtigt werden, daß für ein solches Anliegen auch in der Bevölkerung ein Interesse vorhanden sein muß, welches es als für mehrheitlich wichtig erachtet, darüber zu befinden. Nur dann haben diese Initiativen eine Chance, die Instanzen des direktdemokratischen Verfahrens zu durchlaufen. Daß sich diese politischen Entscheidungen mitunter nicht mit denen der Regierungsparteien decken, ist dabei evident. „Dies als zentrales Argument *gegen* die Handhabung solcher Formen und Institute zu wenden, würde den demokratisch-verfahrensrechtlichen Politikprozeß mit situationsbedingter, opportunistischer Taktik verwechseln" (Luthardt 1988, 52).

Das von allen Gutachtern als gewichtig angeführte Bedenken, daß die Volksgesetzgebung den Föderalismus schwäche und die Mitwirkung des Bundesrates an der Gesetzgebung als Bundesorgan, in dem die Länder als vom Bund getrennte organisatorische Einheiten agieren müßten, beeinträchtige, kann in zweierlei Hinsicht relativiert werden: a) zeigt sich im Hinblick auf die Verfassungswirklichkeit, daß bei bestimmten Interessenlagen eine Einigkeit der Länder vorherrscht – so z.B. bei monetären Verteilungskonflikten zwischen Bund und Ländern – und b) gerade bei unterschiedlichen Mehrheitsverhältnissen in Bundestag und Bundesrat eine Dominanz von parteipolitischen Präferenzen auszumachen ist, die den föderativen Interessen durchaus zuwider laufen können. Die Bundesratsmehrheit dient somit als

26 Das Beispiel des bayrischen Volksentscheids zum Müllkonzept veranschaulicht dies exemplarisch (vgl. Evers 1991, 10; Paterna 1995, 61ff).

„verlängerter Arm“ der Opposition im Bundestag (vgl. Paterna 1995, 137). Doch auch wenn man diese Einwände unberücksichtigt läßt, so muß doch auf der anderen Seite konstatiert werden, daß sich der Föderalismus durch eine „[...] schleichende Kompetenzausweitung des Bundes [...] [und dem] EG-Zentralismus [...]“ (Evers, in: Au 57a, 6; vgl. zur Problematik Remmers 1992) anderen Gefährdungspotentialen ausgesetzt sieht, „[...] [so daß] ein gelegentlicher bundesweiter Volksentscheid wenig zusätzlichen Schaden stiften könnte“ (Evers, in: Au 57a, 6). Auch bleibt festzuhalten, daß die Mitwirkung der Länder an der Bundesgesetzgebung im Rahmen der Volksgesetzgebung durch entsprechende Modalitäten berücksichtigt werden kann, wie dies in den Verfahrensvorschlägen des Sachverständigen Evers aufgeführt wurde (vgl. ebd.).[27]

### *3.3. Die 17. Sitzung der Gemeinsamen Verfassungskommission*

In der 17. Sitzung vom 11. Februar 1993, der insgesamt letzten zum Thema, an die sich die Abstimmung anschließen sollte, stellte sich die Frage nach Aussetzung der Berichterstatterrunde mit anschließender Aussprache oder gar einer Absetzung des Tagesordnungspunktes, was eine Verschiebung auf einen ohnehin überfüllten Märztermin zur Folge gehabt hätte (vgl. Vogel, in: GVK 11.2.1993, 33). Aufgrund der weit fortgeschrittenen Uhrzeit war man offensichtlich nicht mehr bereit, argumentative Begründungen für die Abstimmungsentscheidung zu leisten. Das man sich schließlich doch noch dazu durchrang den Berichterstattern das Wort zu erteilen, ist auf die Initiativbemühung des SPD-Abgeordneten Vogel zurückzuführen, der auf die erhebliche Bedeutung des Punktes für das weitere Verfassungsleben in einem vereinten Deutschland hinwies (vgl. ebd., 33f.).[28] Man verständigte sich auf eine knappe Ausführung der Berichterstatter für das Protokoll. Innerhalb der Aussprache entwickelte sich jedoch eine lebhafte Diskussion, bei der die Teilnehmer noch einmal Pro- und Kontrameinungen zum Ausdruck brachten, bevor man – nach Antrag auf Beendigung der Debatte – den Tagesordnungspunkt zur Abstimmung stellte.[29]

---

27 Zum einen könnten bei einem Volksentscheid neben der Mehrheit der Gesamtstimmen eine zusätzliche Mehrheit der Stimmen in sovielen Ländern gefordert werden, wie es der Mehrheit im Bundesrat entspräche, und zum anderen könnte dem Bundesrat die Option eingeräumt werden, einen eigenen Gesetzentwurf vorzulegen (vgl. Evers, in: Au 57a, 6).

28 Das Thema wurde insgesamt von der SPD als ein zentrales Anliegen einer Verfassungsreform deklariert (vgl. Thierse, in: GVK 14.5.1992, 4; Elmer, in: GVK 28.10. 1993, 18).

29 Ausschlaggebend für die Voten der Kommissionsmitglieder, so scheint es, waren dabei nicht primär die Anträge als solche, als vielmehr die in den Parteigremien und Regierungen vorgefaßten Beschlüsse und Abstimmungsempfehlungen, was anhand der Äußerungen der Abgeordneten Irmer (vgl. ebd., 38) und Resch (vgl. ebd., 39) exemplifiziert werden kann.

Über die Anträge der Fraktion Bündnis '90/Grüne und der SPD wurde getrennt abgestimmt. Auf Antrag des F.D.P.-Abgeordneten Irmer (vgl. GVK 11.2.1993, 38) wurde der SPD-Antrag auch, um eine Abspaltung der Anträge zur Volksinitiative zum übrigen Volksgesetzgebungsverfahren ermöglicht. Damit konnte erreicht werden, daß den Fraktionsgruppen die Option eingeräumt wurde, ihre Stimmen differenziert abzugeben. Dabei entfielen auf die Anträge von Bündnis '90/Grüne jeweils vier Ja-Stimmen und acht Enthaltungen, der der SPD zur Volksinitiative eine relative Stimmenmehrheit von 29 Ja- zu 27 Nein-Stimmen bei keiner Enthaltung; der Volksgesetzgebungsantrag mit Volksbegehren und Volksentscheid erhielt eine Stimmenverteilung von 26 Ja- zu 27 Nein-Stimmen bei einer Enthaltung. Der Antrag der SPD-Mitglieder zur Ergänzung des Art. 79 Abs. 2 um ein fakultatives Verfassungsreferendum (vgl. Kom.-Drs. 51) fand mit 23 Ja- zu 29 Nein-Stimmen und einer Enthaltung keine Mehrheit in der GVK. Auch die Erweiterung des Petitionsrechts um Art. 45c (vgl. Kom.-Drs. 26) verfehlte bei einer gleichen Anzahl von 28 Stimmen das Ziel der Zweidrittelmehrheit. Im Ergebnis sprach sich die Kommission somit gegen die Aufnahme plebiszitärer Verfahren aus (vgl. Abstimmungsergebnisse zum Themenbereich „Bürgerbeteiligung/Plebiszite" in: GVK 11.2.1993, 63-70). Damit war auch der sich in den Beratungsphasen andeutende Kompromiß, die Volksinitiative in die Verfassung aufzunehmen, gescheitert.

## 4. *Abschlußbilanz*

Mehrere Gründe trugen zu einem Scheitern der Aufnahme der Volksgesetzgebung in das Grundgesetz bei. Die prägenden Strukturmerkmale der Diskussions- und Entscheidungsprozesse ließen daher auch in diesem Punkt kein anderes Ergebnis erwarten (vgl. Berlit 1993, 84). In erster Linie waren die verfassungspolitischen Vorstellungen der Akteure für das Verhandlungsergebnis bestimmend. Dabei konturieren die Aussagen der meisten konservativ-liberalen Mitglieder in der GVK anschaulich, daß man nicht in einen konstruktiven Dialog über eine Neubestimmung des grundgesetzlichen Repräsentativsystems treten wollte,[30] was somit von vorne herein auch die Möglichkeit von Teilzugeständnissen erheblich einschränkte. Die Gegenseite erläuterte ihre Entschiedenheit für eine Reform (Der Spiegel 1991, 88f.), wobei sie aber aufgrund der Verfahrenserfordernis einer Zweidrittelmehrheit zu Zugeständnissen bereit sein mußte. Dies war somit die perspektivische Ausgangssituation der Verhandlungen. Begünstigt wurde eine solchermaßen ergebnisorientierte Auseinandersetzung vor allem durch die Zusammensetzung der Kommission, der formal-institutionellen Konstruktion. Bei Begutachtung der Anatomie der Kommission wies die Gremienstruktur eine auffällige

30 Dies wurde von der CDU/CSU auch unumwunden so eingeräumt (vgl. Der Spiegel 1992, 18-21).

Analogie zum parlamentarischen Ausschußwesen auf (vgl. Bananas 1994, 5; Batt 1996, 144f.; Benz 1995, 150), die sich naturgemäß auf die Willensbildung innerhalb der Fraktionen und deren interfraktionelle Koordination niederschlagen mußte. Ähnlich der Fraktionsdisziplin im Bundestag versuchte man bereits zu Verhandlungsbeginn etwaige sektierende Meinungen durch eine gemeinsame Beschlußfassung in den parteiinternen Gremien und Ausschüssen zu inhibieren. Exemplarisch sei hierzu der von der CDU am 11./12. Mai 1992 durchgeführte verfassungspolitische Kongreß – bezeichnenderweise zwei Tage vor der ersten Kommissionssitzung zu dem Thema – genannt, auf dem sich die Partei auf eine Ablehnung sämtlicher Formen direktdemokratischer Institute festlegte und damit bereits frühzeitig ihr verfassungspolitisches Ziel für den nachfolgenden Verhandlungsverlauf dokumentierte (vgl. Ergebnisse des Kongresses, in: Bundeszentrale für politische Bildung 1992, 18). Auch die F.D.P.-Arbeitsgruppe Verfassungsreform unter Vorsitz von Bundesjustizministerin Leutheusser-Schnarrenberger entwickelte auf dieser Grundlage den Beschluß zur Ablehnung der Volksgesetzgebung; lediglich der Aufnahme von Volksinitiative und der vor allem vom GVK-Mitglied Hirsch präferierten vorzeitigen Auflösung des Bundestages durch Volksbegehren oder Volksentscheid sollte demnach zugestimmt werden. Auch die Möglichkeit eines Volksentscheids über ein reformiertes Grundgesetz war bis dato Beschlußlage der Fraktion (Hirsch 1992, 9-14; Tillack 1993, 11).[31] In der SPD wurde sehr früh der Vorstoß unternommen, eine konsensuelle Übereinstimmung in der Angelegenheit herbeizuführen (vgl. SPD-Vorstand (Hrsg.) 1990, 207-216).

Von Bedeutung ist insoweit auch die Position der CSU als CDU-Partner der Fraktionsgemeinschaft, da sie bei allen Fragen der Verfassungsänderung über eine Sperrminorität verfügte und damit die Bildung einer Zweidrittelmehrheit verhindern konnte. Zudem war im Fraktionsvertrag die Vereinbarung getroffen worden, daß „[...] die Gesamtfraktion einer Verfasungsänderung widersprechen müsse, wenn die CSU-Landesgruppe dies fordert“ (Hirsch/Hirsch 1994, 389). Die CSU-Landesgruppe nahm in der Frage „Plebiszite“ eine ablehnende Haltung ein (vgl. Der Spiegel 1992, 19).

Berücksichtigt werden muß ebenfalls, daß die Landesregierungen und die Bundesregierung die Tätigkeit zu einem erheblichen Anteil beeinflußte. Die massive Intervention war besonders illustrativ, als die Bundesregierung nach der Sachverständigenanhörung am 17. Juni 1992 einen Eckwertebeschluß zum Themenkomplex „Staatsziele und plebiszitäre Elemente“ (vgl. Au. Nr. 71) in die Verhandlungen einbrachte und damit jegliche Konzessionen in der Frage der Volksinitiative, die von vereinzelten GVK-Mitgliedern in der CDU-Fraktion durchaus befürwortet wurde und die bis nach der Sachverständigenanhörung einen Kompromißpunkt darstellte, vereitelte.

---

31 Um so verwunderlicher ist das Abstimmungsverhalten der F.D.P.-Mitglieder in der Kommission – mit Ausnahme des Abgeordneten Caesar sprachen sie sich gegen direktdemokratische Elemente aus.

Bilanzierend läßt sich festhalten, daß durch die politischen Strukturen der formellen und informellen Einflußnahme durch Parteiführungsgremien, Landesregierungen, der Bundesregierung und der Ministerialbürokratie, die einen synergetischen Effekt zur Folge hatte, die Arbeit der Verfassungskommission zu überwiegendem Teil negativ beeinflußte und jene nicht dazu beitrugen, einen sachrationalen Diskurs zu ermöglichen (vgl. Batt 1996, 151f.; Inescu 1993, 478). Die intraorganisationellen Einwirkung und die Rückkoppelungsmechanismen zu parteipolitischen Gremien veranschaulichen überdies die monopolartige Stellung der Parteien, von denen man infolgedessen nicht erwarten konnte, daß sie ihre „[...] eigenen Besitzstände und Privilegien, die durch eine stärker partizipative und anti-parteienstaatliche Ausrichtung des Grundgesetzes [...]" (Batt 1996, 167; Lamprecht 1994, 35) in Frage gestellt worden wären,[32] angetastet hätten (vgl. Grimm 1992, 1063f.; Guggenberger 1994, 182-189).[33] Dort, wo Anstrengungen der reformorientierten Akteure unternommen wurden, zeigte sich alsbald, daß diese ins Leere liefen, da eine positive Empfehlung der Kommission für eine Einführung von Beteiligungsrechten in die Verfassung nur mit einer Zweidrittel-Mehrheitsentscheidung zustande gekommen wäre (vgl. Batt 1996, 146; Inescu 1993, 477). Dies war aufgrund der Mehrheitsverhältnisse innerhalb der Kommission nur mit (partieller) Zustimmung der Koalitionsparteien möglich, die einer plebiszitären Ergänzung des Grundgesetzes um direktdemokratische Elemente jedoch nicht zustimmten. Die Oppositionsfraktionen, die sich aber in einer „verhandlungsschwächeren" Position befanden, hätten entscheidenden Druck auf die Gegenseite nur ausüben können, wenn sie im Rahmen der strategischen Verhandlungen ("bargaining") entsprechendes Potential für ein solches Tauschgeschäft besäßen bzw. es sich zu nutze gemacht hätten, somit ein Junktim mit anderweitigen Verfassungsfragen, quasi als Paketlösung, thematisiert hätten.[34] Da dies aus mehreren Gründen nicht der Fall war (vgl. hierzu

---

32 „Das Grundgesetz geriet in die Mühle von Parteipolitik und Koalitionskalkül. [...] Folgerichtig ging der Versuch [der Verfassungsreform – d. Verf.] daneben. Ohne Chance blieb die Idee, den Wähler durch Volksentscheide an der Politik zu beteiligen und die Parteienherrschaft zu beschränken" (Lamprecht 1994, 35).

33 Diese Einschätzung läßt sich sogar aus den Reihen der Kommissionsmitglieder selbst vernehmen. So wies der SPD-Abg. Elmer darauf hin, daß man zur Befassung des Themas durch die Besetzung der Kommission „[...] den Bock zum Gärtner gemacht [...]" hätte und dementsprechend „[...] kein erfolgreiches Ergebnis zu erwarten [...]" sei (GVK 11.2.1993, 40).

34 Zu den Modi von Verfahrensfragen in der Verfassungspolitik und denen sich gegenüberstehenden Einigungsprozeduren von strategischen Verhandlungen und diskursiven Konsensfindungen vgl. Benz 1995, 148, der darauf hinweist, daß die „[...] Ergebnisse von der Tauschmacht der jeweiligen Akteure [abhängen], wobei prinzipiell die Verteidiger des Status quo im Vorteil sind, da sie [...] auch als Minderheit ihre Vetomacht ausspielen können." Da aufgrund der Besetzung der Kommission ein „Gleichgewicht der Kräfte" zu verzeichnen war, Reformvorschläge hingegen nur mit einer Zweidrittelmehrheit zustande kamen, konnte man realistischer Weise davon ausgehen, daß eine Einführung direktdemokratischer Elemente nur mit Zustimmung

Batt 1996, 143ff.), konnte man mithin nur durch „argumentative Überzeugungsarbeit" („arguing") versuchen, ein für sich positives Ergebnis zu erzielen. Wie die Diskussionen in den Sitzungen und der Anhörung aber zeigten, war dieses Bemühen nur von begrenzter Reichweite; keine der auch von den Sachverständigen vorgetragenen Begründungen für eine Volksgesetzgebung fand – trotz Zugeständnissen an die Verfahrensgestaltung, um den Kritikpunkten der Gegenseite Rechnung zu tragen – bei den Koalitionsparteien Anklang. Im Gegenteil – das Insistieren auf die in Ermangelung teilweise widersprüchlicher und wissenschaftlich längst widerlegter bzw. relativierter Argumente, bezeugte die *grundsätzlich* restriktive Position der konservativ-liberalen Mitglieder in der Kommission. Es kann daher auch nicht verwundern, daß die Motive und Erfahrungen der ostdeutschen Bevölkerung aus der „Wendezeit" der DDR nicht mehr als Indikatoren angesehen wurden, die eine Konkretisierung des Volkssouveränitätsprinzips hätten erforderlich gemacht. Auch die Krisensymptome des westdeutschen Repräsentativsystems und die in allen Bundesländern mehrheitlich geforderten Partizipationsmöglichkeiten (vgl. Allensbacher Archiv, IfD-Umfragen 5057, 5074, 5081, in: Schönbohm 1994, 183; Der Spiegel 1992, 19) fanden keine Beachtung in der Weise, daß man aus ihnen unmittelbare Konsequenzen gezogen hätte. Eine Neuverhandlung des Verfassungskonsenses in der Frage der Einführung direktdemokratischer Beteiligungsinstitute wurde somit ausgeschlossen.

## *Literatur*

Allensbacher Archiv, IfD-Umfragen 5057, 5074, 5081, in: Schönbohm, Wulf (Hrsg.) 1994: Deutschland-Perspektiven. Positionen, Analysen, Kommentare zu den zehn wichtigsten gesellschaftpolitischen Fragen. München, S. 183

Bananas, Günther 1994: Die Verfassungskommission als vergrößerter Ausschuß: Am Bewährten wurde festgehalten, in: Das Parlament 1994, Nr. 2 vom 14.1.1994, S. 5

Batt, Helge-Lothar 1996: Die Grundgesetzreform nach der deutschen Einheit. Akteure, politischer Prozeß und Ergebnisse. Opladen (Reihe Analysen: Politik – Gesellschaft – Wirtschaft, Bd. 56, hrsg. v. Göttrik Wewer)

Benz, Arthur 1995: Verfassungspolitik im kooperativen Bundesstaat, in: Bentele, Karlheinz/Reissert, Bernd/Schettkat, Ronald (Hrsg.): Die Reformfähigkeit von Industriegesellschaften. Festschrift für Fritz W. Scharpf. Frankfurt a.M./New York, S. 145-164

Berlit, Uwe 1992: Verfassungsgebung in den neuen Bundesländern – ein Zwischenbericht, in: Kritische Justiz, Heft 4, S. 437-462

Berlit, Uwe 1993: Modifizierung oder Modernisierung? Zur Verfassungsdiskussion nach der staatlichen Einigung Deutschlands, in: Gewerkschaftliche Monatshefte, Heft 2, 76-88

---

der Koalitionsparteien hätte erreicht werden können. Das Verfahrenserfordernis der entsprechenden Mehrheit stattete jene – jedoch nicht als Minderheit – mit einer Vetomacht aus. Die „[...] Voraussetzungen von Verfassungsänderungen im Tauschmodus [...], daß alle bedeutsamen Verhandlungsparteien grundsätzlich zu Reformen bereit und nur über die Inhalte der Reform uneinig sind" (ebd.), war in diesem Punkt ebenfalls nicht gegeben, so daß nur eine diskursive Konsensfindung möglich war.

Böckenförde, Ernst-Wolfgang 1991: Staat, Verfassung, Demokratie. Studien zur Verfassungstheorie und zum Verfassungsrecht. Frankfurt a.M.

Bredow, Wilfried von 1994: Vorsicht beim Ausbau der direkten Demokratie, in: Schönbohm, Wulf (Hrsg.): Deutschland-Perspektiven. Positionen, Analysen, Kommentare zu den zehn wichtigsten gesellschaftspolitischen Fragen. München

Brettschneider, Frank 1995: Öffentliche Meinung und Politik. Eine empirische Studie zur Responsivität des Deutschen Bundestages zwischen 1949 und 1990. Opladen

Bugiel, Karsten 1991: Volkswille und repräsentative Entscheidung: Zulässigkeit und Zweckmäßigkeit von Volksabstimmungen nach dem Grundgesetz. Baden-Baden

Bull, Hans Peter 1992: Verfassungsgebung und Verfassungsreform im vereinten Deutschland, in: Gegenwartskunde, Heft 2, S. 259-278

Dambeck, Martin 1994: Die Diskussion um direkte Demokratieelemente in den „neuen Bundesländern", in: Recht und Politik, Heft 4, S. 208-222

Degenhart, Christoph 1992: Direkte Demokratie in den Ländern – Impulse für das Grundgesetz?, in: Der Staat Heft 1, S. 77-97

Der Spiegel 1991, Nr. 20 vom 13.5.1991, S. 80-94

Der Spiegel 1992, Nr. 7 vom 6.1.1992, S. 18-21

Deutscher Bundestag (Hrsg.) 1993: Bericht der Gemeinsamen Verfassungskommission gemäß Beschluß der Deutschen Bundestages, Drucksachen 12/1590, 12/1670 und Beschluß des Bundesrates, Drucksache 741/91 (Beschluß), Bonn (Reihe: Zur Sache 5/93)

Deutscher Bundestag 1991: Stenographischer Bericht 12/25 vom 14.5.1991

Deutscher Bundesrat (Hrsg.) 1992: Stärkung des Föderalismus in Deutschland und Europa sowie weitere Vorschläge zur Änderung des Grundgesetzes. Bericht der Kommission Verfassungsreform des Bundesrates, BR-Drs. 360/92

Doehring, Karl 1984[3]: Staatsrecht der Bundesrepublik Deutschland. Frankfurt a.M.

Einigungsvertrag vom 31. August 1990, in: Gesetzblatt der Deutschen Demokratischen Republik (GBl. DDR), Teil II, 1627

Evers, Tilman 1991: Volkssouveränität im Verfahren. Zur Verfassungsdiskussion über direkte Demokratie, in: Aus Politik und Zeitgeschichte, B. 23, S. 5

Evers, Tilman 1993: Volkssouveränität, in: Neue Gesellschaft/Frankfurter Hefte, Heft 11, S. 1008-1016

Fijalkowski, Jürgen 1986: Neuer Konsens durch plebiszitäre Öffnung?, in: Randelzhofer, Albrecht/Süß, Werner (Hrsg.): Konsens und Konflikt. 35 Jahre Grundgesetz. Vorträge und Diskussionen einer Veranstaltung der FU Berlin vom 6. bis 8. Dezember 1984. Berlin/New York, S. 237-266

Fleiner-Gerster, Thomas 1988: Plebiszit, in: Staatslexikon. Recht – Wirtschaft – Gesellschaft, hrsg. v. der Görres-Gesellschaft, Bd. 4, Freiburg u.a., Sp. 424

Frankfurter Rundschau 1990, Nr. 90 vom 18.4.1990, S. 16

Gemeinsame Verfassungskommission (GVK) 14.5.1992: Stenographischer Bericht zur 6. Sitzung

Gemeinsame Verfassungskommission (GVK) 17.6.1992: Stenographischer Bericht

Gemeinsame Verfassungskommission (GVK) 11.2.1993: Tonbandprotokoll der 17. Sitzung

Gemeinsame Verfassungskommission (GVK) 28.12.1993: Tonbandprotokoll der 26. Sitzung

Gemeinsame Verfassungskommission: Kom-Drs. 26, 32, 35, 51

Gemeinsame Verfassungskommission: Arbeitsunterlage 16, 46, 57a, 59a, 71

Grimm, Dieter 1992: Verfassungsreform in falscher Hand? Zum Stand der Diskussion um das Grundgesetz, in: Merkur, Heft 525, S. 1059-1072

Grimmer, Klaus 1993: Parlamentarisches Regierungssystem, in: Westphalen, Raban Graf von u.a. (Hrsg.), Parlamentslehre. Das parlamentarische Regierungssystem im technischen Zeitalter. München, S. 113-165

Grundgesetz mit Umsetzung des Maastricht-Vertrages. Menschenrechtskonvention. Asylrechtsreform. Parteiengesetz. Neubearb. Aufl. München 1993[30] (Beck-Texte im dtv)
Guggenberger, Bernd 1982: Bürgerinitiativen: Krisensymptom oder Ergänzung des Systems der Volksparteien?, in: Raschke, Joachim (Hrsg.): Bürger und Parteien. Ansichten und Analysen einer schwierigen Beziehung. Opladen, S. 190-203
Guggenberger, Bernd 1994: Die Verfassungsreform der Parteiendemokratie gehört nicht in die Hand der Parteien, in: ders./Andreas Meier (Hrsg.): Der Souverän auf der Nebenbühne. Essays und Zwischenrufe zur deutschen Verfassungsdiskussion. Opladen, S. 182-189
Guggenberger, Bernd 1995: Demokratie/Demokratietheorie, in: Nohlen, Dieter (Hrsg.): Wörterbuch Staat und Politik. Neuausg. München, S. 80-90
Guggenberger, Bernd/Preuß, Ulrich/Ullmann, Wolfgang (Hrsg.) 1991: Eine Verfassung für Deutschland. Manifest – Text – Plädoyers. München/Wien
Hasen-Müller, Berthold/Heidt, Wilfried 1992: Die Kardinalfrage des Staatswesens – Hinweis auf eine Lebensnotwendigkeit der Gegenwart und Zukunft, in: Sozialwissenschaftliche Forschungsgesellschaft Stuttgart e.V. (Hrsg.): Der Staat. Aufgaben und Grenzen. Beiträge zur Überwindung struktureller Vormundschaft im Rechtsleben. Stuttgart (Sozialwissenschaftliches Forum, Bd. 4), S. 113-139
Hesse, Konrad 1991[18]: Grundzüge des Verfassungsrechts der Bundesrepublik Deutschland. Erg. Aufl. Heidelberg
Hirsch, Burkhard 1992: Bemerkungen zur direkten Demokratie, in: liberal, Heft 4, S. 9-14
Hirsch, Burkhard/Hirsch, Alexander 1994: Bemerkungen zum Recht des Bundestages auf Selbstauflösung, in: Däubler-Gmelin Herta u.a. (Hrsg.): Gegenrede. Aufklärung – Kritik – Öffentlichkeit. Festschrift für Ernst-Gottfried Mahrenholz, Baden-Baden, S. 389, S. 387-396
Inescu, Lotte 1993: Verspielte Chancen. Die Arbeit der Gemeinsamen Verfassungskommission, in: Kritische Justiz, Heft 4, S. 475-489
Jung, Otmar 1987: Volksgesetzgebung in Deutschland, in: Leviathan, Heft 2, S. 242-265.
Jung, Otmar 1989: Direkte Demokratie in der Weimarer Republik. Die Fälle „Aufwertung", „Fürstenenteignung", „Panzerkreuzerverbot" und „Youngplan". Frankfurt a.M.; New York
Jung, Otmar 1990: Direkte Demokratie: Forschungsstand und -aufgaben, in: Zeitschrift für Parlamentsfragen, Heft 3, S. 491-504
Jung, Otmar 1992: Kein Volksentscheid im Kalten Krieg! Zum Konzept einer plebiszitären Quarantäne für die junge Bundesrepublik 1948/49. In: Aus Politik und Zeitgeschichte, B. 45, S. 16-30
Jung, Otmar 1993: Jüngste plebiszitäre Entwicklungstendenzen in Deutschland auf Landesebene, in: Häberle, Peter (Hrsg.): Jahrbuch des Öffentlichen Rechts der Gegenwart, Neue Folge/Bd. 41, Tübingen, S. 29-67
Jung, Otmar 1994: Grundgesetz und Volksentscheid. Gründe und Reichweite der Entscheidungen des Parlamentarischen Rates gegen Formen direkter Demokratie. Opladen
Jürgens, Günther 1993: Direkte Demokratie in den Bundesländern. Gemeinsamkeiten – Unterschiede – Erfahrungen. Vorbild für den Bund? Stuttgart u.a.
Ergebnisse des verfassungspolitischen Kongresses der CDU-Deutschland am 11./12. Mai 1992, in Bundeszentrale für politische Bildung (Hrsg.) 1992[2]: Die verschiedenen Arten der Demokratie. Bonn (Informationen zur politischen Bildung, Bd. 165).
Kriele, Martin 1975: Einführung in die Staatslehre. Hamburg
Lamprecht, Rudolf 1994: Die falschen Väter, in: Der Spiegel, Nr. 25 vom 20.6.1994, S. 35
Landfried, Christine 1995: Architektur der Unterkomplexität: Politische Willensbildung und Entscheidungsstrukturen im Prozeß der deutschen Einigung, in: Lehmbruch, Gerhard (Hrsg.): Einigung und Zerfall. Deutschland und Europa nach dem Ende des

Ost-West-Konflikts. 19. Wissenschaftlicher Kongreß der Deutschen Vereinigung für Politische Wissenschaft, S. 31-54

Lenk, Kurt/Franke, Berthold 1987: Theorie der Politik. Eine Einführung. Frankfurt a.M./ New York (Campus Studium; Bd. 567)

Lenk, Kurt 1993: Probleme der Demokratie, in: Lieber, Hans Joachim (Hrsg.): Politische Theorie von der Antike bis zur Gegenwart. 2. Aufl. Bonn (Schriftenreihe der Bundeszentrale für politische Bildung, Bd. 299), S. 933-989

Leonardy, Uwe 1989: Plebiszite ins Grundgesetz – „Ergänzung" oder Irrweg?, in: Zeitschrift für Parlamentsfragen, Heft 3, S. 442-450

Luthardt, Wolfgang 1988: Elemente ‚direkter Demokratie' als Möglichkeiten erweiterter politischer Teilhabe?, in: Ders./Waschkuhn, Arno (Hrsg.): Politik und Repräsentation. Beiträge zur Theorie und zum Wandel politischer und sozialer Institutionen. Marburg (Schriftenreihe der Hochschulinitiative Demokratischer Sozialismus, Bd. 20), S. 45-64

Luthardt, Wolfgang 1994: Direkte Demokratie. Ein Vergleich in Westeuropa. Baden-Baden

Maus, Ingeborg 1991: Sinn und Bedeutung von Volkssouveränität in der modernen Gesellschaft, in: Kritische Justiz, Heft 2, S. 137-150

Obst, Claus-Henning 1986: Chancen direkter Demokratie in der Bundesrepublik Deutschland. Zulässigkeit und politische Konsequenzen. Köln (Hochschulschriften Staats- und Rechtswissenschaft, Bd. 3)

Otto, Karl A. 1990: Auf dem Weg in die plebiszitäre Willkür? Volksbefragung und Volksentscheid im Berliner Programm der SPD, in: Blätter für deutsche und internationale Politik, Heft 2, S.195-206

Paterna, Tantiana 1995: Volksgesetzgebung. Analyse der Verfassungsdebatte nach der Vereinigung Deutschlands. Frankfurt a.M. (Europäische Hochschulschriften: Reihe 31, Politikwissenschaft; Bd. 285)

Prantl, Heribert 1991: Eine Verfassung für die Einheit, in: Frankfurter Allgemeine Zeitung, Nr. 118 vom 24.5.1991, S. 8

Remmers, Thomas 1992: Europäische Gemeinschaften und die Kompetenzverluste der deutschen Länder. Frankfurt u.a. (Europäische Hochschulschriften: Reihe 2, Rechtswissenschaft; Bd. 1286)

Rittger, Gebhard 1992: Der Streit um die direkte Demokratie in der Bundesrepublik Deutschland. Bonn

Roellecke, Gerd 1991: Dritter Weg zum zweiten Fall. Der Verfassungsentwurf des Runden Tisches würde zum Scheitern des Staates führen, in: Guggenberger, Bernd/ Stein, Tine (Hrsg.): Die Verfassungsdiskussion im Jahr der deutschen Einheit. München/Wien, S. 367-375

Roth, Jürgen 1994: Bürgerbewegte Zwischenbilanz der Kommissionsarbeit, in: Guggenberger, Bernd/Meier, Andreas (Hrsg.): Der Souverän auf der Nebenbühne. Essays und Zwischenrufe zur deutschen Verfassungsdiskussion. Opladen, S. 39-49

Schüddekopf, Charles (Hrsg.) 1990: „Wir sind das Volk!" Flugschriften, Aufrufe und Texte einer deutschen Revolution. Mit einem Nachw. von Lutz Niethammer. Reinbek b. Hamburg

Sommer, Gerlinde 1993: Verantwortung als demokratischer Verfassungsgrundsatz: Grundrechte, Repräsentation, Volkssouveränität und Gewaltenteilung, in: Westphalen, Raban Graf von u.a. (Hrsg.), Parlamentslehre. Das parlamentarische Regierungssystem im technischen Zeitalter. München, S. 4-25

SPD-Vorstand (Hrsg.) 1990: Zur Verfassung des deutschen Staates. Das Grundsatzpapier für den SPD- Vorstand. In: Recht und Politik, Heft 4, S. 207-216

Stammen, Theo 1995[2]: Volksouveränität, in: Anderson, Uwe/Woyke, Wichard (Hrsg.), Handwörterbuch des politischen Systems der Bundesrepublik Deutschland. Opladen.

Stern, Klaus 1980: Das Staatsrecht der Bundesrepublik Deutschland. Staatsorgane, Staatsfunktionen, Finanz- und Haushaltsverfassung, Notstandsverfassung, Bd. II, München

Strenge, Irene 1994: Plebiszite in der Weimarer Zeit. In: Zeitschrift für Rechtspolitik, Heft 7, S. 271-275

tageszeitung 1990, Nr. 311 vom 25.5.1990, S. 5

Thaysen, Uwe 1993: Schritte zur partizipatorischen Demokratie, in: Recht und Politik, Heft 4, S. 191-193

Tillack, Hans-Martin 1993: Das Grundgesetz in der Handtasche, in: tageszeitung, Nr. 3923 vom 1.1.1993, S. 11

Uppendahl, Herbert 1981: Repräsentation und Responsivität. Bausteine einer Theorie responsiver Demokratie, in: Zeitschrift für Parlamentsfragen, Heft 1, S. 123-134

Weber-Fas, Rudolf 1983: Das Grundgesetz. Berlin

Woyke, Wichard 1994[8]: Stichwort: Wahlen. Wähler – Parteien – Wahlverfahren. Völl. neu bearb. Aufl. Opladen

Zippelius, Reinhold 1985[9]: Allgemeine Staatslehre. Politikwissenschaft. Neubearb. Aufl. München

*Rüdiger Kipke*

# „Parlamentsrecht"

## *1. Vorbemerkung*

Zum Beratungsgegenstand „Parlamentsrecht" der GVK stellt sich vorab eine grundsätzliche Frage: War dieses Thema überhaupt von ihrem Auftrag aus Artikel 5 des Einigungsvertrages gedeckt, wonach sie sich „mit den im Zusammenhang mit der deutschen Einigung aufgeworfenen Fragen zur Änderung und Ergänzung des Grundgesetzes" befassen sollte? Diese Formulierung läßt sicherlich eine extensive Interpretation zu, einen direkten Bezug zur Wiedervereinigung macht sie nicht notwendig. Den historischen Prozeß hatte eine breitgefächerte Verfassungsdebatte begleitet, inhaltliche Beschränkungen wären da kaum vertretbar gewesen.

Der Blick in die Materialien der GVK, die Sitzungsprotokolle und den Schlußbericht, soweit sie das Thema Parlamentsrecht betreffen, machen deutlich, daß es sich dabei um einen Sammelbegriff handelte, unter dem die verschiedensten Sachfragen bis hin zur Amtszeit des Bundespräsidenten erörtert worden sind. Der Vorsitzende der Kommission hat gleich eingangs dem Umstand Rechnung tragen wollen, indem er den ganzen Komplex als „Parlamentsrecht etc." bezeichnete (GVK 9.7.1992, 3). Kritisch anmerken kann man zudem die Tatsache, daß manches debattiert wurde, was nicht zum Gegenstandsbereich der Verfassung, sondern zur Geschäftsordnung des Bundestages gehört.

Bezüglich der Beratungsergebnisse der GVK wird sich dieser Beitrag auf die Sachthemen beschränken, die die GVK in ihrem Schlußbericht an den Deutschen Bundestag und den Bundesrat aufgeführt hat (GVK 1993). Darin werden zum Parlamentsrecht unter Kapitel 6 (ebd., 86ff.) zwölf Einzelpunkte in folgender Reihenfolge behandelt:

- Selbstauflösungsrecht des Bundestages
- Abgeordnetenentschädigung
- Oppositions- und Fraktionsrechte
- Stärkung der Rechte einzelner Abgeordneter
- Parlamentarische Anfragen
- Enquete-Kommission
- Eckwerte für ein Untersuchungsausschußgesetz
- Erweiterung des Petitionsrechts (Massenpetitionen)

- Ostdeutsche Kammer
- Verlängerung der Wahlperiode
- Öffentlichkeit der Ausschußsitzungen und Einführung von erweiterten Ausschußberatungen (Hauptausschuß)
- Einrichtung eines Ökologischen Rates
- Einrichtung eines Parlamentsfernsehkanals (Elektronisches Protokoll).

Die Kommission ist also inhaltlich weit über das Parlamentsrecht im eigentlichen Sinne hinausgegangen, unter das diejenigen Rechtsnormen zu fassen sind, die das Verfahren parlamentarischen Handelns, gewissermaßen die parlamentarische „Betriebswirtschaft", betreffen. Die einzelnen Sachfragen, zu denen sie sich geäußert hat, haben auf unterschiedlicher normativer Ebene Bezug zum Deutschen Bundestag bzw. seinen Mitgliedern, auch zu Rechten Dritter; dabei stehen jedoch Probleme der parlamentarischen Funktion und Verfahrensweise rein quantitativ im Vordergrund. Im wesentlichen wurden die verfassungspolitischen Konfliktfelder der alten Bundesrepublik und der westdeutsche Erfahrungshorizont in die Verhandlungen eingebracht. Die beiden ostdeutschen Gruppen, Bündnis 90/Die Grünen und PDS, hatten politisch nur marginale Bedeutung; ein Antrag der PDS blieb weit entfernt von einer Realisierungschance. So kann es nicht verwundern, daß im Schlußbericht auf frühere Beratungen bzw. deren Ergebnisse und schon früher eingebrachte Gesetzentwürfe hingewiesen wird. Besonders häufig findet dabei die Enquete-Kommission Verfassungsreform des Deutschen Bundestages der 7. Wahlperiode (1972-1976) Erwähnung.

Die Behandlung des ganzen unter dem Parlamentsrecht geführten Themenkatalogs in nur drei Sitzungen und einer Sachverständigenanhörung konnte der Fülle von teils schwierigen und weitreichenden Fragestellungen,[1] die damit verbunden waren, nicht gerecht werden. Das Zeitbudget der gesamten Kommissionsarbeit von nur 26 Sitzungen in etwa 21 Monaten – der Einsetzungsbeschluß hatte eine noch viel kürzere Zeitspanne vorgesehen – stand profunden Ergebnissen generell entgegen. Daraus lassen sich gewisse Rückschlüsse auf den politischen Stellenwert der GVK im allgemeinen und des Parlamentsrechts im besonderen ziehen. Mag die institutionelle Bedeutung, die dokumentierte Bereitschaft zur Verfassungsreform im Zuge der Wiedervereinigung Deutschlands, relativ hoch gewesen sein, ihre materiell-politische Relevanz blieb dagegen insgesamt gering (vgl. dazu Fischer 1995, 117) – darüber kann auch die stattliche Liste der Kommissionsempfehlungen (GVK 1993, 15ff.) nicht hinwegtäuschen. Für den Bereich des Parlamentsrechts gilt die ernüchternde Feststellung, daß die Kommission in keinem einzigen Fall eine Änderungsempfehlung gegenüber dem bestehenden Rechtszustand ausgesprochen hat.

---

1 Das Parlamentsrecht war Beratungsgegenstand der GVK in der 9. Sitzung am 09. Juli 1992, in der 13. Sitzung am 26. November 1992 sowie in der 24. Sitzung am 17. Juni 1993. Die (öffentliche) Sachverständigenanhörung zu diesem Thema fand am 10. September 1992 statt. Darüber hinaus gab es mehrere Berichterstattergespräche.

Zu den konkreten Sachpunkten des Schlußberichts lag in acht Fällen ein formeller Antrag vor, der zur Abstimmung gestellt wurde.[2] Im übrigen fand nur ein Meinungsaustausch statt.[3] Alle Anträge kamen aus den Reihen der Opposition, sieben davon stellten SPD-Mitglieder in der GVK, einer wurde von PDS/LL vorgelegt. An den Abstimmungen zum Parlamentsrecht beteiligten sich zwischen 39 und 41 Kommissionsmitglieder, also stets weniger als 2/3 der Gesamtzahl. Damit konnte schon aus formalen Gründen keiner der Anträge die erforderliche qualifizierte Zustimmung (2/3 aller Mitglieder) erlangen; in mehreren Fällen wurde allerdings eine einfache Mehrheit der Anwesenden erreicht.

Wenngleich der Beratungsverlauf der Vermutung Raum gibt, daß auch über die Parteigrenzen hinweg abgestimmt wurde, so gilt doch die grundsätzliche Feststellung, daß bei den Beratungen zum Parlamentsrecht – von den Abgeordneten des Bundestages weitgehend bestritten – die Konfliktlinie zwischen der regierungstragenden Mehrheit und der Opposition verlief, die sich sowohl parteipolitisch definiert als auch aus der jeweiligen parlamentarischen Rolle resultiert. Rückkoppelungen mit der eigenen Fraktion konnten dazu führen, daß parteiübergreifende, unter den Berichterstattern in der Kommission bereits getroffene Vereinbarungen bei der Schlußabstimmung nicht aufrecht erhalten wurden (vgl. GVK 17.6.1993, 76; im übrigen auch GVK 1993, 89). Das muß insofern überraschen, als einige Themen – allen voran die Stärkung der Rechte einzelner Abgeordneter – von der Sache her eine deutliche Verschiebung oder auch nur Erweiterung der Interessenlage auf die interinstitutionelle Ebene hätten vermuten lassen. Die öffentlichen Stellungnahmen der Parteien zu den Arbeitsergebnissen insgesamt bestätigen noch einmal den generellen Eindruck: Die parlamentarische Mehrheit äußerte ihre Zufriedenheit, die Opposition betonte ihre Kritik.[4]

## 2. *Verlauf und Ergebnisse der Beratungen*

### 2.1 *Selbstauflösungsrecht des Bundestages*

Mit dem Selbstauflösungsrecht wird eine verfassungsrechtliche Problematik aufgegriffen, die seit dem parlamentarischen Patt im Jahre 1972 und der anschließenden Parlamentsauflösung sowie erst recht nach dem Regierungs-

---

2 Über den Antrag zur Einführung von Massenpetitionen wurde in Zusammenhang mit den Abstimmungen über Volksinitiative, Volksbegehren, Volksentscheid entschieden (vgl. GVK 1993, 84).

3 Ursprünglich lag auch ein Antrag auf Einrichtung eines Ökologischen Rates des Abg. Dr. Ullmann, Bündnis 90/Die Grünen, vor. Nach dessen Ausscheiden aus der Kommission fand sich niemand bereit, den Antrag zu übernehmen (vgl. GVK 1993, 96).

4 Vgl. die Beiträge der Vertreter der Parteien in: Das Parlament vom 14. Januar 1994.

wechsel 1982 mit dem folgenden manipulativen Vertrauensantrag des Bundeskanzlers (nach Artikel 68 GG) und der – vom Bundesverfassungsgericht für verfassungsgemäß erklärten – Auflösung des Bundestages zur Diskussion stand. Hauptsächlicher Ausgangspunkt der Überlegungen in der GVK waren die Geschehnisse des Jahres Ende 1982, die „von allen Beteiligten als ‚ungute Sache'' empfunden" wurden (GVK 1993, 87). Zu dem ganzen Vorgang und zu der damit verbundenen Rechtsproblematik sind zahlreiche wissenschaftliche Beiträge publiziert worden (vgl. Versteyl 1995, 643).

Der entsprechende Antrag, von der SPD in die Kommission eingebracht, wurde damit begründet, daß eine so wichtige Entscheidung nicht in die Hände von Verfassungsrichtern gelegt, sondern von den Volksvertretern selbst getroffen werden sollte. Eine derartige Selbstauflösung müsse jedoch eine Ausnahme bleiben und nicht zum Instrument politischer Zweckmäßigkeitserwägungen werden; deshalb sei das hohe Quorum einer 2/3 Mehrheit erforderlich. Die ablehnende Mehrheit argumentierte mit dem Willen des Grundgesetzgebers, ein vorzeitiges Ende der Legislaturperiode möglichst auszuschließen. Außerdem sei zu befürchten, daß auf diese Weise der politische Zwang entfalle, auch in schwierigen Situationen zu Entscheidungen zu kommen (GVK 1993, 87f.). Es gibt also weiterhin nur die beiden bisherigen Verfassungsoptionen für eine vorzeitige Auflösung, Artikel 63 und Artikel 68 GG, unter Mitwirkung des Bundespräsidenten.

Mit dem „Sündenfall" der Regierung Kohl/Genscher im Jahre 1982 hat die parteipolitische Operationalisierbarkeit der Vertrauensfrage des Kanzlers eine neue Qualität erlangt, wenngleich das Bundesverfassungsgericht mit seiner Entscheidung zum konkreten Fall[5] einige Grenzen gesetzt hat. Insofern kann man doch von einer verpaßten Chance sprechen, den Parlamentsparteien einen schmalen aber eindeutigen Weg der Selbstauflösung zu eröffnen. Problematisch bliebe in jedem Falle die Frage des Quorums: Bei einer Zwei-Drittel-, selbst bei einer Drei-Viertel-Mehrheit bestünde immer noch die potentielle Gefahr, daß die Selbstauflösung mißbräuchlich betrieben wird, um sich zum geeigneten Zeitpunkt „unliebsamer" parlamentarischer Minderheiten zu entledigen.

## 2.2 *Verlängerung der Legislaturperiode*

In den engeren Bereich des Parlamentsverfassungsrechts gehörte auch die Frage einer Verlängerung der Wahlperiode des Bundestages auf 5 Jahre. Die Reichsverfassung von 1871 sah für den Reichstag eine Legislaturperiode von nur drei Jahren vor. Die Weimarer Reichsverfassung setzte eine vierjährige Wahlperiode fest, die vom Grundgesetz übernommen wurde.

5 Entscheidung des Bundesverfassungsgerichts vom 16. Februar 1983, Entscheidungssammlung Bd. 62, S. 1ff.

Die Kommission hat darüber diskutiert, ohne daß ein entsprechender Antrag eingebracht worden war. Zahlreiche Befürworter einer verlängerten Wahlperiode forderten die gleichzeitige Aufnahme (weiterer) plebiszitärer Elemente in das Grundgesetz, um die mit einer Verlängerung verbundene potentielle Minderung des Wählereinflusses auf die Politik zu kompensieren. Nachdem sich in der GVK nicht die erforderliche Mehrheit für die Aufnahme von Volksinitiative, Volksbegehren und Volksentscheid in das Grundgesetz gefunden hatte, wurden die Beratungen zu diesem Punkt nicht weiter fortgeführt (GVK 1993, 94f.). Die Frage einer Verlängerung der Wahlperiode ist nun bis zur Entscheidung über eine zahlenmäßige Verkleinerung des Bundestages mit Wirkung für die 15. Wahlperiode, d.h. normalerweise ab dem Jahr 2002, wenn es nicht zuvor noch zu einer vorzeitigen Parlamentsauflösung kommt, zurückgestellt worden.

## 2.3 *Neuregelung der Abgeordnetenentschädigung*

Erwartungsgemäß relativ breiten Raum hat die Diskussion zum Problem der Diätenregelung in Anspruch genommen. Das Grundgesetz gibt den Abgeordneten einen Anspruch auf eine angemessene, ihre Unabhängigkeit sichernde Entschädigung, wobei das Nähere durch Gesetz zu regeln ist (Artikel 48 Absatz 3 GG). Die Entscheidung in eigener Sache hat in der Öffentlichkeit immer wieder den Vorwurf der „Selbstbedienung“ laut werden lassen.

Zunächst hatten die Beratungen zu dem prinzipiellen Einvernehmen in der GVK geführt, einer vom Bundespräsidenten einzusetzenden unabhängigen Kommission die Entscheidung über die Höhe der Diäten zu übertragen. Dabei war man sich über den strukturellen Konflikt durchaus im Klaren: Gebietet das Demokratieprinzip die Entscheidung des Parlaments statt eines von der Bevölkerung nicht legitimierten Gremiums, so fordert das Rechtsstaatsprinzip, daß die Abgeordneten nicht Kompetenzen wahrnehmen, um ausschließlich sie selbst begünstigende Regelungen zu treffen. Der dazu von der SPD eingebrachte Antrag fand schließlich doch nicht die erforderliche Mehrheit, weil sich zahlreiche Kommissionsmitglieder der Stimme enthielten. Die verweigerte Zustimmung wurde im Kern mit einer Entscheidung des Bundesverfassungsgerichts begründet, wonach der Gesetzesvorbehalt für die Abgeordnetendiäten zu den „Essentialien des demokratischen Prinzips“ gehöre,[6] so daß er vermutlich mit Blick auf Artikel 79 Absatz 3 GG einer Verfassungsänderung entzogen sei. Weiterer Beratungsbedarf in dieser Sache wurde angemeldet (GVK 1993, 88f.).

In gemeinsamer Initiative versuchten dann später, im Jahre 1995, die CDU/CSU- und die SPD-Fraktion im Bundestag, die Abgeordnetenentschädigung neu zu regeln und grundgesetzlich abzusichern. Die Diäten sollten

---

6 Entscheidung des Bundesverfassungsgerichts vom 05. November 1975, Entscheidungssammlung Bd. 40, S. 319.

zukünftig automatisch, ohne besonderen legislativen Akt, den Bezügen eines Richters an einem obersten Bundesgericht folgen; mit einer entsprechenden Änderung des Abgeordnetengesetzes sollte konkret die Besoldungsgruppe R 6 zugrundegelegt werden.

Unter heftiger Kritik in der Öffentlichkeit scheiterte die (Verfassungs-) Regelung an der fehlenden Zustimmung des Bundesrates. In der öffentlichen Diskussion fanden die Parlamentarier und ihre Apologeten wenig Gehör mit dem Hinweis auf den von verfassungswegen bestehenden Anspruch auf „angemessene" Entschädigung und auf finanziellen Nachholbedarf der Abgeordneten des Bundestages.[7] In der Resonanz aus der Bevölkerung machte sich über die eigentliche Sachfrage hinweg, die seit vielen Jahren ein Reizthema ist, doch vielfach eine Politiker- und Parlamentsverdrossenheit Luft, die das größere, in diesem Kontext aber kaum beachtete Problem darstellt. Schließlich wurde Ende 1995 eine Änderung der Diätenregelung im Abgeordnetengesetz vorgenommen, die den Betroffenen in Orientierung auf die Besoldungsgruppen R 6 und B 6 eine wesentliche Steigerung ihrer Bezüge in mehreren Stufen brachte.

## *2.4 Oppositions- und Fraktionsrechte*

Es hat schon in der unmittelbaren Nachkriegszeit Bemühungen gegeben, die parlamentarische Opposition verfassungsrechtlich zu verankern. Inzwischen ist sie, insbesondere in den Neuen Bundesländern, in mehreren Landesverfassungen institutionalisiert worden (vgl. dazu Stern 1984, 1037ff.). Die Rechtsstellung der Fraktionen wird seit geraumer Zeit, auch in der wissenschaftlichen Literatur, (vgl. ebd. 1025) problematisiert; der Versuch einer gesetzlichen Regelung ist im Bundestag bisher gescheitert. Das waren Ausgangspunkte des SPD-Antrags, mit dem nunmehr entsprechende Grundgesetznormen angestrebt wurden.

Begründet wurde er mit dem Bestreben nach Rechtssicherheit für die Fraktionen und nach Umsetzung der Verfassungswirklichkeit; Einzelheiten dazu sollten durch einfaches Gesetz geregelt werden. Außerdem müsse die „veränderte Rolle" der Opposition in einer verfassungsrechtlichen Normierung ihren Niederschlag finden. Die entscheidenden Kontrollrechte des Parlaments seien wesentlich ihr zugewachsen. Verwiesen wurde dabei auf die funktionelle Teilung zwischen regierungstragender Mehrheit und Opposition im parlamentarischen Regierungssystem der Bundesrepublik. Die informelle (dabei durchaus wirksame) Kontrolle der Mehrheitsfraktion(en) gehe zu Lasten der repräsentativen Funktionen des Parlaments. Deswegen sollte die

---

7 In diesem Zusammenhang wurde gern die Rechnung aufgemacht, daß seit 1977 die Bezüge von Bundesministern um 61% und die der Beamten um 75% gestiegen, während die Diäten der Abgeordneten in diesem Zeitraum nur um 38% angehoben worden seien.

nach außen erkennbar Kontrolle ausübende Opposition als Institution und in ihrer Funktion im Grundgesetz festgeschrieben werden. Schließlich argumentierten die Befürworter damit, daß die Erfahrungen in der früheren DDR, mit einem politischen System ohne legale Opposition, ihren Niederschlag finden sollten, indem die Opposition ausdrücklich in der Bundesverfassung benannt wird. Die Gegenposition stellte das Argument in den Vordergrund, daß es für beides nicht notwendig sei, die Verfassung zu ändern. Grundsätzlich könnten Verfassungsänderungen nur dann vorgenommen werden, wenn sie zwingend erforderlich seien. Außerdem wurden inhaltliche Bedenken hinsichtlich der Gleichberechtigung der Fraktionen erhoben. Mehrheitsverhältnisse dürften nicht verwischt werden; besondere Rechte müßten diskutiert und gegebenenfalls im Fraktionsgesetz verankert werden. Eine Aufnahme der Opposition in das Grundgesetz habe schließlich nur deklaratorische Bedeutung. Wolle man daraus einen Rechtsbegriff machen, so werfe die Frage nach seinem konkreten Inhalt viele Probleme auf (GVK 1993, 89f.).

## *2.5 Stärkung der Rechte einzelner Abgeordneter*

In engem sachlichem Zusammenhang mit dem vorherigen Kapitel stand die Frage einer Stärkung der Kontrollrechte des einzelnen Abgeordneten. Ein Antrag der SPD wollte eine Verfassungsergänzung des Inhalts erreichen, daß parlamentarische Anfragen und Fragen einzelner Abgeordneter unverzüglich und vollständig zu beantworten sind.

Die Begründung fußte auf der Erfahrung, daß die jeweilige Bundesregierung Informationen unter parteipolitischen Gesichtspunkten weitergibt und „ihre" Parlamentsmehrheit insoweit privilegiert. Im übrigen wird auf die Bundesländer hingewiesen, wo in den Verfassungen teilweise detaillierte Auskunftspflichten der Landesregierung festgeschrieben wurden; mithin sei hier verfassungspolitischer Handlungsbedarf anerkannt worden. Die bisherige Regelung des Fragerechts durch die Geschäftsordnung des Bundestages sei nicht ausreichend,[8] da nur seine verfassungsrechtliche Absicherung hinreichend verpflichtend für alle Beteiligten sei. Dem wurde mit der Argumentation entgegengetreten, daß der Anspruch auf unverzügliche und vollständige Antwort die von der Verfassung gezogene Trennlinie zwischen Parlament und Regierung überschreiten und die Eigenverantwortlichkeit der Regierung gefährden könne. Im übrigen sei ein Recht auf wahrheitsgemäße Auskünfte durch die Regierung kaum justitiabel (GVK 1993, 91f.).

---

8 Eine parlamentarische Geschäftsordnung hat als autonome Satzung zwar Rechtssatzcharakter, kann aber nur das Parlament bzw. seine Mitglieder binden. Daraus läßt sich keine rechtliche (wohl aber politische) Auskunftspflicht der Regierung gegenüber dem Parlament herleiten.

## 2.6 Ostdeutsche Kammer

Der von der PDS/LL eingebrachte Antrag verfolgte das Anliegen, eine Ostdeutsche Kammer – neben einer Staatszielbestimmung, gerichtet auf die Herstellung gleichwertiger sozialer und wirtschaftlicher Lebensverhältnisse im wiedervereinigten Deutschland – zur institutionellen Absicherung der Interessen der sozial benachteiligten Bürger in den neuen Bundesländern verfassungsrechtlich zu verankern. Gedacht war an eine eigenständige Institution und nicht nur an ein Hilfsorgan des Bundestages.[9] Dagegen vertrat die breite Mehrheit der Kommission die Auffassung, daß eine derartige Kammer nicht geeignet sei, die innere Einheit zu fördern. Im übrigen sei eine solche Institution dem Grundgesetz fremd, das den Abgeordneten des Bundestages als Vertreter des ganzen Volkes sehe (GVK 1993, 94).

## 2.7 Enquete-Kommission

Eine Reihe von Anträgen bezog sich auf einzelne parlamentarische Gremien. Ein SPD-Antrag wollte die Enquete-Kommission und dabei auch den parlamentsfremden „Sachverständigen“ als mögliches Kommissionsmitglied verfassungsrechtlich festschreiben.[10] Näheres sollte dann die Geschäftsordnung regeln.

Zur Begründung wurde angegeben, daß nur durch eine ausdrückliche Verfassungsnorm die Behandlung von Sachproblemen im parlamentarischen Verantwortungsbereich – anstatt auf exekutiver Ebene – gesichert werden könne. Außerdem habe man bei einer Reihe von Themen „erhebliche Probleme“[11] mit der Einsetzung solcher Kommissionen. Die gegenteilige Meinung sah keinen Handlungsbedarf, da sich die geltende Rechtslage bewährt habe und die parlamentarischen Möglichkeiten insoweit ausreichend seien. Zudem würde eine grundgesetzliche Regelung zur Enquete-Kommission die ohnehin bestehende Neigung, dieses Instrument zu häufig zu gebrauchen, nur noch fördern (GVK 1993, 92).

---

9 Abgeordneter Heuer (PDS/LL), GVK 17.6.1993, 79: „Gewählte ostdeutsche Abgeordnete in einer ostdeutschen Kammer“.

10 Die Enquete-Kommission wird bislang in § 56 der Geschäftsordnung geregelt. Danach kann sie (mit einem konkreten Auftrag) zur Vorbereitung von Entscheidungen über umfangreiche und bedeutsame Sachkomplexe eingesetzt werden. Auf Antrag eines Viertels seiner Mitglieder ist der Bundestag zur Einsetzung verpflichtet. Zu Mitgliedern der Kommission werden auch Personen berufen, die nicht Abgeordnete des Bundestages sind (Sachverständige).

11 Was damit konkret gemeint ist, wird aus den einschlägigen Passagen in den Protokollen – außer einem lapidaren Hinweis auf Probleme mit der rechtlichen Stellung von Sachverständigen in diesem Zusammenhang – nicht ersichtlich. Vgl. GVK 26.11.1992, 6; GVK 17.6.1993, 76.

## *2.8 Untersuchungsausschüsse*

Zum Recht der Untersuchungsausschüsse beantragte die SPD lediglich eine einfachgesetzliche Regelung: Die Zuweisung der Entscheidungskompetenz über die Verfassungsmäßigkeit des Untersuchungsauftrags (eines Untersuchungsausschusses) an das Bundesverfassungsgericht statt eines Instanzgerichts. Trotz der vielfältigen Rechtsunsicherheit und Kritik bezüglich des Untersuchungsverfahrens stand überhaupt nur diese – vergleichsweise nebensächliche – Frage zur Abstimmung. Zwar gab es in der Sache selbst breite Übereinstimmung, der Antrag scheiterte aber, weil zahlreiche Mitglieder der Kommission ihn mit der Begründung ablehnten, daß die GVK der Entscheidungsfindung des einfachen Gesetzgebers nicht vorgreifen solle (GVK 1993, 92f.).

Anregungen und Vorschläge zur Reform des Untersuchungsverfahrens haben in Deutschland schon eine lange Tradition (vgl. dazu Kipke 1985, 172ff.). Ein Verfahrensgesetz für die Untersuchungsausschüsse des Bundestages, das Regelungen zu Minderheitenrechten, Aktenvorlage- oder Beeidigungsrecht etc. trifft, steht schon lange an. Mehrere Entwürfe hat es bereits gegeben, bis heute aber ist kein Gesetz zustande gekommen. Die jeweilige Parlamentsmehrheit war auch wenig daran interessiert, eine Verfahrensordnung zu verabschieden, die der jeweiligen Opposition eine stärkere Rechtsposition einräumen sollte.

## *2.9 Öffentliche Ausschußsitzungen*

Die Kommission hat auch über die Frage der Öffentlichkeit von Ausschußsitzungen und der Einführung eines Hauptausschusses debattiert,[12] jedoch wurde dazu kein Antrag eingebracht. Die Idee der grundsätzlich öffentlichen Ausschußsitzungen wird von ihren Befürwortern mit der größeren Transparenz und entsprechender Akzeptanz der Entscheidungen durch die Bevölkerung begründet. Eine bessere Einschätzung parlamentarischer Tätigkeit und der Abbau falscher Erwartungen an die Plenardebatte könnten dadurch gefördert werden, wobei eine Entsachlichung der Ausschußarbeit kaum zu befürchten sei. Damit würde ein erster Schritt hin zu einer neuen Art der Präsentation von Politik in der Öffentlichkeit gegangen. Am Ende der Entwicklung könnte ein sogenannter Hauptausschuß ohne Beschlußkompetenz stehen, der – je nach Beratungsgegenstand in wechselnder Zusammensetzung – aus den Mitgliedern des federführenden und der mitberatenden Ausschüsse bestehen und Beschlußempfehlungen an das Plenum verabschieden würde. Gegen die generelle Öffentlichkeit wurde andererseits damit argumentiert, daß dann die Gefahr von „Fensterreden" auch in den Ausschußsitzungen be-

12 Nach § 69 der Geschäftsordnung sind Beratungen der Ausschüsse grundsätzlich nicht öffentlich.

stünde, zu Lasten der fachlichen, kollegialen Zusammenarbeit unter den Fraktionen und der politischen Kompromißfähigkeit (GVK 1993, 95f.).

Die Idee von mehr Öffentlichkeit der Ausschußberatungen ist jedoch in der parlamentarischen Diskussion geblieben, und der Bundestag hat im September 1995 eine Ergänzung der Geschäftsordnung verabschiedet, wonach die Ausschüsse als Schlußberatung der ihnen überwiesenen Vorlagen öffentliche Aussprachen durchführen sollen, in denen die Empfehlung und der Bericht an das Plenum beschlossen werden.[13]

## *2.10 Erweiterung des Petitionsrechts*

Mit einem weiteren Antrag wollte die SPD eine Verpflichtung des Petitionsausschusses grundsätzlich verankert wissen, bei Massenpetitionen von mindestens 50.000 Stimmberechtigten Vertreter der Petenten anzuhören.[14] Die im bisherigen Recht eingeräumte Möglichkeit dazu werde vom Ausschuß nicht ausreichend genutzt. Eine solche Regelung liege auch im Interesse der Abgeordneten selbst und sei ein wichtiger Schritt des Parlaments in Richtung auf mehr Bürgernähe. Gegen den Vorschlag wurde eingewandt, daß der Petitionsausschuß dann direktdemokratisch instrumentalisiert und so der Bundestag als Repräsentativorgan abgewertet werden könnte. Schließlich sei durch den parlamentarischen Gang der Petitionen, durch ihre Beratung im Plenum eine Rückkoppelung zwischen Ausschuß und Gesamtparlament sowie die Publizität des Willensbildungsprozesses gewährleistet (GVK 1993, 93f.).

## *2.11 Ökologischer Rat*

Außerdem hat die Kommission über die Einrichtung eines Ökologischen Rates durch entsprechende Verfassungsergänzung debattiert. Einen förmlichen Antrag dazu gab es nicht,[15] Grundlage der Beratung war ein diesbezüglicher Entwurf der Gruppe Bündnis 90/Die Grünen.

---

13 Eine Minderheit von einem Viertel der Mitglieder des federführenden Ausschusses kann sogar verlangen, daß die Vorlage statt dessen vom Plenum in einer allgemeinen Aussprache beraten wird.
Dem Wunsch nach Öffentlichkeit(swirkung) dient auch die gleichzeitige Einführung einer „Plenar-Kernzeit" (Donnerstagsdebatte), bei der zu allgemein interessierenden Themen von aktuellem öffentlichen Interesse – mit regelmäßiger live-Übertragung des Fernsehens – debattiert werden soll.

14 Unter Massenpetitionen sind Eingaben in größerer Zahl mit demselben Anliegen zu verstehen, deren Text ganz oder im wesentlichen übereinstimmt (vgl. GVK 1993, 93).

15 Ursprünglich hatte der Abgeordnete Dr. Ullmann (Bündnis 90/Die Grünen) einen Antrag eingebracht, der aber nach dessen vorzeitigem Ausscheiden aus der GVK nicht wieder aufgenommen wurde.

Vorgeschlagen wurde ein Gremium („dritte Kammer"), das ohne legislative Befugnisse in jedes Gesetzgebungsverfahren zur Sicherung ökologischer Belange einbezogen werden sollte. Die Mehrheit der Mitglieder stand dem ablehnend gegenüber, weil ein derartiger Rat keine Legitimation durch die Wählerinnen und Wähler habe und die Gefahr einer Schwächung der repräsentativen Demokratie bestehe. Eine solche Institution könne ohnehin nur Funktionen ausüben, die im parlamentarischen Bereich auch Enquete-Kommissionen wahrnehmen könnten (GVK 1993, 96).

### *2.12 Parlamentsfernsehkanal*

Schließlich hat die Kommission die Diskussion um die Einrichtung eines eigenen Fernsehkanals des Bundestags aufgegriffen, der durch Übertragungen von Plenar- und evtl. auch Ausschußdebatten die parlamentarische Außenrepräsentation sowie die Informations- und Öffentlichkeitsarbeit unterstützen soll. Grundsätzlich wurde eine solche Einrichtung für wichtig gehalten. Es stellte sich allerdings die verfassungsrechtliche Frage, ob der Bundestag als Rundfunkveranstalter (über den hausinternen Kanal hinaus) auftreten könne.[16] Mehrheitlich bestand jedoch die Auffassung, daß ein bundeseigener Fernsehkanal als „Elektronisches Protokoll" mit dem Grundgesetz vereinbar sei und daher insofern kein verfassungsrechtlicher Handlungsbedarf bestehe (GVK 1993, 96f.).

## *3. Zum Demokratie- und Verfassungsverständnis der Kommission*

Aus den Beratungen zum Parlamentsrecht sollen abschließend einige Aspekte des Demokratie- und Verfassungsverständnisses der GVK kurz betrachtet werden, zumal beides nicht ohne Rückwirkungen auf das Selbstbild von Parlament und parlamentarischer Arbeit bleibt. Grundlegende Fragen der Demokratie wurden nur peripher angesprochen: Für diejenigen, die ein repräsentatives Defizit des Wählerwillens in einer Verlängerung der (regelmäßigen) Wahlperiode auf 5 Jahre sahen, bestand eine angemessene Kompensation in der Einführung von unmittelbaren Mitwirkungsrechten der Bevölkerung im Bereich der Gesetzgebung. Die Forderung nach einem erweiterten Petitionsrecht lief auf eine gewisse Plebiszitierung des parlamentarischen Petitionswesens hinaus; die Gefahr einer direktdemokratischen Instrumentalisierung war für die Majorität denn auch ein Grund, den Antrag zurückzu-

---

16 Denkbar wäre es, ein solches Recht als Annex-Kompetenz aus Art. 42 GG (Verhandlungen und Abstimmungen des Bundestages) herzuleiten (zurückhaltend dazu GVK 1993, 97).

weisen. Eine Schwächung der repräsentativen Demokratie hätte schließlich für die Mehrheit die Einführung eines Ökologischen Rates bedeutet.

Die Kommission hat sich schon ausführlicher mit der Frage einer erweiterten parlamentarischen Öffentlichkeit befaßt. Das Verlangen danach war nicht Ausdruck eines demokratietheoretischen Konzepts von Öffentlichkeit bzw. öffentlicher Kontrolle, sondern hier ging es um den Aspekt der Publizität parlamentarischen Handelns und seiner Akteure im Interesse der politischen (Eigen-) Werbung. Offenkundig ist das in der Frage der Öffentlichkeit von Ausschußsitzungen geworden. Den Befürwortern von mehr Öffentlichkeit war daran gelegen, eine neue Qualität der Präsentation des parlamentarisch-politischen Prozesses und mehr Akzeptanz (über größere Transparenz) der politischen Entscheidung zu erlangen. In diesem Sinne konsequent war die Diskussion um einen parlamentseigenen Fernsehkanal zur Unterstützung der Informations- und Öffentlichkeitsarbeit, der – nicht mehr abhängig von der Regie der Fernsehanstalten – ausschließlich Plenar- und Ausschußdebatten zu übertragen hätte.

In den Beratungen kam ein gewisser Dissens über Sinn und Funktion einer Verfassung zum Ausdruck. Während von Seiten der parlamentarischen Mehrheitsparteien ihre Zweckbestimmung eher in der juristischen Regelung, in der Verrechtlichung des politischen Prozesses gesehen wurde, ging die Gegenposition offenkundig von einem erweiterten Begriff aus, der auch deklaratorische Aussagen mit einbezieht. Die Problematik einer verfassungsrechtlichen Verankerung der Opposition ist rechtlich nur schwer faßbar;[17] es handelt sich im Grunde um einen politischen oder auch politikwissenschaftlichen Terminus. Ihre bloße Erwähnung im Grundgesetz hätte deklaratorischen Wert und wäre mit einem rein juristischen Verfassungsverständnis nicht vereinbar.

Die von Vertretern des Regierungslagers wiederholt – direkt oder indirekt – eingebrachte Auffassung, daß sich die materielle Verfassung auf Essentialia beschränken solle, konnte angesichts mancher der oppositionellen Anträge nicht mit Zustimmung rechnen. Abgesehen davon, daß sich darüber streiten ließe, was dem Wesentlichen und was dem Sekundären oder Nebensächlichen zuzuordnen ist, kann eine solche verfassungstheoretische Position nicht zwingend sein; dem Grundgesetz sind auch zahlreiche Beispiele nachrangiger Regelungsmaterie zu entnehmen. Bei den Anträgen auf Einfügung eines Artikels 44a -Enquete-Kommissionen – und Ergänzung von Artikel 44c – Erweiterung des Petitionsrechts – ist es offenbar so gewesen, daß (allenfalls) „Verankerungsnormen" angestrebt wurden. Das Grundgesetz sollte

17 Welche Probleme ein entsprechender Rechtsbegriff aufwerfen würde, deutet sich beispielsweise in folgenden Fragestellungen an: Gibt es begrifflich nur eine einzige Opposition? Wer ist andernfalls Oppositionsführer? Besteht eine Pflicht zur Opposition? (Eine rechtsnormative Aussage zur Opposition im Sinne eines Wesensmerkmals der parlamentarischen Demokratie hätte das zur Folge; eine Allparteienregierung wäre dann verfassungswidrig).

dafür „benutzt" werden, das politische Anliegen der Antragsteller unter den Schutz der erschwerten Bedingungen einer Verfassungsänderung zu stellen. Das Parlamentsrecht war Beratungsgegenstand der GVK in der 9. Sitzung am 09. Juli 1992, in der 13. Sitzung am 26. November 1992 sowie in der 24. Sitzung am 17. Juni 1993. Die (öffentliche) Sachverständigenanhörung zu diesem Thema fand am 10. September 1992 statt. Darüber hinaus gab es mehrere Berichterstattergespräche.

## *Literatur*

Gemeinsame Verfassungskommission *(GVK)* 9.7.1992: 9. Sitzung. Stenographischer Bericht, Bonn

Gemeinsame Verfassungskommission *(GVK)* 26.11.1992: 13. Sitzung. Tonbandprotokoll, Bonn

Gemeinsame Verfassungskommission *(GVK)* 17.6.1993: 24. Sitzung. Stenographischer Bericht, Bonn

Gemeinsame Verfassungskommission *(GVK)* 1993: Bericht. Drucksache 12/6000, Bonn

*Fischer, Peter* 1995: Reform statt Revolution. Die Gemeinsame Verfassungskommission von Bundestag und Bundesrat, München

*Kipke, Rüdiger* 1985: Die Untersuchungsausschüsse des Deutschen Bundestages. Praxis und Reform der parlamentarischen Enquete. Berlin

*Stern, Klaus* 1984[2]: Das Staatsrecht der Bundesrepublik Deutschland, Bd 1, München

*Versteyl, Ludger-Anselm* 1995[3]: Art 39. In: Grundgesetzkommentar, Bd II, hrsg. von P. Kunig, München

*Ruth Wilhelmi*

# Gleichstellung und Gleichberechtigung von Frauen und Männern

## *I. Einleitung*

Auch wenn das Thema ‚Gleichstellung und Gleichberechtigung von Frauen und Männern' nicht ausdrücklich in Art. 5 des Einigungsvertrages erwähnt worden war, so gehörte es jedoch nach dem Verständnis der GVK „[...] im Zusammenhang mit den Erörterungen zur Aufnahme von Staatszielen zu den originären Beratungsgegenständen" (GVK, 5.11.1993, 49). Zudem war mit Art. 31 Abs. 1 des Einigungsvertrages dem gesamtdeutschen Gesetzgeber die Aufgabe übertragen worden, die Gesetzgebung zur Gleichberechtigung von Männern und Frauen weiterzuentwickeln.

So hat sich die GVK mit der Auseinandersetzung um eine Ergänzung oder Erweiterung des Art. 3 Abs. 2 GG einem Thema gewidmet, das für die Hälfte der bundesdeutschen Bevölkerung in vielen Bereichen des Lebens von großer Bedeutung ist. Mit Art. 3 Abs. 2 GG ist im Jahre 1949 die Gleichberechtigung von Männern und Frauen festgeschrieben worden. In der 45-jährigen Existenz dieses Grundrechtes hat sich aber gezeigt, daß zum einen zwischen Gesetzesnorm und gesellschaftlicher Realität eine evidente Lücke klafft und zum anderen daß der Gesetzestext nicht als Grundlage für eine effektive Frauenpolitik dienen konnte. Der Gleichberechtigungsgrundsatz hat zu heftigen juristischen und politischen Auseinandersetzungen geführt, die für das Fortkommen einer tatsächlichen Gleichberechtigung der Geschlechter teilweise sogar hinderlich waren.

In diesem Beitrag soll untersucht werden inwieweit der Rahmen der GVK genutzt worden ist, um den verfassungsrechtlichen Streit der Interpretation des Art. 3 Abs. 2 GG zu beenden und somit eine inhaltliche Auseinandersetzung um die Frage der Gleichberechtigung der Geschlechter zu führen, mit dem Ziel, einen eindeutigen Gesetzesentwurf vorzulegen.

# *II. Der bisherige Art. 3 Abs. 2 GG: Entfaltung des Gleichberechtigungsgrundsatzes*

## *2.1 Die Entstehung des Art. 3 Abs. 2 GG*

Der bisher geltende Art. 3 Abs. 2 GG mit dem Wortlaut ‚Männer und Frauen sind gleichberechtigt' existiert seit Inkrafttreten des Grundgesetzes im Jahre 1949 und gehört zum Gleichheitsartikel der Grundrechte.

Die Aufnahme dieses sogenannten ‚Gleichberechtigungssatzes' in das Grundgesetz war allerdings nicht so selbstverständlich wie es in den Erörterungen der GVK häufig erschien. Frieda Nadig, eine der vier Frauen unter den 65 Mitgliedern des Parlamentarischen Rates, sprach in der Beratung vor der Schlußabstimmung des Grundgesetzes vom „Kampf um die Gleichberechtigung der Frau" (Reich-Hilweg 1979, 17).

Der Herrenchiemseer Entwurf, die Arbeitsgrundlage für den Parlamentarischen Rat, klammerte in seinem Vorschlag eines Gleichheitsgrundrechts die Geschlechterfrage völlig aus. Der Parlamentarische Rat sah dann in Anlehnung an Art. 119 der Weimarer Verfassung die Formulierung ‚Männer und Frauen haben dieselben staatsbürgerlichen Rechte und Pflichten' vor.

Elisabeth Selbert, Juristin und Mitglied des Parlamentarischen Rates und häufig als Mutter des Grundgesetzes gefeiert, befürchtete, daß sich die Gleichberechtigung entsprechend dieser Fassung nur auf den staatsbürgerlichen Bereich, d.h. auf das Wahlrecht und die öffentlichen Ämter beschränken würde. Um eine strikte Gleichberechtigung in allen Rechts- und Lebensbereichen zu gewährleisten, brachte Selbert für die SPD den Gegenvorschlag ‚Männer und Frauen sind gleichberechtigt' ein.

Ihr Gegenvorschlag wurde aber sowohl im Grundsatz- als auch im Hauptausschuß mit der Begründung eines folgenden Rechtschaos abgelehnt, da durch diese Formulierung das Bürgerliche Gesetzbuch verfassungswidrig würde. Gleichzeitig wurde aber versichert, daß die Differenzen nicht inhaltlicher, sondern nur formalrechtlicher Natur seien.

Elisabeth Selbert organisierte daraufhin eine außerparlamentarische Frauenkampagne, indem sie land- auf und landab reiste und die Frauen im gesamten Bundesgebiet mobilisierte. Sämtliche Frauenverbände meldeten nun ihren Protest gegen die Fassung des Parlamentarischen Rates an und plädierten mit Nachdruck für die Aufnahme des Gleichberechtigungssatzes entsprechend der Formulierung von Elisabeth Selbert, indem sie den Parlamentarischen Rat mit Resolutionen und Briefen überschütteten.

Angesichts dieser heftigen Frauenproteste in der Öffentlichkeit sah sich der Hauptausschuß veranlaßt, sich mit dem Selbertschen Antrag nochmals zu beschäftigen, der nach einer erregten Debatte letztendlich angenommen wurde. Gleichzeitig wurde der Art. 117 Abs. 1 GG aufgenommen, gemäß dem das der Gleichberechtigung entgegenstehende Recht bis zum März 1953 beseitigt werden sollte (Berghahn 1993, 79).

In der Kontroverse um den Art. 3 Abs. 2 GG im Parlamentarischen Rat ging es nicht um eine inhaltliche Präzisierung des Begriffs ‚Gleichberechtigung', sondern nur um die Frage, ob er in das Grundgesetz aufgenommen werden sollte oder nicht. (Sacksofsky, 1990, 332) Die Frage nach der inhaltlichen Bestimmung von Gleichberechtigung wurde dann aber in der Folgezeit der entscheidende Auseinandersetzungspunkt in der Auslegung des Art. 3 Abs. 2 GG.

## *2.2 Die Entwicklung des Art. 3 Abs. 2 GG*

Die Kontroverse um Inhalt, Ziel und Reichweite des Gleichberechtigungsgrundsatzes setzte sich sofort nach der Verabschiedung des Grundgesetzes fort.

In der rechtspolitischen Diskussion entzündete sich in den 50er Jahren ein Streit über die Definition des Begriffs ‚Gleichberechtigung'. Die vorherrschende Meinung bestand darin, daß es entsprechend der naturgebenen Verschiedenheit der Geschlechter eine natürliche Verschiedenheit in der Rechtsordnung geben müsse. Da aufgrund natürlicher, biologischer und funktionaler Unterschiede von einer Gleichheit von Frauen und Männern nicht gesprochen werde könne, könne Inhalt des Gleichberechtigungssatz nur die Anerkennung des gleichen Persönlichkeitswertes von Mann und Frau sein. Eine Minderheit vertrat die Ansicht, daß der Gleichberechtigungssatz in Art. 3 Abs. 2 GG ein Differenzierungsverbot bedeute, da durch das Diskriminierungsverbot von Art. 3 Abs. 3 GG eine Unterscheidung aufgrund des Merkmals Geschlecht untersagt werde.[1] Dementsprechend müsse nach dieser Rechtsauffassung die Rechtsordnung von der Gleichheit der Geschlechter ausgehen.

Im Jahre 1953 kam es infolge einer Klage gegen Art. 117 Abs. 1 GG zum ersten Urteil des Bundesverfassungsgerichts (BVerfG) zum Thema ‚Gleichberechtigung'. In seiner Interpretation des Art. 3 Abs. 2 stellte Karlsruhe unter Berufung auf das Diskriminierungsverbot in Art. 3 Abs. 3 ein Differenzierungsverbot fest. Entsprechend dieses Verbots ist eine rechtliche Unterscheidung, die an das Merkmal Geschlecht anknüpft grundsätzlich verboten (Sacksofsky 1990, 25). Ausnahmen von diesem Differenzierungsverbot sind allerdings erlaubt, wenn sogenannte objektive biologische oder funktional-arbeitsteilige Gründe eine Ungleichbehandlung der Geschlechter rechtfertigen können. Solche Gründe bestehen beispielsweise im Zusammenhang mit Schwangerschaft und Geburt oder aber im Hinblick auf tatsächliche oder vermeintliche Unterschiede der körperlichen Konstitution der Geschlechter.

Mit dieser Entscheidung hatte das BVerfG nicht zur Klärung der Rechtslage beitragen können, sondern hatte eher eine weitere Rechtsunsicherheit geschaffen. Die Formel, daß einerseits Männern und Frauen aufgrund des Differenzierungsverbots die gleichen Rechte zugestanden werden müssen,

1 „Niemand darf wegen seines Geschlechts, seiner Abstammung, seines Glaubens, seiner religiösen und politischen Anschauung benachteiligt oder bevorzugt werden."

gleichzeitig aber auch unterschiedlich behandelt werden dürfen, da ja über die biologischen und funktionalen Unterschiede Differenzierungen erlaubt sind, machte nun je nach politischen Machtinteressen einen flexiblen Umgang mit dem Gleichberechtigungsproblem möglich. Problematisch an dieser Auslegung war v.a. das dahinterstehende Rollenverständnis von Mann und Frau in einer arbeitsteiligen Gesellschaft. So konnte beispielsweise vor dem Hintergrund dieser Auslegung des Gleichberechtigungssatzes in das Gleichberechtigungsgesetz von 1958 die Rolle des Mannes als Erhalter und Ernährer der Familie festgeschrieben werden. Gleichzeitig wurde der Frau die Berechtigung zur Erwerbsarbeit nur dann zugestanden, wenn sie dies mit den Pflichten in Ehe und Familie vereinbaren konnte.

In den 60er und 70er Jahren setzte sich im rechtspolitischen Kurs die Deutung des Art. 3 Abs. 2 GG als Differenzierungsverbot durch. Die Vorstellung, daß sich das Wesen der Frau im Ehefrau- und Muttersein erfülle, während der Mann für die Ernährung der Familie zu sorgen habe, stellte nicht länger den gesellschaftlich-politischen Konsens dar. (Sacksofsky, 1990, 24) Die als selbstverständlich angenommenen Unterschiede in der rechtlichen Behandlung zwischen Männern und Frauen konnten nicht länger gerechtfertigt werden. Dementsprechend wurde eine Rechtfertigung geschlechtsspezifischer Ungleichbehandlung durch funktional-arbeitsteilige Gründe kaum noch akzeptiert (Sokol 1993, 289). So wurde auch endlich im Jahre 1976 die gesetzlich vorgeschriebene Arbeitsteilung in der Ehe mit der Reform des Ehe- und Familienrechts aufgehoben.

Die Auslegung des Art. 3 Abs. 2 GG als Differenzierungsverbot war auf normativer Ebene ein taugliches Mittel, um ausdrückliche Benachteiligungen von Frauen zu beseitigen (Sacksofsky 1990, 157). Unter Zuhilfenahme dieser Interpretation konnte eine juristische Gleichberechtigung größtenteils durchgesetzt werden, da inzwischen fast alle differenzierenden Normen, die Frauen offensichtlich benachteiligten, geändert worden waren.

Schon Ende der 70er und Anfang der 80er Jahre mußte man allerdings die Feststellung treffen, daß trotz annähernder Rechtsgleichheit die tatsächliche Gleichberechtigung zwischen Männern und Frauen nicht erreicht worden war. Die Lebenswirklichkeit von Frauen wurde immer noch durch ein sogenanntes Gleichstellungsdefizit geprägt: sie waren (und sind) nach wie vor sozialen, wirtschaftlichen und politischen Benachteiligungen ausgesetzt.

Angesichts dieses Befundes stellte sich in den 80er Jahren die Frage neu, welche Aufgaben der Rechtsordnung bei der Bewältigung des Gleichberechtigungsproblems zukommen könnte. So wurden nun Stimmen laut, die ein weitergehendes Verständnis des Gleichberechtigungsgrundsatzes befürworteten. Die folgende Diskussion um Art. 3 Abs. 2 GG drehte sich nun um die beiden Problemkreise ‚Verfassungsauftrag' und ‚Kompensationsklausel'.

In der Auseinandersetzung um den Verfassungsauftrag handelt es sich um die Frage, ob es verfassungsrechtlich wie verfassungspolitisch sinnvoll ist, einen ausdrücklichen Gleichstellungsauftrag in den Verfassungstext aufzunehmen, der den Staat dazu verpflichten würde, aktiv für die Gleichstellung der Frauen tätig zu werden (GVK 5.11.1992, 96).

Dabei gilt in der juristischen Diskussion als noch nicht geklärt, ob Art. 3 Abs. 2 GG in der bereits geltenden Fassung einen Verfassungsauftrag enthält. Lange Zeit wurde in der juristischen Literatur die These vertreten, daß sich Art. 3 Abs. 2 GG nur auf die formale Gleichbehandlung beziehe und nicht auch auf die Herstellung tatsächlicher Gleichheit. Immer mehr Autorinnen und Autoren sind inzwischen der Ansicht, daß Art. 3 Abs. 2 GG bereits in der geltenden Fassung ein Gleichstellungsauftrag enthält. In der Argumentation wird häufig auf die Entstehungsgeschichte der Verfassungsbestimmung zurückgegriffen. Elisabeth Selbert habe damals betont, daß Art. 3 Abs. 2 einen ausdrücklichen Handlungsauftrag an den Gesetzgeber und alle Staatsgewalten enthält, d.h. dem Gleichberechtigungssatz in allen Lebens- und Rechtsbereichen Geltung zu verschaffen.

Viele, v.a. konservative Verfassungsinterpreten, lehnen (auch heute noch) ein solches weitergehendes Verständnis von Art. 3 Abs. 2 ab, insbesondere dann, wenn aus dem faktischen Gleichstellungsgebot Einschränkungsmöglichkeiten von Männerrechten abgeleitet werden.

In Richtung einer weitergehenden Bedeutung von Art. 3 Abs. 2 deuten aber auch die Entscheidungen des BVerfG in seiner Altersruheentscheidung und in der Entscheidung zum Nachtarbeitsverbot:

> Der Satz ‚Männer und Frauen sind gleichberechtigt' will nicht nur Rechtsnormen beseitigen, die Vor- und Nachteile an Geschlechtsmerkmale anknüpfen, sondern für die Zukunft die Gleichberechtigung der Geschlechter durchsetzen. Er zielt auf die Angleichung der Lebensverhältnisse. (Entscheidungen des BVerfG, 1992, 207)

Dementsprechend stellt Art. 3 Abs. 2 GG nicht nur ein Diskriminierungsverbot in Anlehnung an Art. 3 Abs. 3 GG dar, sondern beinhaltet darüber hinaus ein Gleichberechtigungsgebot, das sich auch auf die gesellschaftliche Wirklichkeit erstreckt.

Aufgrund der Tendenz, aus der geltenden Fassung des Gleichberechtigungsgrundsatzes einen Gleichstellungsauftrag zu entnehmen, enthalten inzwischen eine ganze Reihe von Landesverfassungen explizit einen Handlungsauftrag.

Die Kontroverse um eine Kompensationsklausel dreht sich um die Zulässigkeit von speziellen Frauenfördermaßnahmen, die dem Ziel der Gleichstellung von Frauen dienen und ausdrücklich an das Merkmal Geschlecht anknüpfen. Im Zentrum der Diskussion steht der Streit um verschiedene Formen der Frauenquoten. Besonderes Interesse gilt hier zum einen der *starren* Quote, bei der ein bestimmter Anteil neu zu besetzender Stellen oder zu vergebender Ämter vorab für Frauen reserviert wird und zum anderen der *leistungsbezogenen* Quote, bei der bei gleicher oder gleichwertiger Qualifikation eines Bewerbers oder einer Bewerberin Frauen so lange vorrangig eingestellt oder befördert werden bis ein bestimmter Prozentsatz der Stellen mit Frauen besetzt ist. Ungeachtet der Vielfalt von möglichen Quotenregelungen ist der Kernpunkt in der rechtspolitischen Auseinandersetzung die Frage, ob Frauenfördermaßnahmen nach der derzeitigen Rechtslage zulässig sind. Denn nach herkömmlicher Auslegung verstoßen alle Maßnahmen, die an das Merkmal Geschlecht anknüpfen, gegen Art. 3 Abs. 2 und Art. 3 Abs. 3 GG. So können Maßnahmen zur Förderung von Frauen aufgrund des Diskriminierungsverbots in Art. 3 Abs. 3 GG im Einzelfall zur Benachteiligung eines männlichen Mitbewerbers führen.

Dieses Dilemma wird auch als Spannungsverhältnis bezeichnet, welches zwischen einem objektiv-rechtlichen Gehalt des Gleichberechtigungsgrundsatzes und dem individuellen Recht, nicht benachteiligt oder nach dem Geschlecht unterschiedlich behandelt zu werden, besteht (Sokol 1993, 291). In der neueren juristischen Literatur wird überwiegend entsprechend den Grundsätzen des Verhältnismäßigkeitsprinzips zugunsten eines höheren Gewichts des objektiv-rechtlichen Grundrechts argumentiert. Damit wird der objektiven Gleichstellung von Männern und Frauen mehr Bedeutung beigemessen, als der individuellen Benachteiligung von Männern. Spezifische Frauenfördermaßnahmen sind demgemäß zulässig.

Auch die jüngere Rechtsprechung des BVerfG läßt Tendenzen erkennen, die die prinzipielle Möglichkeit rechtfertigen, daß das Gleichberechtigungsgebot des Art. 3 Abs. 2 GG einen Verstoß gegen das Verbot der Diskriminierung wegen des Geschlechts bedeutet. So heißt es in der Entscheidung zum Altersruhegeld:

> Faktische Nachteile, die typischerweise Frauen betreffen, dürfen wegen des Gleichberechtigungsgebots des Art. 3 Abs. 2 GG durch begünstigende Regelungen ausgeglichen werden. (Entscheidungen des BVerfG, 1992, 207)

Angesichts der Tatsache, daß auch noch in den 90er Jahren eine Kluft zwischen Rechtsgleichheit und Verfassungswirklichkeit besteht, standen diese beiden Problemkreise auch in der Verfassungsdiskussion im Zuge der deutschen Einheit im Mittelpunkt der Auseinandersetzungen.

## *III. Der Art. 3 Abs. 2 in der Verfassungsdiskussion nach der deutschen Vereinigung*

### *3.1. Die Diskussion um den Art. 3 Abs. 2 GG in der Frauenbewegung*

Im Zuge der Verfassungsdiskussion hat es auch in der Frauenbewegung eine Debatte um Frauenrechte in einer neuen gesamtdeutschen Verfassung gegeben. Die Verfassungsdebatte ist mitten in die aktuelle Theoriediskussion der Gleichheit und/oder Differenz der Geschlechter gefallen, die sich in vereinfachter Darstellung um die Frage dreht, ob eine Andersartigkeit der Geschlechter ausschließlich durch Sozialisation zu erklären sei und im Grunde

Männer und Frauen gleich seien oder ob man von einer grundsätzlichen Verschiedenheit der Geschlechter insbesondere aufgrund der Gebärfähigkeit der Frau ausgehen müsse.[2] Auf rechtspolitischer Ebene verfolgen beide Positionen unterschiedliche Strategien, um eine tatsächliche Gleichberechtigung von Männern und Frauen durchsetzen zu können. Vertreterinnen der sogenannten Gleichheitstheorie plädieren für die konsequente Anwendung des ‚gleichen' d.h. geschlechtsneutralen Rechts, während Differenztheoretikerinnen für die Verwirklichung eines ‚anderen' Rechts eintreten d.h. eines Rechts das die unterschiedliche, aber gleichwertige Lebensmöglichkeit von Frauen sichert (Berghahn/Lucke 1990, 45). Einigkeit herrscht in der feministischen Debatte allerdings darüber, daß Gleichberechtigungskonzeptionen nicht auf eine Angleichung oder Anpassung von Frauen an die Lage der Männer hinauslaufen dürfen. So gilt in der feministischen Debatte als geklärt, daß eine Unterschiedlichkeit der Geschlechter in der heutigen Gesellschaft konstatiert werden und dementsprechend Ausgangspunkt aller Überlegungen die Betonung der Geschlechterdifferenz sein müsse. Es sei auch für die Verfassungsdiskussion sekundär, wie die Unterschiedlichkeit der Geschlechter begründet werde, ob nun biologisch, historisch, sozio-kulturell, sozialisationstheoretisch, psychologisch oder durch Heranziehung empirischer Untersuchungen (Sokol 1993, 294). Entscheidend sei vor allem, daß der konstatierten Andersartigkeit von Frauen und Männern im Recht Ausdruck verliehen werde.

Das Frankfurter Frauenmanifest ‚Frauen für eine neue Verfassung', eine der zahlreichen Initiativen, die sich an der entfachten Verfassungsdiskussion im Zuge der deutschen Einheit gebildet hatten und die sich u.a. als Sprachrohr der neuen Frauenbewegung verstand, brachte in diesem Zusammenhang folgenden Vorschlag als Erweiterung von Art. 3 Abs. 2 GG ein: „Gleichberechtigung heißt auch Gleichheit und Anerkennung von Verschiedenheit" (Entwurf eines Frankfurter Frauenmanifestes 1991, 110). Auf diese Formulierung konnte man sich in dem Forum allerdings aufgrund der Gefahr, daß der Begriff der Verschiedenheit eine biologistische oder die geschlechtsspezifische Arbeitsteilung perpetuierende Auslegung in sich berge, nicht einigen.

Einigkeit herrschte in dem Verfassungsforum aber darüber, daß der Art. 3 Abs. 2 GG sowohl um einen Verfassungsauftrag als auch eine Kompensationsklausel erweitert werden müsse. So enthalte der alte Gleichberechtigungsgrundsatz nach dem Verständnis des Frankfurter Frauenmanifests bereits einen Verfassungsauftrag, jedoch müsse durch eine klarstellende Formulierung dem Streit über die Interpretation des Art. 3 Abs. 2 GG endlich ein Ende gesetzt werden. Ebenso verhalte es sich mit der Rechtmäßigkeit von Frauenfördermaßnahmen, die bei Betrachtung der Entstehungsgeschichte und der Interpretation verschiedener Verfassungsrechtlerinnen und Verfassungsrechtler nach der alten Fassung zulässig seien. Aber auch hier sei es notwen-

2 In der neuesten Theoriediskussion um Gleichheit und Differenz wird abgeleitet von Lacan und Derrida der Versuch unternommen, eine Dekonstruktion der Kategorie *Geschlecht* vorzunehmen.

dig, eine Klarstellung vorzunehmen, um dem Gleichberechtigungsgrundsatz seine ursprüngliche Intention als Grundrecht für Frauen wiederzugeben. Zwar entstand eine Kontroverse darum, ob es sinnvoll sei, Quotierung als ein Mittel der Frauenförderung explizit in die Verfassung aufzunehmen, doch herrschte Einigkeit über die derzeitige Notwendigkeit von effektiven Quotenregelungen.

### *3.2 Die Arbeit der GVK zum Thema ‚Gleichstellung und Gleichberechtigung von Frauen und Männern'*

Die Diskussion um die Ergänzung des Gleichberechtigungssatzes nahm in den Beratungen der GVK breiten Raum ein: in zwei Sitzungen, einer öffentlichen Anhörung und zahlreichen Berichterstattergesprächen behandelte die Kommission das Thema ‚Gleichstellung und Gleichberechtigung von Frauen und Männern'. Das öffentliche Interesse an diesem Thema war im Vergleich zu anderen Beratungsgegenständen sehr groß: Gleich zu Beginn der ersten Sitzung sah sich der eröffnende Vorsitzende Rupert Scholz in Erinnerung an die Protestaktion von Elisabeth Selbert von zwei Wäschekörben, gefüllt mit einigen Tausend Eingaben, umrahmt. Der öffentliche Druck und die frauenpolitischen Erwartungen an die Arbeit der GVK waren nach dem mehr als unzureichenden Ergebnis der ‚Kommission Verfassungsreform' des Bundesrates nochmals gestiegen.

So konnte im Bundesratsgremium lediglich die Umkehrung der Reihenfolge der Worte ‚Männer' und ‚Frauen' in Art. 3 Abs. 2 GG die notwendige 2/3-Mehrheit finden. Die knappe Begründung dieser Empfehlung, die Umkehrung könne

> „[...] als Ausdruck der Erkenntnis geschehen, daß in den vergangenen 40 Jahren *mehr staatliches Handeln* mit dem Ziel die *Gleichberechtigung von Frauen* zu fördern vonnöten gewesen wäre" (Dt. Bundesrat, 1992, 46),

ist wie Hans-Jochen Vogel es ausdrückte, nur mit leiser Ironie verständlich.

Neben der Kommission des Bundesrates hatten verschiedene Institutionen, Verbände und Frauenorganisationen ihre Interessen in Verfassungsentwürfen formuliert. Beachtung in der Diskussion der GVK fanden aber vor allem Formulierungsvorschläge, die von verschiedenen Parteien und Ländern vorgelegt wurden. Allerdings legten weder die CDU noch die FDP Vorschläge vor, so daß die Unionsfrauen eine eigenständige Empfehlung formulierten. Die vorgelegten Formulierungsvorschläge unterschieden sich deutlich in Reichweite und Zielrichtung, die mit einer Ergänzung des Art. 3 Abs. 2 GG verbunden waren. Fast alle dieser Vorschläge hatten aber gemeinsam, daß sie einen Verfassungsauftrag und zum großen Teil auch eine Kompensationsklausel enthielten.

### *3.2.1 Die Generaldebatte*

Im Gegensatz zu der ‚Kommission Verfassungsreform' des Bundesrates bestand gleich in der ersten Sitzung der GVK zum Thema ‚Gleichstellung und Gleichberechtigung von Frauen und Männern' am 24.09.1992 weitgehend Übereinstimmung darüber, daß die Gleichberechtigung der Geschlechter durch eine Verfassungsänderung gefördert werden müsse. Gemeinsamer Ausgangspunkt der Beratungen war, daß eine rein normative Gleichstellung die tatsächliche Gleichstellung von Frauen im sozialen, wirtschaftlichen und gesellschaftlichen Bereich nicht bewirkt. Beredtes Zeugnis für diese Tatsache war die GVK selbst: nur 11 Frauen waren unter den 64 Kommissionsmitgliedern vertreten. Wie und auf welchem Weg die Realisierung von Gleichberechtigung aussehen könne, darüber existierten allerdings gravierende Meinungsunterschiede. So konzentrierte sich die Generaldebatte weniger auf die konkret eingebrachten Formulierungsvorschläge, als vielmehr auf inhaltliche Fragen nach der Ausgestaltung eines Verfassungsauftrages, der Begriffsverwendung von Gleichberechtigung oder Gleichstellung und der Zulässigkeit von Kompensationsklauseln.

Hinsichtlich eines Verfassungsauftrages vertraten alle Parteien die Ansicht, daß der bestehende Gleichberechtigungsgrundsatz in seiner jetzigen Fassung ein Gleichstellungsgebot enthalte, wie es das BVerfG in seiner Entscheidung zum Nachtarbeitsverbot hervorgehoben hatte. Während die konservativen Kräfte in der Kommission des Bundesrates eine ausdrückliche Aufnahme eines solchen Gebotes noch für überflüssig gehalten hatten, da es ja schon in dem Gleichberechtigungsgebot enthalten sei, befürworteten sie nun eine Verstärkung dieses Gebots. Minister Helmrich (Mecklenburg-Vorpommern) begründete dies damit, daß das Gleichberechtigungsgebot, wie allseits festgestellt worden war, bisher noch nicht vollendet sei (GVK 24.9.1992, 5). Allerdings könne der Staat nur dazu verpflichtet werden, die Rahmenbedingungen für die gleichberechtigte Teilhabe in allen gesellschaftlichen Bereichen zu schaffen, da er die Gleichberechtigung nicht selbst bewirken könne. In gleicher Weise argumentierte die FDP, die hinsichtlich der Reichweite eines Verfassungsauftrages die Auffassung vertrat, daß das Ziel lediglich die Gleichheit der Chancen und nicht der Ergebnisse sei. Während von seiten der konservativen Kräfte insbesondere auf verfassungspolitischer Ebene argumentiert wurde, plädierte die SPD vor allem angesichts der tatsächlichen gesellschaftlichen Realitäten für die Aufnahme eines Verfassungsauftrages. So ergebe sich nach Meinung der Abgeordneten Hanewinkel (SPD) aus den bestehenden Ungleichheiten von Frauen am Arbeitsmarkt insbesondere in den neuen Bundesländern ein dringender Handlungsbedarf (GVK 24.9.1992, 28). Darüber hinaus könne die Verankerung eines Verfassungsauftrages auch einen Beitrag zum Einigungsprozeß leisten, da hiermit ein Verfassungsgedanke aufgegriffen würde, der in allen neuen Bundesländern in die Landesverfassungen aufgenommen worden sei.

Ein zentraler Auseinandersetzungspunkt war in diesem Zusammenhang die Frage nach der Definition der Begriffe ‚Gleichberechtigung' und ‚Gleichstellung'. Beide Begriffe wurden auf sehr unterschiedliche Art und Weise verstanden und dementsprechend mit sehr unterschiedlichen Inhalten gefüllt. Die männlichen Vertreter der CDU insistierten auf der Verwendung des Begriffs ‚Gleichberechtigung', da mit dem Begriff der Gleichstellung die Zielsetzung einer Gleichheit im Ergebnis verbunden sei. Die Unionsfrauen lehnten ebenfalls den Begriff ‚Gleichstellung' ab, da wie die Abgeordnete Rahardt-Vahldiek (CDU/CSU) es formulierte, die Frauen damit irgendwo hingestellt würden. Die Formulierung ‚gleichberechtigte Teilhabe der Frauen in allen gesellschaftlichen Bereichen' käme der Forderung von Frauen nach den „[...] Bedingungen, um das zu erreichen, was ihnen zusteht, nämlich alle Möglichkeiten der Teilhabe [...]" (GVK 24.9.1992, 8) am nächsten. Ministerin Schoppe (Bündnis 90/ DIE GRÜNEN) plädierte für einen Begriff, der verdeutliche, daß mit Gleichberechtigung nicht eine Angleichung an den Mann verbunden sei. Eine entsprechende Formulierung konnte sie aber nicht vorschlagen, da diese Diskussion in der Frauenbewegung noch nicht abgeschlossen sei. Die SPD sprach ohne weitere Erläuterung des Begriffs zumeist von ‚Gleichstellung', um zu unterstreichen, daß die tatsächliche Situation von Frauen durch Diskriminierung geprägt ist. Damit verknüpfte sie mit der Wortwahl ‚Gleichstellung' die Forderung nach konkreten und positiven Maßnahmen, um die bestehenden Nachteile von Frauen abzubauen.

In der Frage, ob der bestehende Gleichberechtigungsgrundsatz bereits eine Kompensationsklausel enthalte und/oder ob diese klarstellend hinzugefügt werden müsse, stellte in der Generaldebatte und auch im weiteren Verlauf der Beratungen zu diesem Thema den entscheidenden Auseinandersetzungspunkt dar. Während die SPD und die Unionsfrauen eine Kompensationsklausel für unbedingt notwendig erachteten, hielten die männlichen Vertreter der CDU eine solche Klausel für verfassungswidrig. Um das Gleichheitsdefizit abbauen zu können und um das Ziel der Gleichstellung der Geschlechter zu erreichen, war nach Ansicht der SPD eine substantiell verbesserte Frauenförderung vonnöten. Da über Frauenfördermaßnahmen immer noch gestritten werde und der Widerstand von der Politik bis zur Rechtsprechung reiche, ist nach der Meinung von Ministerin Alm-Merk (Niedersachsen) endlich der Zeitpunkt gekommen, zu einer Klarstellung dahingehend zu kommen, daß Frauenfördermaßnahmen zulässig sind (GVK 24.9.1992, 3). Das BVerfG habe unlängst in seiner Entscheidung zum Nachtarbeitsverbot Frauenfördermaßahmen für rechtmäßig erklärt. Senatorin Limbach (Berlin) wies in diesem Zusammenhang darauf hin, daß die stillschweigenden Quoten für Männer mit einer Kompensationsregel für Frauen unterbrochen werden müßten (GVK 24.9.1992, 32).

Die Unionsfrauen hatten in ihrem Verfassungsentwurf eine ähnliche Kompensationsklausel aufgenommen wie die SPD. In der Diskussion verhielten sie sich aber sehr zurückhaltend; lediglich die Abgeordnete Rahardt-Vahldiek (CDU/CSU) äußerte in diesem Kontext, daß es nicht angehen könne, daß ein Mann bevorzugt werde, nur weil er ein Mann sei (GVK 24.9. 1992, 9). Ihre männlichen Parteikollegen sprachen sich demgegenüber vehement gegen jegliche Kompensationsklauseln aus. Der Widerstand wurde kurz und knapp mit dem verfassungsrechtlichen Argument erklärt, daß solche Klauseln gegen Art. 3 Abs. 3 GG verstießen.

So wurden schon in der Generaldebatte die Konfrontationslinien zwischen und auch innerhalb der unterschiedlichen Parteien deutlich,[3] die sich jedoch alle in ihrer Argumentation insbesondere auf die beiden jüngeren Entscheidungen des Bundesverfassungsgerichts bezogen. Damit wurde die Frage nach der Gleichstellung und Gleichberechtigung der Geschlechter schon vor der öffentlichen Anhörung vor allem auf juristischer Ebene diskutiert.

### *3.2.2 Die Sachverständigenanhörung*

Zu der öffentlichen Anhörung zum Thema ‚Gleichstellung und Gleichberechtigung von Frauen und Männern' wurden sieben Sachverständige geladen, die die bestehenden Vorstellungen zu einer Ergänzung des Art. 3 Abs. 2 GG einer Prüfung unterziehen sollten. Während die Mehrzahl der Sachverständigen aus dem rechtswissenschaftlichen Bereich kam, wurden auch zwei Vertreterinnen aus dem frauenpolitischen Spektrum geladen. Im Ergebnis plädierten sechs der gehörten Sachverständigen aufgrund der bestehenden Gleichstellungsdefizite prinzipiell für eine Verfassungsänderung.

Walter Schmitt Glaeser, Professor für Öffentliches Recht und Verwaltungswissenschaften, wandte sich als einziger Sachverständiger gegen jegliche Verfassungsänderung. Seiner Ansicht nach dürfe soziale Wirklichkeit mit Hilfe staatlicher Macht nur in Ausnahmesituationen verändert werden, da solche dirigistischen Instrumente der Grundstruktur eines freiheitlichen Gemeinwesens prinzipiell widersprächen (GVK 5.11.1993, 13). Hinsichtlich der tatsächlichen Gleichberechtigung liege eine solche Ausnahmesituation aber nicht vor, da der Gesetzgeber dieses Ziel schon bald erreicht haben werde. Gleichzeitig lehnte er es ab, eine faktische Gleichstellung zu gewährleisten, da Zielgleichheit ein genuines Instrument des Staates sei. Neben verfassungsmäßigen Gründen wehrte sich Schmitt Glaeser auch aus Gründen der Gerechtigkeit gegen Kompensationsklauseln. So müßte „[...] die heute lebende Generation der Männer dafür bluten [...], daß jahrhundertelang in dem Bereich Gleichberechtigung nichts vorangegangen [...]" (GVK 5.11.1993, 30) sei.

Für Edzard Schmidt-Jortzig, Professor für Öffentliches Recht und amtierender Bundesjustizminister (FDP), war das bestehende Gleichstellungsdefizit rein verfassungsjuristisch zu lösen und eine Grundgesetzänderung im Prinzip überflüssig, da in dem bisherigen Art. 3 Abs. 2 „[...] deutliche gestalterische Handlungslegitimationen für staatliche Gleichstellungsinitiativen

---

3 An dieser Stelle sei verwiesen auf die Arbeit von Clarissa Rudolph, die die Diskussionslinien in und zwischen den verschiedenen Parteien unter Zuhilfenahme von Interviews analysiert hat: Clarissa Rudolph, *Einflußpotentiale und Machtbarrieren. Frauenpolitik in der Verfassungsdiskussion*, Baden-Baden 1996.

[...]" (GVK 5.11.1993, 108) enthalten seien. Weil diese Normaussage aber häufig übersehen werde, befürwortete er die Aufnahme einer ausdrücklichen Staatszielbestimmung mit appellativem Charakter. Gleichzeitig warnte er eindringlich davor, „[...] mit hoheitlichen Mitteln eine gezielte Bewußtseinsumbiegung, Zwangsbeglückung, staatliche Tugend oder ähnliches [...]" (GVK 5.11. 1993, 12) durchsetzen zu wollen. Aktive Kompensationsmaßnahmen bezeichnete er als nicht rechtmäßig, da unbestrittene faktische Benachteiligungen nicht durch Zulassung umgekehrter Diskriminierung – und sei sie nur vorübergehend – ausgeglichen werden dürften. Auf intensive Nachfrage einiger Kommissionsmitglieder hielt er aber leistungsbezogene Quoten sowohl im öffentlichen als auch im privaten Bereich für durchführbar, ohne daß es einer Verfassungsänderung bedürfe (GVK 5.11.1993, 57). Letztendlich sei dies nur eine Frage des politischen Willens.

Ernst Benda, ehemaliger Präsident des Bundesverfassungsgerichts, hielt Frauenfördermaßnahmen im öffentlichen Dienst bei einer Gesetzesänderung des Art. 33 Abs. 2 GG für erwünscht und zulässig und schlug eine klarstellende Ergänzung dieses Artikels vor[4]. Voraussetzung sei allerdings, daß im Einzelfall geprüft werde, ob gegenüber dem Ziel der Frauenförderung vordringliche Gesichtspunkte etwa sozialer Art zugunsten eines männlichen Bewerbers sprechen (GVK 5.11.1993, 62). Eine Ergänzung des Art. 3 Abs. 2 bezeichnete Benda dagegen als problematisch, da mit der Aufnahme eines Verfassungsauftrages eine Staatszielbestimmung eingefügt werde, die zum einen andere Staatsziele, die nicht namentlich aufgeführt sind, dominiere. Zum anderen werde sich das geltende Verfassungsrecht durch die Aufnahme eines Staatszieles nicht verändern, da die Auslegung des BVerfG, daß Art. 3 Abs. 2 GG eine Verfassungsnorm sei, die die Gestaltung der sozialen Wirklichkeit in Richtung auf Gleichberechtigung legitimiert, bestehen bleibe. Frauenfördermaßnahmen dürfen sich seiner Ansicht nach aber nur auf den öffentlichen Dienst beschränken, da jedes Hineinregulieren des Staates in den Bereich der privaten Wirtschaft gegen den bestehenden Ordnungsgedanken einer freien, sozialen Marktwirtschaft verstoße. Bei einer entsprechenden Verfassungsänderung hielt Benda es allerdings für möglich, daß z.B. bestimmte Unternehmen auf steuerlichem Gebiet gefördert werden könnten, wenn sie entsprechende Frauenfördermaßnahmen durchführten.

Der ehemalige Verfassungsrichter Helmut Simon bezeichnete dagegen angesichts des existierenden Gleichstellungsdefizits eine Verfassungsergänzung des Art. 3 Abs. 2 GG nicht für überflüssig. Zwar enthalte die bisherige Fassung eine Grundrechtsentscheidung, die auf die Durchsetzung der Gleichberechtigung in der gesellschaftlichen Wirklichkeit ziele, doch sei diese Auslegung trotz der beiden BVerfG-Urteile noch nicht gefestigt. „Angesichts dieser Defizite darf es der Gesetzgeber nicht allein den Gerichten überlassen, elementare Verfassungsgebote im Wege der Auslegung zu postulieren und

4 „Jeder Deutsche hat nach seiner Eignung, Befähigung und fachlichen Leistung gleichen Zugang zu jedem öffentlichem Amte."

durchzusetzen" (GVK 5.11.1993, 125). Damit plädierte er für einen Verfassungsauftrag mit dem ergebnisbezogenen Ziel der tatsächlichen Verwirklichung der Gleichberechtigung. Da der Staat aber nur die Bedingungen dafür schaffen könne, seien nach Simons Auffassung Kompensationsklauseln sowohl im öffentlichen als auch im privaten Bereich unerläßlich. Er bezeichnete die Einwände, Kompensationsmaßnahmen verstießen gegen das Diskriminierungsverbot, als Ablenkungsmanöver. Entscheidend sei in diesem Zusammenhang nur, daß bei Kollision rechtlich geschützter Positionen Grenzen gezogen werden, so z.B. daß bei Quotenregelungen gleichqualifizierte Männer nicht auf unbegrenzte Zeit, bis die Frauenquote aufgefüllt ist, chancenlos bleiben dürften. Allerdings hatte Simon Zweifel, ob eine Verfassungsergänzung tatsächlich die bestehenden Gleichheitsdefizite verändern könne. Doch könne die Ergänzung eine wichtige Impuls-, Edukations-, Sensibilisierungs- und Integrationsfunktion übernehmen (GVK 5.11.1993, 126).

Da sich durch das herkömmliche rechtswissenschaftliche Verständnis der Gleichberechtigungssatz von einem Frauen- zu einem Männerrecht verdreht habe, plädierte die wissenschaftliche Mitarbeiterin des BVerfG, Ute Sacksofsky, mit Nachdruck für eine Verfassungsergänzung. Zwar werde in der juristischen Literatur zunehmend der Standpunkt vertreten, daß ein Gleichberechtigungsauftrag in der geltenden Fassung enthalten sei, doch sei die Position des BVerfG eher uneindeutig. Um endgültig eine Klarstellung zu erreichen, sei die Aufnahme eines ausdrücklichen Gleichstellungsauftrages notwendig. Zudem würde damit die Integrationskraft der Verfassung gestärkt und eine Negativwirkung auf die derzeitige Frauenpolitik verhindert. Zwar könne ein Gleichstellungsauftrag

> „[...] die tatsächliche Gleichstellung nicht ‚leisten'. Aber er kann entscheidend dazu beitragen, indem die Durchsetzung tatsächlicher Gleichberechtigung als staatliche Aufgabe besonderen Ranges, d.h. besonderer Vordringlichkeit, festgelegt wird [...]" (GVK 5.11.1993, 96).

Hinsichtlich der Frage der Kompensationsklausel war Sacksofsky der Auffassung, daß Art. 3 Abs. 2 GG als Dominierungsverbot zu verstehen sei, welches allein Frauen schütze und als spezielle Norm für den Sachbereich des Verhältnisses von Frauen und Männern im Rahmen seines Schutzzweckes das Differenzierungsverbot des Art. 3 Abs. 3 GG verdränge (GVK 5.11. 1993, 99). Um den politischen Spielraum von Frauenfördermaßnahmen sicherzustellen, sei eine klarstellende Kompensationsklausel aber unumgänglich.

Weniger mit juristischen als vielmehr mit frauenpolitischen Argumenten befürworteten die Sachverständigen Heide Hering und Andrea Maihofer, beide Mitverfasserinnen des Frankfurter Frauenmanifests, die Aufnahme eines Verfassungsauftrages und einer Kompensationsklausel. Ausgangspunkt ihrer Argumentation war das nach wie vor bestehende Gleichheitsdefizit. Nach Hering sei zwar die juristische Gleichberechtigung der Geschlechter mit Hilfe des bisherigen Art. 3 Abs. 2 GG hergestellt bzw. herstellbar, doch treffe dies nicht für die gesellschaftliche Gleichberechtigung zu. Die Widersprüchlichkeit des bisherigen Art. 3 Abs. 2 GG, daß zum einen die Gleichstellung festgeschrieben werde, zum anderen Bevorzugungen aber untersagt seien, machten nach Hering nur dann Sinn, wenn der Status quo der Gleichstellung gesichert sei (GVK 5.11.1993,75). Dieser Status quo müsse derzeit aber erst noch erreicht werden, wozu Frauenfördermaßnahmen unabdinglich seien. Hering betonte dabei, daß es von dem jeweiligen Bereich abhängig sei, welche Maßnahme der Frauenförderung eingesetzt werde, in bestimmten Bereichen sei aber auch die starre Quote ein adäquates Mittel (GVK 5.11.1993, 54).

Maihofer wies darauf hin, daß im Grundgesetz bei näherer Betrachtung aus der Sicht der Frauen weitgehend patriarchale Vorstellungen enthalten seien. Insbesondere hinter dem herrschenden Gleichberechtigungsverständnis stehe der „[...] Zwang zur Anpassung und Angleichung an ‚männliche' Standards und Wertvorstellungen [...]" (GVK 5.11.1993, 81). Gleichberechtigung nach Maihofers Verständnis könne demnach nicht allein durch eine quantitative Präsenz von Frauen erreicht werden, sondern erfordere die gleichberechtigte Teilhabe an der Gestaltung der Gesellschaft. Im vorherrschenden Recht würden Frauen aber fast ausschließlich und nur weil und insoweit sie Menschen wie Männer seien als gleichberechtigt anerkannt. Daher müsse in dem neuen Art. 3 Abs. 2 betont werden, daß „[...] Gleichberechtigung auch ausdrücklich die Gleichberechtigung der Frauen in ihrer (gesellschaftlich-kulturellen) Verschiedenheit und somit als Subjekt mit eigener Geschichte und eigener Identität und Würde[...]" (GVK 5.11.1993, 86) einschließe.

Für beide Sachverständige beschränkte sich die Frage nach der Gleichberechtigung der Geschlechter nicht nur auf die Ergänzung des Art. 3 Abs. 2 GG. Daher wollten sie beispielsweise auch das Recht auf Abtreibung, das Recht auf gleichen Lohn oder die geschlechtsneutrale Sprache grundgesetzlich verankert sehen.

Diese doch sehr unterschiedlichen Stellungnahmen der Sachverständigen, die eine weite Spannbreite von Auslegungsmöglichkeiten des Art. 3 Abs. 2 GG bezeugen, zeigten, daß es aus verfassungsrechtlicher Perspektive unterschiedliche Möglichkeiten der politischen Umsetzung des Gleichberechtigungsgrundsatz gab.

### *3.2.3 Die Empfehlung der GVK*

Nach der Sachverständigenanhörung wurde in zahlreichen Berichterstattergesprächen versucht, einen Kompromiß zu finden. Die Front zwischen den beiden entscheidenden Parteigruppen war so verhärtet, daß eine Annäherung fast unmöglich erschien. Die SPD forderte einen ausdrücklichen Verfassungsauftrag, der sich auf alle gesellschaftlichen Bereiche, insbesondere auch auf den der Privatwirtschaft, erstrecken solle und zusätzlich eine verfassungsgesetzliche Absicherung kompensatorischer Maßnahmen, d.h. die Zulässigkeit von leistungsbezogenen Quoten. Die CDU/CSU beharrte auf ihrem Standpunkt, daß es nur um die Durchsetzung der Gleichberechtigung, nicht aber der Gleichstellung gehen dürfe. Ziel einer Ergänzung des Art. 3 Abs. 2 GG könne demgemäß nur die Chancengleichheit sein. Während die Unionsfrauen eine Kompensationsklausel für notwendig erachteten, erklärten die männlichen Vertreter diese als verfassungswidrig.

Letztendlich war die Ausgestaltung der Verfassungsergänzung aber weniger abhängig von verfassungsjuristischen Grundsätzen, als vielmehr vom politischen Willen. So blockierte die CDU/CSU zunächst eine Verfassungsänderung, indem sie lange keinen Formulierungsvorschlag in die Berichterstattergespräche einbrachte. Als sich dann abzeichnete, daß an dem für die Schlußabstimmung vorgesehenen Termin keine Kompromißformulierung gefunden sein würde, schloß sich unter dem Motto „Jetzt oder nie! Frauenrechte in die Verfassung" ein breites Bündnis von Frauen aus Parteien, Verbänden, Gewerkschaften und Frauenrechtsorganisationen zusammen (Forudastan 1993, 4). Erst auf diesen öffentlichen Druck hin kam langsam Verhandlungsbereitschaft in die Reihen der CDU, so daß sie einen eigenen Formulierungsvorschlag einbrachte, der allerdings die eigentlichen Streitfragen unberührt ließ. In den weiteren Gesprächen wurde hart um Formulierungen gerungen, wobei von konservativer Seite immer wieder verfassungsjuristische Argumente herangeführt wurden, um eine angemessene politische Lösung der Geschlechterfrage zu verhindern. Vor allem in der Frage der Kompensationsklausel ist erbittert gestritten worden. Bis zum Schluß wurde von seiten der SPD darum gekämpft, ausdrücklich Frauenfördermaßnahmen zum Ausgleich bestehender Ungleichheiten für zulässig zu erklären. Doch das unausrottbare Gespenst der starren Quote, das von konservativer Seite schon während der gesamten Beratungen mit Kompensationsmaßnahmen gleichgesetzt wurde, erstickte die Verhandlungsbereitschaft der CDU und FDP im Keim (Limbach/Eckertz-Höfer 1993, 300).

Überraschenderweise wurde dann in der 23. Sitzung der GVK am 27. Mai 1993 bei einer Gegenstimme und einer Enthaltung folgender Kompromißvorschlag angenommen:

> Der Staat fördert die tatsächliche Durchsetzung der Gleichberechtigung von Frauen und Männern und wirkt auf die Beseitigung bestehender Nachteile hin. (GVK 5.11.1993, 49)

Damit hat die GVK mit ihrer Empfehlung ein Staatsziel formuliert, mit dessen Hilfe dem bereits bestehenden Gleichberechtigungssatz zur stärkeren Durchsetzung in der Lebenswirklichkeit verholfen werden soll (GVK 5.11. 1993, 50). Die staatlichen Organe sollen dazu angehalten werden, Maßnahmen zur Erreichung der tatsächlichen Gleichberechtigung zu ergreifen. Durch die Formulierung als Staatsziel besteht allerdings kein Individualanspruch auf ein bestimmtes staatliches Handeln. In der Frage der Zulässigkeit von Kompensationsmaßnahmen ist mit dieser Formulierung allerdings keine Klarstellung erreicht worden. Von der einen Seite wurde hervorgehoben, daß mit der Verfassungsergänzung nunmehr klargestellt sei, daß bevorzugende Ungleichbehandlungen zur Förderung von Frauen zulässig seien. Von anderer Seite wurde dies bestritten und betont, daß mit der vorgeschlagenen Formulierung nur die Chancen-, nicht aber die Ergebnisgleichheit verbunden sei. So ist auch das Wort ‚Gleichstellung' bewußt gemieden worden.

Obwohl alle Seiten in der Schlußabstimmung betonten, daß sie mit dieser Empfehlung Kompromisse eingegangen seien, feierten sie gleichzeitig das Ergebnis als persönlichen Sieg. Insbesondere die SPD stellte die Empfehlung so dar, als seien ihre Forderungen in dieser Formulierung enthalten. Letztendlich waren sich aber alle Seiten darüber klar, daß sie mit der Einigung im Wortlaut keinen Konsens über den Inhalt gefunden hatten. Der Abgeordnete Jahn (CDU/CSU) formulierte dies folgendermaßen:

„Wie das alles später interpretiert wird, ist natürlich eine ganz andere Frage, aber führende Kommentatoren wollen ja auch noch Arbeit haben" (GVK 27.5.1993, 7).

## *IV. Der erweiterte Art. 3 Abs. 2 GG: Situation und Perspektiven*

Die Empfehlung der GVK blieb in den parlamentarischen Beratungen zur Grundgesetzänderung ohne Streit und stellt seit dem 15.11.1994 geltendes Verfassungsrecht dar (Kloepfer 1995, 69). Die reibungslose Umsetzung der Arbeit der GVK erstaunt angesichts der Tatsache, daß die Kompromißlösung erst in letzter Minute gefunden worden ist und sie sehr unterschiedliche Interpretationsmuster zuläßt. Vielleicht war es aber gerade die Interpretationsweite der Ergänzung und damit verbunden die Erwartung, sich in der Rechtsanwendungspraxis mit der je eigenen Auslegung durchzusetzen, die Kontroversen in der parlamentarischen Umsetzung verhinderte (Vogel 1995, 410).

So wundert es auch nicht, daß die meisten Reaktionen und Bewertungen auf die Grundgesetzerweiterung v.a. aus dem juristischen Lager gekommen sind. Auch unter den Staatsrechtlern herrscht weitgehend Einigkeit darüber, daß mit der Ergänzung des Art. 3 Abs. 2 GG letztendlich nur ein Formelkompromiß erreicht worden sei, der weiten Raum für Interpretationen zuläßt. Rüdiger Rubel, Richter am Verfassungsgerichtshof, bescheinigt der GVK sogar ein offenkundiges Versagen in der Frage der verfassungsmäßigen Zulässigkeit von Quotierungen, da die Entscheidung nach Karlsruhe abgeschoben worden sei (Rubel 1993, 299). So haben die Auseinandersetzungen in der juristischen Fachwelt um die Auslegung der Ergänzung des Art. 3 Abs. 2 GG längst begonnen. Wie auch vor der Arbeit der GVK ist Kern dieser Auseinandersetzungen die Frage nach Kompensationsregeln.

Auffällig zurückhaltend waren die Reaktionen und Einschätzungen aus (frauen-) politischer Sicht auf die lang umstrittene Grundgesetzerweiterung. Die Aufbruchstimmung im Vorfeld der Verfassungsdiskussion im frauenpolitischen Lager und bei den progressiven Kräften im Parteienspektrum scheint mit dem Ergebnis der GVK in sich zusammengebrochen zu sein. Offensichtlich ist die Frauenpolitik wieder zur Tagesordnung übergegangen, für die die Erweiterung des Art. 3 Abs. 2 GG so gut wie bedeutungslos ist. Lediglich von seiten der Unionsfrauen hat es Reaktionen gegeben, die aber vor dem Hintergrund ihrer Forderungen an die Grundgesetzänderung überraschend positiv ausfielen. Diese Bewertung scheint aber auch wenig Einfluß auf die konkrete Ausgestaltung von Frauenpolitik zu haben, wie es sich bei der Verabschiedung des zweiten Gleichberechtigungsgesetzes gezeigt hat. So werden dort z.B. Quotenregelungen als Mittel der Frauenförderung

> [...] wegen nicht näher ausgeführter verfassungsrechtlicher Bedenken und ohne weitere Erläuterungen als ,untaugliches Instrument der Frauenförderung', weil ,unvereinbar mit den vielfältigen Aufgaben der öffentlichen Verwaltung und einer flexiblen Personalpolitik', abgelehnt. (Battis/Eisenhardt 1994, 18)

Mit der Entscheidung des Europäischen Gerichtshofs zur Bremer Frauenquote im Herbst 1995, in der die automatische Bevorzugung von Frauen ohne Einzelfallprüfung der Situation des Mitbewerbers für unzulässig erklärt wurde (Rust 1996, 102), hat die Diskussion über leistungsbezogenen Quoten an neuer Qualität gewonnen. Die Einbeziehung des europäischen Rechts zu Fragen der Gleichstellung und Gleichberechtigung von Frauen und Männern hat während der Verfassungsdiskussion nur eine marginale Rolle gespielt. Es bleibt abzuwarten, in welchem Verhältnis der erweiterte Gleichberechtigungssatz und das europäische Recht zu Frauenfördermaßnahmen stehen werden.

## *V. Schlußbetrachtung*

Die Empfehlung zur Grundgesetzerweiterung des Art. 3 Abs. 2 GG ist eines des wenigen Ergebnisse, das die GVK mit Abschluß ihrer Arbeit hat vorlegen können. Nichtsdestotrotz muß festgestellt werden, daß sie die Chance hat verstreichen lassen, in der Debatte um den Gleichberechtigungsgrundsatz entscheidende Schritte vorwärts zu kommen. Die GVK ist mit der Formulierung ihrer Empfehlung sehr vage und unpräzise geblieben, womit sie ein Ergebnis vorgelegt hat, dem es politisch an Aussagekraft mangelt und das juristisch stark interpretationsfähig ist.

Die Konzentration der Auseinandersetzungen auf verfassungspolitische Fragen hat gezeigt, daß der politische Wille für eine eindeutige und klarstellende Verfassungsergänzung fehlte. Dabei muß beachtet werden, daß durch die parteipolitische Zusammensetzung der GVK eine Beschlußfassung nur durch die Zusammenarbeit von CDU/CSU und SPD möglich war. Von den männlichen Vertretern der konservativen Parteien wurde im Bereich Frauenförderung und Frauenpolitik offensichtlich kein großer Handlungsbedarf gesehen. Völlig unbeachtet blieb so auch die feministische Perspektive der Gleichberechtigung in den Beratungen. Zwar hat die Sachverständige Maihofer auf das feministische Verständnis von Gleichberechtigung, nämlich Gleichheit ohne Angleichung aufmerksam gemacht, doch wurde dies sofort als Problem der politischen Kultur abgewiesen und als nicht diskussionswürdig angesehen.

Den verfassungsrechtlichen Streit über die Interpretation des Art. 3 Abs. 2 GG hat die GVK bezeichnenderweise mit einkalkuliert. Damit wird voraussichtlich das BVerfG über die Zulässigkeit von Kompensationsmaßnahmen entscheiden. Auf diese Weise reiht sich die Arbeit der GVK in die aktuelle politische Tendenz ein, daß politische Entscheidungen an die verfassungsrechtliche Ebene abgegeben werden. So hat die GVK mit ihrer Arbeit weder den verfassungsrechtlichen Streit über die Interpretation des Art. 3 Abs. 2 GG beendet, noch ist es ihr gelungen, das Problem der Gleichberechtigung der Geschlechter von einer juristischen auf eine politische Ebene zu heben. Insofern ist es nur konsequent, die Arbeit der GVK wie Angela Schaphals es formuliert, als ein inszeniertes Spektakel ohne echten Verfassungswillen zu bezeichnen (Schaphals 1994, 235).

## *Literatur*

*Battis*, Ulrich/Eisenhardt, Anne 1994: „Neue Gesetzgebung zur Gleichberechtigung" in: Zeitschrift für Rechtspolitik, Heft 1, 18-24

*Berghahn*, Sabine 1993: „Frauen, Recht und langer Atem – Bilanz nach über 40 Jahren Gleichstellungsgebot in Deutschland" in: Helwig, Giesela/ Nickel, Hildegard (Hrsg.), Frauen in Deutschland, 1945-1992, Bonn, 71-138

*Berghahn*, Sabine/Lucke, Doris 1990: „Was Männern billig ist, muß Frauen noch nicht recht sein. Der lange Weg zur Gleichberechtigung – Eine Einleitung" in: Lucke, Doris/ Berghahn, Sabine (Hrsg.), Rechtsratgeber Frauen, Reinbeck, 27-52

*Deutscher Bundesrat* (Hrsg.) 1992: Dokumentation. Stärkung des Föderalismus in Deutschland und Europa sowie weitere Vorschläge zur Änderung des Grundgesetzes. Bericht der Kommission Verfassungsreform des Bundesrates, Bonn. (BR-Drs. 800/93)

*Entscheidungen des Bundesverfassungsgerichts* 1992: hrsg. von den Mitgliedern des Bundesverfassungsgerichts, 85. Band, Tübingen

„*Entwurf eines Frankfurter Frauenmanifestes*: ‚Frauen für eine neue Verfassung'" 1991 in: Feministische Studien extra, Frauen für eine neue Verfassung, 108-114

*Forudastan*, Ferdos 1993: „Dem letzten Macho im Land klar machen, es geht so nicht weiter" in: Frankfurter Rundschau, 4.3.1993, S. 4

*Gemeinsame Verfassungskommission* (GVK) 5.11.1993: Bericht, Bonn (BT-DRS.12/ 6000)

*Gemeinsame Verfassungskommission* (GVK 24.9.1992: 10. Sitzung, Stenographischer Bericht, hrsg. vom Deutschen Bundestag, Bonn

*Gemeinsame Verfassungskommission* (GVK) 5.11.1992: 5. Öffentliche Anhörung, ‚Gleichstellung und Gleichberechtigung von Männern und Frauen', Stenographischer Bericht, hrsg. vom Deutschen Bundestag, Bonn

*Gemeinsame Verfassungskommission* (GVK) 27.5.1993: 23. Sitzung, Stenographischer Bericht, hrsg. vom Deutschen Bundestag, Bonn

*Kloepfer*, Michael 1995: Verfassungsänderung statt Verfassungsreform. Zur Arbeit der Gemeinsamen Verfassungskommission, Berlin

*König*, Doris 1995: „Die Grundgesetzerweiterung in Art. 3 Abs. 2 GG. Ein Fortschritt auf dem Weg zur tatsächlichen Gleichberechtigung?" in: Die Öffentliche Verwaltung, Heft 20, 837-846

*Limbach*, Jutta/Eckertz-Höfer, Marion (Hrsg.) 1993: Frauenrechte im Grundgesetz des vereinten Deutschland: Diskussion in der gemeinsamen Verfassungskommission von Bundestag und Bundesrat und der Bundesratskommission Verfassungsreform, Dokumentation, Baden-Baden

*Reich-Hilweg*, Ines 1979: Männer und Frauen sind gleichberechtigt. Der Gleichberechtigungsgrundsatz (Art. 3 Abs. 2 GG) in der parlamentarischen Auseinandersetzung

1948-1957 und in der Rechtsprechung des Bundesverfassungsgerichts 1953-1975, Frankfurt/Main

*Rubel*, Rüdiger 1993: „Das neue Grundgesetz" in: Juristische Arbeitsblätter, Heft 11, 296-304

*Rudolph*, Clarissa 1996, Einflußpotentiale und Machtbarrieren. Frauenpolitik in der Verfassungsdiskussion, Baden-Baden

*Rust*, Ursula 1996: „Arbeitsrecht. Richtlinie 76/207/EWG Art. 2; BremLGG § 4" in: Neue Justiz, Heft 2, 101-104

*Sacksofsky*, Ute 1990: Das Grundrecht auf Gleichberechtigung. Eine rechtsdogmatische Untersuchung zu Artikel 3 Absatz 2 des Grundgesetzes, Baden-Baden

*Schaphals*, Angela 1994: „Das Theater der ‚Frauenrechte in die Verfassung'' – Eine perfekte Inszenierung" in: Guggenberger, Bernd/ Meier, Andreas (Hrsg.), Der Souverän auf der Nebenbühne. Essays und Zwischenrufe zur deutschen Verfassungsdiskussion, Opladen, 230-237

*Sokol*, Bettina 1993: „Quote allein genügt nicht: Überlegungen zu strukturellen Veränderungen des Rechts" in: Krüger Marlies (Hrsg.), Was heißt hier eigentlich feministisch? Zur theoretischen Diskussion in den Geistes- und Sozialwissenschaften, Bremen, 285-303

*Vogel*, Hans-Jochen 1995: „Verfassungsreform und Geschlechterverhältnis. Zur Ergänzung des Art. 3 Abs. 2 GG durch ein Staatsziel Frauenförderung" in: Klein Eckart (Hrsg.), Grundrechte, soziale Ordnung und Verfassungsgerichtbarkeit. Festschrift für Ernst Benda zum 70. Geburtstag, Heidelberg, 395-420

*Irene Gerlach*

# Art. 6: Die Diskussion um die Rechte und Pflichten der Familien und der nichtehelichen Lebensgemeinschaften im Grundgesetz

Wir können heute auf fast zweienhalb Jahrtausende seit der ersten Normierung der Lebensverhältnisse von Familie sowie des Verhältnisses von Familie und Staat, die mit der römischen Zwölf-Tafel-Gesetzgebung 453 v. Chr. einsetzte, zurückblicken. Sowohl im Vergleich der Kulturen als auch im Verlauf der historischen Entwicklung gibt es eine Vielzahl von Beispielen der rechtlichen Einflußnahme des Staates auf die Familie, die als „Keimzelle" der Gesellschaft deren Stabilität sowie deren Reproduktion und die Weitergabe zentraler Werte garantiert. Andererseits setzten Staaten aber auch immer zu Zeiten sozialer und politischen Umbrüche bei der Familie und dem Familienrecht an, wenn es galt, den Wandel gesellschaftlicher Strukturen durch geändertes Familienverhalten zu realisieren oder wenn die Herrschenden das Ziel verfolgten, Familienverhalten ganz bewußt i.S. neuer Werte zu ändern, wofür insbesondere das Allgemeine Preußische Landrecht von 1776 ein gutes Beispiel ist (mehr dazu: Gerlach 1996, 81ff.).

Erwähnung in der Verfassung eines Staates erfuhr die Familie zum ersten Mal in den Artikeln 119 bis 121 der Weimarer Reichsverfassung und zwar in der Form einer liberalen Freiheitsverbürgerung einerseits, als Versuch der Festschreibung einer sozialen Institution in der damals gewünschten Art andererseits.

## *1. Entstehung und Bedeutung von Art. 6 im Grundgesetz*

Eine verfassungsrechtliche Sicherung von Ehe und/oder Familie war auf dem Verfassungskonvent vom Herrenchiemsee (10.-23.8.1948) noch nicht Bestandteil der Beratungen. In der festen Überzeugung, daß es sich bei dem vorzubereitenden Verfassungsentwurf um ein Provisorium handelte, sollten Bestimmungen zur Regelung des sozialen Lebens auf die Formulierung einer endgültigen Verfassung verschoben werden.

In den ersten Beratungen des späteren Art. 6 GG im Grundsatzausschuß des Parlamentarischen Rates waren v.a. die folgenden Fragen Kernpunkte von z.T. sehr kontroversen Auseinandersetzungen der Angehörigen unterschiedlicher Parteien:

- Sollten Ehe und Familie überhaupt verfassungsrechtlich geschützt werden?[1]
- Sollte die Ehe für das verfassungsrechtliche Verständnis von Familie vorausgesetzt werden?[2]
- Welcher Personenkreis sollte zur verfassungsrechtlich geschützten Familie zählen?[3]
- Welchen Status sollte der verfassungsrechtliche Schutz von Familie haben; sollte hier ein Individual- oder ein Gruppenrecht formuliert werden?[4]

Die letztendliche Formulierung des Art. 6 GG lautet:

1 In Anlehnung an den Art. 14 der UN-Deklaration der Menschenrechte formulierte die CDU-Fraktion einen Entwurf, der die Familie an die Ehe gebunden als Institution sichern sollte:
„Die Ehe als die rechtmäßige Form der dauernden Lebensgemeinschaft von Mann und Frau und die aus ihr wachsende Familie sowie die aus der Ehe und der Zugehörigkeit zur Familie fließenden Rechte und Pflichten stehen unter dem besonderen Schutz der Verfassung“ (n. Schmid, Viola 1989, 265).
Kritik aus den Reihen der SPD- und FDP-Abgeordneten erfuhr dieser Entwurf, weil
– wie oben schon erwähnt, der provisorische Charakter des Grundgesetzes betont wurde, darüber hinaus aber die verfassungsmäßige Regelung eines „traditionell-biologischen oder moralischen Sachkomplexes“ (ebd., 266) abgelehnt wurde,
– der Entwurf keine unmittelbaren Rechtsfolgen enthalte und sich so nicht in denb Katalog der anderen Grundrechte füge,
– er die Regelung der Rechte des unehelichen Kindes unterschlug (ebd., 266).

2 Bezüglich des im CDU-Vorschlag formulierten Verhältnisses von Ehe und Familie („die aus ihr wachsende Familie [...]“) wurde von seiten der SPD und der FDP besonderer Wert darauf gelegt, die Ehe auch unabhängig von dem Vorhandensein von Kindern als schutzwürdig einzustufen (dies sicher auch in Absetzung vom nationalsozialistischen Eheverständnis, das Sinn und Zweck der Ehe allein in der Zeugung und Erziehung von Kindern sah). Darüber hinaus wurde darauf aufmerksam gemacht, daß die Formulierung „aus ihr wachsend“ die Einordnung von Adoptivelternschaften als Familie nicht möglich mache (ebd., 267).

3 Hier war für die kontroversen Diskussionen neben der Einordnung von Rest- oder unvollständigen Familien insbesondere die Frage nach der Stellung der nichtehelichen Mutter und ihres Kindes bzw. ihrer Kinder von Bedeutung.

4 Die besondere Natur der Familie als Institution zwischen Staat und Gesellschaft, als Lebenswelt, in der sowohl Gruppenrechte als auch Rechte einzelner nach ihrer Verwirklichung streben, führte dazu, daß der spätere Artikel 6 des Grundgesetzes zwischen den Individualrechten und den sich anschließenden Gruppenrechten angesiedelt wurde.

(1) Ehe und Familie stehen unter dem besonderen Schutz der staatlichen Ordnung.
(2) Pflege und Erziehung der Kinder sind das natürliche Recht der Eltern und die zuvörderst ihnen obliegende Pflicht. Über ihre Betätigung wacht die staatliche Gemeinschaft.
(3) Gegen den Willen der Erziehungsberechtigten dürfen Kinder nur aufgrund eines Gesetzes von der Familie getrennt werden, wenn die Erziehungsberechtigten versagen oder wenn die Kinder aus anderen Gründen zu verwahrlosen drohen.
(4) Jede Mutter hat Anspruch auf den Schutz und die Fürsorge der Gemeinschaft.
(5) Den unehelichen Kindern sind durch die Gesetzgebung die gleichen Bedingungen für ihre leibliche und seelische Entwicklung und ihre Stellung in der Gesellschaft zu schaffen wie den ehelichen Kindern.

Was allerdings unter Ehe und Familie zu verstehen ist, das wurde weder durch das Grundgesetz noch durch das einfache Gesetz verbindlich geregelt (Lecheler 1989, 218).

Im Verlauf der Existenz der Bundesrepublik Deutschland wurden die vom Parlamentarischen Rat geschaffenen Bestimmungen des Art. 6 GG v.a. durch die Rechtsprechung des Bundesverfassungsgerichtes sowie die einfache Gesetzgebung mit Leben und z.T. auch mit Aktualität ausgestattet.
Dabei unterscheidet das Bundesverfassungsgericht in seiner Interpretation des Art. 6 GG drei Funktionen:

- Es geht davon aus, daß in ihm Freiheitsrechte i.S. der klassischen Grundrechte verankert sind;
- es sieht in ihm eine Institutsgarantie für Ehe und Familie;
- es versteht ihn als wertentscheidende Grundsatznorm (Schwab 1989, 6ff.).

Der Art. 6 Abs. 1 des Grundgesetzes schützt i.S. eines klassischen Grundrechtes die Privatsphäre von Ehe und Familie und gewährleistet die Eigenständigkeit und Selbstverantwortung der Ehepartner (BVerfGE 6, 55/71).

Dabei ist das Schutzgebot für die Familie nicht nur als Abwehrrecht gegenüber staatlichen Eingriffen zu verstehen (Schädigungsverbot), sondern gleichzeitig auch als Förderungsgebot. Anders als Art. 119 der WRV formuliert das Grundgesetz dieses Förderungsgebot nicht ausdrücklich. Gleichwohl versteht das Bundesverfassungsgericht den staatlichen Schutzauftrag für die Familie auch als Förderungsauftrag, wenn es verlangt, Ehe und Familie vor Beeinträchtigungen durch andere Kräfte zu bewahren und darüber hinaus durch *geeignete Maßnahmen zu fördern* (BverfGE 6, 55/76 v. 17.1.57).
Das *Schädigungsverbot* der Familie wurde durch eine Vielzahl von Entscheidungen des Bundesverfassungsgerichtes konkretisiert (z.B. Entscheidungen in bezug auf Benachteiligungen von Verheirateten gegenüber Ledigen im Steuerrecht, gegen Benachteiligungen auf dem Gebiet des Versorgungsrechtes, gegen Diskriminierung von Eheleuten gegenüber eheähnlich Zusammenlebenden usw.: Schwab 1989, 7), im Hinblick auf eine konkretisierende Festlegung des *Förderungsgebotes* dagegen blieb das Bundesverfassungsgericht

bisher äußerst zurückhaltend. So geht es davon aus, daß sich aus dem Förderungsgebot *kein* verfassungsrechtlich gesicherter Anspruch auf bestimmte staatliche Leistungen ableiten läßt und daß der Staat insbesondere nicht verpflichtet ist, jede, die Familie treffende Belastung auszugleichen (BVerGE 32, 260/273; BVerfGE 43, 108/121; BVerfGE 28, 104/113; BVerfGE 39, 316/326; BVerfGE 45, 104/125; BVerfGE 75, 348/360). Der Art. 6 Abs. 1 verpflichtet als wertentscheidende Grundsatznorm den Gesetzgeber lediglich im Grundsatz dazu, „die positive Förderungspflicht als ständiges Ziel zu verfolgen und ihre Inhalte je nach den von außen herangetragenen Notwendigkeiten und der eigenen Leistungsfähigkeit immer wieder neu zu konkretisieren" (Münch 1990, 20).

Anders als bezüglich des staatlichen Förderungsgebotes im Bereich der Funktion einer wertentscheidenden Grundsatznorm des Art. 6 GG, ist seine Institutsgarantie präziser gestaltet. Ehe und Familie werden durch Art. 6 als Lebensordnungen garantiert. Dazu gehört auch, daß der Staat Merkmale und Strukturprinzipien in ihrer Existenz schützt, die nach heutiger Auffassung bzw. nach vorherrschender Auffassung in der Zeit seiner Entstehung Ehe und Familie ausmachen. Zu nennen sind hier insbesondere das Prinzip der Einehe, die Freiheit zur Eheschließung, das Gebot äußerster Zurückhaltung bei der Formulierung von Ehehindernissen, die grundsätzliche (aber nicht ausnahmslose) Unauflöslichkeit der Ehe sowie das Prinzip gleicher Berechtigung der Ehepartner (Schwab 1989, 6).

Darüber hinaus setzt die Institutsgarantie voraus, daß diese Strukturprinzipien mit dem geltenden Recht übereinstimmen müssen.

Wenngleich mit dieser Institutsgarantie keineswegs ein familienrechtlicher Status quo für alle Zeit festgeschrieben ist, da die gleichzeitige Gültigkeit der Freiheitsrechte Raum für Verhaltensdynamiken bietet, stellt die Institutsgarantie natürlich immer auch einen Moment bewahrender staatlicher Handlung dar. Trotzdem ist eine nähere Bestimmung der Verfassungsbegriffe von Ehe und Familie notwendig, nicht zuletzt darum, weil nur so ein Rahmen für die Beurteilung der Verfassungsmäßigkeit einfachgesetzlicher Regelungen zu schaffen ist (Lecheler 1989, 219). Das Bundesverfassungsgericht hat bezüglich der Institutsgarantie von Ehe eine Reihe von inhaltlichen Festlegungen geliefert, bezüglich der Frage aber, was eine Familie ist, hat es sich zurückhaltender gezeigt, insbesondere im Zusammenhang mit der Frage, ob die Familie (notwendigerweise) eine auf die Ehe gegründete Gemeinschaft ist (ebd., 225).

So definiert das Bundesverfassungsgericht Ehe und Familie folgendermaßen:

„Ehe ist auch für das Grundgesetz die Vereinigung eines Mannes und einer Frau zu einer grundsätzlich unauflöslichen Lebensgemeinschaft, und Familie ist die umfassende Gemeinschaft von Eltern und Kindern, in der den Eltern vor allem Recht und Pflicht zur Pflege und Erziehung von Kindern erwachsen. Dieser Ordnungskern der Institute ist für das allgemeine Rechtsgefühl und Rechtsbewußtsein unantastbar" (BVerfGE 10, 59/66). Darüber hinaus geht das Bundesverfassungsgericht davon aus, daß diese „Vereinigung eines Mannes und einer Frau" unter Mitwirkung des Staates zustandekommt (Lecheler 1989, 219).

D.h. *bezüglich der Ehe*, daß Ehen zwischen gleichgeschlechtlichen Partnern ausgeschlossen sind, daß der Staat durch einen formalisierten Rahmen der Eheschließung für Rechtssicherheit der Partner und Offenlegung der Verhältnisse zu sorgen hat (wobei dies auch durch die bloße Registrierung von z.B. kirchlich geschlossenen Ehe geschehen könnte und die obligatorische Zivileheschließung nicht unbedingt voraussetzt), daß Ehe als Ordnungsinstrument gesehen wird und schließlich, daß das Bundesverfassungsgericht in Übereinstimmung mit §1353 BGB die Ehe als grundsätzlich lebenslang angelegte Gemeinschaft ansieht (ebd., 219ff.), die jedoch im Einzelfall nach gesetzlich normierten Vorschriften geschieden werden kann.

Die an Zahl und Bedeutung ständig zunehmenden eheähnlichen Lebensgemeinschaften sind heute als legitime Formen des Zusammenlebens neben die Ehe getreten; sie sind allerdings vom besonderen Schutz durch die staatliche Ordnung ausgeschlossen, wenn man von den in Art. 1 und 2 GG verankerten Schutzrechten absieht.

Bezüglich der Fragen, *welcher Personenkreis eine Familie ausmache* und *was unter einer Familie zu verstehen sei*, läßt sich aus der Kasuistik des Bundesverfassungsgerichtes schließen, daß die ehedem notwendigen Definitionsmerkmale der Familienbegründung aus der Blutsverwandtschaft und die Voraussetzung der staatlich geschlossenen Ehe als notwendige Grundlage der Familie heute *nicht mehr* den Charakter *notwendiger Merkmale* haben (ebd., 226).

Sowohl in der Rechtsprechung des Bundesverfassungsgerichtes als auch im Bewußtsein der Bevölkerung wird der Kreis derjenigen Lebensgemeinschaften, die als Familie angesehen werden sollen (und damit auch den Schutz der staatlichen Ordnung beanspruchen könnten), ständig größer. Für die Realisierung des Verfassungsschutzes der Familie, dort insbesondere für das Schädigungsverbot und das Förderungsgebot, birgt ein zunehmend offener Familienbegriff eine Reihe von Schwierigkeiten, die sich v.a. auf die verwaltungsmäßige Erfassung anderer, familien- bzw. eheähnlicher Gemeinschaften beziehen, was letztendlich neben normativ motivierten Gründen in der Arbeit der Gemeinsamen Verfassungskommission des Bundes und der Länder nicht zu einem Änderungsvorschlag bezüglich Art. 6 GG geführt hat.

Erste Tendenzen in Richtung auf eine einfachrechtliche Absicherung von nichtehelichen Lebensgemeinschaften zeigen sich allerdings z.B. mit dem Urteil des Ersten Senats des Bundesverfassungsgerichtes vom 3. April 1990 zum Recht eines nichtehelichen Lebenspartners, die vom anderen Partner gemietete Wohnung nach dessen Tod weiterbewohnen zu dürfen. Hier entschied das Bundesverfassungsgericht, daß eine analoge Anwendung der Vorschriften des BGB für Ehepartner auch auf nichteheliche Lebensgemeinschaften kein Verstoß gegen den Institutionenschutz der Ehe durch Art. 6 GG sei (BVerGE 82, 6ff.).

Das gleiche gilt für eine 1988 ergangene Entscheidung des Bundesverfassungsgerichtes zum gemeinsamen Sorgerecht nicht verheirateter Eltern. Danach ist es zwar nicht so, daß der nichteheliche Vater das gemeinsame Sorgerecht ausüben kann, allerdings wurde die Bestimmung aufgehoben, wonach die Mutter das Sorgerecht zwingend verliert, wenn der Vater das Kind mit ihrer Zustimmung für ehelich erklärt (mehr dazu: Frommel 1991, 181ff./Berghahn 1995, 65ff.). In diesem Urteil hat das Bundesverfassungsgericht auch zum Ausdruck gebracht, daß Art. 6 GG keineswegs beinhaltet, daß nichteheliche Elternschaft gegenüber ehelicher grundsätzlich benachteiligt ist.[5]

Interessant sind in diesem Zusammenhang sicher auch die *Unterschiede*, die der Staat bei der Einordnung von Familien auf Ehebasis und nichtehelichen Lebensgemeinschaften macht: Sowohl im Sozialrecht als auch im Jugendhilferecht ist der Familienbegriff erheblich dehnbarer als in der bisherigen Interpretation des Art. 6 GG (dazu: Sachße/Tennstedt 1982, 101ff.; Lecheler 1989, 250ff./Berghahn 1995, 63ff.). Dies gilt insbesondere für die Regelung, wonach nichteheliche Lebensgemeinschaften bei der Berechnung von Arbeitslosenhilfe mit Ehen gleichgestellt werden. Das Bundesverfassungsgericht hatte hier 1992 zu prüfen, ob diese verfahrensmäßige Gleichsetzung von Ehe und nichtehelichen Lebensgemeinschaften aufgrund des unterstellten Unbestimmtheitscharakters des Begriffes der nichtehelichen Lebensgemeinschaft oder der eheähnlichen Gemeinschaft verfassungsmäßig sei. In seinem Urteil vom 17.11.1992 (BVerfGE 87, 234ff.) bestätigte es allerdings die entsprechenden Verwaltungsvorschriften als verfassungskonform und legte gleichzeitig eine Definition der eheähnlichen Gemeinschaft vor. „'Die eheähnliche Gemeinschaft ist eine typische Erscheinung des sozialen Lebens. Von anderen Gemeinschaften hebt sie sich hinreichend deutlich ab. ... Mit dem Begriff eheähnlich hat der Gesetzgeber ersichtlich an den Rechtsbegriff

---

5 In dem Urteil heißt es:
„1. Es verstößt gegen Art. 6 Abs. 2 GG, daß die gemeinsame Ausübung der elterlichen Sorge durch den Vater und die Mutter eines nichtehelichen Kindes nach dessen Ehelicherklärung selbst dann von Gesetzes wegen ausgeschlossen ist, wenn die Eltern mit dem Kind zusammenleben, beide bereit und in der Lage sind, die elterliche Verantwortung gemeinsam zu übernehmen, und dies dem Kindeswohl entspricht.
2. Mit Art. 6 Abs. 5 GG ist es nicht vereinbar, die mit der Ehelicherklärung verbundenen rechtlichen Vorteile nichtehelichen Kindern, welche mit Mutter und Vater zusammenleben und von beiden Eltern betreut werden, entweder zu verweigern oder nur mit der Rechtsfolge zu ermöglichen, daß die Mutter das Recht und die Pflicht zur Ausübung der elterlichen Sorge verliert. [...]
Art. 6 Abs. 1 GG verpflichtet zwar den Staat, Ehe und Familie vor Beeinträchtigungen zu schützen und durch geeignete Mittel zu fördern. Daraus folgt jedoch nicht die Pflicht, nichteheliche Lebensgemeinschaften in jeder Hinsicht schlechter als Ehen zu behandeln [...]. Eine solche rechtliche Absicherung der Elternstellung kann auch nicht mit der Begründung versagt werden, daß Eltern, die bewußt eine rechtlich verbindliche Ausgestaltung ihrer Beziehungen zueinander im Rahmen der Institution Ehe ablehnen, keinen Anspruch auf eine gesetzliche Gewährung von Elternbefugnissen haben“ (n. Berghahn 1995, 66/ 67).

der Ehe geknüpft, unter dem die Lebensgemeinschaft zwischen einem Mann und einer Frau zu verstehen ist.' [...] ,Gemeint ist also eine Lebensgemeinschaft zwischen einem Mann und einer Frau, die auf Dauer angelegt ist, daneben keine weitere Lebensgemeinschaft gleicher Art zuläßt und sich durch innere Bindungen auszeichnet, die ein gegenseitiges Einstehen der Partner füreinander begründen, also über die Beziehung in einer reinen Haushalts- und Wirtschaftsgemeinschaft hinausgehen'" (n. Herzog 1993, 61).

Es gibt eine Reihe von „Behinderungen der Lebensgestaltung" für nichteheliche Lebensgemeinschaften, die im wesentlichen auf deren Ausschluß vom Schutz- und Förderungsgebot des Art. 6 GG zurückzuführen sind. Dazu gehören die generelle Besteuerung als Ledige, die Nicht-Abzugsfähigkeit von tatsächlichen Unterhaltsleistungen, die Unmöglichkeit, den Partner bzw. die Partnerin durch die Hinterbliebenenrente zu versorgen, gegenüber Ehepartnern die erheblich höhere Erbschafts- und Schenkungssteuer, das fehlende Zeugnisverweigerungrecht sowie das Besuchsrecht im Strafvollzug und das Informationsrecht im Krankenhaus. Auf der anderen Seite sind Partner aus diesen Beziehungen nach dem Arbeitslosen- und Beamtenrecht ungleich höheren Mobilitätsforderungen als Ehepartner ausgesetzt (Berghahn 1995, 62). Diesen Ausschlüssen von Rechtsvorteilen der Ehe steht allerdings die Gleichbehandlung im Sozialgesetz und im Arbeitsförderungsgesetz gegenüber, wenn die Partner und Partnerinnen zum Unterhalt herangezogen werden können und sich dadurch Ansprüche (Sozialhilfe, Arbeitslosenhilfe) verringern.

Vor dem Hintergrund der lebensweltlichen Veränderungen des Zusammenlebens der letzten Jahre genauso wie in Berücksichtigung der unterschiedlichen Erfahrungen aus den ehemaligen beiden deutschen Staaten, sind heute Modifizierungen des durch Art. 6 geschützten Personenkreises (nicht der staatlichen Schutzaufgaben) zumindest denkbar. Die wesentlichen Inhalte der Verfassungsreformdiskussion zu Art. 6 werden weiter unten noch dargestellt werden.

Mögliche Änderungen des GG und der Gesetze wären im Kreuzungspunkt der folgenden drei Problembereiche angesiedelt (n. Herzog 1993, 54ff.):

1. Der Staat ist in den nächsten Jahren vor die Aufgabe gestellt, für einen gerechten steuerlichen Ausgleich zwischen Familien mit Kindern und ehelichen und nichtehelichen Gemeinschaften ohne Kinder zu sorgen. Das Bundesverfassungsgericht hat entsprechende Änderungen mit seinen Urteilen zum Familienlastenausgleich aus dem Jahr 1990 (BVerfGE 82, 60ff. und 198ff. v. 29.5.1990 u. 12.6.1990) und zum Grundfreibetrag aus dem Jahr 1992 (Freistellung des Existenzminimums: BVerfGE 87, 153ff. v. 25.9.1992) eingeklagt, die mit dem Jahressteuergesetz '96 noch sehr unvollkommen realisiert werden.
2. Die Systeme sozialer Sicherung müssen in Zukunft umorganisiert werden von einer Sicherung, die im wesentlichen in der Erwerbsarbeit verankert ist und Rechte derjenigen, die nicht erwerbstätig sind, als mittel-

bare Rechte ableitet, (etwa aus Verwandtschafts- oder Ehebeziehungen) zu einer Sicherung, für die auch andere als Leistungen im Erwerbssystem anspruchbegründend sind. Richtungweisend in diesem Sinne ist hier das Urteil des Bundesverfassungsgerichtes vom 7.7.1992 zu den Rentenansprüchen der sogenannten „Trümmerfrauen" (BVerfGE 87, 1ff.). In diesem Urteil hat das Bundesverfassungsgericht mit Nachdruck deutlich gemacht, daß Erziehungs- und Pflegearbeiten in Zukunft stärker im Rentenrecht berücksichtigt werden müssen. Dies könnte unabhängig von einer bestehenden oder nicht bestehenden Ehe erfolgen.

3. Die begriffliche Festlegung dessen, was als Familie in den vollständigen staatlichen Schutz und die Förderung einbezogen werden soll, bedarf einer systematischen Klärung und einer politisch-administrativen Implementation eines entsprechend zu entwickelnden Begriffsinhaltes. Dies gilt insbesondere bezüglich der nichtehelichen Lebensgemeinschaften mit Kindern.

## 2. *Ehen, Familien und nichteheliche Lebensgemeinschaften im Blick der Statistik und der Demoskopie*

Auf der Basis des Datenmaterials, das zu Beginn der 90er Jahre zur Verfügung stand, ließ sich errechnen, daß die Männer in der Bundesrepublik Deutschland zu 79% und die Frauen zu 81% heiraten werden. Auf der Basis entsprechender Daten aus der DDR ließ sich eine Heiratswahrscheinlichkeit für 74% der Männer und ebenfalls 81% der Frauen errechnen (Statistisches Bundesamt 1990a, 99/Wendt 1993, 31).

Beziehen wir uns an dieser Stelle auf die gegenwärtig eingegangenen Erstehen, dann können wir davon ausgehen, daß im früheren Bundesgebiet 60,2% der Frauen und 53,3% der Männer im Verlauf ihres Lebens eine solche eingingen, in den neuen Bundesländern beträgt die entsprechende Zahl sogar nur 38,9% für Frauen wie Männer (EAF N 2248 F Nr. 2 März/April 1996, 7).

Insbesondere bei den über 25jährigen ist gegenwärtig eine außerordentlich niedrige Heiratsneigung festzustellen.

1994 wurden in der Bundesrepublik Deutschland ca. 770.000 Kinder geboren, was den Trend zu einem ständigen Rückgang der Geburten weiter fortsetzte. Die Geburtenziffer (Kinder/Frau) liegt heute bei 1,34 in den alten und 0,77 in den neuen Bundesländern. Vor allem in den alten Bundesländern ist der Anteil der Frauen, die kinderlos bleiben, sehr hoch, er beträgt für 1960 geborene Frauen 25%. Die Enquête-Kommission „Demographischer Wandel" geht von einem weiteren Anstieg auf 30% lebenslang kinderlos bleibender Frauen bis zum Jahr 2030 aus (ISI Nr. 14/Juli 1995, 10).

Von den geborenen Kindern sind gegenwärtig in den neuen Bundesländern 41,4% nichtehelich, in den alten sind es 12,4% (ebd., 7).

Die Bedeutung nichtehelicher Lebensgemeinschaften hat in den letzten etwa 15 Jahren wesentlich zugenommen. Während es im früheren Bundesgebiet 1982 schätzungsweise 516.000 solcher Gemeinschaften gab,[6] wurde zu Beginn der 90er Jahre von 1,1 Millionen im alten Bundesgebiet ausgegangen. 81,4% von ihnen waren kinderlos und 18,6% hatten Kinder. In den neuen Ländern sowie Ost-Berlin lebten dagegen in 55% der 327.000 nichtehelichen Lebensgemeinschaften Kinder.

Andere Schätzungen gehen von 2,5 Millionen nichtehelichen Lebensgemeinschaften allein in den alten Bundesländern (Berghahn 1995, 59) oder sogar 5 Millionen für das gesamte Bundesgebiet (allensbacher berichte 1995/10, 1) aus.

Nichteheliche Lebensgemeinschaften, die in einem Haushalt wohnen, machten zu Beginn der 90er Jahre nach vorsichtigen Schätzungen auf der Basis der Mikrozensusdaten einen Anteil von 6,8% an allen Haushalten in den neuen und 5,7% in den alten Bundesländern aus (Voit 1993, 194). Eine Fortsetzung des gegenwärtig beobachtbaren Verhaltens vorausgesetzt, werden diese noch relativ niedrigen Zahlen in den nächsten Jahren vermutlich deutlich ansteigen, so daß die Ehe als Form der partnerschaftlichen Lebensgestaltung nicht zu ignorierende Konkurrenz bekommen hat.

In der Bevölkerung sind nichteheliche Lebensgemeinschaften zu zunehmend akzeptierten Formen der Lebensorganisation geworden, die auch die mögliche rechtliche Gleichstellung nicht ausschließen. Während noch Anfang der 80er Jahre der größte Teil der Bevölkerung in Westdeutschland gegen eine Vereinheitlichung der rechtlichen Regelungen für verheiratete und nicht verheiratete Paare war, hatte dieser Anteil in einer 1995 durchgeführten Untersuchung um ein Drittel abgenommen.[7] Die hohe Akzeptanz von nichtehelichen Lebensgemeinschaften in der Meinung der Bevölkerung spiegelt sich aber nicht nur bezüglich einer einfachrechtlichen Gleichstellung in den Befragungsdaten, sondern auch in bezug auf den Geltungsbereich von Art. 6 GG. Auf die Frage: „Sind Sie dafür, daß die Ehe und die nichteheliche Gemeinschaft rechtlich gleichgestellt werden, oder sind Sie dagegen, meinen Sie, daß die Ehe auch weiterhin unter dem besonderen Schutz des Staates stehen sollte?“, waren in einer Befragung aus dem Jahr 1995 58% der jüngeren Befragten (58% der 16-29jährigen sowie 57% der 30-44jährigen) für eine Gleichstellung. Bei den

---

6 Da das Mikrozensusgesetz eine direkte Frage nach einer nichtehelichen Lebensgemeinschaft von Haushaltsmitgliedern nicht zuläßt, wird deren Größenordnung aufgrund der anderen Haushaltsdaten geschätzt, wobei allerdings von einer höheren als der oben angegebenen Zahl realer nichtehelicher Lebensgemeinschaften auszugehen ist (Voit 1993, 194). Ein spezielles Problem stellen hier noch die gleichgeschlechtlichen Lebensgemeinschaften dar, deren Zahl mit dem angewandten Schätzverfahren nicht festgestellt werden kann, da die folgende Definition zugrundegelegt wird: „Unter einer nichtehelichen Lebensgemeinschaft wird hier eine Haushaltsgemeinschaft von zwei unverheiratet zusammenlebenden Personen verschiedenen Geschlechts mit einem Mindestalter von 18 Jahren verstanden“ (ISI Nr. 14/Juli 1995, 10).

7 Auf die Frage: „Sollten Ihrer Meinung nach bestimmte Dinge, wie Erbschaftsfragen, Steuerangelegenheiten und ähnliches für unverheiratete Paare genauso geregelt sein wie für Ehepaare?“, antworteten 1982 41% mit „Nein“, während es 1995 nur noch 26% waren (allensbacher berichte 1995/ Nr. 10, 2).

45-59jährigen waren es immerhin noch 44% und bei den 60- und über 60jährigen nur noch 34% (allensbacher berichte 1995/10, 4).

## *3. Die Diskussion um Verfassungsänderungen nach der Vereinigung*

Nicht nur mit Art. 5 des Einigungsvertrages war dem gemeinsamen deutschen Gesetzgeber eine Richtschnur für sein weiteres Handeln formuliert worden, sondern mit Art. 31 auch bezüglich des Zieles der Verwirklichung von Gleichberechtigung zwischen den Geschlechtern unter dem Gesichtpunkt der Vereinbarkeit von Familie und Beruf.[8]

Die Gemeinsame Verfassungskommission des Bundes und der Länder hatte ihre konstituierende Sitzung am 16. Januar 1992 und beschloß am 28.10.1993 einen Bericht mit Empfehlungen zu Verfassungsänderungen sowie Minderheitsvoten (BT-Drucksache 12/6000).

Für unser Thema sind v.a. die Diskussionen um eine Umformulierung der Artikel 3 und 6 des Grundgesetzes von Bedeutung. Obwohl die Verhandlung über die Änderung der genannten Artikel getrennt geschah, ist zu betonen, daß zu keiner Zeit der deutschen Verfassungsgeschichte eine Verknüpfung des Gleichberechtigungsprinzips mit dem Prinzip des Institutionenschutzes und Förderungsgebotes für Familie bzw. vergleichbare Lebensgemeinschaften so ausdrücklich geschah wie im Zusammenhang der Debatten in der Gemeinsamen Kommission und in den Stellungnahmen der Sachverständigen. Dies läßt sich u.a. an dem von dem SPD-Mitglied der Gemeinsamen Verfassungskommission Ulrike Mascher vorgebrachten Formulierungsvorschlag für Art. 6 GG ablesen: „Der Staat fördert die Möglichkeit der Mütter und Väter, ihre Familienpflichten mit der Erwerbstätigkeit und der Teilnahme am öffentlichen Leben zu vereinbaren“ (Gemeinsame Verfassungskommission, Stenographischer Bereicht, 14. Sitzung, 14. Januar 1993, 5f.).

Bezüglich der Neuformulierung von Art. 3 wurde das dynamische Potential in der Diskussion aus zwei Quellen gespeist: Zum einen schien sich unter der Mehrheit der Kommissionsmitglieder und der Sachverständigen die Aufassung durchgesetzt zu haben, daß das 1949 in das Grundgesetz aufgenommene Gleichberechtigungsprinzip für Männer und Frauen zu seiner Verwirklichung weiterer Verpflichtungserklärungen bedurfte. Die Diskussion ging hier also auf festgestellte Regelungslücken des Grundgesetzes zurück. Auf der ande-

---

8 Art. 31 Einigungsvertrag:
(1) Es ist Aufgabe des gesamtdeutschen Gesetzgebers, die Gesetzgebung zur Gleichberechtigung zwischen Männern und Frauen weiterzuentwickeln.
(2) Es ist Aufgabe des gesamtdeutschen Gesetzgebers, angesichts unterschiedlicher rechtlicher und institutioneller Ausgangssituationen bei der Erwerbstätigkeit von Müttern und Vätern die Rechtslage unter dem Gesichtspunkt der Vereinbarkeit von Familie und Beruf zu gestalten. [...]

ren Seite ergab sich aber die Diskussion um eine Umformulierung des Art. 3 GG als direkte Folge der Vereinigung, war doch in der DDR die (v.a. berufliche) Förderung der Frau durch Staat und Gesellschaft Verfassungsauftrag (Art. 20 Abs. 2 Verfassung der DDR i.d.F. aus dem Jahr 1968) und hat doch der Einigungsvertrag mit seiner Aufforderung des Art. 31 Abs. 2 an den gesamtdeutschen Gesetzgeber, die Rechtslage nach dem Gesichtspunkt der Vereinbarkeit von Familie und Beruf zu gestalten, diesen unter Handlungszwang gesetzt.

Die Vorschläge differierten im wesentlichen in bezug auf die jeweils formulierte Konkretheit staatlicher Handlungsverpflichtung und bezüglich der zu wählenden Maßnahmen. Ansonsten ergab sich im Rahmen der Diskussionen in der Gemeinsamen Verfassungskommission im Hinblick auf Art. 3 Abs. 2 ein überraschend einheitliches Bild.

Wenn entsprechende Formulierungen -auch von Sachverständigen- in relativ kleiner Zahl abgelehnt wurden oder als nicht notwendig erachtet wurden, dann, weil davon ausgegangen wurde, daß die geforderten Inhalte schon durch Art. 3 in seiner bisherigen Form gesichert waren oder aber einfachrechtliche Regelungen ausreichen würden.

Daneben wurden Bedenken vorgebracht, denen zufolge Änderungen des Grundgesetzes (v.a. im Hinblick auf sozialen Wandel) nur in Frage kämen, wenn diese wirklich notwendig erschienen. Im Falle des Art. 3 sei aber die Bindungskraft des Grundgesetzes und die Regelungsmöglichkeit durch einfache Gesetze ausreichend, um den Prozeß der weiteren Realisierung der Gleichberechtigung von Geschlechtern zu unterstützen (ausführlicher dazu Gerlach 1996, 125ff.). Trotz dieser vorgebrachten Einwände konnte ein Vorschlag zur Umformulierung in der Kommission mit Zwei-Drittel-Mehrheit verabschiedet werden. Durch Grundgesetzänderung vom 27.10.1994 wurde die Durchsetzung der Gleichberechtigung sogar im Rang eines Staatsziels in das Grundgesetz aufgenommen.

Viel stärker als bezüglich Art. 3, stand die Frage nach den Möglichkeiten der Änderung des Grundgesetzes unter den Folgewirkungen des sozialen Wandels im Mittelpunkt der Diskussion von Art. 6. Problematisch erschien hier v.a. die Institutsgarantie für Ehe und Familie, die der bisherige Art. 6 liefert und die andere Lebensbeziehungen und Lebensformen von dem besonderen Schutz durch die staatliche Ordnung ausschließt, da die Geschichte der Familie eine hohe Anzahl unterschiedlicher, z.T. auch gesellschaftlich normierter, familienähnlicher Lebens- und Organisationsformen kennt (vgl. dazu Gerlach 1996, 20ff.).

Die Diskussion um Formulierungsänderungen und Ergänzungen von Art. 6 GG kreiste im wesentlichen um drei Kernbereiche:

1. um die Bedeutung und Rechtfertigung des (ausschließlichen) Eheschutzes und um die Funktionen der Ehe als Grundlage von Familie;
2. um den Umfang und die Art der zu schützenden und zu fördernden Gruppe(n);
3. um die Frage der Vereinbarkeit von Familie und Beruf;

4. um die Art und die Inhalte des Eltern-Kind-Verhältnisses, insbesondere um die Frage der Aufnahme von ausdrücklich formulierten Kinderrechten in die Verfassung (GVK 1993, 55).

Die ersten beiden Diskussionsbereiche leiteten sich v.a. von empirisch feststellbaren Verhaltensänderungen in der Bevölkerung ab, denenzufolge eine ständig wachsende Zahl von Menschen nicht mehr in Ehen lebt, gleichwohl aber in Beziehungen, die -bis auf den rechtlich verbindlichen Eheschluß und seine Konsequenzen- ähnliche Charakterzüge tragen und vergleichbare Funktionen wie etwa die Sorge um Kinder oder die gegenseitige emotionale Stabilisierung der Partner übernehmen. In der Diskussion der Gemeinsamen Verfassungskommission wurde daher entweder die Zurücknahme des staatlichen Schutzes für Ehen oder aber die Erweiterung der Schutzgarantien auf alle auf Dauer angelegten Lebensgemeinschaften gefordert.

Beispielhaft für die vorgebrachten Änderungsvorschläge seien hier die folgenden Formulierungen genannt (zit. n.: GVK, Arbeitsunterlage Nr. 102, Synopse ausgewählter Formulierungsvorschläge zu Art. 6 GG sowie entsprechender Regelungen in den Landesverfassungen, 4ff.) :

*Tab. 1:* Formulierungsvorschläge für eine Änderung von Art. 6 GG

| vorgeschlagener Text | Quelle |
|---|---|
| „(1) Die Familie steht unter dem besonderen Schutz der staatlichen Gemeinschaft, sie ist zu achten und zu fördern. Gleichen Schutz genießt, wer in familiarer Gemeinschaft kranke, behinderte oder alte Menschen pflegt und betreut. Der Staat sichert die Voraussetzungen für eine Vereinbarkeit von Familienaufgaben mit Berufstätigkeit.<br>(2) Die Ehe ist vom Staat zu schützen und zu fördern. Lebensgemeinschaften anderer Art haben Anspruch auf Achtung." | Sachverständiger Michael Coester |
| „(1) Der Staat achtet alle Lebensformen und schützt sie vor Diskriminierung. In allen Lebensformen haben Frauen und Kinder ein Recht auf gewaltfreie Existenz. Es sind ihnen Lebensbedingungen zu schaffen, in denen sie sich entwickeln und entfalten können.<br>(2) Frauen und Männer, die Kinder versorgen oder Hilfsbedürftige betreuen, haben Anspruch auf staatlichen Schutz zur Unterstützung und Förderung sowie gesellschaftliche Rücksichtnahme. Ihnen hat die Gesetzgebung gleichwertige Bedingungen und eine den Erwerbstätigen entsprechende Stellung in der Gesellschaft zu sichern". | Sachverständige Barbara Degen |
| „(1) Der Staat achtet Ehe und Familie und schützt deren persönlichen Lebensbereich. Das gleiche gilt für andere registrierte (auf Dauer angelegte) Lebensgemeinschaften.<br>(2) Wer in familiarer Gemeinschaft Kinder erzieht oder für andere sorgt, ist durch die staatliche Ordnung zu schützen oder zu fördern. Der Staat fördert die Möglichkeiten von Eltern und Alleinerziehenden, ihre Erziehungsaufgaben mit der Erwerbstätigkeit und der Teilnahme am öffentlichen Leben zu vereinbaren." | Sachverständige Ute Gerhard. |

Als gemeinsames Charakteristikum läßt sich bezüglich der Formulierungsvorschläge deren von der bisherigen Formulierung abweichende Verankerung des Schutzanspruches in <u>funktionalen</u> und nicht <u>institutionellen</u> Zusammenhängen kennzeichnen. Schutzwürdig erscheinen nunmehr alle sozialen Gemeinschaften, die sich in privater Organisation und persönlicher Zuwendung um Kinder, Behinderte, Alte und Kranke kümmern.

Kritik bezüglich der wiedergegebenen Änderungsvorschläge richtete sich v.a. auf zwei Problembereiche:

1. Ist die Einbeziehung aller Lebensgemeinschaften mit entsprechenden Aufgaben in das Schutz- und Förderungsgebot des Art. 6 GG organisatorisch ausgesprochen schwierig, wenn nicht der Weg einer Registrierung beschritten wird, den die Sachverständige Ute Gerhardt vorgeschlagen hat. Wie soll die Formulierung „auf Dauer angelegt" qualifiziert werden[9], inwieweit soll die Pflegeleistung an das Zusammenleben in *einem* Haushalt gebunden werden und wie definiert sich die Schwelle von der Sorge um andere im Rahmen nachbarschaftlicher, verwandtschaftlicher oder freundschaftlicher Hilfeleistungen zur schutz- und förderungswürdigen Sorge um andere? Da Art. 6 keine bloße Willensbekundung des Staates sein kann, sondern unmittelbar geltendes Recht ist, hätten diese Fragen vor entsprechenden Umformulierungen exakt beantwortet werden müssen.
2. Die andere Gruppe der kritischen Stellungnahmen ging davon aus, daß die Gleichsetzung von Ehen mit anderen Lebensgemeinschaften bezüglich eines besonderen Schutz- und Förderungsgebotes nicht möglich sei. Da die (im übrigen durch Art. 2 GG geschützten) nichtehelichen Lebensgemeinschaften ganz bewußt auf eine Formalisierung der Rechte und Pflichten der in ihnen verbundenen Menschen verzichteten, wäre es widersinnig, eine Formalisierung durch Art. 6 GG einzuführen, so wurde argumentiert. Nichteheliche Lebensgemeinschaften mit Kindern seien ohnehin als Familien durch Art. 6 geschützt (so z.B. das Kommissionsmitglied Susanne Rahardt-Vahldieck, CDU/CSU). Wenn also die nichteheliche Gemeinschaft bewußt gewählt werde, dann darum, weil die mit der Ehe verbundenen formalisierten Verpflichtungen nicht gewollt seien, so hieß es.

Eine Sonderposition hätten in diesem Zusammenhang Lebensgemeinschaften gleichgeschlechtlicher Partner und Partnerinnen. Da diesen die Wahlmöglichkeit zwischen einer formalisierten ehelichen und einer nicht formalisierten Beziehung versagt sei, sei ein Änderungsbedarf einzig und allein bezüglich dieser Gruppe gegeben, so argumentierte das Kommissionsmitglied Hans-Joachim Otto (FDP) (GVK, 14. Januar 1993, 8).

---

9 Auf dieses Problem hat hat der Staatsrechtler Rupert Scholz auch noch einmal aufmerksam gemacht, als das Berliner Abgeordnetenhaus im Juni 1995 die Berliner Landesverfassung novellierte und ein Diskreminierungsverbot „aller auf Dauer angelegter Lebensgemeinschaften" verankerte (FAZ v. 16. Juni 1995, 14).

In bezug auf die Aufnahme einer Formulierung in das Grundgesetz, die die Vereinbarkeit von Familie und Beruf sicherstellen sollte[10], wurde entgegnet, daß das Bundesverfassungsgericht Art. 6 in seiner Rechtsprechung so interpretiert habe, „daß der Staat, insbesondere der Gesetzgeber dazu angehalten sei, Grundlagen zur besseren Vereinbarkeit von Erwerbs- und Familienarbeit zu schaffen" und daher die bestehende verfassungsrechtliche Regelung ausreichend sei (BT-Drucksache 12/6000, 59/60). Problematisch erschien dabei v. a., daß durch die ausdrückliche verfassungsmäßige Anerkennung von Pflege- und Erziehungsleistungen letztlich einklagbare finanz- und sozialpolitische Verpflichtungen eingegangen würden, die nicht realisierbar seien (ebd., 59).

Bezüglich des vierten der oben aufgeführten Bereiche der Reform von Art. 6 GG, der Aufnahme ausdrücklich formulierter Kinderrechte in die Verfassung nämlich, läßt sich davon ausgehen, daß mit entsprechenden Änderungen ein Prozeß fortgesetzt worden wäre, der schon mit der Ersten Ehe- und Familienrechtsreform von 1977 eingeleitet worden ist.

Gemeint ist die zunehmende Aufwertung von Individualrechten der Kinder als Familienmitglieder. Zwar sind Kinder nach der Rechtsprechung des Bundesverfassungsgerichtes eindeutig Grundrechtsträger[11] und haben das Recht auf eigenes rechtliches Gehör in Gerichtsverfahren, ausdrücklich erscheinen sie in den Formulierungen des Grundgesetzes aber nur als Objekte (vgl. Art. 6 Abs. 2, 3 und 5, Art. 7 Abs. 2).

Die Formulierungsvorschläge, die im Rahmen der Arbeiten der Gemeinsamen Verfassungskommission diskutiert wurden, wollten zum einen die Grundrechte von Kindern eindeutig und ausdrücklich auf Verfassungsniveau definieren, sie wollten andererseits z.T. aber auch materielle Erziehungsziele festlegen bzw. die Anwendung bestimmter Erziehungsmittel verhindern.

Beispielhaft seien hier die folgenden Formulierungsvorschläge wiedergegeben (n. GVK, Arbeitsunterlage Nr. 102, Synopse ausgewählter Formulierungsvorschläge zu Art. 6 GG sowie entsprechender Regelungen in den Landesverfassungen):

---

10 z.B.: „Der Staat fördert ebenso die Möglichkeit für Frauen und Männer, die Erfüllung ihrer Familienpflichten mit der Erwerbstätigkeit und der Teilnahme am öffentlichen Leben zu vereinbaren" (Kommissionsdrucksache Nr. 74).

11 Im Urteil des Bundesverfassungsgerichtes vom 29.7.1968 heißt es: „Das Wächteramt des Staates (Art. 6 Abs. 2 Satz 2 GG) beruht in erster Linie auf dem Schutzbedürfnis des Kindes, dem als Grundrechtsträger eigene Menschenwürde und ein eigenes Recht auf Entfaltung seiner Persönlichkeit i. S. der Art. 1 Abs. 1 und Art. 2 Abs. 1 GG zukommt" (Entscheidungen des BVerfGE 24, 119 (120).

*Tab. 2:* Formulierungsvorschläge bezüglich der Aufnahme ausdrücklicher Kinderrechte in den Art. 6 GG

| Formulierungsvorschlag | Quelle |
|---|---|
| „(2) Jedes Kind hat ein Recht auf Entwicklung und Entfaltung. Pflege und Erziehung der Kinder sind das natürliche Recht der Eltern und die zuvörderst ihnen obliegende Pflicht. Über ihre Betätigung wacht die staatliche Gemeinschaft. Sie schützt und fördert die Rechte des Kindes und trägt für kindgerechte Lebensbedingungen Sorge“ | (Konferenz der Jugendministerinnen und Jugendminister, Jugendsenatorinnen und Jugendsenatoren am 12. Juni 1992). |
| „(4) Die staatliche Gemeinschaft wacht über das Wohl der Kinder und schützt sie vor körperlicher und seelischer Vernachlässigung und Mißhandlung. Arbeit von Kindern, die deren Wohl widerspricht, ist verboten. Gegen den Willen der Erziehungsberechtigten dürfen Kinder nur auf Grund eines Gesetzes von der Familie getrennt werden, wenn die Erziehungsberechtigten versagen oder wenn die Kinder aus anderen Gründen zu verwahrlosen drohen“ | Kommission Verfassungsreform des Bundesrates, ohne erforderliche qualifizierte Mehrheit |
| „(3) Eltern sind zuvörderst berechtigt und verpflichtet, für ihre Kinder zu sorgen. Auf deren wachsende Einsichtsfähigkeit und Verantwortungsbereitschaft ist Rücksicht zu nehmen. Kinder sind gewaltfrei zu erziehen.<br>(4) Gegen den Willen der Erziehungsberechtigten dürfen Kinder nur aufgrund eines Gesetzes von ihnen getrennt werden, wenn das Wohl des Kindes unmittelbar gefährdet ist und der Gefahr nicht auf andere Weise begegnet werden kann.<br>(5) Der Staat hat die Aufgabe, für jedes Kind angemessene Betreuungseinrichtungen zur Verfügung zu stellen und für kindgerechte Lebensbedingungen Sorge zu tragen. Kindern ist durch Gesetz eine Rechtstellung einzuräumen, die ihren wachsenden Fähigkeiten zu selbständigem Handeln entspricht“ | Sachverständige Ute Gerhard |
| „(3) Frauen und Männer sind vorrangig berechtigt und verpflichtet, für ihre Kinder zu sorgen. Die wachsende Fähigkeit der Kinder und ihr zunehmendes Bedürfnis zu selbständigem verantwortlichem Handeln sind zu berücksichtigen. Sie sind gewaltfrei zu erziehen.<br>(4) Die staatliche Gemeinschaft achtet das Wohl der Kinder und schützt sie vor körperlicher und seelischer Vernachlässigung und Mißhandlung. Allen Kindern sind durch die Gesetzgebung die gleichen Bedingungen für ihre seelische und leibliche Entwicklung und ihre Stellung in der Gesellschaft zu schaffen. Arbeit, die dem Wohl des Kindes widerspricht, ist verboten. Gegen den Willen der Erziehungsberechtigten dürfen Kinder nur aufgrund eines Gesetzes von der Familie getrennt werden, wenn das Wohl des Kindes unmittelbar gefährdet ist und der Gefahr nicht auf andere Weise begegnet werden kann“ | ASF: Arbeitsgemeinschaft Sozialdemokratischer Frauen |

Die wiedergegebenen Diskussionsinhalte im Zusammenhang der Arbeit der Gemeinsamen Verfassungskommission lassen sich im Hinblick auf die in ihnen zum Ausdruck gekommenen Charakterzüge des rechtlich gesteuerten Verhältnisses zwischen Familie und Staat in drei Grobtendenzen zusammenfassen.

1. schien sich eine Entwicklung des Regelungsverhältnisses fort von generalklauselhafter Regelung hin zu Detailregelungen anzudeuten. Bezüglich einer Neuformulierung von Art. 6 GG können wir die entsprechenden Tendenzen v.a. an dem zum Ausdruck gebrachten Willen ablesen, Erziehungsziele und -mittel materiell zu definieren.
2. zeigte die Diskussion deutliche Tendenzen, die schon in den 70er Jahren begonnene Aufwertung von Individualrechten zu Lasten von Gruppenrechten (in der Familie) fortzusetzen.
3. fiel in bezug auf die Regelungen von Art. 6 GG auf, daß sein Schutz- und Förderungsgebot nicht mehr (nur) einen institutionengebundenen Familienbegriff zugrundelegte, sondern einen funktionengebundenen.

Am 1.7.1993 hat die Gemeinsame Verfassungskommission ihre Beratungen abgeschlossen. Angesichts des beachtlichen Änderungspotentials, das im Rahmen der Kommissionsarbeiten diskutiert wurde, erstaunt das geringe Ausmaß der im Kommissionsbericht vom 28.10.1993 (BT-Drucksache 12/6000) zusammengefaßten Empfehlungen für Verfassungsänderungen, die inzwischen als Gesetzesentwürfe das normale parlamentarische Prozedere durchlaufen haben. Ursache dafür war v.a., daß sämtliche Vorschläge, die in der Kommission mit einer Zweidrittelmehrheit verabschiedet wurden, in einem interfraktionellen Gesetzentwurf vom Bundesrat in die parlamentarischen Beratungen eingebracht werden sollten, also einen „kleinsten gemeinsamen Nenner" zwischen Regierungsparteien und Opposition darstellten. Die SPD behielt sich dabei vor, die wichtigsten ihrer Anliegen, die in der Verfassungskommission nicht mit einer Zweidrittelmehrheit verabschiedet werden konnten, als eigene, zusätzliche Gesetzentwürfe einzubringen, ohne jedoch ein Junktim zwischen den Gesetzespaketen herzustellen (FAZ v. 29.10.1993, 5).

Bezüglich Art. 3 GG hat die Kommission letztendlich die folgende Empfehlung verabschiedet:

„Männer und Frauen sind gleichberechtigt. Der Staat fördert die tatsächliche Durchsetzung der Gleichberechtigung von Frauen und Männern und wirkt auf die Beseitigung bestehender Nachteile hin" (FAZ 3.7.1993, 3). Interessant ist, daß der empfohlene Text von CDU/CSU und SPD unterschiedlich interpretiert wird. Während die CDU/CSU nämlich davon ausgeht, daß Quotenregelungen zur Kompensation von Benachteiligungen verfassungswidrig sind, leitet die SPD aus dem Text die Berechtigung leistungsbezogener Quotenregelungen (Bevorzugung von Frauen bei gleicher Qualifikation) ab.

Bezüglich Art. 6 GG kam es zu keinem Änderungsvorschlag, der mit einer Zweidrittelmehrheit verabschiedet werden konnte. Henning Voscherau (SPD) kritisierte dies als einer der beiden Kommissionsvorsitzenden v.a. vor dem Hintergrund der Forderung nach einer Aktualisierung des Grundgesetzes bezüglich längst eingetretener Wandlungsprozesse im faktischen Zusammenleben von Menschen in unserer Gesellschaft (FAZ v. 29.10.1993, 5).

Er führte damit das Problem der Verankerung von Familienrechten in der Verfassung eines Staates auf den Kern der Diskussion zurück, die schon vor der Verabschiedung der Weimarer Reichsverfassung und genauso des Grundgesetzes eine große Rolle gespielt hatte: Inwieweit kann und darf eine Verfassung private Lebensverhältnisse regeln und in welchem Ausmaß dürfen moralische Leitbilder oder deren Wandel diese Regelung beeinflussen? „Als oberste Rechtsnorm des Gemeinwesens kann und soll die Verfassung nicht alle Einzelfragen beantworten. Diese sind von der Politik zu bewältigen. Sie soll aber die grundsätzliche Richtung des politischen Handelns bestimmen und diesem auch Grenzen setzen" (Benda 1995, 221). Gleichwohl sollte eine Verfassung in der Lage sein, den Grundkonsus eines Gemeinwesens zu festigen, der das notwendige Vertrauensverhältnis zwischen Regierten und Regierenden garantiert (ebd., 221). Bezüglich der Regelung von Familienrechten in der Verfassung ist dieser Grundkonsensus zumindest in den jüngeren Bevölkerungsgruppen nicht mehr gegeben (vgl. Abschn. 2 dieses Aufsatzes).

Im Fünften Familienbericht wird ausdrücklich eine Anpassung der rechtlichen Regelungen an die gelebte Realität vielfältiger unterschiedlicher Lebensformen gefordert, ohne jedoch auf eine Änderung der Verfassungsregeln einzugehen: „Eine komplexe Neugestaltung des Familienrechts sollte nicht länger an der Tatsache vorbeigehen, daß neben der Ehe *andere Formen dauerhaften Zusammenlebens* bestehen. [...] Der Gesetzgeber sollte sich jeder Bewertung der realen Differenziertheit enthalten. Deshalb scheint es der Kommission angebracht zu sein, die Regelung durch Anknüpfung an faktische und erkennbare Gegebenheiten vorzunehmen" (Fünfter Familienbericht, 103). Ohne eine Änderung des Grundgesetzes wird aber auch die einfachrechtliche Anpassung der rechtlichen Situatuionen von Ehen und nichtehelichen Lebensgemeinschaften erschwert oder sogar unmöglich gemacht (EAF N2248 F Juni 1995, 2).

Wie bezüglich vieler anderer Diskussionsbereiche in der GVK drängt sich hier der Eindruck auf, daß eine grundsätzliche Lösung der diskutierten Probleme noch aussteht.

## *Literatur*

*Benda,* Ernst 1995: Stichwort Grundgesetz – Verfassung/Verfassungsreform, in: Anderson, Uwe/Woyke, Wichard (Hrsg.): Handwörterbuch des politischen Systems der Bundesrepublik Deutschland, Opladen, S. 218-226

*Berghahn,* Sabine 1995: Ehe, Familie und andere Lebensgemeinschaften in der Rechtsprechung zum Grundgesetz, in: Gegenwartskunde, Zeitschrift für Gesellschaft, Wirtschaft, Politik und Bildung, 1/1995, S. 59-71.

*Bundesministerium für Familie und Senioren* (Hrsg.) 1994: Familien und Familienpolitik im geeinten Deutschland – Zukunft des Humanvermögens. Fünfter Familienbericht. Bonn

*EAF* (Evangelische Aktionsgemeinschaft für Familienfragen): Familienpolitische Informationen. Fortlaufend

*Frommel,* Monika 1991: Eheliches Sonderrecht oder Privatautonome Beziehungen? In: Zeitschrift für Sexualforschung, H 3, 1991, S. 181-191

*Gemeinsame Verfassungskommission* des Bundes und der Länder 1992 u. 1993: Protokolle der Sitzungen und öffentlichen Anhörungen, Stellungnahmen der Sachverständigen und Arbeitsunterlagen. Fortlaufend

*Gemeinsame Verfassungskommission* (GVK) (Hrsg.) 1993: Bericht der Gemeinsamen Verfassungskommission, Drucks. 12/6000 v. 5.11.93

*Gerlach,* Irene 1996: Familie und staatliches Handeln. Ideologie und politische Praxis in Deutschland. Opladen

*Herzog,* Roman 1993: Familie und Familienpolitik in der Rechtssprechung des Bundesvverfassungsgerichtes. In: Bundesministerium für Familie und Senioren (Hrsg.): 40 Jahre Familienpolitik in der Bundesrepublik Deutschland. Rückblick/Ausblick. Festschrift. Neuwied u. a. S. 53-63

*Institut für Demoskopie Allensbach*: allensbacher berichte. Allensbach. Fortlaufend

ISI. Informationen Soziale Indikatoren. Hrsg.: ZUMA. Mannheim. Fortlaufend

*Lecheler,* Helmut 1989: Paragraph 133: Schutz von Ehe und Familie. Neunter Teil: III, in: Isensee, Josef/Kirchhof, Paul (Hrsg.): Handbuch des Staatsrechts der Bundesrepublik Deutschland, Band VI Freiheitsrechte, Heidelberg

*Sachße,* Christoph/Tennstedt, Florian 1982: Familienpolitik durch Gesetzgebung, in: Kaufmann, Franz-Xaver (Hrsg.): Staatliche Sozialpolitik und Familie, München/ Wien, S. 87-130

*Schmid,* Viola 1989: Die Familie in Artikel 6 des Grundgesetzes. Berlin

*Schwab,* Dieter 1989: Familienrecht. 5. Aufl. München

*Statistisches Bundesamt* (Hrsg.) 1990: Familien heute. Strukturen, Verläufe und Einstellungen. Wiesbaden

*Voit,* Hermann 1993: Haushalte und Familien. Ergebnisse des Mikrozensus 1991, in: Wirtschaft und Statistik 3/1993, S. 191-199

*Wendt,* Hartmut 1993: Familienbildung und Familienpolitik in der ehemaligen DDR. Materialien zur Bevölkerungswissenschaft, Sonderheft 22, Hrsg.: Bundesinstitut für Bevölkerungswissenschaft. Wiesbaden

*Wilfried von Bredow*

# Im Schlagschatten des Bundesverfassungsgerichts

## Die neubestimmte Rolle der Streitkräfte in der Außen- und Sicherheitspolitik des vereinigten Deutschland

### *1. Hornberger Schießen?*

„Am 26. Oktober 1992 handelte das deutsche Volk zum ersten Mal in seiner Geschichte als politischer Verband mit höchster verfassungspolitischer Autorität. In einer Volksabstimmung lehnte eine Mehrheit der Bürgerinnen und Bürger der Bundesrepublik Deutschland die Vorschläge der Gemeinsamen Verfassungskommission von Bundestag und Bundesrat, die zuvor in beiden Parlamenten mit großer Mehrheit unterstützt worden waren, einfach ab. Obwohl dieses Abstimmungsergebnis nur konsultativen Charakter hat und rechtlich nicht bindend ist, sind damit die Bemühungen um die Reform des Grundgesetzes für's erste gestorben."

Diese Passage ist natürlich eine politische Fiktion. Und doch hat es am 26.10.1992 ein Referendum über die Veränderung einer Verfassung gegeben, das ausging wie das Hornberger Schießen, nur eben nicht in Deutschland, sondern in Kanada. Ich habe oben lediglich ein paar Worte aus der Einleitung einer Analyse dieses erfolglosen kanadischen Experiments zur Verfassungsänderung ausgewechselt (vgl. Russell 1993, 211).

Es gibt für den im folgenden zu untersuchenden Abschnitt „Staatliche Souveränität und militärische Verteidigung" in der Aktivität der Gemeinsamen Verfassungskommission (GVK) eine ins Auge springende Parallele, die, wenn sie auch nur äußerlich zu sein scheint, doch auch eine spezifische Schwierigkeit von Anläufen zur Veränderung der Verfassung in modernen Gesellschaften mit hochgradig entwickelter Institutionalisierung von politischen Interessen ausdrückt: Auch in Deutschland ist der Anlauf für diesen Abschnitt gescheitert. Im 8. Kapitel des Berichts der GVK heißt es unter dem Eingangspunkt „*Empfehlungen*" lapidar: „Die Gemeinsame Verfassungskommission spricht zu diesem Beratungsgegenstand keine Empfehlungen aus."

Tatsächlich hat sich aber das, was in der politologischen Diskussion etwas unscharf als Verfassungswirklichkeit bezeichnet wird, auf dem Politikfeld Außen-, Militär- und Sicherheitspolitik seit der Vereinigung Deutschlands erheblich verändert. Diese Veränderungen sind zum Teil von außen an die Bundesrepublik Deutschland herangetragen, zum Teil sind sie von der Bundesregierung angestrebt worden. Sie sind auch in das Grundgesetz eingegangen, aber nicht über eine Veränderung seines Textes im parlamentarischen Verfahren, vielmehr durch das Urteil des Bundesverfassungsgerichts vom 12. Juli 1994.

Die GVK konstituierte sich am 16. Januar 1992 und legte ihren Abschlußbericht am 28. Oktober 1993 vor. In der Zwischenzeit, nämlich am 15. Juli 1992 , am 2. und am 21. April 1993 gingen jene vier Klagen beim Bundesverfassungsgericht ein, die unter dem Titel „Adria-, AWACS- und Somalia-Einsatz der Bundeswehr" an besagtem 12. Juli 1994 beschieden wurden. Den Mitgliedern der GVK wie der politisch interessierten Öffentlichkeit ist immer klar gewesen, daß das BVG-Urteil zu diesen Klagen, wie immer es ausfallen würde, erhebliche Konsequenzen haben würde. Zwar war es keineswegs unvermeidlich, daß sich die hier zu untersuchenden Beratungen der GVK im Schlagschatten des BVG abspielten; jedoch waren die Akteure allem Anschein nach zufrieden damit. Warum das so war, wird zu erörtern sein.

## 2. *Staatliche Souveränität und militärische Verteidigung*

### 2.1. *Das Menu*

Die GVK hat bei der Behandlung dieses Politikfeldes sieben Unterpunkte auf ihre Tagesordnung gesetzt:

- Einsatz der Bundeswehr out of area
- Spannungsfall – Bündnisfall -Verteidigungsfall
- Friedensfähigkeit des Staates
- Verzicht auf ABC-Waffen einschließlich ihrer Herstellung und entsprechender Forschungsvorhaben
- Verbot von Waffenexporten
- gleiche Dauer von Wehrdienst und Zivildienst
- Dienstpflicht für Frauen.

Dieses Menu ergab sich aus den vorgelegten Anträgen der Fraktionen:

Von Seiten der CDU/CSU und der FDP wurde ein „Antrag zur Klarstellung des Grundgesetzes durch Neuaufnahme eines Artikels 24 Abs. 2a" eingebracht, dessen Überschrift schon auf das eigentümliche Dilemma der Antragsteller hinweist: Sie argumentierten im Grunde gegen eine Änderung des Grundgesetzes, wollten oder konnten jedoch aus Gründen der internen Willensbildung und der antizipierten Außenwirkung eine solche Position nicht einnehmen. Einen Änderungsantrag in der Hauptsache mit der Notwendigkeit von Klarstellungen zu begründen, das hat einen Anflug von *haut gout.* Denn entweder ist eine Textänderung nötig, oder sie ist nicht nötig.

Die SPD-Mitglieder der Kommission hatten mehrere Anträge eingebracht. Ein Antrag bezog sich auf Art 24 („Einsatz der Bundeswehr out of area/Blauhelme"), ein weiterer auf Art. 26 („Friedensstaatlichkeit"), ein dritter auf den Art. 87 a („Bündnisfall") und schließlich ein vierter auf die Art. 4 und 12 a („Kriegsdienstverweigerung").

Ferner lag ein Antrag des Abgeordneten Dr. Heuer (PDS) vor, in dem eine Reihe von Artikeln des Grundgesetzes zu einer „Neufassung des Friedensprinzips und der Wehrverfassung" umgeschrieben wurde.

Die Öffentliche Anhörung, die der Rechtsausschuß des Deutschen Bundestages unter Hinzuziehung der GVK am 11.2.1993 durchführte, bezog sich unter anderem auf diese Anträge sowie auf einen Antrag von Abgeordneten der Gruppe Bündnis 90/Die Grünen „Für eine Zivilisierung internationaler Beziehungen – Politik und nicht-militärische Konfliktlösung", der aber nicht in die weiteren Beratungen der GVK einging. Als diese auf ihrer 25. Sitzung am 1.7.1993 zu den Abstimmungen über die vorliegenden Anträge kam, war der CDU/CSU- und FDP-Antrag bereits wieder zurückgezogen worden, so daß nur über den Antrag von Dr. Heuer (PDS) und über die Anträge von SPD-Mitgliedern der Kommission abgestimmt wurde. In keinem Fall wurde die nötige Zweidrittelmehrheit erreicht.

## 2.2 *Das Hauptproblem*

1989/90 bedeutet eine säkulare Zäsur in der internationalen Politik. Der Zusammenbruch des sowjetischen Bündnissystems und schließlich sogar der Sowjetunion selbst bedeutete das Ende des Ost-West-Konflikts, der seit 1946/47 in seinen Erscheinungsformen als Kalter Krieg und als Détente nicht nur den europäischen Teil des internationalen Systems, sondern dieses insgesamt in eine bipolare Struktur gezwängt hatte.

Diese in den beiden Jahrzehnten zuvor bereits zunehmend asymmetrischer werdende, jedoch vor allem wegen der nuklear unterfütterten sicherheitspolitischen Konfrontation immer noch „haltende" Bipolarität machte nunmehr einer „neuen Unübersichtlichkeit" in der Struktur des internationalen Systems Platz. Eine Folge davon war, daß die Konfliktlinien zwischen den Akteuren andere Richtungen einnahmen. Zugleich machte sich auch in der internationalen Politik (analog zu Entwicklungen bei den internationalen Wirtschaftsbeziehungen) ein neuer Globalisierungs-Schub bemerkbar. Die Zahl grenzüberschreitend tätiger Akteure im internationalen System wuchs (und wächst weiter); dabei handelt es sich nicht nur um Akteure des „klassischen" Akteurs-Typs, sondern auch um neu auf der internationalen Szene auftauchende Akteurs-Typen.

Wurden in den Monaten unmittelbar nach dem Ende des Ost-West-Konflikts zunächst noch fast überall (inhaltlich unterschiedliche) Hoffnungen auf eine „neue Harmonie" in den internationalen Beziehungen gehegt und ausformuliert, so haben die verschiedenen militärisch ausgetragenen Konflikte auf fast allen Kontinenten und vor allem die wachsende Hilflosigkeit, sie von außen einzudämmen und zu de-eskalieren, inzwischen zu einer „neuen Ernüchterung" geführt. Insbesondere jene Vorstellungen, die auf die ausnahmslos wirksame Anbindung politisch-militärischer Macht an die Rechtsnormen der Charta der Vereinten Nationen hinausliefen, haben sich als illusionär herausgestellt.

Der außen- und sicherheitspolitische Diskurs in der Bundesrepublik Deutschland nach der Vereinigung hat diese Bewegung von Harmonie-Hoffnung zu neuer Nüchternheit vielleicht ein wenig langsamer vollzogen als entsprechende Diskurse in anderen westlichen Ländern. Das mag auch daran gelegen haben, daß er eine Reihe gesellschaftspolitischer und symbolpolitischer Themen gewissermaßen mittransportiert hat. Auf jeden Fall ist die institutionalisierte verfassungspolitische Auseinandersetzung um die Themenkreise Sicherheitspolitik und Bundeswehr in den Jahren 1991 (28.11.: Einsetzung der GVK) und 1994 (12.7.: Urteil des BVG zum Adria-, AWACS- und Somalia-Einsatz der Bundeswehr) nur nachzuvollziehen, wenn man den raschen Wandel in den Erwartungen an die Gestalt des internationalen Systems in Rechnung stellt.

Da die verfassungspolitische Auseinandersetzung, weil unter der Vorgabe einer jetzt möglichen und vielleicht notwendigen Verfassungsänderung geführt, großenteils (wenn auch nicht ausschließlich) in der Terminologie des Verfassungsrechts ablief und ihre Protagonisten entweder professionelle Verfassungsjuristen waren oder, falls nicht, sich deren Semantik anzupassen aufgefordert fühlten, verschwinden die Unterschiede in den politischen Grundkonzepten zuweilen wie hinter Milchglas. Es ist ein Ziel dieses Beitrags, ihre Konturen wieder schärfer hervorzuheben.

## 2.3 Ausgangspositionen der Parteien

In der 15. Sitzung der GVK haben die im Bundestag vertretenen politischen Parteien durch ihre Sprecher ihre Ausgangspositionen in bezug auf die auf diesem Politikfeld erstrebten oder nur halb erstrebten Grundgesetz-Änderungen dargelegt.

### 2.3.1 CDU/CSU

Die Haltung der CDU/CSU ist in einer Passage der Rede des Abgeordneten v. Stetten so zusammengefaßt: „Die Bundesrepublik Deutschland ist ein souveräner Staat, der in allen Organisationen und Bündnissen gleiche Rechte hat. Dieser Staat muß auch die gleichen Verpflichtungen, auch die unangenehmen, übernehmen. Nur so werden wir dem Auftrag der Präambel des Grundgesetzes gerecht, als gleichberechtigtes Glied in einem vereinten Europa dem Frieden der Welt zu dienen.“ (GVK, 21.1.1993, 5)

Der Vorschlag der Regierungskoalition zur „Klarstellung“ des Grundgesetzes durch Neuaufnahme eines Artikels 24 Abs. 2a läuft in seiner dreigliedrigen Bestimmung für (1) friedenserhaltende, (2) friedensherstellende und (3) Maßnahmen in Ausübung des Rechts zur kollektiven Selbstverteidigung im Rahmen von Bündnissen und anderen regionalen Abmachungen darauf hinaus, diese Status-Gleichheit hervorzuheben. Nicht unwichtig sind dabei die vorgesehenen Zustimmungsmodalitäten des Bundestages. In den ersten beiden Fällen soll die Zustimmung der Mehrheit, im dritten Fall die von zwei Dritteln der Mitglieder des Bundestages den Einsatz der Bundeswehr möglich machen. Für diese Lösung warb der Abgeordnete v. Stetten mit den Worten: „Die GVK hat die große Chance, und zwar nur so lange, bis das Bundesverfassungsgericht zu einer Entscheidung genötigt worden sein sollte, den Deutschen Bundestag als Kontrollorgan mit Kanzlermehrheit bzw. Zweidrittelmehrheit einzusetzen." (GVK 21.1.1993, 5)

### *2.3.2 FDP*

Die FDP weicht inhaltlich von der Position der CDU/CSU nicht ab. Ihr Sprecher, der Abgeordnete Irmer, betont in seinem Redebeitrag nachdrücklich, daß die Kommission sich hier mit einer politischen Streitfrage zu beschäftigen hat. „Die zentrale Frage, mit der wir uns jetzt zu beschäftigen haben, ist, was wir für die Zukunft politisch wollen. Nur das haben wir zu entscheiden, ganz gleich, wie man die Verfassung in ihrer bisherigen Form auslegt."(GVK 21.1.1993,13)

### *2.3.3. SPD*

Die SPD hatte sich nach z.T. heftigem internem Streit zu dem innerparteilichen Kompromiß durchgerungen, den Einsatz der Bundeswehr über die Zwecke der Verteidigung des deutschen Territoriums und der defensiven NATO- und WEU-Bündnisverpflichtungen hinaus mittels einer Grundgesetz-Änderung möglich zu machen. Daß für eine Erweiterung dieses Einsatzspektrums eine Grundgesetz-Änderung unabdingbar war, galt ihr als unbestreitbar. In der Rede des Abgeordneten Verheugen wird eine solche Änderung als „fundamentale Änderung von größter Tragweite"(GVK 21.1.1993, 6) bezeichnet. Um nun das neue Einsatzspektrum „so restriktiv wie möglich" (GVK 21.1.1993, 8) zu halten, sollen die Vereinten Nationen zur einzigen Organisation gemacht werden, deren Bedarf an und Nachfrage nach deutschen Streitkräften als legitim anerkannt wird. Außerdem darf es nur um friedenserhaltende Maßnahmen gehen. „Mehr ist nicht notwendig, und mehr ist auch gar nicht möglich." (GVK 21.1.1993, 8). Auch die SPD sieht vor, daß der Bundestag zu einem solchen Einsatz im Rahmen der Vereinten Nationen seine Zustimmung gibt. Die Vereinten Nationen erscheinen in dieser Perspektive als der einzige politische Akteur, der -notfalls- zur Politik mit militärischen Mitteln berechtigt ist. Der schleswig-holsteinische Minister Bull hat das so ausgedrückt: „Die Bundesrepublik als Mitglied der Vereinten Nationen kann und soll nach Erlangung der vollen Souveränität einen größeren Beitrag als bisher leisten. Das wird auch deswegen nötig, weil wir darin die große Chance sehen, daß die Vereinten Nationen, nachdem die Blöcke weggefallen sind, eine neue, stärkere Rolle bei der Sicherung des Friedens in dem Sinne einnehmen, daß wir hier in Richtung einer rechtsstaatlichen Weltinnenpolitik kommen, einer Weltinnenpolitik nach den Maßstäben des Rechtsstaates, übertragen auf das Verhältnis der Völker zueinander." (GVK 21.1. 1993, 10)

### 2.3.4 Bündnis 90/Die Grünen

Die Position von Bündnis 90/Die Grünen entspricht im wesentlichen der der SPD. Nur legt diese Partei, die ja auch ihre internen Auseinandersetzungen über die Rolle von Streitkräften in der Politik schlechthin und besonders in der deutschen Politik gehabt hat und weiter hat, einen womöglich noch stärkeren Akzent auf das Staatsprinzip der Friedensstaatlichkeit. Generell gilt der Grundsatz, daß Symbolpolitik, also der Einsatz von symbolischen Erklärungen und Handlungen im politischen Prozeß, erstens für das öffentliche Verständnis, für das Profil einer bestimmten politischen Konzeption und ihrer Vertreter überaus wichtig und zweitens sehr oft ein Ausweichen in folgenlose Formeln ist. Da beides zutrifft, ist es gar nicht so einfach zu entscheiden, was in einzelnen Fällen die Absicht von Symbolpolitik ist.

### 2.3.5 PDS/Linke Liste

Der Abgeordnete Dr. Heuer von der PDS/Linke Liste schätzt die politische Alternative, über die gestritten wird, als überaus folgenreich ein: „Wir beraten heute über die wohl gravierendste verfassungsrechtliche Neuorientierung nach der staatlichen Vereinigung Deutschlands und nach dem Ende des Kalten Krieges. Es geht darum, wie dieses Deutschland seine wiedergewonnene Souveränität nutzen wird, im Sinne einer Pazifizierung oder einer Militarisierung seiner Außenpolitik."(GVK 21.1.1993, 17f.) Der von ihm für die Kommissionsberatungen eingebrachte Änderungsvorschlag für das Grundgesetz formuliert im Art. 87 a (1): „Der Bund strebt die Abschaffung der Streitkräfte an. Solange dieses Ziel nicht erreicht ist, kann er Streitkräfte zur Verteidigung aufstellen." Eingesetzt werden dürfen solche Streitkräfte ausschließlich zur Verteidigung des Territoriums der Bundesrepublik Deutschland; ansonsten überhaupt nicht, weder im Bündnisfall, noch auf Anforderung der Vereinten Nationen (und im Inneren selbstverständlich auch nicht).

## 3. Die Anhörung

Zum Thema „Staatliche Souveränität und militärische Verfassung" führte der Rechtsausschuß des Deutschen Bundestages am 11. 2. 1993 gemeinsam mit der Gemeinsamen Verfassungskommission eine Anhörung durch, bei der sieben eingeladene Sachverständige zu Worte kamen. Da diese Sachverständigen nach einem vorher ausgehandelten Schlüssel von den Parteien bestimmt wurden, läßt sich vermuten, daß diese in der Regel nicht die Option ergriffen, das Spektrum der politischen Auseinandersetzung zu erweitern. Kritisch äußert Kloepfer (1995, 28f.) dazu: „Ähnlich wie bei parlamentarischen Hearings traten dabei nicht selten weitgehend festgelegte Gutachter mit häufig erwartungsgemäßen Stellungnahmen auf. Parteipolitische Ausgewogenheitskriterien und wissenschaftliche Wahrheitsfindung sind aber zweierlei." Gut gebrüllt, Löwe! Auf der anderen Seite muß man fairerweise zugestehen, daß die hier in Frage kommenden Disziplinen freilich ihre Kontroversen gar nicht selten entlang parteipolitischer Konfliktlinien führen, wenn sie sie auch anders begründen.

## *3.1. Nochmals: Parteien, Politik und Recht*

Es geht ja auch nicht um wissenschaftliche Wahrheitsfindung. In einem Prozeß, in welchem unterschiedliche politische Interessen, Ziele und Konzepte gegeneinander abgewogen und sozusagen ein Maximum an realer oder symbolischer Übereinstimmung aufgefunden und sodann in einer bestimmten Sprache nach einem bestimmten Verfahren zur Rahmenvorschrift nationaler Politik gemacht wird – genau darum geht es ja bei der Neufassung oder Überarbeitung von Verfassungen –, in einem solchen Prozeß haben die Sachverständigen, die die Politiker heranziehen, eine andere Funktion als etwa die Sachverständigen vor einem politischen Gremium, das über sauber abgrenzbare Sachfragen (wie etwa: Folgen der verschiedenen Pläne für eine Änderung des Gesundheitssystems etc.) zu entscheiden hat.

Wenn es aber um eine politische Kontroverse geht, können Experten auch nicht viel mehr tun, als die verschiedenen möglichen Positionen in eine andere Terminologie zu übertragen und auf Implikationen aufmerksam zu machen, die die politischen Verfechter dieser oder jener Position übersehen haben könnten (oder zu übersehen sich angestrengt haben). Sind sie nicht nur von den Parteien ausgewählt, sondern fühlen sie sich diesen auch verpflichtet, dann ist der Ertrag solcher Wiederholung der Kontroverse in anderer Terminologie in der Regel gering. Da wäre es in der Tat besser, auf „Querdenker" zurückzugreifen (wenn es sie denn in ausreichender Zahl und mit genügend Reputation gibt).

Was nun die Anhörung am 11.2.1993 betrifft, so fällt ins Auge, daß fünf von den sieben eingeladenen Experten Professoren der Rechtswissenschaft sind und nur einer (E.-O. Czempiel) Politikwissenschaftler. Der siebente (von der PDS/Linken Liste benannte) Experte, M. Schmidt, hatte eine führende Position unter den Gesellschaftswissenschaftlern in der Spätphase der DDR inne und fällt insofern aus diesem asymmetrischen Zweierschema Juristen/Politologen heraus.

Die Vorliebe für Juristen als politische Sachverständige erklärt sich natürlich nicht nur aus dem altbekannten Sachverhalt, daß in der politischen

Kultur der Bundesrepublik Deutschland politische Probleme häufig in juristische Terminologie und Begriffe übersetzt werden, was sie in der Folge einer anderen Art der Behandlung unterwirft. Dieses Verfahren, gegen das Politikwissenschaftler aus leicht nachvollziehbaren Gründen immer schon kritische Einwände erhoben haben, ist ambivalent; je nach dem Inhalt des zur Debatte stehenden politischen Problems kann eine derartige Übersetzung die Kontroversen abkühlen, sie kann sie aber auch wie mit einem Trick ganz verschwinden lassen, obwohl doch die unterschiedlichen politischen Interessen und Sichtweisen weiterbestehen und obwohl Entscheidungen bei solchen politischen Kontroversen immer nur politische Entscheidungen sein können.

Wenn es um die Veränderung einer Verfassung geht, sind Juristen in besonderem Maße gefragt – allerdings, wenn alles seinen geregelten Rang geht, nur an zweiter Stelle. Denn zunächst geht es um die Frage, „was wir für die Zukunft politisch wollen", wie der Abgeordnete Irmer (FDP) am 21.1.1993 zu Recht gesagt hat. Zur Ausleuchtung des politischen Handlungsspielraums und der politischen Rahmenbedingungen der Bundesrepublik Deutschland unter den Bedingungen der Globalisierung nach dem Ende des Ost-West-Konflikts sind politikwissenschaftliche Sachverständige eher berufen als Juristen. Es sei denn, diese vertreten in ihrer Person gewissermaßen eine doppelte (oder sagen wir: interdisziplinäre) Sachverständigkeit, was im Falle dieser Anhörung gar nicht geleugnet werden soll. Als politikwissenschaftliche Sachverständige präsentieren sie (aus ihrer jeweiligen Position heraus) Daten, Informationen, Argumente, die den Abgeordneten dabei helfen sollen, zu entscheiden, „was wir politisch wollen". Als juristische Sachverständige präsentieren sie (wiederum aus ihren verschiedenen Positionen heraus) Argumente bezüglich der Aufgabe, wie das, was man als politische Absicht erkannt hat, in der Verfassung festgeschrieben werden kann und wie die Verfassung zu lesen ist, um die Verfassungsmäßigkeit der beschlossenen politischen Absichten zu erkennen.

### *3.2 Der Tenor der Experten*

Alle Sachverständigen sahen sich durch die an sie von den Parlamentariern gestellten Ausgangsfragen (trotz deren deutlicher Formulierung) in dem Dilemma, zugleich zu verfassungsrechtlichen und politischen Aspekten des Themas Aussagen machen zu müssen, obgleich es den Anschein hatte, als ginge es nur um eine verfassungsrechtliche Debatte vor dem Rechtsausschuß und der GVK. Bis auf eine Ausnahme hatten sie im übrigen vorab eine schriftliche Stellungnahme eingereicht, die sie nun in ihrem mündlichen Vortrag paraphrasierten.

Typisch ist hier etwa der Beitrag von Michael Bothe, der im ersten Teil seines Statements eine Einschätzung der Verfassungslage und einen Überblick über die verschiedenen Einsatzarten der Bundeswehr gibt. Er vertritt dabei die These – nicht verwunderlich für einen prominenten Bevollmächtigten der SPD bei ihren diesbezüglichen Klagen vor dem BVG –, daß über den Verteidigungs- und Bündnisfall hinaus militärische Maßnahmen der Bundesrepublik durch das Grundgesetz in seiner bestehenden Form nicht legitimiert seien (GVK 11.2.1993, 9). Im zweiten Teil geht er dann auf die Gesetzentwürfe der Fraktionen und Gruppen im Deutschen Bundestag zur Änderung des Grundgesetzes ein, jedoch nur recht oberflächlich. Und er endet mit dem Hinweis auf die Einschränkung seines Antworthorizonts: „Aber damit ist man bereits im Bereich der politischen Fragen, die ich hier ausdrücklich nicht berühren möchte." (GVK 11.2.1993,11)

Ernst-Otto Czempiel leitet demgegenüber seine Ausführungen mit dem Hinweis darauf ein, daß die hier erörterten Probleme in erster Linie nicht rechtlicher, sondern politischer Natur seien. Damit hat er sich den Horizont geöffnet für eine Skizze des Panoramas der internationalen Politik nach dem Ende des Ost-West-Konflikts. Sein Experten-Urteil hebt die Bedeutung der Vereinten Nationen und ihres „Gewaltmonopols" (GVK 11.2.1993, 14) für die Ordnung der internationalen Politik hervor. Aus dieser Prämisse, über die im Verlauf der Anhörung explizit nicht weiter diskutiert wird, leitet er die Notwendigkeit für die Bundesrepublik ab, sich an friedenserhaltenden und friedensstiftenden Maßnahmen zu beteiligen. Das bringt ihn, einen der beiden von der SPD benannten Experten, in leichten Widerspruch zu den Absichten dieser Partei, das Grundgesetz so zu verändern, daß der Bundesrepublik nur die Teilnahme an friedenserhaltenden Maßnahmen der Vereinten Nationen erlaubt ist.

Josef Isensee, einer der beiden von der CDU/CSU benannten Sachverständigen, geht in seinem Statement vor allem auf den Widerspruch zwischen der traditionellen Lesart des Grundgesetzes seitens mehrerer Bundesregierungen und dem in seiner Lesart weitaus größeren Handlungsrahmen des Grundgesetzes ein. Die Bundesregierungen hatten ja seit dem Beitritt der Bundesrepublik zu den Vereinten Nationen im Jahr 1973 (vorher war diese Frage sowieso nicht relevant gewesen) die Auffassung vertreten und als politisches Argument im In- und Ausland benutzt, der Bundeswehr sei durch das Grundgesetz der Einsatz „out of area" verboten.

Diese Lesart ist „Staatspraxis" geworden, und Isensee hält sie für „falsch und juristisch nicht haltbar". (GVK 11.2.1993, 23) Aus dieser Perspektive ergibt sich für ihn eine sehr distanzierte Einstellung zu allen vorliegenden Änderungsanträgen. Den Antrag der Regierungsfraktionen interpretiert er als eine genuine Änderung, setzt sich also vom Selbstverständnis der Antragsteller ab. Diese Änderung ziele auf eine „Restriktion und (auf) eine Umschichtung von Zuständigkeiten von der Bundesregierung auf den Bundestag" (GVK 11.2.1993, 26). Er schließt seine Ausführungen mit dem von Verfassungsrechts-Experten nun schon erwarteten Hinweis:

„Was verfassungsrechtlich zulässig ist, ist noch lange nicht politisch geboten. Das sollte die Regel sein. Wenn man sich bewußt ist, daß derzeit das Verfassungsrecht den politischen Instanzen breiten Entscheidungsspielraum und damit hohe Verantwortung beläßt, ist damit nicht gesagt, daß die Bundesrepublik jedem internationalen Ansinnen folgen müsse. Nur, sie sollte nicht juristisch argumentieren, wo nichts Rechtliches vorgegeben ist, sondern politisch argumentieren [....]." (GVK 11.2.1993 27f.)

Eckhart Klein plädiert demgegenüber für eine Änderung des Grundgesetzes, um an die Stelle des ganzen Aufwands von „Interpretationskünsten und Interpretationskompetenz" seitens der Zunft der Verfassungsrechtler eine „klare Rechtsgrundlage" zu setzen. (GVK 11.2.1993, 35)

Ulrich K. Preuß, als Sachverständiger benannt vom Bündnis 90/Die Grünen, wehrt zunächst eine Reihe von Erwartungen an seine Expertise ab: „Ich bin kein Experte in internationaler Politik, äußere mich also auch nicht zu der Frage der Wünschbarkeit, der Zweckmäßigkeit oder der möglichen negativen oder positiven Konsequenzen einer Erweiterung der Möglichkeiten, die deutschen Streitkräfte im Ausland einzusetzen." (GVK 11.2.1993, 37) Das tut er freilich doch, wie auch anders. Er interpretiert den Entwurf der Regierungskoalitionen als „gewissermaßen eine Militarisierung der [....] Regelung des Art. 24" und als „Rückkehr zur alten Politik der Militärallianzen und der Bündnisse, d.h. eigentlich auch als eine Abkehr von dem Grundgedanken und der Konzeption des Art. 24." (GVK 11.2.1993, 41) Damit meint er eine Abkehr vom Prinzip der kollektiven Sicherheit und die Hinwendung zu einer Politik des nationalstaatlichen sacro egoismo.

Albrecht Randelzhofer, als Experte von der FDP benannt, kritisiert in seinem Beitrag vor allem auch den Umfang der vorliegenden Änderungsvorschläge. „Wenn wir auf diesem Wege weitergehen, dann werden wir mit einer Verfassung, die dann demnächst das Ausmaß des BGB erreicht haben wird, die friedensstiftende Funktion dieser Verfassung nicht erreichen." (GVK 11.2.1993, 55)

Als siebenter in der Reihe der Sachverständigen vertritt Max Schmidt, von der PDS/Linke Liste benannt, die Auffassung, daß die Bundesrepublik Blauhelm-Einsätze der Vereinten Nationen ausschließlich mit zivilen Mitteln unterstützen darf. Er befürchtet eine Verschiebung des Sicherheitsbegriffs ins Militärische. Den Änderungsvorschlag der PDS/Linke Liste hält er „für diskussionswürdig".(GVK 11.2.1993, 70)

### *3.3 Nachfragen an die Experten*

Die schriftlichen und mündlichen Vorgaben, zusammen mit der im Verlauf der Anhörung immer drückender werdenden Zeitnot (die Sitzung dauerte von 10.00 bis 16.30 Uhr mit einer Unterbrechung von einer dreiviertel Stunde), engten den Nachfrage- und Debattenhorizont im zweiten Teil der Anhörung doch beträchtlich ein. Wenngleich sicherlich der Verweis auf einen größeren Zeitbedarf als Voraussetzung zur adäquaten Explikation komplexer Sachverhalte häufig ein nicht nur in akademischen Kreisen beliebter rhetorischer Kniff ist, kann in einer knapp sechsstündigen Anhörung mit sieben Experten und einer Reihe redefreudiger Abgeordneter nur ein kleiner Teil der zur Debatte anstehenden Probleme angesprochen werden, und vom „Ausdiskutieren" kann schon gar keine Rede sein.

Letzteres zu erwarten, wäre auch falsch. Indes stellte sich in dem Nachfrage-Teil der Anhörung rasch heraus, daß ihr verfassungsrechtlich/politischer Doppelcharakter eine Akzentuierung der rechtlichen und nicht der politischen Dimension zur Folge hatte. Tonangebend in diesem Sinne ist die vom Abgeordneten H.-J. Vogel (SPD) mit aller senorialer Autorität gleich zu Beginn der Nachmittagssitzung getroffene Feststellung in Frageform: „Die erste Frage – ich glaube, das ist eine Kernfrage –: Was erlaubt die geltende Verfassung?" (GVK 11.2.1993, 73)

In der Tat wurde das als nicht nur eine, sondern als die Kernfrage der Anhörung betrachtet. Wo es doch eigentlich um die Frage ging, welche Grundsätze der Gesetzgeber für die Außen- und Sicherheitspolitik der Bundesrepublik langfristig festlegen soll/will. Auf beachtlich hohem Niveau wurde gefragt und geantwortet, kein Zweifel. Aber die Auseinandersetzung löste sich nicht aus dem Schlagschatten der Rechtsproblematik, die in Vogels Beitrag zur Kernfrage der Anhörung komprimiert wurde.

Klar ausgesprochen wurde das auch z.B. vom Abgeordneten Irmer (FDP), der mit leichter Resignation im Ton feststellte: „Weshalb tun wir uns mit dieser Rechtsfrage und mit dieser politischen Frage so schwer? – Wir tun uns damit so schwer, weil wir eines nicht möchten. Wir möchten nicht, daß wir auf Grund einer von der Mehrzahl der Verfassungsrechtler vertretenen Interpretation des Grundgesetzes jetzt deutsche Soldaten irgendwohin schikken und daß dann da was passiert und uns das Bundesverfassungsgericht später bescheinigt: Das hättet ihr gar nicht tun dürfen, und ihr hättet es auch wissen müssen oder ahnen können, daß ihr das nicht durftet; denn es gab ja auch eine ganze Reihe ebenfalls angesehener Verfassungsrechtler, die euch gesagt haben: ‚Das geht so nicht'." (GVK 11.2.1993, 85)

Immer wieder fragen die Abgeordneten die Sachverständigen nach dem Einfluß, den die „jahrelange, jahrzehntelange Staatspraxis bei der Auslegung einer Verfassungsvorschrift" (Abgeordneter Zurheide, FDP, GVK 11.2.1993, 96), gemeint ist also das „Wir dürfen die Bundeswehr nicht out of area einsetzen"-Argument der Bundesregierungen, auf die nun geänderte Vorstellung der Bundesregierung seit der Vereinigung hat. Es sind dann die Sachverständigen, die jetzt auch schon einmal dezidiert politisch antworten:

- „Dann wird es eben doch zu einer politischen Frage, ob man und, wenn ja, inwieweit man diese Kooperationspflichten (der Charta der Vereinten Nationen) durch militärische Maßnahmen erfüllen will. Da bin ich – wenn Sie mir eine solche Aussage gestatten – politisch nachdrücklich der Meinung, daß man es jedenfalls mit dem Blauhelm-Bereich wollen sollte." (M. Bothe, GVK 11.2.1993, 98)
- „Mir scheint es nach wie vor entscheidend zu sein, vorrangig zu sein, zu entscheiden, was die Bundesrepublik außenpolitisch und weltpolitisch will, und erst danach zu fragen, ob es im Grundgesetz steht...Ich würde

den Konsens der Bundesrepublik dahin definieren wollen, nicht unilateral vorzugehen, keine militärische Machtpolitik zu betreiben und nicht zurückzukehren zu der internationalen Verkehrsform von vor 1945, der berühmten Kanonenboot-Diplomatie oder – wie man heute besser sagen sollte – der Tarnkappenbomber-Diplomatie [....]. Es gibt keinen Einsatz militärischer Gewalt – mit der einen Ausnahme der Vertreibung des Irak aus Kuweit –, der sich in der letzten Zeit als erfolgreich dargestellt hat.“ (E.-O. Czempiel, GVK 11.2.1993, 101f.)

- „Das Grundgesetz ist offen. Die Antwort haben die politisch Handelnden im Rahmen des vorgegebenen Rechts zu geben. Das Grundgesetz ist nicht eine Auskunftei für alle internationalen Konflikte.“ (J. Isensee, GVK 11.2.1993, 117)
- „Politisch halte ich es für richtig, daß sich die Bundesrepublik die ganzen Möglichkeiten erschließt und eröffnet. Deshalb, meine ich, ist die Verfassungsänderung angezeigt und sinnvoll.“ (E. Klein, GVK 11.2.1993, 122)

### *3.4 Verfassung und Veränderung*

Die Anhörung wurde hier bisher unter der kritischen Prämisse dargestellt und es erwies sich, daß eine Auseinandersetzung über politische Zielvorstellungen in eine falsche Bahn gerät, wenn man sie als verfassungsrechtliche Auseinandersetzung führt. Nun ist eine Kommission, die abstimmungsreife Änderungsvorschläge für das Grundgesetz machen soll, gehalten, sich auf die verfassungsrechtliche Ebene zu begeben. Daraus läßt sich kein Vorwurf herleiten. Jedoch ist zu bedauern, daß Unterschiede in den politischen Zielvorstellungen der Parteien und vor allem die Ursachen für diese Unterschiede in der Auseinandersetzung der GVK nicht thematisiert, sondern immer nur als unbefragte Ausgangspunkte für die eine oder andere rechtliche Deliberation genommen wurden. Die Füllsemantik zwischen „Wir müssen politisch entscheiden“ und „Und jetzt werde ich, wenn mir das hier gestattet ist, auch einmal etwas politisch“ verdeutlicht das. Die einzige Ausnahme unter den Experten war hier E.-O. Czempiel, Politikwissenschaftler und Friedensforscher. Seine Äußerungen vor der Kommission wurden, wie sich dem Protokoll entnehmen läßt, teilweise mit Nervosität rezipiert. Das mag am Inhalt seiner Aussagen gelegen haben – manchen seiner Ausführungen stehe ich z.B. auch sehr kritisch gegenüber. Jedoch liegt auch die Vermutung nahe, daß diese leichte Unruhe daher rührte, daß hier ein politikwissenschaftlicher Experte auf dem Primat der politischen Argumente beharrte und sich nicht auf die „Kernfrage“ der Anhörung einließ, was denn die geltende Verfassung erlaube und was nicht.

Eine politikwissenschaftliche Analyse bliebe aber sträflich naiv, wenn sie nicht auch, als Gegenprobe gewissermaßen, die Anhörung versuchsweise in eine andere Perspektive stellen würde. Es spricht ja auch einiges für die These, daß nicht nur die Aufgabenstellung der GVK, vielmehr vor allem auch die politischen Intentionen ihrer Mitglieder oder ihrer Mehrheit darauf drängten, die Auseinandersetzung gerade nicht oder nur randständig auf der politischen Ebene zu führen. Dann wäre das Ausweichen auf die verfassungsrechtliche Ebene selbst eine politische Handlung.

Sie böte sich an als Ausweg aus einer Konstellation, die nun allerdings für eine Revision des Grundgesetzes denkbar ungünstig ist: dem Dilemma zwischen ungenügend entwickelter Bereitschaft zu einer solchen Revision auf der einen und übertrieben weit gesteckten Wünschen an eine solche Revision auf der anderen Seite des politischen Spektrums. Genau diese Konstellation hat Hennis (mit seiner bekannten cholerischen Rhetorik) auszumachen vermeint: „Die Arbeit der Kommission litt von Anfang bis Ende unter einem nicht reparierbaren Geburtsfehler: die Union, führende Kraft des Einigungsprozesses, hielt sie nach dem Beitritt gemäß Art. 23 für überflüssig, die Opposition verband mit ihr unrealistische Erwartungen." (Hennis 1995, 2)

Wenn das, vielleicht in abgemilderter Form, zutrifft, dann erklärt das zu einem Teil die Unpopularität genuin politischer Diskussionsbeiträge zur Auseinandersetzung der Kommission. Hinzu kommt die ohnehin schon viel erprobte Manier, heikle politische Sachverhalte auf die rechtliche Ebene zu heben, weil sie dort scheinbar auf fest liegende Handlungsschienen aufgelegt werden können. Diese Verhaltensweise ist in der politischen Kultur der Bundesrepublik tief verwurzelt (übrigens in anderen Staaten auch, aber das tu quoque ist bekanntlich keine wirkliche Entlastung).

## *4. Resignation*

Der Fortgang der Debatte in der GVK nach der Anhörung ist gleichermaßen knapp und schleppend, gekennzeichnet von der Einsicht, daß es in diesem Rahmen zu einem sinnvollen Kompromiß nicht kommen kann. Auf der 18. Sitzung am 4.3.1993 macht sich die SPD noch einmal für die Aufnahme der Verpflichtung zum Frieden stark, und zwar auch in dem hier im Blick stehenden Teil des Grundgesetzes. Außerdem werden von ihren Sprechern ziemlich detaillierte Vorschriften über die Einschränkung von Rüstungsproduktion und -export befürwortet. Sprecher der CDU/CSU sperren sich gegen das eine wie das andere mit den Argumenten, daß man sich mit der zu häufigen Wiederholung des Staatsziels Frieden eher dem Verdacht aussetzt, nicht glaubwürdig zu sein, bzw. daß zu sehr ins Detail gehende Vorschriften eher eine Belastung für das Grundgesetz darstellten. Zum Thema Wehrpflicht/Zivildienst werden dann nur noch lustlos ein paar rhetorische Pflichtübungen vorgeführt. „Mensch sein heißt, ein Gewissen haben, eine innere Stimme, die mich in meinem Personsein unmittelbar anspricht und verpflichtet. Bisweilen kann das Gewissen so unerbittlich sprechen, daß ich nur ich selbst bleiben kann, wenn ich ihm folge."(Abgeordneter Elmer (SPD), GVK 1.3.1993, 36). Was soll man dazu sagen?

Auf der 25. Sitzung vom 1.7. 1993 kommt es in der Kommission zu einer Abschlußdiskussion mit anschließender Abstimmung der vorliegenden Anträge. Die Diskussion ist von einer gewissen Melancholie und Stimmung der Resignation geprägt. Fast alle Redner geben zu, daß die Auseinandersetzungen zu dem in Rede stehenden Punkt außerhalb der Kommission gehaltvoller gewesen sind. Der Abgeordnete Lamers (CDU) wirbt noch einmal für den Minimalismus der Regierungskoalition: „Und das Wesentliche ist ohne jeden Zweifel die Frage der Beteiligung des Deutschen Bundestages. Das ist die entscheidende Frage." Im übrigen habe man den eigenen Antrag zur „Klarstellung" des Grundgesetzes zurückgezogen. (GVK 1.7.1993, 65f.)

Für die FDP sagt der Abgeordnete Hirsch: „Im übrigen muß man die Frage klären, ob wir bis zu einer endgültigen Entscheidung des Bundesverfassungsgerichts abwarten wollen oder ob wir selbst die politische Kraft finden, zu einer verfassungsrechtlichen Entscheidung zu kommen [....]. Es ist nicht gut, diese Entscheidung nach Karlsruhe zu tragen. Wir müssen die politische Kraft finden. Das heißt für alle Seiten, kompromißbereit zu sein. Wir sind das; ich sage das für die FDP. Aber ich glaube nicht – und das wissen alle –, daß man in dieser Weise einen solchen Kompromiß erzielen kann." (GVK 1.7.1993, 66f.) Über die Kompromißbereitschaft und die feste Absicht der FDP, die Entscheidung nicht nach Karlsruhe zu tragen, ist es allerdings hier schwer, keine Satire zu schreiben. Hatte der kleine Koalitionspartner doch den Beschluß der Bundesregierung vom 2.4.1993, Feuerleit-Offiziere der Bundeswehr in den AWACS-Frühwarn- und Einsatzführungssystemen der NATO, die das Überflugverbot über Bosnien gemäß einer Resolution des Sicherheitsrates durchsetzen sollten, weiter Dienst tun zu lassen, wenn auch widerwillig, mitgetragen. Unmittelbar danach wurde von ihm jedoch beim Bundesverfassungsgericht der Antrag eingereicht, es möge feststellen, daß dieser Regierungsbeschluß gegen einschlägige Artikel des Grundgesetzes verstoße. Diese und eine Reihe anderer Klagen „schwebten" also zur Zeit der letzten Phase der Beratungen der GVK in Karlsruhe.

Einer der beiden Vorsitzenden der Kommission, der Erste Bürgermeister der Stadt Hamburg Voscherau (SPD) kann am Ende der Debatte die Resignation der Kommission auch nur noch einmal paraphrasieren: „Ich unterstreiche die Aussage, daß nun die Hauptsachentscheidung des Bundesverfassungsgerichts abgewartet werden muß. Und ich unterstreiche (die) Hoffnung, daß es danach bald zu einem Konsens kommen wird, der verläßliche politische Rahmenbedingungen für das Handeln der Bundesregierung und des Deutschen Bundestages schaffen sollte."(GVK 1.7.1993, 74f.)

In dem Bericht der GVK an den Deutschen Bundestag heißt es zu diesem Politikfeld lapidar: „Die GVK spricht zu diesem Beratungsgegenstand keine Empfehlungen aus." (GVK 5.11.1993, 101)

## *5. Entscheidung in Karlsruhe*

Das Urteil des Zweiten Senats des BVG vom 12. 7. 1994 über die Möglichkeiten, Grenzen und parlamentarischen Modalitäten des Einsatzes der Bundeswehr out of area hat die Unsicherheit über die Verfassungsmäßigkeit solcher Einsätze beseitigt und dabei die Rechtsauffassung der Bundesregierung und einer Mehrheit der deutschen Staatsrechtslehrer bestätigt sowie die der Oppositionsparteien zurückgewiesen. Die Zwangsläufigkeit, mit der erst das „Schweben" dieser Entscheidung und dann diese selbst die Debatte über eine Änderung des Grundgesetzes für diesen Politikbereich erst überschattete und dann zum völligen Erliegen brachten, ist allerdings nur eine eingebildete. Denn selbstverständlich blieb es dem Gesetzgeber unbenommen, mit der dafür vorgesehenen Mehrheit das Grundgesetz dennoch zu ändern. Das BVG hat ja nichts anderes getan, als den Handlungshorizont auf der Grundlage des in Kraft stehenden Grundgesetzes abzustecken.

Eine andere Frage, nämlich die wirklich entscheidende, ist, ob der politische Gestaltungswille des Gesetzgebers Änderungen beabsichtigt und die dafür nötige Mehrheit zustande bringt. Angesichts der von Hennis oben kritisch angesprochenen Polarisierung in den beiden Bundesparlamenten und der GVK war aber abzusehen, daß ein solcher konstruktiver Gestaltungswille fehlte.

### *5.1 Die wichtigsten Bestimmungen des Urteils*

Der Zweite Senat des BVG hat in seinem Urteil vom 12. 7. 1994 festgehalten, daß die Bundesregierung durch den Art. 24 Abs. 2 GG ermächtigt und berechtigt ist, in einem System gegenseitiger kollektiver Sicherheit alle mit der Mitgliedschaft in einem solchen System typischerweise verbundenen Aufgaben zu übernehmen, wozu auch der Einsatz der Bundeswehr nach den Regeln dieses Systems gehört. Die Bundesregierung ist allerdings verpflichtet, für solche Einsätze die konstitutive Zustimmung des Bundestages einzuholen, und zwar grundsätzlich vor ihrem Beginn. Das Gericht definiert dabei „System gegenseitiger kollektiver Sicherheit" ungewöhnlich großzügig: „Ein System gegenseitiger kollektiver Sicherheit im Sinne des Art. 24 Abs. 2 GG ist dadurch gekennzeichnet, daß es durch ein friedensstiftendes Regelwerk und den Aufbau einer eigenen Organisation für jedes Mitglied einen Status völkerrechtlicher Gebundenheit begründet, der wechselseitig zur Wahrung des Friedens verpflichtet und Sicherheit gewährt. Ob das System dabei ausschließlich oder vornehmlich unter den Mitgliedsstaaten Frieden garantieren oder bei Angriffen von außen zum kollektiven Beistand verpflichten soll, ist unerheblich [....]. Auch Bündnisse kollektiver Selbstverteidigung können Systeme gegenseitiger kollektiver Sicherheit im Sinne von Art.24 Abs.2 GG sein, wenn und soweit sie strikt auf die Friedenswahrung verpflichtet sind." (Entscheidungen des BVG 1994, 286f.)

Das Gericht hat diese Entscheidung mit großer Ausführlichkeit begründet; daran angehängt ist das abweichende Votum zweier Richter in bezug auf den Antrag der FDP-Fraktion, das deren verfassungspolitische Seriosität in Frage stellt.

## 5.2 *Öffentliche Kritik an der Entscheidung*

Im großen und ganzen war das öffentliche Echo auf die Entscheidung des BVG von gedämpfter Erleichterung geprägt. Daß die Regierungsparteien es begrüßten, versteht sich im Fall der CDU/CSU sowieso, im Fall der FDP eigentlich auch von selbst. Aber auch die SPD akzeptierte die nunmehr erreichte verfassungsrechtliche Eindeutigkeit und hielt sie für gewichtiger als den Sachverhalt, daß der überwiegende Teil der Karlsruher Entscheidung ihrer bisherigen politischen Linie widersprach.

Insbesondere die vom Gericht festgestellte Pflicht der Bundesregierung, für einen Einsatz der Bundeswehr die konstitutive Zustimmung des Bundestages einzuholen, ist von der größten Oppositionspartei als ein Teilerfolg ihrer Klagen angesehen worden. Auch die Regierungsparteien hatten ja vorgesehen, eine solche parlamentarische Mitbestimmung in das Grundgesetz hineinzuschreiben oder, nach der Rücknahme ihres „Klarstellungs"-Änderungs-Antrags, sie als dort bereits impliziert anzunehmen.

Neben einigen Verfassungsrechts-Experten, die an der handwerklichen Qualität und an der „politik-schaffenden" Intention des BVG Kritik übten, hat es kritische Resonanz in der Öffentlichkeit nur spärlich gegeben, hauptsächlich vom linken Rand des politischen Spektrums und von grundsätzlichen Militär-Kritikern. Für letztere bedeutete die ausdrückliche Zulassung des Einsatzes von Streitkräften für (wenn auch sozusagen mit einem besonderen legitimatorischen Sternchen gekennzeichnete) politische Zwecke einen Schritt zurück in eine anachronistische Normalität, etwa in dem Sinne, wie sich E.-O. Czempiel in der Anhörung vor dem Rechtsausschuß und der GVK geäußert hat. So schreiben etwa die Sozialwissenschaftler R. Hamann, V. Matthies und W.R. Vogt (sämtlich als Lehrende an der Führungsakademie der Bundeswehr in Hamburg tätig): „Die derzeitige Umrüstung der NATO und der Bundeswehr, die eine Reaktivierung und Effektivierung militärischer Gewalt als ein Mittel aktiverer Macht- und Interessenpolitik der westlichen Industrienationen zum Ziel hat, basiert letztlich auf einem tradierten Denken, das dem Militärischen eine zentrale Rolle in Politik und Gesellschaft beimißt und Kriege sowie Streitkräfte als quasi Naturkonstanten begreift. Dem Militär wird in der ‚post-cold-war-era' eine unangemessene ordnungsstiftende Rolle und Bedeutung zugewiesen, die in einem krassen Widerspruch zu den verteidigungspolitisch begründbaren Erfordernissen und Herausforderungen steht. Statt einer konsequenten Entmilitarisierungspolitik, die die Überrüstungen und Altlasten aus der Zeit des Kalten Krieges abbaut, wird eine potentielle militärische Vereinnahmung der Außen- und Sicherheitspolitik vollzogen." (Hamann u.a. 1994, 38) Noch schärfer zugespitzt ist die Kritik von Dieter S. Lutz (1994, 186-188), der mutmaßt, daß das Urteil des BVG und die entsprechende Politik der Bundesrepublik seit der Vereinigung dazu beitragen, daß die Staaten und Völker der Welt eine Jahrhundertchance verspielen, nämlich die Chance einer politisch abgesicherten und die Streitkräfte nicht mehr oder nur noch ausnahmsweise benötigenden echten kollektiven Sicherheit.

## 6. *Fazit*

Das kanadische Modell einer „mega-constitutional debate" kommt zur Kennzeichnung der bundesdeutschen Auseinandersetzung über die notwendige, wünschbare, unumgängliche oder am besten zu unterlassende Veränderung des Grundgesetzes auf dem Politikfeld der Militär- und Sicherheitspolitik wirklich nicht in Frage. Denn erstens war sie in der Hauptsache eine unter Experten (mit Priorität für die Experten des Verfassungsrechts) und zweitens stand sie ganz im Schlagschatten des Bundesverfassungsgerichts. Vor dessen Urteil vom 12. 7. 1994 gab es immerhin eine kontroverse Diskussion in und zwischen den Parteien des Deutschen Bundestages. Nach dem Urteil gingen die an dieser Diskussion Beteiligten eilig wieder ihren anderen Geschäften nach.

Der wiederholte Hinweis auf Kanada erfolgte nicht wegen einer exotischen Anwandlung. Vielmehr ist die Analyse der dortigen Verfassungs-Debatte außerordentlich spannend, und ihr Ausgang, nämlich die bundesweite Ablehnung der Änderungsvorschläge des Charlottetown Accord in einem Referendum wurde von der Mehrzahl der kanadischen Politikwissenschaftler als Beweis dafür interpretiert, daß ambitionierte Runderneuerungs-Versuche von Verfassungen moderner (oder post-moderner) staatlicher Gemeinwesen wegen deren interner Interessen-Differenzierung kaum Erfolgs-Chancen haben.

Diese These kann nun durch eine zweite ergänzt werden. Denn auch das „mini-constitutional project" der Veränderung des Grundgesetzes in einem Verfahren mit hohen Konsens-Hürden ist, unter den in der Bundesrepublik Deutschland nach der Vereinigung vorherrschenden politischen Bedingungen, nicht gerade zum durchschlagenden Erfolg geworden. Gewiß waren das sehr spezifische Bedingungen, die sich so in kaum einer anderen politischen Kultur wiederfinden, von der enorm hohen symbolischen (und realen) Bedeutung des Grundgesetzes für den politischen Alltag und das Selbstverständnis der politischen Akteure bis zum ungewöhnlich großen Ansehen und Gewicht des Bundesverfassungsgerichts im politischen System der Bundesrepublik.

Vielleicht kann man, jetzt mit einem argumentativen Sprung, die Behauptung aufstellen, daß eine günstige Zeit für Verfassungsänderungen größeren Stils dann gegeben ist, wenn Gesellschaft und Staat am Beginn einer in ihrer Besonderheit bereits gut erkennbaren historischen Sequenz stehen. Das trifft gegenwärtig weder für Kanada zu, noch für die Bundesrepublik. Beide Länder befinden sich in einer Zeit des Übergangs, für die „große Visionen" fehlen oder nicht genügend Verbindlichkeit aufweisen. Da fehlt dann die Kraft zu großflächigem Konsens und zu zukunftsoffenen Kompromissen.

Diese Behauptung kann, muß aber nicht unbedingt, als Kritik an den Akteuren der Verfassungsdebatte gelesen werden. Wenn nämlich das Gelingen von Politik unter anderem auch zur Voraussetzung hat, daß bestimmte Maßnahmen zum rechten Zeitpunkt erfolgen müssen, um in die Wirklichkeit einzugreifen, dann spricht einiges dafür, daß der richtige Zeitpunkt für weitergehende und nachhaltige Änderungen des Grundgesetzes im Politikfeld der Militär- und Sicherheitspolitik noch nicht gekommen ist.

## *Literatur*

*Batt*, Helge-Lothar 1996: Die Grundgesetzreform nach der deutschen Einheit. Akteure, politischer Prozeß und Ergebnisse, Opladen

*Bredow*, Wilfried v.1994: Weltbürger in Uniform?, in: Guggenberger, Bernd, Meier, Andreas (Hrsg).: Der Souverän auf der Nebenbühne. Essays und Zwischenrufe zur deutschen Verfassungsdiskussion, Opladen, S. 280-284

*Entscheidungen des Bundesverfassungsgerichts* 1994, Tübingen (Bd. 90)

*Hamann*, Rudolf u.a. 1994: Deutsche Soldaten in alle Welt? Zur Problematik einer militärischen Instrumentierung der deutschen Außenpolitik, in: Wissenschaft & Frieden, H. 4, S. 27-28 und S. 37-38

*Hennis*, Wilhelm 1995: Politik ohne Beruf.Anmerkungen zur Arbeit der Verfassungskommission, in: Gerhardt, Volker u.a. (Hrsg.): Politisches Denken. Jahrbuch 1994. Stuttgart und Weimar, S. 1-18

*Kloepfer*, Michael 1995: Verfassungsänderung statt Verfassungsreform. Zur Arbeit der Gemeinsamen Verfassungskommission, Berlin

*Lutz*, Dieter S. 1994: Seit dem 12. Juli 1994 ist die NATO ein System Kollektiver Sicherheit! Eine Urteilsschelte, in: Sicherheit & Frieden, H. 4, S. 186-188

*Russell*, Peter M 1993: The End of Mega Constitutional Policy in Canada?, in: McRoberts, Kenneth/Monahan,Patrick J. (Hrsg.): The Charlottetown Accord, the Referendum, and the Future of Canada, Toronto , S. 211-221

*Peters*, Werner 1994: Deutsche Militäreinsätze ‚out of area'?, in: Guggenberger, Bernd, Meier, Andreas (Hrsg.): Der Souverän auf der Nebenbühne. Essays und Zwischenrufe zur deutschen Verfassungsdiskussion, Opladen, S. 285-290

*Wette*, Wolfgang 1994: Rückkehr zu ‚Normalität' und Weltmachtdenken. Die Renaissance des Militärischen im neuen Deutschland, in: Blätter für deutsche und internationale Politik, H. 8, S. 981-990

*Birgit Schillings*

# Asylrecht und Grundgesetz

## *1. Einleitung*

Anfang der neunziger Jahre sind in der Bundesrepublik Deutschland Fremdenfeindlichkeit, Gewalt und Rassismus in erschreckendem Ausmaß sichtbar geworden. Ein halbes Jahrhundert nach Beendigung des Nationalsozialismus werden Menschen in Deutschland wieder aufgrund ihrer Hautfarbe, ihrer Rasse oder Religion verfolgt, mißhandelt und sogar getötet. Die ausländerfeindlichen Anschläge in Hoyerswerda, Solingen und Mölln zeigen eine Entwicklung, bei der nicht nur die Übergriffe selbst, sondern gerade auch die Beifall klatschenden Bürger erschrecken. Die Opfer des weltweiten Flüchtlingsgeschehens, die asylsuchenden Flüchtlinge, sind als vermeintliche Täter (‚Asylbetrüger', ‚Schmarotzer') zu einem neuen Feindbild für einen großen Teil der deutschen Bevölkerung geworden.

Die überforderten Politiker reagieren auf diese Situation mit einer verschärften Asyldebatte und schließlich mit der Änderung des Art. 16 GG. Der Deutsche Bundestag hat am 26.5.1993 die Grundgesetzänderung zum Asylrecht beschlossen und zugleich die zu deren Umsetzung erforderlichen Begleitgesetze verabschiedet. Am 1.7.1993 ist das geänderte Grundgesetz nach Zustimmung des Bundesrates in Kraft getreten. In der vorliegenden Abhandlung sollen im Anschluß an eine kurze Darstellung der Entwicklung der Asyldebatte nicht nur die Änderungen des neuen Gesetzes, sondern auch die Argumente der Politiker und Sachverständigen für bzw. gegen den neuen Grundgesetzartikel vorgestellt werden. Als Grundlage dienen die Protokolle zu den beiden Sitzungen der Gemeinsamen Verfassungskommission (GVK) vom 4.2.1993 bzw. 13.5.1993, und die Protokolle der öffentlichen Anhörung von Innen- und Rechtsausschuß des Bundestages und der GVK am 11.3. 1993, bei der elf Sachverständige Stellung zu dem neuen Gesetzesentwurf nehmen sollten.

## *2. Entwicklung der Asyldebatte*

Ein Unikat im internationalen Verfassungsvergleich war bis zum Inkrafttreten des geänderten Grundgesetzes am 1.7.1993 Art. 16, Abs. 2, Satz 2 GG:

„Politisch Verfolgte genießen Asylrecht". Bis dahin kannte Artikel 16 GG keinen Gesetzesvorbehalt (vgl. Münch 1992, 36).

Carlo Schmid (SPD), Mitglied des Parlamentarischen Rates, meinte im Winter 1948/49 daß die „[...] Asylgewährung [...] immer eine Frage der Generosität" sei (Carlo Schmid zitiert nach Nuscheler, 1995, 137). Die „Eltern des Grundgesetzes" formulieren das Grundrecht auf Asyl bewußt so knapp und ohne jede Einschränkung aufgrund der während der Zeit des Nationalsozialismus gemachten, schrecklichen Erfahrungen deutscher Flüchtlinge, unter ihnen auch Mitglieder des Parlamentarischen Rates (vgl. Zimmermann 1994, 11f.). Mehr noch als das Grundgesetz insgesamt, war Art. 16 GG die Antwort der Deutschen auf die Erfahrung des Nationalsozialismus (vgl. Bade 1994, 94).

Der Kampf um den Satz ‚Politisch Verfolgte genießen Asylrecht' beherrscht im Deutschland der achtziger und der frühen neunziger Jahre die öffentliche Diskussion um Asylrecht und Asylpolitik. Das hat verschiedene Gründe: Dazu gehören einerseits die den Gründern des Grundgesetzes 1948/49 noch unvorstellbaren Dimensionen des Weltflüchtlingsproblems (vgl. Kimminich 1983, 42-56). Andererseits ändert sich auch die Zusammensetzung der Asylbewerber: zum ersten Mal findet sich neben den damals klaglos akzeptierten Asylbewerbern aus Osteuropa, ein großer Teil von Palästinensern ein, deren Flucht aus Jordanien wegen des von terroristischen Palästinensern im Jahr 1972 verübten Massakers während der Olympiade in München auf große Widerstände in der deutschen Bevölkerung stößt (vgl. Prantl 1994, 135). Darüber hinaus fällt der aufkommende Streit um das Asylrecht zeitlich mit dem Gastarbeiter-Anwerberstopp 1973 zusammen (Schulte 1993, 120).

Zu den Hintergründen der Asyldebatte hierzulande gehört aber auch, daß die Asylbewerberzahlen von den Parteien im Kampf um Wählerstimmen bewußt instrumentalisiert und politisiert werden (Appel 1992/93, 17ff.). Besonders nach der deutschen Wiedervereinigung und dem Zusammenbruch des sozialistischen Ostblocks steigert sich nicht nur die Zahl der Asylbewerber aus diesen Gebieten (Ronge 1993, 16), sondern hinzu kommen zunehmende wirtschaftliche und soziale Ängste seitens der deutschen Bevölkerung (Trittin 1993, 19ff.). Die lautstarke Asyldebatte lenkt ab von einer allgemeinen Stagnation, sowie Konzeptions- und Perspektivlosigkeit in der deutschen Innen- und Ausländerpolititik (Bade 1994, 95). Ein übriges tun von Politikern gebrauchte und von den Medien aufgegriffene emotionsgeladene Ausdrücke wie ‚Asylantenflut', ‚Schmarotzer', ‚Überfremdung', und Aussagen wie ‚Das Boot ist voll, jetzt reicht es!" (Renner 1992, 14). Die Opfer des weltweiten Fluchtgeschehens, nämlich die asylsuchenden Flüchtlinge selbst, werden schließlich als vermeintliche Täter und Sündenböcke zu einem Feindbild für große Teile der deutschen Bevölkerung stilisiert (Mühlum 1993, 11f.).

Die Medien spielen in der Auseinandersetzung mit Fremdenfeindlichkeit, Rechtsextremismus und Gewalt eine „ambivalente Rolle" (Teichert 1993, 11). Auf der einen Seite sind sie stets darauf bedacht, als erster vom

Ort des Geschehens zu berichten, wobei es neben sensationsheischender und oft oberflächenverhaftender Berichterstattung auch inszenierte Bilder von randalierenden Neonazis und Skinheads gibt. Auf der anderen Seite ist man aber auch bemüht, in Dokumentationen und Sondersendungen Hintergründe aufzuklären (vgl. ebd., 11). Die Verstrickung der Medien in die Eskalation der Gewalt läßt sich keineswegs auf mögliche Rassisten unter den Journalisten zurückführen, vielmehr geht es um deren Umgang mit ihrem Handwerk, dessen fahrlässiger und leichtfertiger Gebrauch, beabsichtigt oder nicht, entsprechende Strömungen fördern kann (Gerhard 1993, 37).

Nach der ,Vertreibung' von Asylbewerbern aus dem sächsischen Hoyerswerda im September 1991 und der ersten großen Gewaltwelle gegen Asylsuchende im vereinten Deutschland werden die Flammen zum Symbol wachsender Fremdenfeindlichkeit (Kostede 1993, 3): Im August 1992 verbreiten die Medien weltweit die Bilder aus Rostock, wo unter öffentlichem Beifall Asylbewerber in ihren Häusern angegriffen werden. Im November 1992 verbrennen bei einem Brandanschlag in Mölln drei Angehörige türkischer Familien in ihren Unterkünften. Die Möllner Morde wirken kurzfristig zwar stimulierend für Anschlußtäter in der seit Rostock anhaltenden Gewaltwelle, jedoch schrecken sie auch die Öffentlichkeit auf: Hunderttausende treffen sich im Winter 1992/93 zu friedlichen Demonstrationen (z.B. Münchener Lichterkette) gegen Fremdenfeindlichkeit und Gewalt und für eine Bekämpfung ihrer Ursachen (Bade 1994, 118f.).

Das in der politischen Polemik und den Horrorszenarien der Sensationsberichterstattung monströs verzerrte, zu einer Art Überlebensfrage der Nation übersteigerte Thema ,Asyl' wird, Umfragen des Bielefelder Emnid-Instituts zufolge, prompt zum wichtigsten Problem in Deutschland. „Aslystreit entscheidet die Wahl", meldet der SPIEGEL im Zusammenhang mit einer Emnid-Umfrage zu dem politischen Meinungsbild im Oktober 1992: „73 Prozent der Bundesbürger halten es für ,besonders wichtig', weitere 23 Prozent für ,wichtig', das ,Problem der Ausländer in den Griff zu bekommen'." (N.N. 1992a, 58) Bundeskanzler Helmut Kohl spricht in diesem Zusammenhang sogar von „Staatsnotstand" (Helmut Kohl zitiert nach Nuscheler 1995, 133) und läßt untersuchen, inwieweit rechtliche Änderungen in der Asylpraxis auch ohne die entsprechende Grundgesetzänderung möglich seien (Bade 1994, 122). Er muß sich in dieser Zeit deshalb auch den Vorwurf gefallen lassen, einen Verfassungsbruch bzw. einen Staatsstreich vorbereiten zu wollen (vgl. N.N. 14.9.1992b, 18ff.; vgl. auch N.N. 2.11.1992c, 18ff.).

Die Politiker geraten immer mehr unter öffentlichen Zugzwang, als Folge eigener Versäumnisse: „Die einen sehen sie [die Versäumnisse] in der mangelnden Bereitschaft der anderen, den Auftrag des Grundrechts auf Asyl zu erfüllen, die anderen in der mangelnden Zustimmung der einen, das Grundgesetz einzuschränken, um seinen Auftrag erfüllbar zu halten." (Bade 1994, 122) Einige Beobachter sprechen sogar von einer, an das ,Weimarer-Syndrom' erinnernden Lähmung bzw. Staatsohnmacht: Nicht nur den Präsidenten des Bundesamtes für Verfassungsschutz, Echkart Werthebach, erinnert die Situation „etwas an Weimar“, sondern auch Hamburgs Bürgermeister Henning Voscherau spricht vom „Beginn der Weimarisierung“ (N.N. 5.10.1992d, 26; vgl. auch Ullrich 9.7.1993, 28)..

Am 10.10.1991 kommt es dann aber doch zu einem Parteiengespräch zwischen CDU/CSU, FDP und SPD. Zwar haben alle Beteiligten ihre Grundpositionen über „Sinn und Unsinn einer möglichen Verfassungsänderung“ (Prantl 1992/93, 148) beibehalten, jedoch einigt man sich auf das Vereinfachen und Verkürzen des geltenden Asylverfahrens. Der Streit um das Asylgrundrecht hält jedoch weiter an, wobei die CDU/CSU hartnäckig und auch absprachewidrig auf einer Grundgesetzänderung beharrt, die SPD sich dagegen zusehends innerlich aufreibt und in zwei Lager spaltet. Auf dem SPD-Parteitag im November 1992 argumentiert dann schließlich auch die SPD für eine Änderung des Grundgesetzes, trotz erheblicher innerparteilicher Gegenstimmen (vgl. Däubler-Gmelin 1994, 163f.). Am 6.12.1992 einigen sich die Regierungsparteien CDU/CSU und FDP in dem sogenannten Nikolausbeschluß mit der oppositionellen SPD auf Grundsätze eines ‚Asylkompromisses‘, worin die Union zum größten Teil ihre Vorstellungen verwirklichen kann (vgl. Zimmermann 1994, 30ff.). Bis zum März 1993 sollten Voraussetzungen geschaffen werden, das Grundgesetz zu ändern und die Asylverfahren weiter zu straffen und zu beschleunigen (vgl. Bade 1994, 123).

Kern des ‚Asylkompromisses‘ vom Dezember 1992 ist, aus „verfolgungsfreien“ Herkunftsländern stammenden oder über „sichere Drittstaaten“ einreisenden Flüchtlingen den Anspruch auf Asyl in Deutschland zu verweigern. Festgehalten wird dabei, daß die Nachbarstaaten Polen, CSFR, Österreich und die Schweiz als sichere Drittländer gelten sollten. Damit wird die mit den Außengrenzen der Europäischen Union zusammenfallende deutsche Ostgrenze vollkommen abgeschirmt (vgl. ebd., 124).

Am 26.5.1993 verabschiedet der Bundestag mit 521 gegen 132 Stimmen die umkämpfte Änderung des weltweit einzigartigen Art. 16 GG. Schon zwei Tage später bestätigt der Bundesrat die Gesetzesänderung, die am 1. Juli 1993 in Kraft tritt (vgl. ebd., 125).

## 3. *Gründe für eine Grundgesetzänderung*

Die Politiker benutzen im Wesentlichen vier Argumente in den Sitzungen der GVK, um eine Grundgesetzänderung in ihren Augen zu legitimieren: Es werden immer wieder die hohen Asylbewerberzahlen erwähnt, die niedrige Anerkennungsquote, die ungleichmäßige Verteilung von Flüchtlingen innerhalb der Europäischen Union und der Druck von Seiten der Bevölkerung.

## *3.1 Hohe Asylbewerberzahlen*

Der Parlamentarische Staatssekretär Eduard Lintner (CSU) betont, daß 1983 nur 20.000 Asylsuchende nach Deutschland gekommen seien, 1992 sei die Zahl aber bereits auf 440.000 angestiegen. Innerhalb von neun Jahren betrage die Zunahme damit über 2.000 Prozent. Er äußert die Befürchtung, daß 1993 gar mit einem Rekord von 500.000 Asylbewerbern zu rechnen sei, falls man der Entwicklung nicht Einhalt gebiete. Er sieht bei einem solchen „Ansturm" die Kommunen überfordert (vgl. GVK 4.2.1993, 24). Hans-Joachim Otto (FDP) vermutet gar, daß bei unveränderter Rechtslage die Asylbewerberzahl auf eine Million ansteigen könne. Auch er sieht darin eine unzumutbare Situation für die Verwaltungen der Kommunen (vgl. ebd., 9f.).

In der Literatur wird ebenfalls aufgrund der eingangs genannten Gründe (Weltflüchtlingsproblem, Zusammenbruch des Ostblocks) von einem Anstieg der Asylbewerberzahlen gesprochen. Auffällig hierbei ist jedoch, daß mit sehr unterschiedlichen Zahlen argumentiert wird, genau wie es in der Diskussion der GVK der Fall ist. Ursache für diese unterschiedlichen Zahlenangaben sind die verschiedenen Flüchtlingsdefinitionen. Darüber hinaus werden die Zahlen politisch instrumentalisiert, daß heißt, jeder benutzt die Zahlen so, wie sie in das eigene parteipolitische Konzept passen.

## *3.2 Niedrige Anerkennungsquote*

Im Zusammenhang mit der niedrigen Anerkennungsquote wird von mehreren Mitgliedern der GVK bemängelt, daß viele Flüchtlinge in die Bundesrepublik kämen, die keiner politischen Verfolgung ausgesetzt seien. Nach Art. 16 GG (alte Fassung) hatten sie zunächst ein Bleiberecht bis zum Abschluß des Verfahrens; zudem wurde abgelehnten Asylbewerbern (nach der alten Fassung) die Möglichkeit eingeräumt, ihren Bescheid anzufechten. Es kam deshalb nicht selten vor, daß sich das Bleiberecht auf mehr als fünf Jahre ausdehnte, da diese Verfahren oft über mehrere Gerichtsinstanzen gehen konnten (vgl. Herrmann 1992, 32).

Norbert Geis (CDU/CSU) spricht in diesem Zusammenhang in der GVK von einem „massenhaften Mißbrauch"(GVK 4.2.1993, 33) des Grundgesetzes. Deshalb sei die Bundesregierung aufgrund ihres Verfassungsauftrages auch dazu verpflichtet, etwas gegen die niedrige Anerkennungsquote der Asylbewerber zu tun. Für ihn liegt die Lösung allein in einer Änderung des Art. 16 GG (vgl. ebd., 33).

Der Abgeordnete Hans-Jochen Vogel (SPD) kritisiert die Argumentation von Norbert Geis: Die Anerkennungsquote für 1991 liege nicht, wie Geis behaupte, bei 4 Prozent, sondern bei 20 Prozent. Er betont, daß die Situation immer wieder falsch dargestellt werde. Doch auch Vogel gesteht, daß die Anerkennungsquote damit noch immer zu niedrig sei und daß die Verwaltungen durch die zahlreichen Verfahren überfordert seien (vgl. ebd., 35).

Ähnlich wie bei den Asylbewerberzahlen divergieren die Angaben zur Anerkennungsquote erheblich; wieder werden die Zahlenangaben so benutzt, daß sie ins parteipolitische Konzept passen. Natürlich kann man nicht ausschließen, daß nach Art. 16 GG (alte Fassung) auch Flüchtlinge aufgrund wirtschaftlicher Gründe nach Deutschland gekommen sind, jedoch bleibt festzuhalten, daß Art. 16 GG (alte Fassung) das einzige legale Eingangstor nach Deutschland bedeutete. Es existiert kein Einwanderungsrecht wie z.B. in den Vereinigten Staaten. Die Bundesregierung hat an dem Grundsatz festgehalten, daß die BRD kein Einwanderungsland sei (vgl. Herrmann 1992, 35).

Während der Diskussion in der GVK wird die Position der Regierung durch die Vertreter der Union immer wieder betont: Eine Kontrolle über die zunehmende Einwanderung werde nur durch die Änderung des Art. 16 gewährleistet (vg. GVK 4.2.1993, 12 u. 33). Dem widerspricht Joschka Fischer (BÜNDNIS 90/ DIE GRÜNEN) in der 16. Sitzung der GVK vehement: Die Bundesrepublik müsse zu der Selbsterkenntnis gelangen, daß das Land in der Tat ein Einwanderungsland sei und demzufolge auch eine „moderne Einwanderungsverwaltung" (ebd., 7) brauche. Er bewertet den „Nikolaus-Beschluß" vom 6. 12.1992 folgendermaßen:

> „Im Grunde genommen [...] setzt der vorliegende Gesetzesentwurf den Fehler, der dem alten Artikel 16 vorgeworfen wird, fort, indem jetzt versucht wird, einen neu formulierten, sozusagen einwanderungssicheren Art. 16 hinzubekommen. Aber ich fürchte, damit wird man nur die alten Probleme auf eine neue Ebene bringen." (ebd., 7)

## *3.3 Ungleichmäßige Verteilung von Asylbewerbern innerhalb der Europäischen Union*

Ein weiteres Argument für die Änderung des Asylgesetzes, das sich durch die gesamte Diskussion der Gemeinsamen Verfassungskommission zieht, ist die ungleichmäßige Verteilung von Asylbewerbern in Europa: Hans-Joachim Otto (FDP) spricht davon, daß die BRD rund zwei Drittel der Asylbewerber aufnehme, was doppelt so viel sei, wie alle elf EG-Länder zusammen (ebd., 16). Auch Herbert Schnoor (SPD) spricht von dem Problem des sogenannten „burden sharing" (gleichmäßige Verteilung von Flüchtlingen innerhalb Europas), jedoch weist er auch darauf hin, daß die Last nicht auf die ärmeren osteuropäischen Nachbarn abgeschoben werden dürfe (vgl. ebd., 16). Joschka Fischer sieht das ähnlich wie Schnoor:

> „Es kann doch nicht wahr sein, daß wir, eines der reichsten Länder [...], mit formaljuristischen Argumenten das Problem des Zuwanderungsdrucks [...] auf unsere armen östlichen Nachbarn verlagern – und dies auch noch unter der Überschrift, wir wollten das Asylrecht unangetastet lassen [...]" (ebd., 8).

Eduard Lintner dagegen fordert eine Lastenteilung ohne jegliche Einschränkung. Er meint, daß „burden sharing kein unzumutbares Ansinnen [ist], sondern eine gar nicht zu vermeidende politische Forderung" (ebd., 25).

Die europäischen Länder sind zu diesem Zeitpunkt der Auffassung, daß die BRD selbst für ihre Lage verantwortlich sei, denn ihrer Meinung nach sei es kein Zufall, daß 60 Prozent der Asylbewerber nach Deutschland wollten. Als Ursache dafür sehen sie die Tatsache, daß Deutschland mit Art. 16 GG (alte Fassung) das für Flüchtlinge günstigste Asylrecht im Schengengebiet und der Europäischen Union gehabt hätte. Für die Experten in der Brüsseler Kommission steht zu diesem Zeitpunkt fest, daß Deutschland Abstriche machen müsse, um in der Europäischen Union nicht weitgehend isoliert zu bleiben (vgl. Herrmann 1992, 38).

### *3.4 Der zunehmende Druck seitens der Bevölkerung*

Aufgrund der zahlreichen fremdenfeindlichen Ausschreitungen sehen sich einige der Abgeordneten unter Druck gesetzt, etwas zu unternehmen. Gerhard Friedrich (CDU/CSU) meint, daß die Bereitschaft zur Aufnahme von Flüchtlingen wachsen werde, „wenn wir den Eindruck der Hilflosigkeit unserer staatlichen Organe beseitigen und unseren Mitbürgern die Überzeugung vermitteln, daß wir wirklich selbst entscheiden, wer bei uns bleiben darf bzw. zu uns kommen darf." (GVK 4.2.1993, 13) Auch Eduard Lintner meint, daß die Reaktion der Leute zeige, daß die Politiker gefordert seien und nicht noch „endlos Zeit" für auch „in der Praxis greifende Regelungen" hätten (ebd., 24). Demgegenüber vertritt Jürgen Schmude (SPD) den Standpunkt, daß gerade die Reaktion der Bevölkerung zeige, daß bei diesem wichtigen Thema eine sorgfältige und gründliche Beratung notwendig sei. Er plädiert dafür, daß man sich keinem unangemessenen Zeitdruck aussetzen solle und daß bei der Anhörung „soviel Sachverstand wie möglich" zu Rate gezogen werden sollte, um verfassungsrechtliche Fragen zu klären (vgl. ebd., 5).

## *4. Gründe gegen eine Grundgesetzänderung*

Von den elf geladenen Sachverständigen bei der öffentlichen Anhörung von Innen- und Rechtsausschuß des Bundestages und der GVK am 11.3.1993 werden zahlreiche und vielschichtige Argumente gegen den neuen Grundgesetzartikel angeführt. Grundsätzlich ist zu sagen, daß keiner der elf Experten dem Entwurf so zugestimmt hat, wie er letztendlich verabschiedet worden ist, wobei die schärfste Kritik an der Drittstaaten-Regelung geübt worden ist.

### *4.1 Drittstaaten-Regelung*

Die vier Worte des ‚alten' Art. 16 GG („Politisch Verfolgte genießen Asylrecht") sind zwar in Art. 16a Abs. 1 GG erhalten geblieben, die folgenden Absätze aber formulieren erhebliche Einschränkungen. Vor allem zwei Gruppen wird nach dem neuen Asylrecht die Aufnahme als Asylsuchende erschwert: einerseits Flüchtlingen, die über ‚sichere Drittstaaten', daß heißt „aus einem Mitgliedstaat der Europäischen Gemeinschaften oder aus einem anderen Drittstaat [einreisen], in dem die Anwendung des Abkommens über die Rechtsstellung der Flüchtlinge und der Konvention zum Schutz der Menschenrechte und Grundfreiheiten sichergestellt ist" (Art. 16a Abs. 2 GG); andererseits Flüchtlingen aus „verfolgungsfreien Herkunftsländern", daß heißt aus Ländern, in denen „gewährleistet erscheint, daß dort weder politische Verfolgung noch unmenschliche oder erniedrigende Bestrafung oder Behandlung stattfindet" (Art. 16a Abs. 3 GG). Im ersten Fall kann die Abschiebung sofort und unabhängig von dagegen eingelegten Rechtsmitteln vollzogen werden. Im zweiten Fall und „in anderen Fällen, die offensichtlich unbegründet sind oder als offensichtlich unbegründet gelten, [wird die Abschiebung] durch das Gericht nur ausgesetzt, wenn ernstliche Zweifel an der Rechtmäßigkeit der Maßnahmen bestehen". Zur rechtswirksamen Begründung bleibt unter Umständen sehr wenig Zeit, denn „der Prüfungsumfang kann eingeschränkt werden und verspätetes Vorbringen unberücksichtigt bleiben" (Art. 16a Abs. 4 GG) (Beck-Verlag 1994, 18f.; ebenso Bade 1994, 127).

Die Konsequenzen für Asylsuchende in Deutschland sind erheblich: „Die Bundesrepublik ist für asylsuchende Flüchtlinge auf dem Landweg praktisch nicht mehr erreichbar, weil sie rundum, auch im Osten, von sogenannten ‚sicheren Drittstaaten' umgeben ist." (Bade 1994, 127). Auf dieses Problem verweisen auch einige Abgeordnete der SPD, PDS und BÜNDNIS 90/DIE GRÜNEN während der Diskussion in der GVK (vgl. GVK 4.2.1993, 3f., 13ff., 20f.). Eintreffende Asylbewerber aus ‚Nichtverfolgerstaaten', die auf dem Luftweg, der aufgrund der hohen Kosten ohnehin schon eine Selektionsfunktion hat, in die Bundesrepublik kommen beziehungsweise Antragsteller ohne gültige Papiere, müssen auf dem Flughafen im exterritorialen Transitbereich bleiben. Dort haben sie ein Schnellverfahren abzuwarten, das über Abschiebung oder Genehmigung von Einreise und regulärem Asylverfahren entscheidet (vgl. Bade 1994, 127). Dadurch soll die Einschränkung der Asylverfahren auf Flüchtlinge, die wirklich politisch verfolgt sind, erreicht werden. Ausgangsüberlegung der Politiker war es, nicht den Schutz für politisch Verfolgte einzuschränken, sondern die große Zahl derer, die aus anderen Motiven als der politischen Verfolgung in die Bundesrepublik gekommen seien (vgl. GVK 4.2.1993, 33f.).

Gegner des Asylkompromisses sehen dieses Ziel jedoch nicht erreicht: Die heftigste Kritik, vor allem an der ‚Drittstaaten-Lösung', kommt bei der Anhörung von Innen- und Rechtsausschuß des Bundestages und der GVK aus den Reihen humanitärer und karitativer Verbände, sowie Menschenrechtsorganisationen und vom Vertreter des Hohen Flüchtlingskommissars der Vereinten Nationen (UNHCR) in Bonn, Walter Koisser. Vergeblich appelliert er an die Abgeordneten des Bundestages, die Genfer Flüchtlingskonvention als materielle Grundlage für die Entscheidung über die Gewährung von Asyl wiedereinzuführen:

„Es fehlt noch immer die Wiedereinführung der Flüchtlingsdefinition der Genfer Flüchtlingskonvention als materielle Grundlage für die Gewährung von Asyl. Ich bedaure sehr, daß diesem zentralen und wiederholt vorgebrachten Anliegen des UNHCR auch mit den vorliegenden Änderungsvorschlägen nicht Rechnung getragen worden ist; dies übrigens trotz gegenteiliger Ankündigungen." (Deutscher Bundestag 1993, 27).

Walter Koisser argumentiert weiter, daß die Bundesrepublik Deutschland von Staaten umgeben sei, die der Europäischen Gemeinschaft angehören oder die Genfer Flüchtlingskonvention und/oder die europäische Menschenrechtskonvention unterzeichnet hätten und die Mehrzahl der Asylbewerber über diese Staaten einreise. Deshalb gelte für diese Personen nicht Abs. 1, sondern Abs. 2 des Entwurfs. Das bedeute, sie würden kein Recht auf Asyl genießen. Der Wortlaut des Art. 16a täusche mithin über seinen Inhalt. Nach Meinung des Vertreters des UNHCR in Deutschland müsse Abs. 1 und Abs. 2 des Entwurfs wie folgt lauten: Wer auf dem Landweg in die Bundesrepublik Deutschland einreist, genießt kein Asylrecht. Asylrecht genießen politisch Verfolgte, die mit dem Flugzeug oder per Schiff einreisen (vgl. ebd., 32).

Auch Dr. Rothkegel, Richter am Bundesverwaltungsgericht, erhebt massive Kritik an der Drittstaaten-Regelung:

„Art 16a des Entwurfs erreicht die in der amtlichen Begründung genannte Zielsetzung, den wirklich politisch Verfolgten weiterhin Schutz und Zuflucht zu gewähren nicht; denn die wirklich politisch Verfolgten werden, soweit sie unter die Drittstaatenregelung des Abs. 2 des Entwurfs fallen, ebensowenig Asyl erlangen, wie diejenigen, die nicht wirklich politisch verfolgt sind. [...] Die Drittstaatenregelung ist die Achillesferse des Asylkompromisses. Das Bundesverfassungsgericht wird schon über seinen eigenen Schatten springen müssen, wenn es eine Regelung wie die des Art. 16a Abs. 4 des Entwurfs absegnen soll." (ebd., 37f.).

Auch in der Öffentlichkeit wird die Drittstaaten-Regelung heftig kritisiert. So beschreibt Robert Leicht in der ZEIT, daß die Drittstaatenregelung „blanke Heuchelei" sei. Er fährt fort, daß das, „was da in Bonn ausgehandelt wurde [...], kein Kompromiß, sondern eine Kompromittierung des politischen Anstands" sei (Leicht 1992, 1).

Fürsprecher der Drittstaatenregelung legitimieren diese mit dem Argument, daß das „Prinzip der Drittstaaten" nichts anderes sei, als die „Übernahme des Schengener Abkommens".[1]

---

1 So argumentieren zum Beispiel Hans-Joachim Otto (FDP) und Gerhard Friedrich (CDU/CSU). Vgl. GVK 4.2.1993, 9f. und 11. In dem im Juni 1985 in Schengen (Luxemburg) geschlossenen 'Übereinkommen zwischen den Regierungen der Staaten der Benelux-Wirtschaftsunion, der BRD und Frankreich betreffend den schrittweisen Abbau der Kontrollen an den gemeinsamen Grenzen' ist der Wegfall der Grenzkontrollen beschlossen worden. Mittlerweile sind alle EG-Staaten außer Dänemark, Großbritannien und Irland dem Abkommen beigetreten. Ein Zusatzabkommen regelt die Behandlung von Asylanträgen und die Zusammenarbeit der Polizeibehörden über die Grenzen hinaus. Vgl. dazu Weidenfeld/Wessels 1992, 383f.

### 4.2 ‚Grundsätze', die im Sinne des Art. 79 Abs. 3 GG durch Art. 16a verletzt werden

Die Mehrzahl der Sachverständigen geht in der Anhörung auch auf die Frage einiger Politiker der GVK ein, ob und inwieweit ‚Grundsätze' nach Art. 79 Abs. 3 GG durch Art. 16a verletzt würden. Das Bundesverfassungsgericht habe wiederholt erklärt, daß dem Begriff der politischen Verfolgung gemäß Art 16 Abs. 2 Satz 2 GG (alte Fassung) die Überzeugung der Achtung der Unverletzlichkeit der Menschenwürde zugrunde liege. So habe „kein Staat das Recht [...], Leib, Leben oder die persönliche Freiheit" des einzelnen aus Gründen zu gefährden oder gar zu verletzen, die allein in seiner politischen oder religiösen Überzeugung oder in „unverfügbaren, jedem Menschen von Geburt an anhaftenden Merkmalen liegen" (Günther 1992/93, 279). Diese Rechtsüberzeugung habe die Schaffung des grundgesetzlichen Asylrechts maßgeblich gefördert und präge auch seinen Inhalt (vgl. ebd., 275).

Wenn Art. 16 Abs. 2 Satz 2 GG in Art. 1 Abs. 1 GG, also dem Schutz der Menschenwürde, wurzelt und dieser Grundsatz wiederum gemäß Art. 79 Abs. 3 GG unabänderbar sei, so liegt der Schluß nahe, daß im Kern politisch Verfolgte wegen dieser verfassungsfesten Garantie der Menschenwürde auch verfassungsrechtlichen Schutz genießen, der nicht mit verfassungsändernden Mehrheiten abgeschafft werden kann. Einige Sachverständige haben dem entgegengehalten, daß über Art. 79 Abs. 3 GG lediglich der ‚Grundsatz' des Art. 1 geschützt sei (vgl. Deutscher Bundestag 1993, 56 fff. u. 64f.). Art. 1 Abs. 1 GG hat jedoch einen absoluten Charakter, und deswegen hat Art. 79 Abs. 3 GG im Hinblick auf Art. 1 Abs. 1 keine einschränkende Bedeutung (vgl. Zimmermann 1994, 230-236). Dieser Interpretation zufolge dürfen allenfalls die Gründe, die zu einer Anerkennung als politisch Verfolgter führen, im Zusammenhang mit Art. 16 Abs. 2 Satz 2 GG (alte Fassung) eingeschränkt, jedoch nicht beseitigt werden. Dies geschieht aber mit Art. 16a (vgl. Günther 1992/93, 275).

Da Art. 16a GG erlaubt, einen politisch Verfolgten in ein ‚sicheres Drittland' abzuschieben, ohne daß es verfassungsrechtliche Garantien gibt, ob dieses Drittland tatsächlich in vergleichbarer Weise wie die Bundesrepublik Deutschland Schutz vor politischer Verfolgung biete, ist diese Bestimmung folgerichtig insoweit verfassungswidrig (vgl. Deutscher Bundestag 1993, 9ff.).

Einige der Verfassungsjuristen merken in der Anhörung an, daß die „Drittstaaten-Klausel" nicht nur in Hinblick auf die durch Art. 1 Abs. 1 GG geschützte Menschenwürde problematisch sei. Verletzt werde auch die Bestimmung des Art. 1 Abs. 3 GG, wonach Grundrechte für Gesetzgebung, vollziehende Gewalt und Rechtsprechung verbindlich seien: Durch Abs. 2 des Art. 16a wird die Reichweite des Art. 16a Abs. 1 eingeschränkt (vgl. ebd., 91). Diese Einschränkung erfolgt durch Beschluß des Bundestages mit Zustimmung des Bundesrates, wobei es keine verbindliche Vorgaben für die entsprechenden Beschlüsse gibt. Die Beschlüsse sind weder hinsichtlich ihrer Voraussetzungen noch hinsichtlich der Rechtsfolgen juristisch überprüfbar.

Damit wird der Geltungsbereich eines Grundrechts je nach entsprechenden Beschlüssen des Bundestages und des Bundesrates größer oder kleiner.

„Der sachliche Geltungsbereich eines Grundrechts wird daher lediglich zu einem kleineren Teil durch die Verfassung festgelegt und hängt im übrigen ab von politischen Entscheidungen des Bundestages und des Bundesrates. Dies stellt einen Verstoß gegen Art. 1 Abs. 3 des Grundgesetzes dar." (Günther 1992/93, 276).

Art. 1 Abs. 3 GG ist nicht unmittelbarer Maßstab zur Beurteilung des Art. 16a. Wegen Art. 79 Abs. 3 ist dem verfassungsändernden Gesetzgeber lediglich der ‚Grundsatz' des Art. 1 Abs. 3 entzogen. Der durch Art. 79 Abs. 3 GG geschützte ‚Grundsatz' ist jedenfalls bei Art. 1 Abs. 3 GG, ähnlich wie bei Art. 1 Abs. 1 GG, identisch mit dessen Geltungbereich (vgl. ebd., 276).

„Würden bloß programmatische Grundrechte ohne rechtsverbindlichen Charakter Inhalt des Grundgesetzes werden können, könnten ‚Eckpfeiler der grundsätzlichen Ordnung' beseitigt werden. Gerade dies will Art. 79 Abs. 3 GG verhindern." (ebd., 276).

Dieser Punkt ist bei der Anhörung heftig diskutiert worden, wobei die Sachverständigen in diesem Punkt nicht immer einer Meinung gewesen sind.

### *4.3 Rechtsschutzgarantie*

„Die in Art. 16a Abs. 2 Satz 3 vorgesehene Möglichkeit der sofortigen Abschiebung ist verfassungsrechtlich problematisch im Hinblick auf die Rechtsweggarantie." (Deutscher Bundestag 1993, 47). Dies jedenfalls meint Günter Renner, Vorsitzender Richter am Verwaltungsgerichtshof Kassel. Zwar habe das Bundesverfassungsgericht entschieden, daß Art. 19 Abs. 4 GG, der die Rechtsweggarantie enthält, durch Art. 79 Abs. 3 GG einer Einschränkung und Modifizierung durch verfassungsänderndes Gesetz nicht entzogen ist. Deswegen habe das Bundesverfassungsgericht es mit dem Prinzip der Gewaltenteilung für vereinbar erklärt, daß Rechtsschutz ausnahmsweise nicht durch Gerichte, sondern durch vom Parlament bestellte oder gebildete, unabhängige Institutionen innerhalb des Funktionsbereiches der Exekutive gewährt werde. Günter Renner argumentiert weiter, daß selbst der damit vom Bundesverfassungsgericht eingeräumte weite politische Spielraum des verfassungsändernden Gesetzgebers allerdings mit Art. 16a Abs. 2 Satz 3 überschritten werde. Rechtskontrolle finde in diesem Falle weder durch die Justiz noch durch eine andere Institution statt. Zwar könnten Personen, die gemäß Art. 16a Abs. 2 Satz 3 abgeschoben werden, vom Ausland her klagen, jedoch sei eine solche Möglichkeit rein fiktiv und sichere keineswegs einen effektiven Rechtsschutz (vgl. ebd., 47). Ein Rechtsverfahren einer ausländischen Person vom Ausland her scheitert oft an fehlenden Sprachkenntnissen, fehlenden Rechtskenntnissen und finanziellen Möglichkeiten. Derjenige, der diese Defizite kompensieren kann, dürfte kaum in die Lage eines Asylbewerbers geraten.

## 4.4 Art. 16a wirkt gegen die EG-Harmonisierung

Von einer Mehrzahl der geladenen Sachverständigen wird außerdem der Abs. 5 des neuen Gesetzesentwurfs bemängelt. Kay Hailbronner, Ordinarius für Öffentliches Recht, Völkerrecht und Europarecht der Juristischen Fakultät Konstanz, hält Art. 16a Abs. 5 für eine „Europa-Verhinderungsklausel" (Deutscher Bundestag 1993, 66). Dr. Rothkegel, Richter am Bundesverwaltungsgericht, meint dazu:

„Überhaupt macht nicht zuletzt Art. 16a Abs. 5 des Entwurfs deutlich, daß es sich bei den davorstehenden Regelungen um einen nationalen Alleingang der Bundesrepublik Deutschland auf dem nach internationaler Harmonisierung drängenden Gebiet des Asylrecht handelt." (ebd., 42)

Es ist zu beachten, daß die EU, um die sinkende Geburtenrate auszugleichen, zwischen 1990 und 2020 insgesamt 28 Millionen Menschen aus Drittländern aufnehmen muß. Dies hat das Institut der Deutschen Wirtschaft (IW) Ende 1993 berechnet (vgl. Meyer-Timpe 1994, 28). Deshalb plädieren auch einige der Sachverständigen für eine Einwanderungsquote, die für jedes EU-Land exakt zu berechnen sei. Zu demselben Ergebnis kommt Bernd Hof, Autor der IW-Studie „Europa im Zeichen der Migration", die verschiedene Quotenmodelle vorstellt: „Außer Irland sind alle EU-Staaten bis zum Jahr 2020 auf Zuwanderung angewiesen, wenn sie ihr Arbeitskräftepotential erhalten und damit Wachstumsspielraum und Wohlstand bewahren wollen." (Hof zitiert nach Meyer-Timpe 1994, 28). Auch der Abgeordnete Fischer (BÜNDNIS 90/ DIE GRÜNEN) spricht in der GVK davon, daß Deutschland auch in Zukunft eine Zuwanderung brauche, um „wesentliche Errungenschaften dieser sozialen Demokratie" (vgl. GVK 4.2.1993, 6) zu erhalten. Würden zum Beispiel in Deutschland während der gesamten neunziger Jahre keine Ausländer zuwandern, würde schon unmittelbar nach der Jahrtausendwende Arbeitskräftemangel die Wirtschaft bremsen (vgl. Appel 1992/93, 15f.).

## 4.5 Der Stil des Art. 16a GG

Das Grundgesetz höre auf, das zu sein, was sein Name verheiße, meint Kay Hailbronner in der Anhörung. Der Entwurf sei zu ausführlich und zu kompliziert. Es wäre „sinnvoller gewesen, den Stil der Verfassung beizubehalten, und der Stil der Verfassung sind Grundsätze" (Deutscher Bundestag 1993, 63). Edzard Schmidt-Jorzig von der Christian-Albrechts-Universität zu Kiel argumentiert ähnlich wie Kay Hailbronner:

„Es ist davon gesprochen worden, das Grundgesetz die Grundordnung sei, das Grundsätzewerk. Es verkommt aber mit solchen Dingen, so nehme ich an, immer mehr zur rechtlichen Tageskladde, wenn wir [...] dazu übergehen den politischen Tageskompromiß in die Verfassung hineinzuschreiben. So, wie Art. 16a handwerklich daherkommt, versündigt man sich nicht nur gegen die Kultur der Verfassung, sondern auch gegen das System der Verfassung." (ebd., 82)

Mehrere Sachverständige merken auch an, daß es durch den Detailreichtum von Art. 16a zu Unstimmigkeiten und eventuellen Lücken und Unklarheiten kommen könne. Hans-Jürgen Papier, Institut für Politik und Öffentliches Recht der Universität München, sagt zum Beispiel in der Anhörung:

„In dem vorliegenden Entwurf wird grundsätzlich an der Normierung eines Individualgrundrechts auf Asyl festgehalten. Gleichzeitig werden Detailregelungen der verfassungsunmittelbaren Begrenzung des Schutzbereichs dieses Grundrechts, der gesetzlichen Einschränkbarkeit und der verfahrensrechtlichen Ausgestaltung vorgesehen. Dies führt zu einer [...] Überfrachtung des Grundgesetzes [...] mit Einzelregelungen. Andererseits kann wegen des Festhaltens am Individualgrundrecht nicht ausgeschlossen werden, daß sich die normativen Begrenzungen dann doch als lückenhaft oder umgehungsfähig erweisen, so daß in Kürze ein Novellierungs- und Ergänzungsbedarf zutage treten kann." (ebd., 55)

Der neue Grundgesetzartikel lese sich wie eine Verwaltungsvorschrift, wobei es schnell zu Unstimmigkeiten der einzelnen Regelungen kommen könne, formuliert auch Bernhard Schlink, Institut für Öffentliches Recht und Völkerrecht der Humboldt Universität Berlin, seinen Vorwurf gegen die zum Teil unverständlichen Formulierungen des neuen Grundgesetzes. Eine Ungereimtheit bestehe bei Abs. 3 im Verhältnis zwischen der Vermutung, die dort aufgestellt werde und der Widerlegung, die dort ermöglicht werde:

„Daß man, um in den Genuß des Asylrechts zu kommen, politische Verfolgung nicht bloß behaupten darf, sondern Tatsachen vorlegen muß, aus denen sie sich ergibt, versteht sich von selbst. Was kann und soll Abs. 3 über diese Selbstverständlichkeit hinaus regeln? Was soll eine Vermutung zu den Voraussetzungen des Asylrechts, die zu widerlegen es nicht mehr bedarf, als es zum Nachweis der Vorraussetzungen ohnehin bedarf? Oder sollte Satz 2 dahin zu verstehen sein, daß der Ausländer, der aus einem Staat des Satzes 1 kommt, Tatsachen vortragen muß, aus denen sich nicht nur seine individuelle politische Verfolgung, sondern darüber hinaus ergibt, daß in dem betreffenden Staat generell politisch verfolgt wird? Das stünde in offenem Widerspruch zur Verbürgung des individuellen Asylgrundrechts." (ebd., 75)

Für Bernhard Schlink gibt es aber noch mehr Ungereimtheiten: So handle Art. 16a Abs. 4 von Fällen, die offensichtlich unbegründet seien oder als offensichtlich unbegründet gelten:

„[...], offensichtliche Unbegründetheit ist die Unbegründetheit, die offensichtlich ist. Sieht man hin, dann sieht man sie, denn sie liegt offen zutage. Was aber soll fingierte offensichtliche Unbegründetheit sein? – Der Richter schließt die Augen und fingiert, er sehe besonders deutlich?" (ebd., 75)

Der verfassungsändernde Gesetzgeber scheint die Kritik an diesen Ungereimtheiten seiner Regelung verfassungsrechtlich nicht weiter tangiert zu haben. In der 22. Sitzung der GVK nach der Anhörung der Sachverständigen geht man auf diese Vorwürfe nicht mehr ein.

## *4.6 Verstoß gegen das Völkerrecht*

Art. 33 der Genfer Flüchtlingskonvention lautet: „Kein Vertragsstaat der Konvention darf einen Flüchtling auf irgendeine Weise über die Grenzen von Gebieten aus- oder zurückweisen, in denen sein Leben oder seine Freiheit wegen seiner Rasse, Religion, Staatsangehörigkeit, seiner Zugehörigkeit zu einer bestimmten sozialen Gruppe oder wegen seiner politischen Überzeugung bedroht sein würde.“ Der Vertreter der Vereinten Nationen, Walter Koisser, erwähnt diesen Art. 33 der Genfer Flüchtlingskonvention, um darauf aufmerksam zu machen, daß mit der Drittstaaten-Regelung ein Verstoß gegen das Völkerrecht drohe:

„Mit der vorgesehenen, allein an den Transit anknüpfenden Drittland-Regelung droht auch ein Verstoß gegen das Völkerrecht. Maßstab für eine Beurteilung ist hierbei das sogenannte Abschiebeverbot in Art. 33 der Genfer Flüchtlingskonvention. Diese Bestimmung gilt für jeden Flüchtling und setzt, anders als viele andere Normen, noch keine vorangegangene Asylgewährung voraus. [...] Art. 33 ist das Kernstück des völkerrechtlichen Flüchtlingsschutzes.“ (ebd., 30)

Mit der Grundgesetzänderung werde außerdem „nicht der Fluchtgrund, sondern der Fluchtweg zum ausschlaggebenden Faktor für die Gewährung von Asyl“ (ebd., 33), warnt der Vertreter des UNHCR in Bonn bei der Anhörung im Bundestag vergeblich. Nach der Genfer Flüchtlingskonvention sei eine Abschiebung oder Zurückweisung an der Grenze ohne Prüfung des Asylgesuchs dann unzulässig, wenn dem Betroffenen die Zurückschiebung in einen Verfolgerstaat drohen könne. Kettenabschiebungen seien eine potentielle Gefahr für die Funktionsfähigkeit des internationalen Asylsystems (vgl. ebd., 33f.). Martin Klingst schreibt dazu in der ZEIT:

„Eben erst mußten sich die Beamten mit der im vergangenen Sommer beschlossenen Beschleunigung der Asylverfahren arrangieren. Jetzt sollen sie sich wieder umstellen. Die Mitarbeiter müssen künftig vor allem den Reiseweg erforschen und weniger die Asylgründe, und sie müssen ihre Entscheidungen anders abfassen.“ (Klingst 1993, 4)

Genau wie die Sachverständigen sieht er darin nicht die erwünschte Arbeitserleichterung für die Verwaltungsgerichte. Aber genau das war ursprünglich einer der Gründe, das Grundgesetz überhaupt zu ändern.

## *4.7 Förderung von illegaler Einwanderung*

„Die Drittstaaten-Regelung verleitet wirklich politisch Verfolgte dazu, sich vor einer Zurückweisung in einen für sie unsicheren Transitstaat durch weiteres illegales Verhalten gegenüber den deutschen Behörden zu bewahren.“ (Deutscher Bundestag 1993, 38). So und ähnlich argumentieren die Experten bei der Frage, ob das Asylgesetz nicht vielleicht doch illegale Einwanderung fördere.

Anzunehmen ist, daß die geschätzte Zahl der illegalen Inlandsaufenthalte noch deutlich steigen wird: Daß „[...] durch die restriktive Asylpolitik die Zahl der Zuwanderer wächst, die in die Illegalität abtauchen [...]“ (ebd., 32), fürchtet auch Walter Koisser.

Die Massenerscheinung Illegalität aber, wie sie zum Beispiel in Spanien mit ungefähr einer Million und in Italien mit ungefähr zwei Millionen illegal im Lande lebenden Flüchtlingen ebenso verbreitet ist wie in den Südstaaten der USA, könnte nach der „[...] Emotionalisierung und denunziativen Vergiftung der Kampfthemen Flucht und Asyl durch die Asyldebatte der späten 1980er und frühen 1990er Jahre in Deutschland verheerende Folgen haben" (Bade 1994, 132). Das könne bis zu einer privaten Jagd von Menschenjägern auf verdächtigte Fremde unter dem Vorwand, Illegale aufspüren und an staatliche Organe übergeben zu wollen, reichen (vgl. ebd., 132).

Der Rechtsanwalt Hubert Heinhold, ebenfalls Sachverständiger in der Anhörung, beschreibt in bezug auf den Punkt ‚Illegalität' folgende Vision:

> „Wenn die Regelung des Abs. 2 Wirklichkeit wird, dann werden wir demnächst nicht nur 90% illegale Einwanderung haben, sondern 100% illegale Einwanderung. Wir werden nur noch Asylbewerber ohne Pässe haben, die den Fluchtweg verschleiern, und wir werden jede Menge an Flüchtlingen haben, die in den Untergrund der großen Städte gehen, wo sie als illegale Arbeitnehmer sich durch das Leben zu schlagen versuchen werden. Es wird sich auf diese Art und Weise eine Subkultur herausbilden mit allen Folgen der Kriminalität, die sicherlich nicht wünschenswert sind." (Deutscher Bundestag 1993, 93)

## *4.8 Nichtberücksichtigung des auch Ausländern zustehenden Schutzes nach Art. 1 GG*

Auf Wunsch der Gemeinsamen Verfassungskommission ist in der Anhörung heftig diskutiert worden, ob und inwieweit Art. 16a gegen den Gedanken der Menschenwürde spreche, der in Art. 1 des GG festgelegt ist und der natürlich auch für Ausländer in Deutschland seine Gültigkeit besitzt. Prof. Rudolf Steinberg vom Institut für Öffentliches Recht an der Universität Frankfurt meint dazu, daß der erste Gedanke der Menschenwürde gelten müsse. Das Bundesverfassungsgericht habe immer wieder betont, daß die Bestimmung der politischen Verfolgungsgründe von der Unverletzlichkeit der Menschenwürde bestimmt sei, „von der Überzeugung, daß kein Staat das Recht hat, Leib, Leben oder die persönliche Freiheit des einzelnen zu gefährden oder zu verletzen" (ebd., 68). Damit verweise letztlich auch der Menschenwürdegehalt des Asylrechts auf den Ausweisungsschutz und damit auf das Refoulement-Verbot der Genfer Flüchtlingskonvention und der Europäischen Menschenrechtskonvention (ebd., 68f.).

Hubert Heinhold hält es für klar und unstrittig, daß das Asylgrundrecht mit der Menschenwürde zu tun habe. Das habe auch das Bundesverfassungsgericht wiederholt festgestellt. „Wenn dem so ist, dann gibt es eine Parallelität der Verfassungsbestimmungen des Art. 16 Abs. 2 Satz 2 bisherige Fassung und von Art. 1 des Grundgesetzes jedenfalls in weiten Bereichen." (ebd., 90) Derjenige, der aus politischen Gründen gefoltert worden ist, berufe sich nach der alten Rechtslage auf Art. 16 Abs. 2, aber genausogut könne er sich auf Art. 1 des Grundgesetzes berufen (vgl. ebd., 90).

## 5. Die 22. Sitzung der Gemeinsamen Verfassungskommission am 13.5.1993

Nach der Sachverständigenanhörung findet am 13.5.1993 die 22. Sitzung der GVK statt. Die Politiker gehen in dieser Sitzung nochmals auf bereits angesprochene Probleme und Einwände, zum Beispiel die Drittstaaten-Regelung, Gefahr von Kettenabschiebungen, die Verfahrensdauer von Asylanträgen und dem Begriff des ‚ernstlichen Zweifels' ein, ohne daß man jedoch zu nennenswerten neuen Ergebnissen gekommen wäre.

Angesprochen werden auch frauenspezifische Verfolgungsgründe, die in der Anhörung von einigen Experten erwähnt worden sind. Jürgen Schmude (SPD) ist der Meinung, daß Verfolgung aufgrund sexueller Orientierung im Anerkennungsverfahren beachtet werden soll, und er macht den Vorschlag, daß dieser Erwägung durch eine Entschließung bei der Schlußabstimmung im Bundestag deutlicher Rechnung getragen werden könne (vgl. GVK 13. 5. 1993, 4). Die anderen Abgeordneten äußern sich im Laufe der Sitzung allerdings nicht mehr zu diesem Thema.

Ergänzend zu Abs. 2 des Entwurfs wird bemerkt, daß ein vorläufiger Rechtsschutz durch das Bundesverfassungsgericht gewährleistet sei. So kritisiert Jürgen Schmude (SPD), daß Menschen, die sich ungerecht behandelt fühlen, nur das Bundesverfassungsgericht anrufen könnten, um vorläufigen Rechtsschutz zu erlangen. Damit werde dieses Gericht zum „Ersatzverwaltungsgericht" (ebd., 5) für die Bundesrepublik Deutschland gemacht. Norbert Geis (CDU/ CSU) vertritt jedoch den Standpunkt, daß diese Regelung ganz bewußt getroffen worden sei, damit nur diejenigen Flüchtlinge, bei denen die Unrichtigkeit schwerwiegend und direkt erkennbar sei, von der Möglichkeit des Rechtsschutzes Gebrauch machen könnten. Außerdem werde das Bundesverfassungsgericht diesem Vorgehen schnell einen Riegel vorschieben, wenn die Anzahl der Fälle sich zu stark ausweiten würde (vgl. ebd., 7).

Auch auf die Frage, inwieweit Abs. 5 die Möglichkeit einer europäischen Harmonisierung biete, geht man nochmals ein: Gerhard Friedrich (CDU/ CSU) meint hierzu, daß Art. 16a Abs. 5 zwar die Voraussetzung schaffe, vorhandene internationale Abkommen von Schengen und Dublin in nationales Recht umzusetzen, dagegen die Harmonisierung des materiellen Asylrechts in Europa auf der Grundlage nicht vollzogen werden könne (vgl. ebd., 12). In diesem Kontext vertritt Schmude die Position, daß die Harmonisierung bewußt aus Art. 16a Abs. 5 herausgehalten werde (vgl. ebd., 6).

Festzuhalten bleibt, daß die Gemeinsame Verfassungskommission auch in dieser Sitzung nur beraten, jedoch nicht abgestimmt hat. Zwar war dies ursprünglich vorgesehen, doch wurde der Punkt ‚Abstimmung' auf Initiative der Vorsitzenden mit dem Argument von der Tagesordnung gestrichen, daß keine abstimmungsreife Vorlage existieren würde. Als die Änderung den Abgeordneten zu Beginn der Sitzung mitgeteilt wird, wehrt sich Jens-Uwe Heuer (PDS/LINKE LISTE) gegen dieses Vorgehen, indem er beantragt, den Punkt ‚Abstimmung' wieder in die Tagesordnung aufzunehmen. Nach einer längeren Diskussion über formale Bedenken stellt der Vorsitzende Henning Voscherau (SPD) die Abgeordneten schließlich vor die Entscheidung, ob sie die Tagesordnung in dieser Hinsicht ändern wollten: Mit großer Mehrheit wird der Antrag abgelehnt, nur zwei der Mitglieder geben ihre Ja-Stimmen ab. Zu einem späteren Zeitpunkt kritisiert Jürgen Trittin (BÜNDNIS 90/DIE GRÜNEN) diese Entscheidung der Kommission heftig und bezeichnet dieses Verhalten als eine Form der „Selbstentmündigung" (ebd., 7).

Die Sitzung vom 13.5.1993 zeigt, daß auf die Argumente der Experten nicht eingegangen wird. Es entsteht sogar der Eindruck, die Anhörung habe gar nicht stattgefunden. Über die ausführliche Kritik der Sachverständigen wird nicht diskutiert, es werden lediglich die vorgebrachten Argumente wiederholt. Geht z.B. ein Kommissionsmitglied wie Jürgen Schmude auf Ausführungen der Sachverständigen ein (hier: frauenspezifische Verfolgungsgründe), dann wird dieses Thema von anderen Mitgliedern nicht wieder aufgegriffen, geschweige denn diskutiert oder vertieft.

## 6. *Schlußbemerkung*

Seit das neue Asylgesetz greift, ist die Zahl der Asylanträge um ein Vielfaches zurückgegangen: Bundesinnenminister Manfred Kanther wertet deshalb den Asylkompromiß als einen „großen Erfolg" (Kanther zitiert nach N.N. 7./8.1.1995, 1). Die Zahl der registrierten Asylbewerber in Deutschland ist 1994 auf rund 127.000 gesunken – 60 Prozent weniger als 1993 und weniger als ein Drittel der Asylsuchenden im Jahr 1992. Das Bundesinnenministerium führt das auch ein Stück weit auf die Wirkung des seit November 1992 gültigen, ebenfalls von Wirtschaftshilfezulagen flankierten deutsch-rumänischen ‚Rücknahmeabkommens' zurück (vgl. N.N. 7.9.1993, 1). Aufgrund dieses Abkommens wurden innerhalb der ersten acht Monate des Jahres 1993 allein 28.381 illegal nach Deutschland eingereiste rumänische Staatsbürger (meist Roma) zurückgebracht, obwohl bekannt ist, daß die verhaßten ‚Zigeuner' in Rumänien häufig unterdrückt und brutal verfolgt werden (vgl. N.N. 10.1.1994, 46f.). Hier wird auf Dauer keine nationale oder bilaterale, sondern nur eine europäische Lösung helfen können, so wie es auch einige der Sachverständigen gefordert haben (vgl. Deutscher Bundestag 1993, 65f.).

Für viele Flüchtlinge ist Deutschland nur noch ein Transitland, das mit Visum durchquert wird, um in einem anderen Land mit im Vergleich zu Deutschland liberalen Regelungen einen Asylantrag zu stellen. Ein solches Land z.B. sind die Niederlande, wo seit der deutschen Asylrechtsänderung die Zahlen von Flüchtlingen bis Ende 1993 erheblich angestiegen sind, zumal man auf niederländischer Seite weitgehend auf eine Rückschiebung nach Deutschland verzichtet hat (vgl. Bade 1994, 131).

Vor dem Hintergrund sozialer Probleme wie Arbeitslosigkeit, Wohnungsnot und der noch immer bestehenden Kluft zwischen alten und neuen Bundesländern, scheint die Asyldebatte ein willkommenes Mittel für alle politische Parteien zu sein, ihre eigene Unfähigkeit zur Bekämpfung dieser Probleme zu benutzen.

Der Weg zur Grundgesetzänderung ist das Ergebnis einer vielfach demagogisch geführten politischen Auseinandersetzung. Die Welle fremdenfeindlicher Gewalt rast, wie die Solinger Morde (29. 5. 1993) am Tag nach der Bundesratsentscheidung zeigen, auch über den schnell vorbereiteten asylrechtlichen Kompromiß hinweg; mehr noch: Die gewalttätige Minderheit, die sich als Sprecherin einer schweigenden Mehrheit versteht, verbucht die Asylrechtsänderung sogar als eigenen Erfolg. Man fragt sich daraufhin, „welche seltsame Logik [es] ist [...], wenn eine Offensive gegen den Grundrechtsschutz als Offensive gegen die Gewalt verkauft wird?“ (Prantl 1994, 9).

Der Asylkompromiß befaßt sich mehr mit dem Problem der Zuwanderung als mit dem des Asylrechts. Es scheint, daß sich nur deshalb mit dem Asylrecht befaßt wird, weil das Asylrecht die einzige legale Brücke für die Zuwanderung in die Bundesrepublik darstellt. Die Bundesrepublik hat sich sowohl in der Präambel als auch in Art. 1 Abs. 2 verpflichtet, dem Frieden der Welt zu dienen und die Geltung der Menschenrechte anzuerkennen. Diese selbstauferlegten Pflichten verbieten es der Bundesrepublik, auf das internationale Problem der weltweiten Wanderungen und Flüchtlingsströme rein passiv zu reagieren oder sich mit der Erfüllung der völkerrechtlichen Minimalanforderungen zu begnügen. Berücksichtigt man die zentrale geographische Lage Deutschlands in Europa, sowie seinen Status als wirtschaftliche Großmacht mit vielfältigen internationalen Verflechtungen, so resultieren daraus Verpflichtungen zu einer aktiven, konstruktiven Gestaltung der sich aus dem internationalen Reichtumsgefälle ergebenden Wanderungsprobleme. Eine rein negativ abwehrende Haltung gegenüber diesen internationalen Problemen würde jedenfalls der normativen Selbstfestlegung und Selbstbeschreibung in der Präambel und in Art. 1 Abs. 2 GG nicht gerecht werden.

Das Fazit kann also nur in der Feststellung bestehen, daß bei den verantwortlichen Politikern die vorgeschlagenen Asylrechtsänderungen auf ernste Bedenken und Einwände hätten stoßen müssen. Die Änderungen sind angesichts internationaler humanitärer Entwicklungstendenzen und -erfordernissen unzeitgemäß. Außerdem sind sie angesichts der noch bevorstehenden echten Asylrechtsharmonisierung in Europa sowie der noch nicht ausgeschöpften asylrechtlichen Verfahrensmöglichkeiten und der Möglichkeiten einfachgesetzlicher Normierung zu diesem Zeitpunkt nicht nötig gewesen.

Rupert Scholz (CDU), einer der Vorsitzenden der GVK, schreibt in einem Bericht über Auftrag, Verfahren und Ergebnisse der Gemeinsamen Verfassungskommission:

> „Die Gemeinsame Verfassungskommsssion setzte sich aus jeweils 32 Mitgliedern von Bundestag und Bundesrat zusammen, die vom Bundestag gewählt bzw. von den Landesregierungen entsandt wurden und die in sachlicher, engagierter und stets ebenso konstruktiver wie fairer Manier intensiv miteinander diskutiert und gearbeitet haben.“ (Scholz 1993, 3).

Nach genauer Betrachtung der Protokolle der GVK und der Anhörung von Innen- und Rechtsausschuß des Bundestages und der GVK zur neuen Asylgesetzgebung erscheint dieser Satz wie ein Widerspruch zum tatsächlichen Ergebnis der Anhörung. Es ist zwar diskutiert worden, aber auf die Gegenargumente, Einwände und Warnungen von namhaften Verfassungsjuristen wurde kaum bzw. gar nicht eingegangen. Bei der Änderung des Asylrechts hat es sich fatal ausgewirkt, daß die Kommission nicht viel mehr war als ein verlängerter Arm der Bonner Politik. „Statt einer weitgefaßten Norm von konstitutiver Bedeutung ist der Asylartikel nun vor allem eine Urkunde politischer Tauschgeschäfte und eine technische Anleitung. Er hält genau fest, welche Partei im Asylstreit was für sich herausgeschlagen hat.“ (Forudastan 1994, 12)

Sollten in Zukunft Probleme dieser Art mit ähnlichen Abläufen und Ergebnissen angegangen werden, fragt man sich, wofür man noch Experten benötigt. Eine löbliche Zielsetzung (hier: Berufung und Anhörung einer Expertenrunde) fällt dabei parteipolitischen Abkommen und Floskeln zum Opfer.

## *Literatur*

*Appel*, Roland, Die Asyl-Lüge: Was tun, wenn ein Grundrecht demontiert wird?, in: Roland Appel/Claudia Roth (Hrsg.), 1992/93, Die Asyl-Lüge. Ein Handbuch gegen Fremdenfeindlichkeit und Rassismus, Köln, 12-58

*Bade*, Klaus, 1994: Ausländer-Aussiedler-Asyl: Eine Bestandsaufnahme, München

*Beck-Verlag* (Hrsg.), 1994: Grundgesetz mit Verfassungsreformgesetz. Menschenrechtskonvention, Bundesverfassungsgerichtsgesetz, Parteiengesetz 1994, Nördlingen

*Farin*, Klaus, 1992: Opfer und Täter, in: journalist 1, 14-16

*Däubler-Gmelin*, Herta, 1994: Der Kampf um das Asylrecht, in: Klaus Barwig/Gisbert Brinkmann/Berthold Huber/Klaus Lörcher/Christoph Schumacher (Hrsg.): Asyl nach Änderung des Grundgesetzes. Entwicklungen in Deutschland und Europa. Hohenheimer Tage zum Ausländerrecht, Baden-Baden, 163-173

*Deutscher Bundestag* (Hrsg.), 1993: Stenographisches Protokoll zur öffentlichen Anhörung von Sachverständigen am 11.3., Bonn

*Forudastan*, Ferdos, 1994: Das Ungetüm des Artikels 16a, in: Das Parlament vom 14.1., 12

*Gemeinsame Verfassungskommission* (Hrsg.), 4.2.1993: Stenographischer Bericht von der 16. Sitzung, Bonn

*Gemeinsame Verfassungskommission* (GVK) 13.5.1993: Stenographischer Bericht von der 22. Sitzung , Bonn

*Gerhard*, Ute, 1993: Damm gegen die Fluten, in: journalist 5, 37-39

*Günther*, Uwe, 1992/93: Die Vorschläge zur Änderung des Art. 16 GG, in: Roland Appel/Claudia Roth (Hrsg.), Die Asyl-Lüge. Ein Handbuch gegen Fremdenfeindlichkeit und Rassismus, Köln, 270-280

*Herrmann*, Helga, 1992: Ungelöste Probleme: Asylbewerber-Einwanderer-Flüchtlinge, in: Bundeszentrale für politische Bildung (Hrsg.), Informationen zur politischen Bildung, Heft 237, Bonn, 32-37

*Herrmann*, Helga, 1992: Die Europäische Gemeinschaft und ihre Zuwanderer, in: Bundeszentrale für politische Bildung (Hrsg.), Informationen zur politischen Bildung, Heft 237, Bonn, 38f.

*Kimminich*, Otto, 1983: Grundprobleme des Asylrechts, Darmstadt

*Klingst*, Martin, 1993: Die Tücken der Praxis, in: DIE ZEIT vom 21.5., 4

*Kostede*, Norbert, 1993: Erleuchtung für die Politik: Die Lichterketten gegen Ausländerhaß und Gewalt verändern die Republik, in: DIE ZEIT vom 29.1., 3

*Leicht*, Robert, 1992: Keine Kapitulation, kein Kompromiß, in: DIE ZEIT vom 11.12., 1
*Meyer-Timpe*, Ulrike, 1993: Das Europa der Scheuklappen. Planlose Einwanderung, mangelnde Integration, Fremdenhaß: Folgen der EU-Ausländerpolitik, in: DIE WOCHE vom 16.12., 28
*Mühlum*, Albert, 1993: Armutswanderung, Asyl und Abwehrverhalten. Globale und nationale Dilemmata, in: Aus Politik und Zeitgeschichte B 7, 3-15
*Münch*, Ursula, 1992: Asylpolitik in der Bundesrepublik Deutschland, Opladen
*N.N.*, 1992a: Asylstreit entscheidet Wahl. SPIEGEL-Umfrage über die politische Situation im Monat Oktober, in: DER SPIEGEL vom 26.10., 58-65
*N.N.*, 1992b: „Dieses Land wird unregierbar", in: DER SPIEGEL vom 14.9., 18-28
*N.N.*, 1992c: „Das ist der Staatsstreich", in: DER SPIEGEL vom 2.11., 18-23
*N.N.*, 1992d: Anklang an Weimar, in: DER SPIEGEL vom 5.10., 26
*N.N.*, 1995: Zahl der Asylbewerber sinkt um 60 Prozent, in: SZ vom 7./8.1., 1
*N.N.*, 1993: Die Zahl der Asylbewerber im August weiter gesunken. Das Rücknahmeabkommen mit Rumänien wirkt, in: FAZ vom 7.9., 1
*N.N.*, 1994: Das Land der Träume, in: DER SPIEGEL vom 10.1., 46f.
*Nuscheler*, Franz, 1995: Internationale Migration. Flucht und Asyl, Opladen
*Prantl*, Heribert, 1994: Asyl: Debatte und Finale, in: Klaus Barwig/Gisbert Brinkmann/Berthold Huber/Klaus Lörcher/Christoph Schumacher (Hrsg.), Asyl nach Änderung des Grundgesetzes. Entwicklungen in Deutschland und Europa. Hohenheimer Tage zum Ausländerrecht, Baden-Baden, 135-162
*Prantl*, Heribert, 1992/93: Vorwort, in: Roland Appel/Claudia Roth (Hrsg.), Die Asyl-Lüge. Ein Handbuch gegen Fremdenfeindlichkeit und Rassismus, Köln, 7-10
*Renner*, Günter, 1994: Asylrecht – Verheißung ohne Wert?, in: Klaus Barwig/Gisbert Brinkmann/Bertold Huber/Klaus Lörcher/Christoph Schumacher (Hrsg.), Asyl nach Änderung des Grundgesetzes. Entwicklungen in Deutschland und Europa. Hohenheimer Tage zum Ausländerrecht, Baden-Baden, 11-25
*Ronge*, Volker, 1993: Ost-West-Wanderung nach Deutschland, in: Aus Politik und Zeitgeschichte B 7, 16-28
*Scholz*, Rupert, 1993: Die Gemeinsame Verfassungskommission. Auftrag, Verfahren und Ergebnisse, in: Aus Politik und Zeitgeschichte B 52-53, 3-5
*Schulte*, Axel, 1993: Von der Gastarbeiter- und Ausländerpolitik zur Minderheiten- und Zuwanderungspolitik, in: Bernhard Blanke (Hrsg.), Zuwanderung und Asyl in der Konkurrenzgesellschaft, Opladen, 113-139
*Teichert*, Will, 1993: Rechtsextremismus: Brandsätze, in: journalist 9, 10-13
*Trittin*, Jürgen, 1993: Gefahr aus der Mitte. Die Republik rutscht nach rechts, Göttingen
*Ullrich*, Volker, 1993: Das Weimar-Syndrom, in: DIE ZEIT vom 9.7., 28
*Weidenfeld*, Werner/Wessels, Wolfgang (Hrsg.), 1992: Europa von A-Z. Taschenbuch der europäischen Integration, Bonn
*Zimmermann*, Andreas, 1994: Das neue Grundrecht auf Asyl: verfassungs- und völker Grenzen und Vorraussetzungen, Berlin u.a.

*Karen Schönwälder*

# Schutz ethnischer Minderheiten

„Der Staat achtet die Identität der ethnischen, kulturellen und sprachlichen Minderheiten“: so lautete Artikel 20b der dem Bundestag im Oktober 1993 von der Gemeinsamen Verfassungskommission (im folgenden GVK) vorgeschlagenen Grundgesetzänderungen. In den abschließenden Abstimmungen im Bundestag verfehlte dieser Artikel allerdings die erforderliche Zweidrittelmehrheit. Weder der vorgeschlagene noch ein anders formulierter Minderheitenschutzartikel wurde ins Grundgesetz aufgenommen. Gerade dieses Thema wurde in Bundestag und Bundesrat zum Gegenstand erheblicher Kontroversen, und ein Motiv für das ‚Aufschnüren‘ der Paketempfehlung der GVK war es, die Einführung eines Minderheitenschutzartikels zu verhindern. Wie kam es zu dieser Kontroverse und zum Vorschlag eines oben zitierten neuen Artikels 20b?

Die GVK beschäftigte sich in drei ihrer Sitzungen (am 12. November 1992, dem 17. Juni 1993 und dem 1. Juli 1993) sowie in einer gesonderten Anhörung (am 6. Mai 1993) mit dem Minderheitenschutz. Zusätzlich wurde auch in der allgemeinen Beratung der Staatsziele der Minderheitenschutz knapp erwähnt. Diskussionsgrundlage waren die Beratungsergebnisse der Kommission Verfassungsreform des Bundesrates (KVBR), die sich zuvor ausführlich mit dem Thema befaßt hatte, und in der Tat war in der Verfassungsdebatte der Minderheitenschutz vor allem ein Anliegen einiger Bundesländer, in denen dänische, friesische und sorbische Bevölkerungsgruppen leben. Um die Beratungen der GVK verstehen zu können, ist es notwendig, auch auf die Diskussionen in der Bundesratskommission zurückzugreifen.

Als die GVK sich am 12. November 1992 dem Thema „Staatszielbestimmungen und Grundrechte“ und damit als ein Aspekt dem Minderheitenschutz zuwandte, begann sie sich mit einer Forderung zu befassen, die in der breiteren öffentlichen und der Fachdiskussion erst in jüngster Zeit aufgetaucht war. Erst seit etwa 1990 war von verschiedenen Seiten der Vorschlag formuliert worden, die in Artikel 3 des Grundgesetzes garantierten Rechte zu erweitern. Erst seit 1990 wurden in die Landesverfassungen von Schleswig-Holstein, Sachsen, Sachsen-Anhalt, Mecklenburg-Vorpommern und Brandenburg Minderheitenschutzartikel aufgenommen. Sowohl das Bestreben der

Sorben, ihnen in der DDR garantierte Rechte zu erhalten als auch die international gesteigerte Aufmerksamkeit für Minderheitenrechte spielten hier eine Rolle.[1] In den Kommissionsdebatten war denn auch deutlich spürbar, daß man sich hier mit einem wenig vertrauten Thema befaßte.

Wie begründeten die Befürworter die Notwendigkeit eines über Artikel 3 GG hinausgehenden Schutzes von Minderheiten in der Verfassung? „Die Bundesrepublik Deutschland, die bei vielen Nachbarstaaten energisch und nachdrücklich darauf drängt, daß Minderheitenrechte für dort lebende Deutsche anderer Staatsangehörigkeit auf einem hohen rechtlichen Niveau gesichert werden," so Jürgen Schmude (SPD) als erster Sprecher zum Thema in der GVK, „sollte es sich nicht leisten, in ihrer eigenen Bundesverfassung kein einziges Wort über den Minderheitenschutz zu verlieren." (GVK 12.11. 1992, 5) Die außenpolitische Signalfunktion war eines der Kernargumente für die Einführung eines grundgesetzlichen Minderheitenschutzes. In der Tat hat die Bundesrepublik in internationalen Zusammenschlüssen wie dem Europarat und der KSZE sowie gegenüber den Ländern, in denen ethnisch deutsche Minderheiten leben, auf eine rechtliche Verankerung der sprachlichen, kulturellen und politischen Rechte nationaler Minderheiten gedrängt. „Mit einer Minderheitenklausel im Grundgesetz", so argumentierte die GVK, „leistet die Bundesrepublik Deutschland einen bedeutsamen Beitrag zur Stärkung des deutschen Ansehens in Europa und zur Unterstützung deutschsprachiger Minderheiten in den Ländern Osteuropas, deren Förderung sich die Bundesrepublik zu einem wesentlichen außenpolitischen Anliegen gemacht hat. [...] Gerade gegenüber den Ländern, in denen deutsche Minderheiten leben, wäre eine Norm in der eigenen Verfassung ein deutliches Zeichen für die Glaubwürdigkeit deutscher Minderheitenpolitik." Die Bundesrepublik solle nicht hinter Länder wie die Tschechische Republik oder Ungarn zurückfallen (Bericht der GVK, 1993, 73; vgl. auch Franke/Hofmann, 1992, 402).

Bei den etwa für die deutschsprachigen Minderheiten in den Ländern Osteuropas geforderten Rechten handelt es sich um mehr als den Schutz des Individuums vor einer Benachteiligung wegen seiner oder ihrer Sprache, Hautfarbe, Religion oder Herkunft. Dezidiert haben sich Bundesregierung und Bundestag für einen Schutz der Gruppe, nicht nur des Individuums eingesetzt; es gehe um einen Schutz der gemeinsamen Ausübung von Individualrechten und eine verbesserte Teilnahme der Gruppe Minderheit an politischen Entscheidungen (z.B. Deutscher Bundestag, Drucksache 12/796, 18. 6. 1991). „[...] es geht um Gruppen als solche und ihre Identität", betonte auch J. Schmude in der GVK (12. 11. 1992, 4) „Auch in ihrem Gruppenleben, in ihrem Zusammenhalt, in der Pflege ihrer besonderen Kultur sollen Minderheiten geschützt werden" (GVK 17. 6. 1993, 29). Bereits der deutsche Aus-

1 Auf diesen Zeitkontext wird immer wieder, u.a. im Bericht der GVK, hingewiesen. Den Sorben war in der DDR eine recht umfassende Förderung gewährt worden, auch die DDR-Verfassung enthielt Bestimmungen zum Minderheitenschutz.

senminister Stresemann hatte im Völkerbund ähnlich eine Garantie kollektiver Rechte gefordert. Indem das Grundgesetz 1949 auf einen entsprechenden Artikel verzichtete, folgte es dem Vorbild der Allgemeinen Erklärung der Menschenrechte von 1948, die strikt individualrechtlich orientiert ist. International dominierte nach dem Zweiten Weltkrieg die Auffassung, daß das Minderheitenschutzsystem des Völkerbundes ein Fehlschlag gewesen war, und ethnische Minderheiten wurden als explosives Potential gefürchtet (Thornberry 1991). Seit den achtziger Jahren gibt es allerdings Anzeichen einer Trendwende. Zunehmend wird es für notwendig gehalten, im Unterschied zur von einer traditionellen liberalen Auffassung favorisierten Konzentration auf individuelle Rechte diese zumindest durch eine Anerkennung von Minderheiten als Gruppen zu ergänzen. Dementsprechend bezieht sich eine Erklärung der Vereinten Nationen vom Dezember 1992 weiterhin auf die ‚Rechte von *Personen*, die zu nationalen, ethnischen, religiösen oder sprachlichen Minderheiten gehören', schlägt aber darüber hinaus vor, daß Staaten die Existenz und Identität von Minderheiten schützen und für deren Entwicklung förderliche Bedingungen schaffen sollten (Hervorhebung K. S., vgl. hierzu Dicke 1993 und allgemein auch Thornberry 1991 oder Nowak 1993). Dieser Trend sollte allerdings nicht überschätzt werden (so Nowak 1993, 108; anders Brölman 1993, preface, VIII). International gehört die Debatte über den Schutz individueller bzw. kollektiver Rechte weiterhin zu den großen Kontroversen, und einer der erstaunlichen Aspekte der Grundgesetzdiskussion ist, daß dieses die Fachdiskussion so beherrschende Thema hier praktisch überhaupt nicht aufgegriffen wurde. Nur Rupert Scholz (CDU) äusserte bereits in der GVK, daß er die auf Individualgewährleistungen basierende Struktur des Grundgesetzes nicht durch die Einführung verschiedener Gruppenrechte ändern wolle (GVK 17. 6. 1993, 38). Im September 1994 lehnte dann Scholz für die CDU/CSU-Fraktion und im Widerspruch zu deren bisherigem Auftreten einen kollektiven Minderheitenschutz ab, auch international sei die individualrechtliche Konstruktion vorherrschend (Bundestag, 6. 9. 1994, 21279f.).[2] Seine Meinung aber steht in offensichtlichem Widerspruch zur nach außen vertretenen Position der Bundesrepublik, und in den Grundgesetzdiskussionen war sie marginal. Kontrovers war insgesamt nicht grundsätzlich eine Politik des aktiven Erhalts nationaler Minderheiten oder sogenannter „Volksgruppen",[3] sondern die Frage, wer zu diesen schützenswerten Gruppen gehören und ob diesem Schutz grundgesetzlicher Rang ver-

---

2 Dieter Oberndörfer (1994) veröffentlichte eine vehemente Attacke auf Gruppenrechte als Ausdruck völkischen Denkens. In der Bundestagsdebatte erklärte Heiner Geißler, er lehne den vorgeschlagenen Minderheitenartikel ab, „weil der Begriff der ‚ethnischen Minderheit'" den Begriff der „völkischen Gruppe" in die Verfassung hineinbringe (Bundestag, 30.6.1994, 20999).

3 Dieser Begriff wird von einigen Gruppen gegenüber dem offenbar als herabsetzend empfundenen Begriff der Minderheit bevorzugt. Meines Ermessens ist er allerdings problematisch, vor allem wenn eine Vorstellung von Volk als organischem Ganzen dahinter steht, vgl. Schönwälder, 1996.

liehen werden sollte. Implizit mag man allerdings in der Ablehnung zusätzlicher Schutz- und Förderungsverpflichtungen eine weitergehend negative Haltung zum Minderheitenschutz generell sehen, wenn dies auch – vielleicht mit Rücksicht auf die internationale Rolle der Bundesrepublik – unausgesprochen blieb. Kernargument für einen Gruppenschutz war (neben der angesprochenen außenpolitischen Signalwirkung) die Annahme „der Bedrohung der kulturellen Identität der nationalen Minderheiten durch die Assimilationskraft eines sich doch nach wie vor national verstehenden Staates und seiner alle Lebensbereiche durchdringenden Kultur“ (so z.B. Brandenburgs Minister Hans-Otto Bräutigam in der GVK 12.11.1992, 22). Ein Schutz allein des Individuums vor Diskriminierung könne der Übermacht der Mehrheitssprache und -kultur nicht ausreichend entgegenwirken. Faktisch könnten Individuen ihre Rechte nur praktizieren, wenn die Gruppe in die Lage versetzt werde, ihre Kultur, Sprache oder Religion zu erhalten. Dies mache staatliche Förderung notwendig.

Drittens schließlich wurde argumentiert, daß es wünschenswert sei, der Assimilationskraft der Mehrheitskultur entgegenzuwirken und Minderheitenkulturen als positiven Beitrag zur Gesellschaft aktiv zu erhalten sowie ihre positive Rolle gegenüber der breiteren Öffentlichkeit demonstrativ hervorzuheben.

Was genau mit einem Schutz der ‚Gruppen als solcher‘ gemeint war, war in den Debatten der GVK umstritten bzw. häufig auch einfach unklar. Vier Organisationen in der Bundesrepublik lebender Minderheiten setzten sich allerdings vehement für einen entsprechenden Grundgesetzartikel ein. 97.278 Eingaben zum Grundrechtsschutz für Minderheiten, die dieses Anliegen in der Regel befürworteten, gingen bei der GVK ein.[4] Auf Initiative der SPD erhielten Vertreter des Südschleswigschen Wählerverbandes (SSW), für die dänische Minderheit (Wilhelm Klüver), des Zentralrats Deutscher Sinti und Roma (Romani Rose), der Domowina – Bund Lausitzer Sorben (Bernhard Ziesch) und, für die Friesen, Jakob Tholund die Gelegenheit, in einer Anhörung der GVK ihre Anliegen vorzutragen (GVK, 9. öffentliche Anhörung „Rechte ethnischer Minderheiten“ am 6.5.1993).[5] Aus den Stellungnahmen geht hervor, daß von seiten der Minderheitenorganisationen in einem Grundgesetzartikel vor allem eine gestärkte und verbindlichere rechtliche Anerkennung der Existenz und gesonderten Stellung ihrer Gruppen gesehen wurde. Gefordert wurde ein offizielles Bekenntnis zur ethnischen Pluralität und zum Schutz, also Erhalt, der Minderheitengruppen. Darüber hinaus sah man in einem entsprechenden Grundgesetzartikel eine Basis für die Forderung nach

4 Vgl. die Liste der eingegangenen Eingaben im Bericht der GVK; deren Inhalt wird nicht wiedergegeben, aber der Bericht der GVK spricht von 95.000 Eingaben zugunsten einer Minderheitenschutzbestimmung. Mehr Eingaben gingen zur Gleichberechtigung der Frau, zur Gleichstellung nichtehelicher Lebensgemeinschaften, dem Paragraphen 218, dem Tierschutz und plebiszitären Elementen im GG ein.

5 Die Vorsitzenden der GVK hatten zuvor Gespräche mit Minderheitenvertretern geführt.

(erweiterter) finanzieller Unterstützung für die Förderung von Sprache, Kultur und Erziehung. Mehr Angebote zum Erlernen der Minderheitensprachen, mehr Repräsentanz in Rundfunk und Fernsehen, Unterstützung für Vereine und öffentliche Präsenz durch etwa zweisprachige Straßenschilder (wie im sorbischen Siedlungsgebiet) gehörten denn auch zu den vorgebrachten Forderungen.[6] Gerade der Sprecher des Zentralrats der Sinti und Roma betonte darüber hinaus, daß mit einem entsprechenden Verfassungsartikel die ‚Volksgruppe‘ ausdrücklich anerkannt sowie Schutz und Förderung garantiert werden sollten. Von ihren Vertretern wird immer wieder nachdrücklich auf die lange Tradition der Diskriminierung, den Völkermordcharakter nationalsozialistischer Politik und eine Kontinuität des Rassismus auch in der Bundesrepublik verwiesen. Gerade nach dem nationalsozialistischen Völkermord, so Romani Rose gegenüber der GVK, habe die Gruppe „Anspruch auf Förderung“ (GVK, 9. Anhörung, 6.5.1993, 5; vgl. auch Rose 1987). In der Tat hatte erst Kanzler Schmidt 1982 den Völkermordcharakter der nationalsozialistischen Politik gegenüber den Sinti und Roma anerkannt. In ihrem offiziellen Bericht über die Umsetzung der Internationalen Konvention über die Beseitigung der Rassendiskriminierung bezeichnete die Bundesregierung noch 1993 die Sinti und Roma neben den Juden als eine Gruppe, nicht aber eine Minderheit (Banton 1994, 497).[7] In der UNO-Menschenrechtskommission erklärte der deutsche Vertreter, die Roma gälten in Deutschland nicht als Minderheit und seien keinerlei Diskriminierung ausgesetzt (Dicke 1993, 113). Im Bundestag nannte die CDU-Abgeordnete Steinbach-Hermann 1994 die Sinti und Roma gemeinsam mit den Türken und nicht mit den deutschen Minderheitengruppen, für die besonderer Schutz angemessen sei (4. 2. 1994, 18144).[8] Gerade vor dem Hintergrund ihrer Geschichte sehen die Sinti und Roma in einer Anerkennung ihrer Stellung als Teil des deutschen Volkes, wie sie ein Minderheitenartikel im Grundgesetz zum Ausdruck gebracht ha-

---

6 Alle vier Gruppen erhalten öffentliche Mittel, allerdings in recht unterschiedlichem Umfang. Der dänischen Minderheit stehen eigene Schulen und Kindergärten sowie eine Tageszeitung zur Verfügung. Es gibt acht sorbische Schulen und Unterricht in sorbischer Sprache an etlichen weiteren Schulen. Die kulturellen und politischen Belange der Sorben wurden vom Bund und den Ländern Sachsen und Brandenburg über eine Stiftung 1992 mit 41 Millionen DM unterstützt. Die Sinti und Roma erhalten öffentliche Zuschüsse für ein Kulturzentrum in Heidelberg und einige soziale Beratungsstellen. Vgl. hierzu und zur rechtlichen Situation Hahn 1993; CERD 1993; Messtorf 1987; Budzinski/Clemens 1991; Schmalz-Jacobsen/Hansen 1995.

7 Bei der Anhörung der GVK kritisierte R. Rose mehrfach, daß in der Europäischen Charta der Minderheitensprachen die Bundesregierung Romanes nicht aufgeführt habe (9. Anhörung, 19f.).

8 Zweifel an der allgemeinen Anerkennung der dänischen Minderheit als Teil der deutschen Bevölkerung mögen aufkommen, wenn man Artikel wie den von F.K. Fromme liest, in dem er vom SSW-Abgeordneten Meyer „die Unabhängigkeit eines sich in deutsche Angelegenheiten nicht einmischenden Minderheiten-Abgeordneten“ verlangte, Frankfurter Allgemeine Zeitung, 27.3.1996.

ben könnte, eine Bekräftigung ihrer Zugehörigkeit und der Illegitimität von Rassismus und Vorurteilen.

Über die Forderung nach verbindlicher rechtlicher und politischer Anerkennung und nach mehr finanzieller Unterstützung hinaus wurden vor allem zwei Aspekte eines Minderheitenschutzes erwähnt. So verlangte der Vertreter der Domowina bei der 9. Anhörung der GVK zielgerichtete Förderungsprogramme, damit Sorben nicht „aus sozialer Bedrängnis" ihre Heimat verlassen müßten (GVK, 9. Anhörung, 11). In der Tat ist der Fortbestand der Minderheit schwerer zu gewährleisten, wenn sich relativ geschlossene Siedlungsstrukturen durch Ab-, aber auch Zuwanderungsprozesse auflösen. Würde eine Minderheitenschutzpolitik auf den Erhalt, die Konservierung der Minorität zielen, dann wären solche gezielten regionalen Förderungsprogramme durchaus sinnvoll. Hier deutet sich an, daß eine durchdachte Minderheitenschutzpolitik durchaus nicht mit Bereitstellung von Mitteln für ein Kulturzentrum oder einige Schulen erledigt ist, sondern komplexere Probleme angesprochen sind. Über diesen Punkt hinaus aber beklagten weder der Vertreter des Südschleswigschen Wählerverbandes noch der der Domowina oder der für die Friesen auftretende Jakob Tholund eine soziale Diskriminierung von Angehörigen ihrer Minderheiten. Im Gegenteil wurde z.B. betont: „Die Friesen sind in unserem Staat nie unterdrückt worden." (GVK, 9. Anhörung, 1993, 19).[9] Auf europäischer Ebene fordert allerdings die Föderalistische Union Europäischer Volksgruppen (FUEV), der deutsche Minderheitenverbände angehören, eine proportionale Vertretung, also Quoten, im öffentlichen Dienst (Ermacora/Pan 1993, 48; FAZ, 14.5.1991, 6).

In allgemeiner Form wurden von Vertretern der Minderheitenorganisationen eine Absicherung der „politischen Mitwirkung nationaler Minderheiten" und Änderungen im Wahlgesetz vorgeschlagen, um eine parlamentarische Vertretung zu erreichen (GVK, 9. Anhörung, 1993, 11, 18). Bislang ist eine politische Repräsentation von Minderheiten durch die Bestimmung im Bundeswahlgesetz (und explizit für die Dänen im Wahlgesetz für den Landtag von Schleswig-Holstein) begünstigt, wonach von Parteien nationaler Minderheiten eingereichte Listen von der 5%-Klausel befreit sind. Die erforderlichen Stimmen für den Bundestag konnte der SSW nur 1949 erzielen. Im Jahr 1990 schlug ein Memorandum sorbischer Organisationen vor, den in Deutschland ansässigen ‚Volksgruppen' ein ‚Mitwirkungsrecht' bei „der Ausarbeitung von Bundes- und Landesgesetzen, die in besonderer Weise die Interessen der Volksgruppen berühren", zu gewähren (Hahn 1993, 70). Auch vom Zentralrat Deutscher Sinti und Roma wurde 1990 die Einrichtung eines Beauftragten des Bundestages für die Minderheiten sowie einer permanenten ‚Kommission der Minderheiten' mit den im Bundestag vertretenen Parteien vorgeschlagen, um eine politische Mitwirkung zu erreichen und Kontrollfunktionen auszuüben (das Memorandum vom 27. 6. 1990 ist abgedruckt bei

9 In der GVK konstatierte Jürgen Schmude, „daß es weithin oder so gut wie gar keine Klagen über die Benachteiligung solcher Gruppen gibt." 14.5.1992, 27.

Budzinski/Clemens 1991, 208f.). Insgesamt setzten sich alle vier Gruppen dezidiert sowohl für einen Identitätsschutz als auch eine staatliche Verpflichtung zu Schutz und Förderung der vier nationalen Minderheiten oder „Volksgruppen" ein.

Die 9. Anhörung der GVK war mit etwa einer Woche Einladungsfrist kurzfristig anberaumt worden, sie war mit 93 Minuten Dauer recht kurz und schlecht besucht.[10] Im Unterschied zu anderen Anhörungen waren, abgesehen von den Vertretern der Verbände, keine Expertinnen und Experten geladen worden. Von den Kommissionsmitgliedern wurde vor allem zu zwei Fragen Aufklärung gesucht: Einmal ging es um detailliertere Informationen zu der Forderung nach politischer Mitwirkung. Zweitens interessierte man sich für das Konzept „Minderheit" und dafür, warum seitens der Minderheitenvertreter so dezidiert eine Beschränkung von Schutzrechten auf eben die vier von ihnen repräsentierten Gruppen und auf deutsche Staatsangehörige verlangt wurde. Auch der Kreis der von der GVK eingeladenen Sachverständigen und die Nichteinladung von Vertretern türkischer, spanischer oder auch polnischer Organisationen brachte eine Eingrenzung zum Ausdruck. In der Tat handelte es sich bei der Definition der in eventuelle Schutzrechte einzubeziehenden Minderheiten um den brisantesten Gegenstand der Kontroverse. Obwohl auch in der KVBR die Einbeziehung oder Ausgrenzung von in den letzten Jahrzehnten eingewanderten Minderheiten angesprochen worden war, gewann die Auseinandersetzung gerade in der GVK an Dynamik. Zum Verständnis ist es wichtig, an den politischen Kontext zu erinnern. Die GVK beriet den Minderheitenschutz zwischen November 1992 und Juli 1993. Einen Tag vor der Hauptdebatte dieses Artikels in der Kommission am 17. Juni 1993 hatte der Bundestag sich mit einer Erklärung der Bundesregierung zu den Konsequenzen des Solinger Mordanschlages auf eine türkische Familie befaßt. Im November waren bei einem Brandanschlag in Mölln zwei Frauen und ein Mädchen türkischer Herkunft umgebracht worden. Gerade diese beiden Ereignisse veränderten das politische Klima in der Bundesrepublik und verstärkten den Druck, gegen Gewalt und für ein friedliches und tolerantes Zusammenleben Stellung zu nehmen. Im November 1992, wenige Tage nach Großdemonstrationen gegen Gewalt und Fremdenhaß, erklärte etwa der Justizminister Brandenburgs, Hans-Otto Bräutigam, in der ersten Sitzung der GVK zu diesem Thema die vorher keinesfalls im Vordergrund stehende Ausländerpolitik zum Hauptanliegen des Minderheitenschutzes. Es gehe angesichts der ausländerfeindlichen Ausschreitungen darum, Vorsorge für unter Umständen anwachsende Konflikte zu treffen. Er sprach sich für einen Minderheitenschutz als Staatsziel aus, „das die Ausländerpolitik der Bundesrepublik in die Pflicht nimmt. Es weist die Bundesrepublik Deutschland als ei-

10 Anwesend waren von 15 CDU/CSU-Vertreterinnen und Vertretern, bei der SPD waren es 5 von 11 und eine Stellvertreterin. je ein Vertreter von FDP, PDS/LL und Bündnis 90/Die Grünen sowie 15 Vertreter von 13 Ländern. 7 Kommissionsmitglieder beteiligten sich an der Diskussion zur Sache.

ne offene Gesellschaft aus". Gerade in Zeiten wachsender Ausländerfeindlichkeit gehe es um ein „Signal kultureller Toleranz" (GVK 12.11.1992, 21f.).[11] Und, noch weitergehend, wies er im Juni 1993 darauf hin, daß angesichts von über fünf Millionen Ausländern in der Bundesrepublik und möglicherweise durch neue Wanderungen anwachsender Minderheiten in Westeuropa Minderheitenschutz eine aktuelle Frage sei, „die unser staatliches Selbstverständnis berührt". (GVK 17.6.1993, 27f.) Explizit wurden solche Hinweise zunächst kaum aufgegriffen. Erst später avancierte die ‚multikulturelle Gesellschaft' zum zentralen Thema. Wichtiger aber wurde nun die Interpretation des Minderheitenschutzes als ein Zeichen gegen Ausländerfeindlichkeit. Der hessische Minister H. Günther sprach vage von der Chance zu einer „unüberhörbaren Manifestation" in einer innenpolitischen Situation, „die nicht wiederkommt" (GVK 17.6.1993, 39). Verschiedene FDP-Redner brachten etwa ein Jahr später im Bundestag zum Ausdruck, daß für sie ein Minderheitenschutzartikel in erster Linie eine Antwort auf rassistische Akte sei: „Das schreckliche Aufflammen von Gewalttätigkeiten gegen Minderheiten, die in Deutschland leben, muß nach unserer festen Überzeugung eine Antwort in der Verfassung selber finden." (Burkhard Zurheide, Bundestag, 30.6.1994, 21023; ähnlich die Abgeordneten Kleinert und Irmer, ebd., 20962f., 21004f.) Noch im November 1992 hatte Burkhard Hirsch für die FDP sich darauf beschränkt, relativ vage zu erklären, seine Fraktion stehe einer entsprechenden Bestimmung offen gegenüber, sofern sie keine subjektiven Ansprüche begründe (GVK 12.11.1992, 8). Später machte er sich den Beschlußvorschlag der KVBR bzw. den identischen ersten Teil des SPD-Antrages zum Minderheitenschutz zu eigen und optierte für eine allgemeine Erklärung zur Achtung der Identität ethnischer Minderheiten im Grundgesetz (Kommissionsdrucksache 85, in: Bericht der GVK 1993; GVK 17.6.1993, 31-33). Auch im Bundesrat wurde am 26. August 1994 der vorgeschlagene Minderheitenartikel nun ganz wesentlich im Sinne seiner Signalfunktion gegen einen aufbrechenden Rassismus diskutiert. Eindeutig verschoben sich aufgrund der politischen Ereignisse die mit dem beabsichtigten Minderheitenartikel verknüpften Intentionen und Befürchtungen. War es zunächst vor allem um die Sorben und Dänen gegangen, so rückte zunehmend in den Mittelpunkt, daß neben den vier zusammen nicht einmal eine halbe Million zählenden mehr oder weniger anerkannten Minderheiten[12], die sechs bis sieben Millionen zählenden Einwohner fremder Staatsangehörigkeit neue Minderheitengruppen konstituieren könnten, die politisch eine viel größere Herausforderung darstellen.

---

11 Vgl. dagegen in der gleichen Sitzung den Beitrag J. Schmudes, der die Ansicht vertrat, der angesichts der „öffentlichen Geschehnisse" geforderte Schutz bedrohter Menschen sei durch die Grundrechte gedeckt. Darum gehe es beim Minderheitenschutzartikel nicht (S. 4).

12 Es gibt keine exakten Zahlen der Minderheiten in der Bundesrepublik. Schätzungen gehen von etwa 50.000 Dänen, 50.000 Nordfriesen, wovon 10.000 deutsche ‚Sprachfriesen' seien, 60-70.000 Sorben sowie 70.000 Sinti und Roma aus.

Sowohl die vier genannten Minderheitenverbände als auch die SPD hatten zunächst versucht, durch eine wohl (auch) taktisch motivierte Begrenzung von Schutz- und Förderungsansprüchen auf deutsche Staatsangehörige das kontroverse Thema der jüngeren Einwanderung zu umgehen. Die SPD votierte in der GVK für einen Vorschlag entsprechend einem wesentlich vom Land Brandenburg miterarbeiteten Kompromiß in der KVBR. „Der Staat achtet die Identität der ethnischen, kulturellen und sprachlichen Minderheiten. Er schützt und fördert Volksgruppen und nationale Minderheiten deutscher Staatsangehörigkeit." Der erste Satz, die sogenannte Achtensklausel, sollte Minderheiten jeglicher Staatsangehörigkeit des Respekts versichern. Dies, so waren Vertreter des Landes Brandenburg in der KVBR wie auch später SPD-Redner im Bundestag bemüht zu erläutern, sei aber kein Multikulturalismus (KVBR, Arbeitsausschuß 2, 11.12.1991, 93; Gesetzentwurf, 1993, 17). Dezidierte Schutz- und Förderungsansprüche aber sollten nur deutschen Staatsangehörigen zukommen, gedacht war hier an die dänische, sorbische und friesische Minderheit, die Sinti und Roma sowie unter Umständen die Juden (vgl. den Bericht des Arbeitsausschusses 2 der KVBR, Drucksache 18, 1992). War in der KVBR eine Schutz- und Förderungsbestimmung einem Sinneswandel des Landes Sachsen zum Opfer gefallen, so versuchte man in der GVK erneut, diesen Aspekt durchzusetzen. In einem interfraktionellen Antrag setzte sich der Landtag von Schleswig-Holstein für die gleiche Formulierung ein (Schleswig-Holsteinischer Landtag 1993).

Für einen allgemeinen Minderheitenschutzartikel verwandte sich – wie schon in der KVBR das Land Niedersachsen[13] – in der GVK Wolfgang Ullmann (Bündnis 90/Die Grünen). Er beantragte die Einfügung eines Artikels 16a: „Das Recht im Bundesgebiet lebender ethnischer Minderheiten auf Erhaltung und Pflege ihrer Kultur und ihrer Sprache wird gewährleistet." (GVK, Kommissionsdrucksache 42, in: GVK, 1993)[14] Hier wurde einerseits auf im Bundesgebiet lebende Minderheiten ungeachtet ihrer Staatsangehörigkeit Bezug genommen und darüber hinaus die Gewährung dezidierter Rechte vorgeschlagen.

Vertreter der CDU und CSU machten keinen Beschlußvorschlag und wandten sich letztlich mehrheitlich gegen einen Minderheitenschutzartikel. Allerdings brachte Sachsen als CDU-regiertes Land in der KVBR einen Formulierungsvorschlag ein und sicherte die Zweidrittelmehrheit für den schließ-

---

13 „Der Staat schützt und fördert die Identität kultureller Minderheiten. Wer diese Minderheiten seien, solle durch ein Bundesgesetz bestimmt werden; ‚kulturelle Minderheiten' wurde als Sammelbegriff benutzt, der auch Religion oder Nationalität meinte. Explizit verfolgte das Land hier die Absicht, sowohl Dänen oder Sorben als auch die neuen durch Einwanderung von Arbeitskräften und Flüchtlingen aber auch von Aussiedlern entstandenen Minderheiten einzubeziehen. Neben einem Diskriminierungsschutz wurden auch öffentliche Zuwendungen zur Pflege kultureller Eigenheiten angestrebt und die Einräumung politischer Mitwirkungsrechte zur Diskussion gestellt, KVBR, Arbeitsausschuß 2, 11.12.1991, 89-90.

14 Der Antrag wurde nicht abgestimmt, da W. Ullmann aus der Kommission zurücktrat.

lich dort verabschiedeten Kompromiß. Vorgeschlagen wurde eine einer Formulierung in der sächsischen Landesverfassung ähnliche Bestimmung zu Schutz und Förderung dezidiert für Minderheiten deutscher Staatsangehörigkeit. Im Zuge der Kompromißfindung in der KVBR kam es dort schließlich zur Verabschiedung des Formulierungsvorschlags: „Der Staat achtet die Identität der ethnischen, kulturellen und sprachlichen Minderheiten". Explizite Rechte und Verpflichtungen wurden gestrichen, es verschwand aber auch die von den sächsischen Vertretern ursprünglich für so wichtig erklärte Differenzierung nach Staatsangehörigkeit. Durchweg bemühten sich gerade Politiker aus Sachsen und Schleswig-Holstein (daneben aus Brandenburg) in Übereinstimmung mit ihrer Politik in den Ländern, Forderungen der sorbischen bzw. dänischen Organisationen bzw. der in ihren Bundesländern lebenden Bevölkerungsgruppen entgegenzukommen. Eine Rolle für unterschiedliche Positionen von Vertretern der CDU/CSU spielte wohl auch die Glaubwürdigkeit der Bundesrepublik im Hinblick auf ihre für deutsche Minderheiten in Osteuropa formulierten Forderungen.

Solche Meinungsverschiedenheiten und Unsicherheiten in der CDU/CSU spiegelten sich in der Tatsache, daß sich in der ersten Sitzung der GVK, die sich u.a. mit dem Minderheitenschutz befaßte, kein Vertreter der CDU/CSU zu diesem Thema äußerte. Erst im Juni und Juli 1993 brachten Friedrich-Adolf Jahn und Erika Steinbach-Hermann die Argumente der CDU/CSU-Fraktion vor. Gegen den vorgeschlagenen Artikel wurde eingewandt, dieser sei nicht notwendig. Das Grundgesetz und die die Sorben, Dänen und Friesen betreffenden Landesverfassungen gewährten ausreichenden Schutz. Solche Schutzrechte wollte der verfassungspolitische Sprecher der CDU/CSU-Fraktion im Bundestag auf „die traditionell [an anderer Stelle: „seit jeher"] in geschlossenen Siedlungsgebieten ansässigen nationalen Minderheiten deutscher Staatsangehörigkeit" beschränkt sehen (Bundestag, 4.2.1994, 18105; bzw. GVK 24. 17.6.1993, 30). Ähnlich sprach seine Fraktionskollegin von den „deutschen Minderheiten in ihren angestammten Siedlungsgebieten" (Erika Steinbach-Hermann, Bundestag, 4.2.1994, 18144).[15] Eine solche Eingrenzung schloß die Sinti und Roma ebenso wie eingewanderte Minderheiten aus, da diese entweder nicht „traditionell" und/oder nicht in geschlossenen Siedlungsgebieten ansässig sind. Eine Erweiterung des Grundgesetzes, so Jahn, sei weder sachgerecht noch notwendig. Als Kulturangelegenheit seien der „Schutz und die Förderung einer nationalen Minderheit als Gruppe [...] originäre Aufgabe der Länder" (GVK 17.6.1993, 30). Bereits in der Bundesratskommission war von seiten einiger CDU und CSU-regierter Länder entweder ein deutscher Handlungsbedarf generell negiert worden[16] oder aber auf

15 Im Bericht der GVK ist bezüglich der Minderheitenposition wieder von „seit jeher in einem abgrenzbaren Teil des Staatsgebietes (geschlossenes Siedlungsgebiet)" ansässigen Gruppen die Rede (74). Vgl. auch Blumenwitz, 1992.

16 Vom bayrischen Vertreter Dr. Giehl, KVBR, Arbeitsausschuß 2, 14.5.1992, 50f.; auch Dr. Menz, Baden-Württemberg, argumentierte, es gebe keinen Grund für eine

die Zuständigkeit der Länder für den als eine Kulturangelegenheit begriffenen Minderheitenschutz verwiesen worden.[17] Die Frage der Bundes- bzw. Länderzuständigkeit war vor allem in der KVBR diskutiert worden, wobei die Befürworter des neuen Grundgesetzartikels auf die übergreifende Bedeutung des nicht allein als Kulturangelegenheit zu begreifenden Minderheitenschutzes und die Tatsache verwiesen, daß die Minderheiten nicht per se in bestimmten Bundesländern leben. In der GVK wurde vor allem die von der CDU/CSU betonte Beschränkung von kollektiven Rechten auf ‚geschlossen siedelnde' Gruppen attackiert, da dieses Konzept generell realitätsfern sei und insbesondere die verstreut lebenden Sinti und Roma ausgrenze. Im Verlauf der Diskussion in der Juni-Sitzung der GVK geriet die Position der CDU/CSU zunehmend unter Druck, und F.-A. Jahn betonte mehrfach, seine Fraktion gehöre „nicht in die Ecke, daß wir glauben, daß wir im Minderheitenschutz nichts zu tun hätten. [...] Da ist Handlungsbedarf. „ Er betonte die prinzipielle Unterstützung seiner Fraktion für den Minderheitenschutz; nur „in der Methode" sei man unterschiedlicher Auffassung (GVK 17.6.1992, 37, 40). Die Kommissionsmitglieder sahen sich aber unter Druck, da seitens der Bundesregierung und die Fraktion beratender Professoren massive Einwände formuliert worden waren.[18] Schließlich beantragte Jahn eine Sitzungsunter-

---

Grundgesetzänderung, Minister Remmers, Sachsen-Anhalt, unterstützte Giehl, Arbeitsausschuß 2, 11. 12. 1991, 100f., 103f.

17 Im Votum der Kommission Verfassungsreform des Bundesrates erkannten die fünf ablehnenden Länder zunächst eine staatliche Sorgepflicht für die hier lebenden Minderheiten an. Zu ihrem Zentralargument machten sie die Aufgabenabgrenzung zwischen Bund und Ländern. Da es vor allem um die Kultur gehe, gehöre der Minderheitenschutz in den Kompetenzbereich der Länder. In der Tat spielten wohl gerade in der Bundesratsdebatte finanzielle Überlegungen eine Rolle; so verwies Dr. Erich Fischer (Brandenburg) auf die Notwendigkeit finanzieller Hilfe durch den Bund, KVBR, 14.5.1992, 10. Der Bund hat nun allerdings bereits 1955 mit der Kopenhagen-Bonner Erklärung (zu der dänischen und deutschen Minderheit) und durch seine Beteiligung an der jüngst gegründeten Sorbenstiftung seine Mitverantwortlichkeit anerkannt. Im Arbeitsausschuß der KVBR argumentierte Minister H.P. Bull (Schleswig-Holstein) für eine Bundeszuständigkeit aufgrund der Betroffenheit mehrerer Länder, er verwies auf das Bundeswahlgesetz, die Berücksichtigung von Minderheiteninteressen bzw. ihrer Sprache durch Gerichte und Verwaltung und außenpolitische Aspekte der Minderheitenpolitik, Arbeitsausschuß 2, 19.2.1992, 20.

18 Gemeinsam mit der Kulturstiftung der deutschen Vertriebenen organisierte im Februar 1994 die ‚Studiengruppe für Politik und Völkerrecht' eine Tagung, bei der den Abgeordneten ans Herz gelegt wurde, den Minderheitenartikel in der vorgeschlagenen Formulierung abzulehnen. Bis in die Formulierung ähneln die dort von Dietrich Murswiek vorgetragenen Argumente denen einiger CDU-Rednerinnen und Redner. „... getarnt unter dem Mantel des harmlos klingenden Minderheitenschutzes" werde das „skandalöse Vorhaben" betrieben, die gerade verwirklichte nationale Einheit wieder aufzuheben. Es gehe, so der Freiburger Professor, um „den verfassungsrechtlichen Abschied vom deutschen Nationalstaat zugunsten eines Staates [...], dessen kulturelle Prägung einer *heterogenen Vielfalt* von Immigrantengruppen *überlassen* wird." (Hervorhebungen K.S.) Der durchaus offen verfolgten Anerkennung kultureller Pluralität wird hier der Charakter einer geheimen Verschwörung gegen die Sou-

brechung und dann eine Vertagung, damit die CDU/CSU-Vertreter ihre Position erneut beraten könnten. Am 1. Juli schließlich wurden die Ergebnisse dieser internen Beratungen nunmehr von E. Steinbach-Hermann zusammengefaßt. Bereits mehr als ein Jahr zuvor war in der Bundesratskommission deutlich geworden, daß es den CDU- und CSU-regierten Ländern nicht allein um die Zuständigkeiten von Bund und Ländern ging, sondern daß daneben Befürchtungen bestanden, ein Minderheitenschutz könne auch die jüngeren Einwanderungsminderheiten einbeziehen. Man vermisse, so hieß es in der Kommission Verfassungsreform des Bundesrates etwas verschwommen, eine klare Definition der zu achtenden Minderheiten (vgl. das Minderheitenvotum im Kommissionsbericht, Bericht der KVBR, 1992). Erst im Sommer 1993 aber avancierte der Konflikt zu einer gesellschaftspolitischen Prinzipienfrage ersten Ranges. Den Befürwortern des Minderheitenschutzartikels, so nun die Abgeordnete Steinbach-Hermann, gehe es um die Absicht, gewissermaßen unbemerkt „eine verfassungsrechtlich gesicherte multikulturelle Gesellschaft in der Verfassung" zu verankern. Der anvisierte Gruppenschutz beinhalte „eine ganz neue gesellschaftspolitische Konzeption. [...] Statt eines Modells der Integration von Zuwanderern in Staat und Gesellschaft unseres Landes würde das Nebeneinander weitestgehend eigenständiger Kulturen nicht nur hingenommen, sondern staatlich gefördert werden sollen." Dies laufe der „inneren Stabilität" in Deutschland entgegen und würde ausländerfeindliche Zielsetzungen befördern (GVK 1.7.1993, 32-34, hier 33). Sie selbst befürwortete dann auch explizit eine „Assimilation", wie sie im Falle der polnischen Minderheit angeblich freiwillig stattgefunden habe und sich bei Italienern und Spaniern wiederholen werde. Den „Bereich der türkischen Minderheit" aber grenzte sie hiervon aus (ebd., 39).[19] Auch in die Zusammenfassung der Minderheitenposition im Bericht der GVK ging diese Argumentation ein. Selbst die Achtensklausel, so heißt es dort, bedeute einen Verzicht auf die Förderung von Integrationsbereitschaft und stattdessen die Anerkennung eines Nebeneinanders eigenständiger Kulturen (GVK 1993, 75). In direktem Kontrast zur Argumentation der Befürworter, wonach jeglicher Assimilationsdruck auf Minderheiten ausgeschlossen werden solle, bevorzugte Steinbach-Hermann „einen gewissen Integrationsdruck" (Bundestag, 4.2.1994, 18144-46). In der Abstimmung der GVK folgten allerdings dann nur 12 Kommissionsmitglieder dieser Position, indem sie die ‚Achtenserklärung' ablehnten. Mit 45:12:1 war das Abstimmungsergebnis zum Satz: „Der Staat

veränität des ethnisch definierten deutschen Volkes im deutschen Nationalstaat zugemessen, die auf eine Hegemonie der Einwanderer ziele (Blumenwitz/Murswiek 1994, insbesondere Murswiek 1994, 59, 56). Obwohl der Vortrag kurz nach der Bundestagsdebatte von 4.2. gehalten wurde, mögen die Argumente einzelnen Abgeordneten bekannt gewesen sein. Vgl. auch Kriele 1993.

19 Die polnische Minderheit und die polnischen Einwanderer des späten neunzehnten und frühen zwanzigsten Jahrhunderts sind tatsächlich weitgehend assimiliert, eine Rolle hierbei spielte aber auch die massive Diskriminierung, der sie sich über Jahrzehnte hinweg ausgesetzt sahen.

achtet die Identität der ethnischen, kulturellen und sprachlichen Minderheiten" recht deutlich, und einige Mitglieder der CDU/CSU stimmten für einen solchen Artikel. Dagegen wurden 25 Nein-Stimmen und 5 Enthaltungen zum zweiten Satz des SPD-Antrages bezüglich Schutz und Förderung staatsangehöriger Minderheiten gezählt. Geht man davon aus, daß die 25 Nein-Stimmen wesentlich aus dem Kreis der der CDU und CSU angehörenden 15 Bundestags- und 11 Ländervertreter kamen,[20] dann war das Abstimmungsverhalten, wie schon das Sachsens in der Bundesratskommission, konträr zur eigenen Argumentation, nach der doch gerade der nicht spezifizierte Identitätsschutz gefährlich, die Förderung von Minderheiten aus deutschen Staatsangehörigen aber akzeptabel sei. Das Abstimmungsverhalten wäre eher im Sinne einer Ablehnung dezidierter staatlicher Verpflichtungen und einer breiteren Akzeptanz einer vagen politischen Geste zu interpretieren.

Im Bundestag dominierte dann aber die vehemente Attacke auf den vorgeschlagenen Artikel 20b als Einführung der multikulturellen Gesellschaft durch die Hintertür. Innenminister Kanther attackierte eine Politik, die „zu Gruppenegoismus und Separatismus" führe. „Deutschland soll nach meiner Überzeugung weder ein Einwanderungsland werden noch vom Prinzip der multikulturellen Gesellschaft geprägt sein", erklärte er in bekannter Manier (Bundestag, 30.6.1994, 20978). Die Frankfurter Abgeordnete Steinbach-Hermann beschwor erneut recht dramatisch die Gefahren der mit dem Minderheitenschutzartikel angeblich anvisierten Umgestaltung der Gesellschaft (Bundestag, 30.6.1994, 21003). Ungeklärt blieb der offensichtliche Widerspruch zwischen der deutschen Forderung nach einem Gruppenschutz in Ländern wie Polen und der gleichzeitigen Forderung nach Assimilation in Deutschland, begleitet von der Behauptung, Gruppenrechte (in Deutschland?) förderten „Gruppenegoismus und Separatismus". Daß sich, wie von den Befürwortern des neuen Grundgesetzartikels immer wieder betont, ein Glaubwürdigkeitsproblem der Bundesrepublik stelle, negierten Vertreter der CDU/CSU.

Nun ist es sicherlich diskussionswürdig, ob ein politisches Prinzip des Schutzes und der Förderung ethnischer Minderheiten unbedingt im Grundgesetz festgehalten werden sollte und was mit einem entsprechenden Artikel erreicht worden wäre (vgl. skeptisch Stopp 1994). Der Minderheitenschutz wurde unter dem Gesamtbegriff der Staatsziele behandelt. Hierbei, so der als Experte geladene Jurist E. Denninger, gehe es um objektives Verfassungsrecht, eine allgemeine Zielrichtung der Staatstätigkeit. Solche Staatsziele seien aber mehr als bloße Programmsätze (GVK 2. Anhörung, 4f., 94).[21] Die

20 Es wurde nicht namentlich abgestimmt. In den zwei Abstimmungen wurden 58 bzw. 61 Stimmen abgegeben. Von insgesamt 64 Kommissionsmitgliedern war Bündnis 90/Die Grünen nicht mehr, Schleswig-Holstein und Thüringen nur mit je einem Mitglied vertreten.

21 Denninger erläuterte, es gehe wohl i.d.R. um Staatsangehörige: „Die Frage der Einbeziehung ausländischer Minderheiten kann wohl zunächst offenbleiben, da subjektive Individualansprüche aus der STZB [Staatszielbestimmung, K. S.] ohnehin nicht

Berliner Senatorin J. Limbach sprach von den Staatszielen als Politikzielen, die „den Staat zum Handeln herausfordern“ sollten (GVK 12.11.1992, 12). Subjektive Rechte würden nicht verbürgt. Ein Grundgesetzartikel 20b wäre vor allem eine politische Demonstration und eine allgemeine Aufforderung an Staat und Parlament gewesen, entsprechend zu handeln. Für die Position der in den letzten Jahrzehnten Zugewanderten in der deutschen Gesellschaft mag die Auseinandersetzung um das Asyl- und das Staatsangehörigkeitsrecht als bedeutungsvoller eingeschätzt werden. Dennoch verdeutlicht auch die Auseinandersetzung um einen Minderheitenschutzartikel im Grundgesetz, wie beherrschend in Teilen der politischen Eliten die Angst vor den als Konsequenzen der Einwanderung stattfindenden gesellschaftlichen Veränderungen ist. Inhaltlich lagen die in der GVK abgestimmten Formulierungsvorschläge ganz auf der Linie internationaler Deklarationen. „Nur eine Minderheit, die sich in ihrer Identität geachtet fühlt, wird eine loyale Minderheit sein und damit zum kulturellen Reichtum einer Nation beitragen“, erklärte Bundeskanzler Kohl 1993 in Wien (Kohl 1993, 971). Die CDU/CSU-Fraktion im Bundestag befürwortete aber in der hier analysierten Debatte faktisch eine Politik der Assimilation, indem das Nebeneinander verschiedener Kulturen zur Gefahr erklärt wurde. Differenzen über die Minderheiten zu gewährenden Rechte werden sich langfristig nicht über eine strikte Differenzierung zwischen eigenen und fremden Staatsangehörigen lösen lassen. International dominiert im Kontext von Minderheitenrechten zwar die Tendenz, ausländische Staatsangehörige, und hier geht es vor allem um Arbeitsmigrantinnen und -migranten, nicht als nationale oder ethnische Minderheiten anzusehen. Allerdings handelt es sich hier eher um eine pragmatische politische Übereinkunft. Die mit der Anwendung der UN-Konvention gegen die Rassendiskriminierung befaßte Kommission empfahl der Bundesregierung, allen Minderheitengruppen, die in Deutschland leben, gleiche Schutzrechte zu gewähren (Banton 1994, 497, 500). Auch der Minderheitenartikel 27 des UNO-Paktes über bürgerliche und politische Rechte wird verbreitet als Bestimmung interpretiert, die nicht nur Staatsangehörige einbezieht. Durch die gewählte Formulierung (states in which [...] minorities exist), so etwa Manfred Nowak, werde zum Ausdruck gebracht, daß es sich bei solchen Minderheiten um seit längerer Zeit in diesem Staat wohnhafte Gruppen handeln müsse (Nowak 1993, 115-118; vgl. auch Wolfrum 1993).[22] Die Bundesregierung aber besteht im Rahmen der UNO auf einer Ausgrenzung fremder Staatsangehöriger.[23] Michael Banton etwa, ein Mitglied der erwähnten UN-Kommis-

abgeleitet werden können.“ (94) Von den Experten in der Anhörung „Staatsziele und Grundrechte“ äußerte sich daneben nur Edzard Schmidt-Jortzig zum Minderheitenschutz. Er hielt den Artikel für diskussionswürdig, vor allem im Hinblick auf aktive Förderung, vgl. ebd., 134.

22 Vgl. auch den Hinweis auf eine entsprechende Interpretation von Artikel 27 durch den Ausschuß für Menschenrechte der UN, in: Minderheitenrechte, 1995.

23 Vgl. die kritischen Hinweise bei Klaus Dicke, 1993, S. 113. Rainer Hofmann verweist darauf, Deutschland habe als einziger Staat im Kontext der UN-Deklaration

sion, kommentierte die bundesdeutsche Praxis etwas süffisant dahingehend, daß offenbar in Deutschland die Frage, ob eine bestimmte Gruppe von Personen eine Minderheit darstelle, keine Frage der Tatsachen, sondern des Rechts sei (Banton 1994). Soziologisch macht die Ausgrenzung von real als dauerhafte Bevölkerung eines bestimmten Landes existierenden ethnischen Gruppen kaum Sinn. Zudem bestehen Minderheitengruppen in der Realität nicht einfach aus deutschen oder anderen Staatsangehörigen. Die Religionsgemeinschaft der Juden umfaßt auch fremde Staatsangehörige, unter den Sinti und Roma gibt es eine Reihe Staatenloser. Wenn auch die Einwanderer der Nachkriegsjahrzehnte mehrheitlich an ihrer Staatsangehörigkeit festhalten, so wird es doch zunehmend deutsche Staatsangehörige italienischer, griechischer oder türkischer Herkunft geben, die – ein Zusammengehörigkeitsbewußtsein vorausgesetzt – als ethnische Minderheiten anzusehen wären.[24] Ihre Trennung aber von den de facto Immigrantinnen und Immigranten z.B. türkischer Staatsangehörigkeit wäre doch wohl recht artifiziell.

In den Kontroversen um Minderheitenschutz enthalten sind aber auch in der hier analysierten Debatte kaum angesprochene grundsätzlichere Differenzen. Geht es, so wäre etwa zu fragen, um einen ‚multikulturellen' Minderheitenschutz, der den Austausch zwischen verschiedenen Kulturen und deren (freiwilligen) Wandel als positiv ansieht und darauf hinzielt, den Individuen die Chance zu geben, in ihrer Herkunftskultur aufzuwachsen, sich mit ihr auseinanderzusetzen und sie zu entwickeln, unter Umständen auch aufzuheben (vgl. Kymlicka 1989; Habermas 1993)? Oder begründet sich eine Politik des Minderheitenschutzes aus einer Auffassung von Volk oder „Volksgruppe" als höheren Werten und mit einem bestimmten Boden bzw. einer Heimat verknüpften Einheiten, die es zu konservieren gilt? (Murswiek 1994; Kimminich 1989, 90-92; detaillierter dazu Schönwälder 1996)

Die SPD stimmte im Bundestag schließlich der getrennten Behandlung des vorgeschlagenen Artikels 20b zu, damit der Minderheitenschutz nicht andere Grundgesetzänderungen gefährde. Die SPD hatte deutlich gemacht, daß sie ein anderes Integrationskonzept als die CDU verfolgt, es gehe ihr um „Vielfalt in der Einheit" und nicht um Assimilation. Gleichzeitig distanzierte aber auch sie sich vom Konzept des „Multikulturalismus" und unterstrich die notwendige Differenzierung zwischen den ‚traditionellen' und den neu eingewanderten Minderheiten. Gerade den letzteren gegenüber sollten symbolische Aussagen gemacht, auf keinen Fall aber Ansprüche begründet werden (Rechtsausschuß 1994, 36).

Daß mit einer getrennten Abstimmung dieser Artikel im Bundestag am 30.6.1994 die erforderliche Zweidrittelmehrheit verfehlt werden würde, war

---

von 1992 zum Ausdruck gebracht, daß Ausländer nicht als Angehörige einer Minderheit gelten könnten (1994, 12).

24 Von 1990 bis 1992 erwarben 12.862 Türkinnen und Türken die deutsche Staatsangehörigkeit. Es wird hier darauf verzichtet, detaillierter zu Definitionskriterien einer ethnischen Minderheit Stellung zu nehmen, vgl. hierzu etwa Heckmann 1992.

absehbar.[25] Eine Reihe von Abgeordneten stimmte allerdings nicht mit ihrer Fraktion. So votierten aus den Reihen der CDU/CSU sechs Abgeordnete mit Ja zur Achtenserklärung, sechs weitere enthielten sich. Die Ja-Stimmen kamen von Abgeordneten aus Schleswig-Holstein und Sachsen, waren also wohl Ausdruck der gegenüber den dortigen Minderheiten verfolgten Politik, hinzu kam die Stimme des stellvertretenden Vorsitzenden der Sudetendeutschen Landsmannschaft Wittmann (CSU).[26] Im Bundesrat wurden am 26. August noch einmal heftige Proteste vorgebracht. Zu einem Konsens aber kam es nicht, und die CDU/CSU ließ auch bei der abschließenden Abstimmung über die Vorschläge des Vermittlungsausschusses im Bundestag am 6. September 1994 Artikel 20b scheitern. Am 23. September 1994 schließlich nahm der Bundesrat die vom Bundestag beschlossenen Teile der Beschlußempfehlung des Vermittlungsausschusses an. Aufgrund des fehlenden Minderheitenartikels stimmte Schleswig-Holstein als einziges Land mit „Nein".

## Literatur

Banton, Michael 1994: The Twelfth Report of Germany under the International Convention on the Elimination of all Forms of Racial Discrimination, in: New Community, 20. Jg., S. 496-501

Bericht der Kommission Verfassungsreform des Bundesrates (KVBR) 1992: Bundesrats-Drucksache 360/92

Blumenwitz, Dieter 1992: Minderheiten- und Volksgruppenrecht. Aktuelle Entwicklung, Bonn: Kulturstiftung der deutschen Vertriebenen

Blumenwitz, Dieter / Murswiek, Dietrich (Hrsg.) 1994: Aktuelle rechtliche und praktische Fragen des Volksgruppen- und Minderheitenschutzes (Staats- und völkerrechtliche Abhandlungen der Studiengruppe für Politik und Völkerrecht Bd. 13), Bonn

---

25 Der Rechtsausschuß hatte die Aufnahme eines Artikels 20b und eine getrennte Abstimmung empfohlen. In der Schlußabstimmung stimmten 322 Abgeordnete zu, 300 stimmten mit Nein, 8 enthielten sich und eine Stimme war ungültig, Bundestag, 30. 6. 1994, 21033 und Namensliste mit korrigiertem Ergebnis als Anlage 17.

26 Mit Ja stimmten Wolfgang Börnsen, Wahlkreis Flensburg-Schleswig, Peter Harry Carstensen, Wahlkreis Nordfriesland-Dithmarschen-Nord, Gottfried Haschke, Wahlkreis Bautzen-Löbau, Maria Michalk, die selbst Sorbin ist, Christa Schmidt, eine sächsische Abgeordnete, vgl. Bundestag, 30.6.1994, Anlage 17. Außer Schmidt stimmten diese Abgeordneten auch dem weitergehenden SPD-Antrag zu, der wiederum von sechs SPD-Abgeordneten nicht unterstützt wurde. (Anlage 7) Börnsen und Michalk äußerten sich zu ihrem Abstimmungsverhalten und begründeten es mit den Interessen der sogenannten traditionellen Minderheiten, die sie aber beide gern scharf von den neueren ethnischen Minderheiten abgegrenzt gesehen hätten. Aus eben diesem Grund einer fehlenden Ausgrenzung anderer Gruppen als der Sorben, Friesen und Dänen lehnte der Abgeordnete Ulrich Klinkert, Vertreter eines Wahlkreises mit sorbischem Bevölkerungsanteil, den Antrag ab, vgl. Bundestag, 30. 6. 1994, 21006f. und die Erklärungen nach Par. 31 GO, ebd., 21045f., 21048, 21049. Es enthielten sich auch Horst Ehmke (SPD) und Siegrid Hoth (FDP), vier FDP-Abgeordnete stimmten mit Nein.

Brölmann, Catherine u.a. (Hrsg.) 1993: Peoples and Minorities in International Law, Dordrecht/Boston/London

Budzinski, Manfred / Clemens, Gabriele 1991: Rausland oder: Menschenrechte für alle, Göttingen

Bundesrat, verschiedene Daten: Stenographischer Bericht

CERD 1993: Committee on the Elimination of Racial Discrimination: Twelfth Report of Germany Under the International Convention on the Elimination of all Forms of Racial Discrimination, CERD/C/226/Add. 7, 12 March

Deutscher Bundestag, verschiedene Daten: Plenarprotokoll

Deutscher Bundestag, verschiedene Daten: Drucksachen

Dicke, Klaus 1993: Die UN-Deklaration zum Minderheitenschutz, in: Europa-Archiv, 48. Jg., no 4, S. 107-116

Ermacora, Felix / Pan, Christoph 1993: Grundrechte der europäischen Volksgruppen, hrsg. von der Föderalistischen Union Europäischer Volksgruppen (FUEV), Wien

Franke, Dietrich / Hofmann, Rainer 1992: Nationale Minderheiten – ein Thema für das Grundgesetz? Verfassungs- und völkerrechtliche Aspekte des Schutzes nationaler Minderheiten, Europäische Grundrechte Zeitschrift, 19. Jg., S. 401-409

Frankfurter Allgemeine Zeitung, verschiedene Ausgaben

Gemeinsamen Verfassungskommission (GVK) 5.11.1993: Deutscher Bundestag, Drucksache 12/6000

Gemeinsame Verfassungskommission (GVK)16.6.1992: 2. Anhörung, Staatsziele und Grundrechte

Gemeinsame Verfassungskommission (GVK) 6.5.1993: 9. Anhörung, Rechte ethnischer Minderheiten

Gemeinsame Verfassungskommission (GVK) 22.9.1992: Arbeitsunterlage Nr. 77, Ministerium der Justiz des Landes Brandenburg, Positionspapier zu einem Minderheitenschutzartikel des Grundgesetzes

Gemeinsame Verfassungskommission (GVK): verschiedene Daten: Sitzungsprotokolle

Gesetzentwurf der Fraktionen der CDU/CSU, SPD und FDP 1994: Entwurf eines Gesetzes zur Änderung des Grundgesetzes, Deutscher Bundestag, Drucksache 12/6633 (20. 1.)

Gesetzentwurf 1993: der Fraktion der SPD, Entwurf eines Gesetzes zur Änderung des Grundgesetzes, Deutscher Bundestag, Drucksache 12/6323 (1. 12.)

Gesetzentwurf 1994a: des Abgeordneten Dr. Wolfgang Ullmann und der Gruppe Bündnis 90/Die Grünen, Entwurf eines Gesetzes zur Verfassungsreform, Deutscher Bundestag, Drucksache 12/6686 (27. 1.)

Gesetzentwurf 1994b: der Abgeordneten Uwe-Jens Heuer, Dr. Gregor Gysi und der Gruppe der PDS/Linke Liste, Entwurf eines Gesetzes über die Annahme einer neuen Verfassung nach Artikel 146 des Grundgesetzes, Deutscher Bundestag, Drucksache 12/6570 (12. 1.)

Habermas, Jürgen 1993: Anerkennungskämpfe im demokratischen Rechtsstaat, in: Charles Taylor, Multikulturalismus und die Politik der Anerkennung, Frankfurt/M.

Hahn, Michael J. 1993: Die rechtliche Stellung der Minderheiten in Deutschland, in: Jochen A. Frowein u.a. (Hrsg.), Das Minderheitenrecht europäischer Staaten, Teil 1, Berlin etc., S. 62-107

Heckmann, Friedrich 1992: Ethnische Minderheiten, Volk und Nation. Soziologie interethnischer Beziehungen, Stuttgart

Kimminich, Otto 1989: Das Recht auf die Heimat, Bonn: Kulturstiftung der deutschen Vertriebenen, 3. Aufl.

Kohl, Helmut 1993: Migration und Minderheitenschutz in Europa, in: Bulletin des Presse- und Informationsamtes der Bundesregierung Nr 85, 13. 10., S. 969-972

KVBR (Kommission Verfassungsreform des Bundesrates), verschiedene Daten: Stenographische Protokolle

KVBR (Kommission Verfassungsreform des Bundesrates), Arbeitsausschuß 2, verschiedene Daten, Niederschriften

KVBR (Kommission Verfassungsreform des Bundesrates), Drucksache 18, 1992: Bericht und Beschlußempfehlung des Arbeitsausschusses 2 zu Schutz und Förderung von nationalen und kulturellen Minderheiten, 3. 4.

Kriele, Martin 1993: Über jeden Grundgesetzartikel einzeln abstimmen, Frankfurter Allgemeine Zeitung, 21. 12.

Kymlicka, Will 1989: Liberalism, Community and Culture, Oxford

Landtag Schleswig-Holstein 1991: Berichte zur Lage der Minderheiten. Arbeitstreffen im Landeshaus Kiel, 14 December 1990, Kiel

Messtorf, Silke 1987: Die Rechtsstellung der ethnischen Minderheiten in der Bundesrepublik Deutschland, Frankfurt/M. etc

Minderheitenrechte für Immigranten 1995: in: Informationsbrief für Ausländerrecht, 17. Jg., S. 221f.

Murswiek, Dietrich 1994: Minderheitenschutz – für welche Minderheiten? Zur Debatte um die Einfügung eines Minderheitenartikels ins Grundgesetz, in: Dieter Blumenwitz und Dietrich Murswiek, 1994, S. 39-61

Nowak, Manfred 1993: The Evolution of Minority Rights in International Law, Comments, in: Catherine Brölmann et al., 1993, S. 103-118

Oberndörfer, Dieter 1994: Völkisches Denken, in: Die Zeit, 10. 6.

Rechtsausschuß 1994: Beschlußempfehlung und Bericht zu verschiedenen Gesetzentwürfen zur Änderung des Grundgesetzes, Deutscher Bundestag, Drucksache 12/8165 (28. 6.)

Rose, Romani 1987: Bürgerrechte für Sinti und Roma: das Buch zum Rassismus in Deutschland, Heidelberg

Schleswig-Holsteinischer Landtag 1993: Drucksache 13/751 (12. 2.)

Schmalz-Jacobsen, Cornelia / Hansen, Georg (Hrsg.) 1995: Ethnische Minderheiten in der Bundesrepublik Deutschland. Ein Lexikon, München

Schönwälder, Karen 1996: Minderheitenschutz: Anerkennung kultureller Pluralität oder Ausdruck „völkischen Denkens“? in: Frank Deppe / Georg Fülberth / Rainer Rilling (Hrsg.), Antifaschismus, Heilbronn, 453-467

Stopp, Alexander H. 1994: Minderheitenschutz im reformierten Grundgesetz, in: Staatswissenschaften und Staatspraxis, 5. Jg., 1994, S. 3-33

Thornberry, Patrick 1991: Minorities and Human Rights Law. A Minority Rights Group Report, London

Wolfrum, Rüdiger 1993: The Emergence of „New Minorities“ as a Result of Migration, in: Brölmann, Catherine et al., 1993, S. 153-66

*Elmar Eggert*

# Der Bereich *Staatskirchenrecht* in der Gemeinsamen Verfassungskommission und dessen Grundlagen

## *1. Einleitung*

Neben den Sitzungen der Gemeinsamen Verfassungskommission (GVK) über Staatsziele, Grundrechte, Parlamentsrecht, Gleichberechtigung, Familie etc. ist auch das Verhältnis von Kirche und Staat Gegenstand in den Beratungen gewesen. Der Bereich Staatskirchenrecht im Grundgesetz (GG) ist ein jedoch problematisches Thema, allein schon aufgrund der Tatsache, daß der diesbezügliche Artikel 140 GG als einziger aus einem inkorporierten Teil der Weimarer Reichsverfassung (WRV) besteht, genauer aus den Artikeln 136, 137, 138, 139 und 141 WRV. Diese Auffälligkeit stellt sich bei einer genaueren Betrachtung aussagekräftiger heraus, als es zunächst den Anschein hat, gerade im Hinblick auf die Beratungen der GVK zu dieser Frage. Aktuelle Geschehnisse und Diskussionen zu Aspekten des Staatskirchenrechts wie die Militärseelsorge in den östlichen Bundesländern, das Kruzifixurteil, Brandenburgs neues Schulfach ‚Lebensgestaltung – Ethik – Religionskunde' als verpflichtendes Lehrfach anstelle des konfessionellen Religionsunterrichts u.a. verweisen immer auf die Problematik, mit der dieses Gebiet behaftet ist, können und sollen jedoch im Rahmen dieses Artikels nicht erläutert werden.[1]

Das Staatskirchenrecht hat nach den Entscheidungen der GVK keine Änderungen im GG erfahren, da eine überwiegende Mehrheit der Kommissionsmitglieder sich gegen jede Veränderung ausgesprochen hat. Hält man sich die bereits genannten Streitpunkte vor Augen, so sucht man zunächst nach den Gründen, die zu dieser Entscheidung geführt haben. Augenscheinlich hat die Komplexität der rechtlichen Lage mit dazu beigetragen, so daß Erläute-

---

1 Die Relevanz und Tragweite der rechtlichen Beziehungen zwischen Staat und Kirche für die heutige Gesellschaft verdeutlicht auch das Urteil des Bundesverwaltungsgerichts in Berlin, das das Selbstbestimmungsrecht der Kirchen in Bezug auf die katholische Theologielehre vorrangig vor der Wissenschaftsfreiheit beurteilt und damit die Entscheidung der Theologenausbildung an der Frankfurter Universität der katholischen Kirche, d.h. dem Bischof von Limburg überläßt, vgl. FAZ Nr. 166/29 D (19.07.1966), 1; vgl. auch die Divergenzen im polnischen Parlament über die Ratifizierung des Konkordats zwischen dem Vatikan und der Republik Polen im Sommer 1996. Zur Diskussion in Deutschland siehe streitbare und engagierte Beiträge wie z.B. Hermann Timm, „Die Religion kultivieren", FAZ Nr. 142 (21.06.1996), 41 und Repliken darauf.

rungen zu juristischen Auswirkungen der Gesetze im vorliegenden Beitrag breiten Raum einnehmen. Grundlegende Kenntnisse über das Staatskirchenrecht, d.h. ein Basiswissen über die Ausprägungen, Reichweiten und Auswirkungen dieses Rechtsgebiets sind zweifellos Voraussetzung zum Verständnis des Ganzen.

Zur Vorbereitung auf die Ausführungen scheint es sinnvoll, zunächst einige theoretische Vorüberlegungen anzustellen, damit das Grundproblem des Staatskirchenrechts mit Hilfe einer Übersicht über die Beziehungssysteme Staat – Kirche leichter eingeordnet werden kann. Darauf folgt die oben erwähnte umfangreichere Darstellung der rechtlichen Lage, eingeteilt in ausgewählte Hauptbereiche des Staatskirchenrechts, sowie dessen Spannweite und Folgen. Im weiteren werden die Ergebnisse der Beratungen zum Thema im Rahmen der GVK summarisch wiedergegeben, wobei auf Verfahren, Vorschläge und Begründungen eingegangen werden soll. Eine kurze Bewertung aus politikwissenschaftlicher Sicht wird den Beitrag abschließen.

## 2. *Begegnung der Bereiche Staat und Kirche*

Das Verhältnis Staat – Kirche ist im Grundgesetz im Art. 140, der die oben genannten Artikel der WRV umfaßt, geregelt. Nach allgemeinem Verständnis sollen unter *Kirche* nicht nur die beiden großen christlichen Kirchen, sondern auch alle anderen Religionsgemeinschaften verstanden werden[2]. Ebenso ist in den folgenden Überlegungen *Staat* als allgemeiner Begriff zu verstehen, der charakteristische Merkmale eines jeden Staates umfaßt.[3] Staat und Kirche sind Gemeinschaften, die Menschen als tragende Elemente ihrer selbst ansehen. Da beide real existente (und nicht nur geistige) Gemeinschaften sind, müssen sie die Existenz des anderen anerkennen. Sie wirken auf dem gleichen Gebiet und somit auf die gleichen Menschen, doch sind sie unterschiedlich in ihrer Zielsetzung. Während die Kirche das geistliche und göttliche Heil des Menschen zum Ziel ihres Wirkens hat (Campenhausen 1983, 3), ist es beim Staat das menschliche und irdische Wohl seiner Bürger (vgl. Kleine 1993, 59). Darin sind beide Institutionen wesenskonstant,[4] aber einander verschieden. Ihre Erscheinungsformen und konkreteren Aufgaben ändern sich jedoch, was daher ihr Verhältnis zueinander betrifft, welches demnach auch Änderungen unterworfen ist (Scheffler 1964, 6). Bei vielen Menschen begegnen sich Staat und Kirche. Wer einer Kirche angehört, ist somit zugleich Kirchenmitglied wie auch Staatsbürger und hat Rechte und Pflichten in beiden Gemeinschaften. Wenn von der Kirche Anforderungen

---

2 Vgl. den Wortlaut der angegebenen Artikel der WRV, die von „Religionsgesellschaften“ sprechen.

3 Auf die soll hier nicht eingegangen werden.

4 Im weiten Sinn des Begriffs können sie so bezeichnet werden, wenn Kirche oft auch nur als Dienst verstanden wird, (s. Hollerbach 1980, 132f.).

im weltlichen Bereich, in dem sie auch stark tätig ist, gestellt werden, kann es zu Konfliktsituationen kommen, die die Menschen lösen müssen. Daher ist ein sinnvolles und ordnendes Verhältnis notwendig, welches das Staatskirchenrecht zu definieren versucht. Insofern ist das Staatskirchenrecht eine (rechtliche) Fixierung der Beziehung der beiden Institutionen zueinander.

## *2.1 Die Beziehungssysteme zwischen Staat und Kirche*

Staat und Kirche haben mehrere Formen ihres Verhältnisses zueinander entwickelt. Folgende Beziehungssysteme sind denkbar und historisch ausgewiesen, die in die drei Kategorien ‚Einheit', ‚Verschiedenheit' und ‚Gemischtheit' eingeordnet werden (vgl. ebd., 6-25):

| | | |
|---|---|---|
| 1. Kirchenstaatstum (Theokratie)<br>2. Staatskirchentum | } | Einheit (VERBINDUNG) |
| 3. Staatskirchenhoheit<br>4. Trennung | } | Verschiedenheit (LÖSUNG) |
| 5. Koordination | } | Gemischtheit (NEBENEINANDER) |

Im *Kirchenstaatstum* besitzt die Kirche, die die alleinige Stellung innehat, geistliche und weltliche Machtbefugnis, wobei die geistliche Gewalt der weltlichen übergeordnet ist und diese bestimmt. Das Oberhaupt der Kirche setzt weltliche Herrscher ein und ab, z.B. in der Zeit von Papst Gregor VII. bis Bonifatius III. im 11.-14. Jahrhundert (ebd., 7).

Im *Staatskirchentum* fallen der Staat und die Kirche zusammen, wobei der Staat beherrschend ist. Alle Obrigkeit geht von Gott auf den Herrscher über, dessen weltliche Macht die Kirchenverhältnisse sowie die bürgerlichen Angelegenheiten regelt. Der in einer bevorzugten Stellung stehende Landesfürst sorgt für die rechte Verehrung Gottes durch die Einheit der Lehre nach der Devise *cuius regio, eius religio* (Glaubenszwang).[5] Ein extremes Staatskirchentum stellte der Josephinismus dar, in dem der Geistliche ein Organ des Staates war (ebd., 12ff.).

Bei der *Staatskirchenhoheit* sind Staat und (mehrere) Kirchen getrennt, aber die Kirchen unterliegen einer Staatsaufsicht. Es herrscht Religionsfreiheit, doch erteilt der Staat die Genehmigungsbefugnis und hat Einspruchs- und Kontrollrechte.[6]

5 Vgl. die Sicherung der Reformation durch die Landesherren im 16. Jahrhundert.
6 Vgl. die Beziehungen des Staates zur Kirche Mitte des 19. Jahrhundert.

Der radikale Liberalismus des 19. Jahrhunderts forderte eine strikte *Trennung* der Institutionen: dabei werden Religionsgesellschaften als Vereine des Privatrechts anderen Vereinigungen gleichgestellt. Die Kirchen dringen nicht in den staatlichen Bereich ein, z.B. gibt es keine Mitwirkung ihrerseits an Schulen, und sie erfahren auch nur eine allgemeine Vereinsaufsicht, so z.B. in den USA und (teilweise) in Frankreich.

Das Modell der *Koordination* sieht den Staat und die Kirche(n) als souveräne Gesellschaften, die eigene Mittel und eine eigene Gewalt besitzen. Es gibt keine staatliche Allumfassendheit. Beide Gesellschaften sind einander gleichgeordnet, die Abgrenzung erfolgt durch Vereinbarungen (vgl. Konkordate, die völkerrechtliche Geltung besitzen). Kirchliche Gerichte haben eine eigene Jurisdiktionsgewalt für kircheninterne Angelegenheiten (ebd., 21ff.).

Dieses Modell ist in der Bundesrepublik Deutschland durch das GG und viele Gerichtsbeschlüsse anerkannt und vertreten.[7] Doch genau dieses birgt Widersprüche in sich, denn das Staatsverständnis der modernen Demokratie setzt gerade eine „virtuelle Allumfassendheit“ voraus.[8] Grundsätzlich bleibt der Staat im weltlichen Bereich als einzige souveräne Gewalt, wenn er auch seinerseits Bereiche abgeben kann. So steht die Koordinationslehre zur Souveränität des Staates im Widerspruch (vgl. Meyer-Teschendorf 1979, 3-19; vgl. auch Friesenhahn 1980, 356). Die Probleme, die sich für das Staatskirchenrecht ergeben, gehen auf das jeweilige Verständnis des Staates und der Kirche zurück. Daher folgt eine knappe Beschreibung der wesensmäßigen Aufgaben der Kirche und des Staates.

## 2.2 Die wesensmäßigen Aufgaben von Kirche und Staat

Die Kirche ist bestimmt durch das Geistig-Seelische, das über das Weltliche Hinausgehende. Ihre geistliche Machtbefugnis ist ausgerichtet auf die Errichtung des Gottesreiches auf Erden. Diese übernatürliche Zielsetzung bezieht sich jedoch auf leibhaftige Menschen, daher betätigt sie sich auch im weltlichen Bereich.

Der Staat ist mit seiner weltlichen Machtbefugnis (souveräne Staatsgewalt) zuständig für die irdische Wohlfahrt, er schafft und erhält eine staatliche Ordnung, ordnet die Einheits- und Willensbildung und setzt demokratisch gefaßte Beschlüsse durch. Im Gegensatz zur Kirche ist er auf das Weltliche beschränkt. So sind beide Gesellschaften wesensverschieden und kaum vergleichbar (Scheffler 1964, 38).

7 Ebd., 25, 28ff; Hollerbach spricht von „sachlich begrenzter Kooperation“, (Hollerbach 1980, 129).

8 nach H. Krüger, zit. in: Kleine 1993, 69; Meyer-Teschendorf 1979, 9.

## *2.3 Die Souveränität des Staates*

Obwohl die Kirche auch in der weltlichen Ordnung zu finden und dort tätig ist, kann sie nicht mit dem Staat gleichrangig sein, dieses widerspräche dem Staatsverständnis der allgemeinen Souveränität. Ein weiteres entgegenstehendes Argument ist das Paritätsprinzip (Heckel 1993, 7, 24, 36ff.; Campenhausen 1983, 236; Scheffler 1964, 43), das den Staat verpflichtet, bei mehreren Konfessionen alle gleichrangig zu behandeln und – sofern keine Sachzwänge dies gebieten – keine Konfession oder Kirche zu bevorzugen. Mehrere Konfessionen stehen natürlicherweise miteinander im Widerstreit, bei dem der Staat die letzte Entscheidungsgewalt behalten muß, will er nicht seine Souveränität und den inneren Frieden aufgeben. Auf der Grundlage der Souveränität des Staates im weltlichen Bereich kann er einseitig Verträge mit den Religionsgemeinschaften abschließen, wie es auch in Landesverträgen und -konkordaten geschehen ist (vgl. Scheffler 1964, 49ff.). Dementsprechend kann er nicht mit den Kirchen gleichrangig sein.

# *3. Verfassungsberatungen des Parlamentarischen Rates*

Läßt man einmal die jahrhundertelange Vorgeschichte, die zur Weimarer Konstellation des Staatskirchenrechts geführt hat, in diesem Zusammenhang unberücksichtigt, dann ergibt sich für die Zeit nach 1945 folgende Perspektive:

Nach dem Ende des Krieges 1945 wurden zwei Forderungen der Kirchen an den Parlamentarischen Rat gestellt: der Staat solle sich selbst begrenzen und den Kirchen solle Verkündigungsfreiheit gewährt werden (der „Öffentlichkeitsanspruch" der Kirchen). Einig waren sich die Abgeordneten des Parlamentarischen Rates darin, daß das Verhältnis in der Verfassung geregelt werden solle. Die evangelischen Kirchen machten Eingaben, die den Wandel der staatskirchenrechtlichen Auffassungen dokumentierten und ein Abspracherecht forderten. Auch ein Entwurf der Deutschen Partei (DP) und ein weiterer der CDU wurde kontrovers diskutiert und am Ende abgelehnt. Schließlich kamen die Abgeordneten überein, die Art. 136 bis 139 und Art. 141 der WRV in das Grundgesetz zu inkorporieren. Diesem Antrag wurde am 5. Mai 1949 in vierter Lesung zugestimmt.[9]

9 Detailliert kann die Entstehungsgeschichte des Art. 140 GG nachgelesen werden in: Kleine 1993, 25-48, oder knapper in: Scheffler 1964, 69-76.

## 4. Die rechtliche Lage nach dem GG und der Rechtsprechung

Die juristischen Probleme des staatskirchenrechtlichen Artikels sind bis heute ungelöst. Zahlreiche Verfasser von Kommentaren zum GG und anderen staatskirchenrechtlichen Schriften versuchten,[10] die Beziehung der Institutionen Staat und Kirche(n) zueinander juristisch zu interpretieren und herauszuarbeiten, inwieweit die Realität durch die Bestimmungen des GG gedeckt ist. Markus Kleine hat in seiner Dissertation die diesbezüglichen Interpretationsansätze fast vollständig auf ihre Methodik untersucht (Kleine 1993). Er stellte heraus, daß nicht methodisch einwandfreies Arbeiten vorherrscht, sondern oft zielgerichtet argumentiert wird. So stellt er fest, daß dieselben Voraussetzungen zu unterschiedlichen, ja entgegengesetzten Ergebnissen führen (können). Seine Kritik verhaftet jedoch an formaljuristischen und methodischen Sichtweisen. Wenn er erkennt, daß „die gesellschaftliche Wirklichkeit über das jeweilige Vorverständnis des Interpreten als ein wesentlicher Abwägungsgesichtspunkt in den offenen Argumentationsprozeß [fließt]" (ebd., 113), so kritisiert er bewußt die Motivation der betroffenen Autoren. Die angeführten Staatskirchenrechtler kommentieren jedoch bewußt aus einer Sichtweise heraus. Dies geschieht nicht, um das Recht für ihre Ziele zu mißbrauchen, sondern um es aus einer bestimmten Perspektive zu betrachten und zu interpretieren. Das Verdienst der Dissertation von Markus Kleine liegt gerade darin, aufgezeigt zu haben, wie schwer eine rein juristisch abgesicherte Regelung zu finden ist, die nicht – wie bisher – von verschiedenen Personen unterschiedlich gedeutet werden könnte. Zumindest verdeutlicht Kleine, wie weit man noch davon entfernt ist, solche Bestimmungen aufzustellen. Aus politikwissenschaftlicher Sicht wird u.a. das Sich-Formen und Durchsetzen verschiedener Ansätze und Meinungen im politischen Prozeß betrachtet, d.h. Gegenstand der politics-Analyse ist zunächst nicht der objektiv nach wissenschaftlichen Kriterien Handelnde, sondern der politische Akteur, der seine wie auch immer geartete Meinung in den öffentlichen Prozeß einbringt. Experten des Staatskirchenrechts wie z.B. Axel Frhr. v. Campenhausen oder Martin Heckel treten mit ihrer Meinung in die Öffentlichkeit, daher läßt sich nur schwer vorstellen, daß bei einer Analyse des heiklen Bereichs Staatskirchenrecht die eigene Meinung beiseite gelassen wird. Gleichwohl kann diesen Fachleuten wissenschaftliches Arbeiten bescheinigt werden, wenn sie es auch methodisch in einigen Fällen nicht ganz konsequent weiterführten. So verweist Markus Kleine zu Recht auf methodische Unzulänglichkeiten, doch sind Gefahren weiter Interpretationsmöglichkeiten nicht bei den Betrachtern zu suchen, sondern im Verfassungstext selbst.

Die juristischen Probleme werden weiterhin bestehen, da die bestehenden GG-Artikel die sehr komplexe Beziehung der Kirche(n) zum Staat nicht fassen. Wichtig ist, daß der Grundgedanke des GG erkannt wird, weitergehende Schwierigkeiten könnten durch einen präziseren Verfassungstext

10 Siehe u.a. die verwendete Literatur.

vermindert bzw. ausgeschlossen werden. Diese Aufgabe ist den Mitgliedern der GVK gestellt gewesen – wie auch schon den Mitgliedern des Parlamentarischen Rates. Doch beiden Gremien fehlte der Wille, diesen heiklen Bereich neu festzulegen.[11] Die Gründe dafür müssen gesucht werden.

Im folgenden werden die rechtlichen Grundlagen des Staatskirchenrechts aufgezeigt, wobei die Problemfelder sichtbar werden sollen. Es soll und kann hier nicht im Detail auf juristische und ähnliche Schwierigkeiten eingegangen werden (siehe dafür die angegebenen Literaturhinweise). Vielmehr sollen die Fragen des Staatskirchenrechts sowie grundgesetzimmanente Probleme für Einsteiger in die Problematik angerissen werden. Daß die Darstellung auf Unterlagen basiert, die ebenfalls das Staatskirchenrecht mit Fakten und seinen Schwierigkeiten aus einer bestimmten Richtung beurteilend schildern, ist kaum vermeidbar und daher stets vor Augen zu halten, es steht einer wachen Betrachtung dieses Bereichs jedoch kaum im Wege.

Die Beratungen im Parlamentarischen Rat erfolgten – allerdings erst nach Eingaben der evangelischen Kirchen (Kleine 1993, 28) – mit dem Ziel, nach den Erfahrungen aus der Zeit des Dritten Reiches einen andauernden Frieden zwischen dem Staat und der Kirche zu sichern (Friesenhahn 1980, 362, 368; Campenhausen 1983, 46). Die Kirchenverfolgung vor Augen, hatten die Beratenden ein positives Bild von der Kirche, die sie als Stütze und Verteidigerin der legitimen Ordnung ansahen und so die Mitsprache kirchlicher Vertreter in staatlichen Gremien institutionell einrichteten.[12] Relevant für das Staatskirchenrecht sind die Artikel. 3 (3), 4, 7 (2,3), 33 (3) und 140 des GG. Dabei sind die im Artikel 140 GG inkorporierten Artikel der WRV vollgültiges Verfassungsrecht (Hollerbach 1980, 122), das die Basis für die Beziehungen des Staates zu den Kirchen bildet. Jedoch unterliegt das Staatskirchenrecht der konkurrierenden Gesetzgebung, je nach Landesverfassung kann die Ausgestaltung der Beziehungen bei den Ländern liegen,[13] insbesondere im Schulwesen, welches in die Zuständigkeit der Länder gehört. So regeln diese in ihren Verfassungen die Sicherung der christlichen Erziehung, sie erkennen die kirchlichen Ausbildungsstätten und Universitäten an und garantieren die Veröffentlichungsfreiheit und die Freiheit von staatlicher Aufsicht. Der Bund besitzt Regelungskompetenz bei der Diözesanorganisation über Landesgrenzen hinaus, beim Zusammenschluß von Religionsgemeinschaften und bei der Repräsentation des Staates den Kirchen gegenüber (Scheffler 1964, 79f.; Campenhausen 1983, 47). Insgesamt stimmen die Bestimmungen der Länder mit denen des Bundes größtenteils überein (Campenhausen 1983, 48f.). Das Reichskonkordat ist aufrechterhalten sowie weitere

---

11 Siehe hierzu Kapitel 6. Abschließende Bewertung der Beratungen der GVK über das Staatskirchenrecht.

12 Vgl. die kirchlichen Mitglieder in Landesschulbeiräten, Rundfunkräten, bei der Bundesprüfstelle für jugendgefährdende Schriften und im Jugendwohlfahrtsausschuß, etc.; vgl. Scheffler 1964, 82f.

13 Für Hesselberger (1990, 335) hat der Bund keine diesbezügliche Gesetzgebungskompetenz mehr.

Verträge.[14] Demgemäß bildet das Vertragskirchenrecht einen wichtigen Pfeiler im Staatskirchenrecht.

Das Grundgesetz muß unter Beachtung von Grundprinzipien ausgelegt werden: darunter fallen u.a. die Einheit der Verfassung[15] und die Trennung des weltlichen vom geistlichen Bereich. Fünf Aspekte des Staatskirchenrechts sollen im folgenden in einer kurzen Übersicht erläutert werden: die Religionsfreiheit, das Verbot einer Staatskirche, das Selbstbestimmungsrecht der Kirchen, der Status der Religionsgemeinschaften als Körperschaften öffentlichen Rechts sowie das Vertragsstaatskirchenrecht.

### *4.1 Religionsfreiheit*

Bei allen Grundrechten muß man zwei Seiten berücksichtigen: Zunächst erscheint die positive Auslegung eines Rechts, die Frage, wozu dieses Recht berechtigt. Die negative Seite hingegen ist nicht minder bedeutend und bestimmt den Bereich, gegen den das Recht (die Bürger) schützt (vgl. auch Fischer 1971, 50ff.). Die Religionsfreiheit im GG ist als Freiheit des Denkens, der Verkündigung und des Handelns präzisiert und gilt umfassend, d.h. für alle. Daher ist die Kirchenzugehörigkeit bzw. die Zugehörigkeit zu einer Religionsgesellschaft frei entscheidbar. Dieses aktive Recht (Art. 4) sichert einen Rechtsraum für die Lebensform, die der Überzeugung des einzelnen entspricht. Eltern haben so das Recht, ihren Kindern die von ihnen für richtig gehaltene religiöse oder weltanschauliche Überzeugung zu vermitteln. Auch die Werbung für seinen Glauben wird von der Glaubensfreiheit umfaßt. Jeder besitzt demnach die innere Freiheit zu glauben, und die äußere Freiheit, diesen zu manifestieren (Hesselberger 1990, 80f.; Campenhausen 1983, 51-54).

Der Staat ist verpflichtet, die Glaubensfreiheiten zu respektieren und Rücksicht auf Ausübung religiöser Sitten zu nehmen. In besonderen Fällen muß er sogar dafür sorgen, daß religiösen Pflichten nachgekommen werden kann, so z.B. in der Krankenhaus-, Gefängnis- und Militärseelsorge.[16] Im demokratischen politischen Prozeß haben auch Glaubensrichtungen ein Recht auf Mitwirkung. Doch die Religionsfreiheit schützt davor, daß religiöse Gruppen und Parteien, im Falle von demokratischen Mehrheiten, anderen ihre Religion aufzwingen. „Niemand wird aber allein durch die Tatsache in seiner Glaubens- und Gewissensfreiheit verletzt, daß das religiöse Moment durch den seiner Religion verpflichteten Staatsbürger in das freie Spiel der Kräfte

---

14 Konkret nennt sie Fischer 1971, 302f., der jedoch mit der Weitergeltung des Reichskonkordats nicht einverstanden ist. Siehe auch Campenhausen 1983, 50.

15 Friesenhahn 1980, 370: niemals dürfe man „ein Grundprinzip negieren, sondern [müsse] es in das rechte Verhältnis zu den anderen bringen".

16 Explizit im Artikel 141 WRV, von dem religiöse Propaganda ausgenommen ist, Hesselberger 1990, 340.

des demokratischen Gemeinwesens eingebracht wird."[17] Wenn auch der Art. 4 GG die Religionsausübung gestattet, so gibt er dennoch keine Legitimation für unsittliche oder kriminelle Verhaltensweisen, die unter Bezug auf die freie Ausübung des Glaubens geschehen. Sie gilt nur in den Schranken der übereinstimmenden sittlichen Grundlagen der Kulturvölker. Wie jedes andere Grundrecht bedeutet die Religionsfreiheit keine absolute individuelle Freiheit, sondern trägt die Grenzen ihrer Gültigkeit in sich und in der Tatsache, daß sie für alle gilt. Sie verpflichtet zu Toleranz und schützt so vor der Intoleranz anderer. Dabei sind Kernbereiche und Randzonen eines jeden Grundrechtes zu unterscheiden.

Die negative Religionsfreiheit (Art. 3 (3), auch 4) wehrt kirchliche und staatliche Einflußnahme gegenüber dem einzelnen ab. Die staatsbürgerlichen Rechte eines jeden sind deshalb vom religiösen Bekenntnis unabhängig, für eine Stellenvergabe ist die Konfession (außer bei theologischen Fakultäten und bei der Militärseelsorge, wo ein engeres Zusammenwirken des Staates mit den Kirchen besteht) unwichtig. Auch die Lossagung von Religion und Kirchen ist dadurch gedeckt, ein Schüler muß nicht am Religionsunterricht teilnehmen, ein Lehrer ist nicht verpflichtet, Religionsunterricht zu erteilen (Campenhausen 1983, 59f.).

Die negative Religionsfreiheit geht jedoch nicht so weit, daß sie die positive Religionsfreiheit anderer behindern darf. Wenn aus eigenem Entschluß das positive Grundrecht nicht wahrgenommen wird, so folgt daraus nicht, daß andere, die dieses ausüben möchten, dieses Grundrecht nicht verwirklichen dürften (Heckel 1993, 63). Konkret bedeutet dies, daß man weder Anspruch auf Schutz vor Missionsbestrebungen der Kirchen oder anderer Glaubensgemeinschaften hat noch vor einer Konfrontation mit religiösen Elementen im öffentlichen Raum, wie es z.B. Kreuze im Gerichtssaal sein können für Personen, die den christlichen Glauben (für sich) ablehnen (Campenhausen 1983, 61f.). Im Eherecht ist nur eine Zivilehe vorgeschrieben, die religiöse Eheschließung ist aufgrund der negativen Religionsfreiheit den Betreffenden nicht vorgeschrieben, sondern (nur) als Möglichkeit freigestellt. Aufgrund der positiven Religionsfreiheit kann diese nicht verboten sein, sondern sie ist erlaubt (ebd., 65).

### *4.2 Es besteht keine Staatskirche*

Folge der Religionsfreiheit ist das Verbot einer (allgemeinverbindlichen) Staatskirche in der Bundesrepublik Deutschland in Art. 137 (1) der WRV, inkorporiert in den Art. 140 GG.[18] Beide Institutionen sind getrennt und be-

17 Campenhausen 1983, 55. Hesselberger (1990, 81) dagegen sieht die politische Betätigung nicht durch Art. 4 geschützt.

18 Hollerbach 1980, 129. Das Verbot „bedeutete 1919 die Beseitigung des landesherrlichen Summepiskopates und die Lösung noch bestehender Verbindungen von staatlicher und kirchlicher Verwaltung", in: Friesenhahn 1980, 370.

stehen eigenständig in wechselseitiger Freiheit nebeneinander. Während der Staat die ihm aufgegebene Einheits- und Willensbildung rechtlich ordnet und demokratisch gefaßte Beschlüsse verfassungsgemäß durchsetzt, wobei die (bürgerliche) Ordnung des Zusammenlebens aufrechterhalten werden muß, sind die Aufgaben der Kirche(n) geistlicher Natur, ihr Ziel ist der Glaube und die sittliche Überzeugung (siehe Kap. 2.2). Gibt es keine Staatskirche, so darf eine bestimmte Kirche nicht vom Staat bevorzugt bzw. vorgeschrieben werden, es gilt das Prinzip der Parität, welches definiert, daß es keine durch sachliche Gründe gerechtfertigte rechtliche Besserstellung bestimmter Religionsgesellschaften, hier der großen Kirchen, geben darf (Campenhausen 1983, 68ff.). Diese Formulierung läßt indessen großen Spielraum, denn sie hat zum Ziel, einer schematischen Gleichbehandlung aller Weltanschauungsgemeinschaften, wie sie gefolgert werden könnte, vorzubeugen.[19]

Trotz dieses Verfassungsgrundsatzes gibt es Überschneidungen von Staat und Kirche darin, daß die gleiche Bevölkerung von beiden betroffen ist, daß jemand sowohl Staatsbürger als auch Kirchenmitglied sein kann (= *idem civis et christianus*). Bei der Erziehung der Kinder, in der Krankenpflege und der Fürsorge, in den Hochschulen und nicht zuletzt im Denkmalschutz wirken beide Institutionen gleichwertig aufgrund ihres Auftrages.[20] Das von der Bevölkerung getragene Engagement der Kirchen in diesen Bereichen muß im gleichen Maße respektiert werden, wie auf jeden anderen Verband Rücksicht genommen werden muß (Campenhausen 1983, 73). Der Staat gibt den Kirchen daher Freiraum für ihre Arbeit im öffentlichen Raum. Der staatliche und kirchliche Bereich werden bewußt nicht stark getrennt, was einer Ghettoisierung der Kirchen gleichkäme (Hollerbach 1980, 129). So können die Kirchen weiterhin auf den weltlichen Bereich einwirken. Der Staat ist dennoch neutral, denn er garantiert auch den Minderheiten, daß sie sich zur Geltung bringen können und die Freiheit haben, nach ihren eigenen Verpflichtungen (auf der Grundlage des GG) ihr Leben zu führen.

### *4.3 Selbstbestimmungsrecht*

Die Trennung der Kirche(n) vom Staat bedeutet u.a., daß die Religionsgemeinschaften ihre Angelegenheiten selbst verwalten. Das Recht auf Selbstbestimmung sichert den Glaubensgemeinschaften jedoch mehr als eine Selbstverwaltung. Nach Art. 137 (3) WRV im GG bedeutet es die Freiheit von staatlicher Aufsicht und Bevormundung, die Freiheit der eigenen Organisation und der Wirkungsmöglichkeiten im öffentlichen Bereich sowie die Eröffnung der Kirchenjurisdiktion für innerkirchliche Angelegenheiten. Bei

---

19 Zur sachgerechten Gleichbehandlung: Heckel 1993, 14.

20 Fischer verweist in diesem Zusammenhang auf die Getrenntheit und nicht die Gemischtheit der beiden Bereiche 1971, 181f.; verwoben sieht es Campenhausen 1983, 70f.

einer Berührung des weltlichen Rechtskreises gilt hingegen die Überprüfung der staatlichen Gerichte.[21] Dieses erfordert eine Trennung und Bestimmung der kirchlichen, staatlichen und gemischten Angelegenheiten, was immer mit Interpretationsmöglichkeiten behaftet sein wird.[22] Folgende Bereiche werden der Kirche zugeschrieben: die Lehre und der Kultus der Kirchen, die Kirchenverfassung und Organisation,[23] die Erziehung und Ausbildung der Geistlichen und der Lehrenden in theologischen Fakultäten, die Rechte und Pflichten der Mitglieder der Kirchen (z.B. Ein- oder Austritt, die Kirchenzucht), die Beitragspflicht, die Vermögensverwaltung (bezüglich des Denkmalschutzgesetzes bestimmt der Staat mit) und karitative Aufgaben (Campenhausen 1983, 82ff.).

Dem Staat verbleibt die Erklärung der Rechtsfähigkeit von Institutionen, die Verleihung von Rechten an Körperschaften des öffentlichen Rechts, die Sicherstellung der religiösen Kindererziehung und in Teilbereichen die Bestimmung über Vertretungsorgane kirchlicher Institutionen (ebd., 84f.).

Damit die Kirchen trotz ihrer Selbstverwaltung in das Zusammenleben der Gesellschaft eingefügt werden und sich nicht von ihr entfernen, gelten – wie für alle Rechtssubjekte im Staat – die Schranken des für alle geltenden Gesetzes (vgl. Art. 5 (2) GG) (Friesenhahn 1980, 364f.). So greifen die Vorschriften des Feuerschutzes, Naturschutzes und Teilbereiche des Arbeitsrechts[24] in den Selbstbestimmungsbereich der Kirchen ein. Darunter fallen nicht die Grundrechte, die als Schutzrechte des Staatsbürgers gegen die staatliche Gewalt gelten, aber innerhalb einer Religionsgemeinschaft natürlicherweise keine Anwendung finden. So gibt es innerhalb einer Kirche z.B. keine Glaubensfreiheit, keine Gleichheit und keine Verkündigungsfreiheit für Amtsträger.[25]

---

21 Die auftretenden Problembereiche zeigt Friesenhahn (1980, 378ff.) auf; Campenhausen 1983, 77-80.

22 Siehe den Spruch des BVerfG von 1964: „danach, was der Natur der Sache oder Zweckbestimmung nach als eigene Sache der Kirchen anzusehen ist", in: Campenhausen 1983, 81; vgl. Hollerbach 1980, 124.

23 Bei der Ämterverleihung gibt es die *Politische Klausel*: vor einer Bischofsernennung wird bei der Landesregierung angefragt, ob Bedenken politischer Art vorliegen. Campenhausen 1983, 82; Hollerbach fordert deren Überprüfung, 1980, 128.

24 Das Tarifparteiensystem ist innerhalb der Kirchen nicht gültig, da ein christliches Dienstverhältnis unvereinbar ist mit dem Interessengegensatz und dem Kampf zwischen Arbeitgeber und -nehmer. Die Mitbestimmung ist aufgrund der Selbstbestimmung eigenständig geregelt – so Campenhausen 1983, 92f., Anm. 71. Die Umstrittenheit dieses Punkt zeigt die Protokollerklärung der SPD innerhalb der GVK, siehe Kap. 5.1.

25 Vgl. das Kapitel „Keine Grundrechtsbindung der Religionsgesellschaften" in: Heckel 1993, 16f.

### *4.4 Religionsgemeinschaften als Körperschaften des öffentlichen Rechts*

Der Status von Religionsgemeinschaften als Körperschaften öffentlichen Rechts ist sehr umstritten, auch wenn Art. 137 (5) WRV diese mit Einschränkungen als solche festlegt, häufig als „sui generis" (so u.a. Heckel 1993, 12, 17) bezeichnet. Rechtsfähige Körperschaften öffentlichen Rechts sind mit Rechtsfähigkeit ausgestattete Personenverbände, die unter staatlicher Aufsicht Staatsaufgaben wahrnehmen. Kirchen übernehmen jedoch keine staatlichen Aufgaben, sondern kircheneigene Aufgaben, auch wenn diese mit staatlichen Aufgaben zusammenfallen (Fischer 1971, 207; Campenhausen 1983, 96). Dennoch ist dieser Status den Kirchen übertragen worden mit dem Ziel, bestehende Vorrechte zu garantieren, die Eigenständigkeit und die originäre Kirchengewalt hervorzuheben, einer radikalen Trennung zwischen Staat und Kirche die Absage zu erteilen und bestimmte Beziehungen und die Zusammenarbeit in der historisch gewachsenen funktionierenden Ordnung zwischen Staat und Kirche fortzusetzen (Campenhausen 1983, 96f., 101). Im Ganzen heißt dieses, daß die Kirchen für den Staat nichts Unwesentliches sind, sondern eher – so Hollerbach – „öffentliche Potenzen".[26] Den Kirchen sollen durch den besonderen Status bessere rechtliche Gestaltungsmöglichkeiten eingeräumt werden, als sie es mit privatem Recht hätten. Die Vorstellung, Kirchen unter das Privatrecht fallen zu lassen, erinnere an den Kulturkampf, an den Versuch, sie zu verdrängen (Campenhausen 1983, 98f.). Um jedoch angemessene Gleichheit gelten zu lassen, werden andere Religionsgemeinschaften in vergleichbarer Weise zugelassen und es werden ihnen adäquate Wirkungsmöglichkeiten eröffnet (Heckel 1993, 36ff.). Die Länder verleihen den Status einer Körperschaft öffentlichen Rechts, der allen Weltanschauungsgemeinschaften offen steht (Campenhausen 1983, 102f.). Doch sachlich begründete Differenzierungen zwischen den christlichen Kirchen und anderen Religionsgemeinschaften sind aufgrund der historischen Entwicklungen zu berücksichtigen.

### *4.5 Vertragsstaatskirchenrecht*

Nach Art. 137 (8) WRV können die Länder weitergehende rechtliche Regelungen mit den Kirchen eingehen. Aufgrund des Selbstbestimmungsrechts der Kirchen und der Rechtshoheit des Staates können die beiden voneinander getrennten Rechtssubjekte mit eigener Rechtsmacht eine kooperative Ordnung kritischer Rechtsbereiche durch einen Vertrag schaffen. Dabei verzichtet der Staat auf eine einseitige Rechtssetzung (die ihm zustünde) und stimmt dem Vertrag durch Gesetz zu. Beide Institutionen sind selbständig und kön-

---

26 Hollerbach 1980, 131. Er sieht das religiöse Moment als wichtige Grundlage des Staates (ebd., 138).

nen daher rechtsgültige Verträge eingehen.[27] Auch weitere Religionsgemeinschaften können Vertragspartner des Staates werden, wie z.B. das Land Niedersachsen mit dem Landesverband der Jüdischen Gemeinde einen Vertrag geschlossen hat (Friesenhahn 1980, 372, Anm. 39).

Es gibt viele dieser Kirchenverträge, die nach den Erfahrungen des Dritten Reiches im Anschluß an die Konstituierung der Länder abgeschlossen worden sind. Inhalt dieser und weiterer Kirchenverträge betreffen u.a. folgende Bereiche: die vertragliche Wiederholung verfassungsrechtlicher Gewährleistungen, staatlichen Schutz, die Beteiligung des Staates an Gebietsveränderungen, die Politische Klausel, die Theologischen Fakultäten und die Ausbildung der Geistlichen, Bestimmungen vermögensrechtlicher Art sowie die Abgrenzung in gemeinsamen Angelegenheiten, u.a. die Schule betreffend (Campenhausen 1983, 110).

## 5. *Die Behandlung des Staatskirchenrechts in der GVK*

Das Staatskirchenrecht in den oben beschriebenen Ausprägungen ist nicht nur in der Fachliteratur unter Experten, sondern auch in der Bevölkerung kritisch gesehen worden. Daher wurde auch dieser Bereich in der GVK behandelt. Um die 4000 Bürgereingaben, hauptsächlich zum Kirchensteuerrecht, sind eingegangen. Begleitet wurde die GVK zu diesem Punkt auch von der Gewerkschaftskritik, die die Arbeitnehmerrechte und die Gewerkschaftsrechte durch die GG-Artikel nicht für gewährleistet sah und einen entsprechenden sozialen Schutz auch für Arbeitnehmer in der Kirche forderte mit dem Hinweis auf „die Schranken des für alle geltenden Gesetzes“ im Artikel 137 (3) WRV. Gestützt sah sich die Kritik durch eine teilweise geänderte Rechtsprechung des BVerfG sowie eine grundsätzliche Reformbewegung (GVK 1993, 212). Verschiedene kritische Positionen und mehrere Vorschläge wurden daher zum Staatskirchenrecht vorgebracht. Zwei Anträge sind gemacht worden, die beraten wurden und über die abgestimmt wurde.

### 5.1 *Vorschläge und Anträge zur Änderung des Staatskirchenrechts durch die GVK*

Die Gruppe BÜNDNIS 90/DIE GRÜNEN – vertreten durch den Abgeordneten Dr. Ullmann – brachte den „Antrag zur Änderung staatskirchenrechtlicher Vorschriften im Grundgesetz“ ein, der eine grundsätzliche Neuordnung des Verhältnisses von Staat und Kirche vorsah und folgende Punkte umfaßte (GVK 1993, 292, Kommissionsdrucksache Nr. 37):

---

27 Nach dem Völkerrecht, in dem Verträge ratifiziert werden: Friesenhahn 1980, 373.

1. In der Präambel wird auf die Bezugnahme auf Gott verzichtet.
2. Artikel 7 Abs. 2 und 3 werden gestrichen.
3. Artikel 140 wird gestrichen.
4. Artikel 141 wird gestrichen.
5. Im Anschluß an Artikel 9 wird ein neuer Artikel 9 a eingefügt:
   Artikel 9 a
   (Kirchen und Religionsgemeinschaften, Weltanschauungsgemeinschaften)
   (1) Staat und Kirche sind getrennt.
   (2) Die Freiheit der Kirchen und Religionsgesellschaften wird gewährleistet. Sie ordnen und verwalten ihre Angelegenheiten selbständig innerhalb der Schranken der Verfassung und der für alle geltenden Gesetze. Für Arbeitnehmerinnen und Arbeitnehmer in Kirchen und Religionsgesellschaften gilt das allgemeine Arbeits- und Sozialrecht.
   (3) Kirchen und Religionsgesellschaften sind gleichgestellt, ebenso Vereinigungen, die sich die gemeinschaftliche Pflege einer Weltanschauung zur Aufgabe machen.
   (4) Religionsgesellschaften erwerben die Rechtsfähigkeit nach den allgemeinen Vorschriften des bürgerlichen Rechts.

Der Abgeordnete der F.D.P., Dr. Hirsch, schlug eine direkte Übernahme der inkorporierten Artikel der WRV in das GG mit einer redaktionellen Überarbeitung vor und brachte folgenden Antrag zur Beratung ein:[28]

Antrag zu Artikel 140 GG – „Unmittelbare Aufnahme der Artikel 136, 137, 138, 139 und 141 der Weimarer Reichsverfassung in das Grundgesetz"

In Artikel 138 Absatz 1 werden die Worte „das Reich" durch die Worte „der Bund" ersetzt.

In Artikel 141 werden die Worte „im Heer" durch die Worte „in der Bundeswehr" ersetzt.

Die Mehrheit der Mitglieder der GVK strebte keine Änderungen bezüglich des Art. 140 GG und auch nicht hinsichtlich seiner Form an.

Die Mitglieder der SPD der GVK gaben eine Protokollerklärung ab, mit der sie eine veränderte Auslegung der Bestimmungen zum Staatskirchenrecht, insbesondere zum Arbeitsrecht, anregten (GVK 1993, 214): Aus den Verfassungsbestimmungen ergebe sich nach Art. 137 (3) WRV im Art. 140 GG, daß die Religionsgesellschaften ihre Angelegenheiten selbständig ordnen und verwalten, allerdings nur in den Schranken des für alle geltenden Gesetzes. Daher dürften die Kirchen staatliche Regelungen, wie z.B. das Kündigungsschutzrecht, nicht durch eigene Regelungen ersetzen, wobei sie dann die Schranken des für alle geltenden Gesetzes verletzten. Trotz der besonderen Beziehungen innerhalb der Kirchen dürfe das Kirchenverständnis und das Selbstbestimmungsrecht nicht höher bewertet werden als das

28 GVK 1993, 305 (Kommissionsdrucksache Nr. 70); Ungeachtet der Tatsache, daß die formelle Inkorporation einer materiellen gleichkommt, so Hollerbach 1980, 129.

Schutzbedürfnis der Arbeitnehmer, so wie es aus einigen Urteilen des BVG zu entnehmen sei. Dieses solle die Rechtsprechung berücksichtigen.

## *5.2 Verfahrensablauf*

In der 18. Sitzung der GVK am 4. März 1993 wurden die Staatskirchenrechtsbestimmungen erörtert,[29] die Abstimmung fand in der 25. Sitzung am 1. Juli 1993 statt. Da am 6. Mai 1993 der Abgeordnete Dr. Ullman seine Arbeit in der GVK einstellte, konnte er den Antrag nicht zur Abstimmung einbringen. Der Vertreter der Gruppe PDS/LL, Dr. Heuer, übernahm den Antrag jedoch wörtlich und stellte ihn zur Abstimmung. Eine Anhörung fand nicht statt, da eine Einigung aufgrund der sich zu stark unterscheidenden Ausgangspositionen von vornherein unwahrscheinlich war. Keiner der Anträge erhielt mehr als 5 Ja-Stimmen und nicht mehr als 6 Enthaltungen, so daß eine relative Mehrheit von 33 Mitgliedern bei weitem verfehlt wurde. Die überwiegende Mehrheit der Mitglieder stimmte mit Nein. Zur Protokollerklärung der SPD-Gruppe gab es ausdrücklichen Widerspruch von seiten der CDU/CSU-Mitglieder der GVK (GVK 1993, 213).

## *5.3 Begründungen – mit wertenden Kommentaren*

Eine direkte und überarbeitete Übernahme der Artikel der WRV in das GG wurde abgelehnt, weil dadurch der historische Bezug verloren gehe und weil die Mehrheit der GVK sich die Bestimmungen der WRV nicht durch die Übernahme inhaltlich zu eigen machen wollte (ebd., 214).

Der Hinweis auf den historischen Bezug dürfte, gemessen am Auftrag der GVK, das GG als moderne Verfassung für die wiedervereinigte Bundesrepublik zu überarbeiten, nicht von entscheidender Bedeutung sein. Aber er deckt sich mit der zweiten Begründung, die eine Identifikation der Mitglieder mit den Bestimmungen der WRV ausdrücklich zurückweist. Die staatskirchenrechtlichen Artikel sind Werk des Parlamentarischen Rates (und nicht das der Mitglieder der GVK), ihm obliegt die Verantwortung, woran nicht gerüttelt werden sollte. Daß diese Haltung nicht dem Geist einer Verfassungskommission entsprechen sollte, entspringt dem Wesen eines solchen Gremiums.

Der Widerspruch der CDU/CSU-Mitglieder in der GVK zur Protokollerklärung der SPD-Mitglieder folgte der Auffassung, daß die Rechtslage nach Art. 140 GG und die Rechtsprechung des BVG die Stellung der Kirche in einem freiheitlichen und pluralistischen Gemeinwesen definiere. Dem liege der Gedanke der Koordination zwischen Staat und Kirche zugrunde, was

29 Die Bezugnahme auf Gott in der Präambel – ebenfalls im Antrag des Dr. Ullmann – wurde am 22. April 1993 erörtert.

auch die Eigenständigkeit der Kirchen betone. Diese Eigenständigkeit äußere sich auch im innerkirchlichen Arbeitsrecht, in dem der Arbeitnehmer nach Maßgabe des Kirchenverständnisses bestimmten Loyalitätspflichten unterliege. Im übrigen sei die GVK nicht befugt, Urteilsschelte zu betreiben, indem sie dem BVerfG vorwerfe, die Verfassung falsch auszulegen (ebd., 214f.).

Dieser Streit um die Höherbewertung des kirchlichen Selbstbestimmungsrechts oder der für alle geltenden staatlichen Gesetze innerhalb der Kirche ist zwar juristisch nach den gegebenen Vorgaben zu entscheiden (wenn auch umstritten), politisch aber (in einem politischen Gremium wie der GVK) nicht beizulegen, da es um Präferenzen und Interessen von politischen Parteien geht, die entweder einer Höherbewertung der Kirchen oder einer Vorrangstellung des Staates vor der Kirche positiv gegenüber stehen.

Der Antrag der Gruppe BÜNDNIS 90/DIE GRÜNEN, der überkommene Privilegien der Kirchen aufgrund ihrer staatsnahen Stellung abzuschaffen und gleiche Freiheiten für alle Religionsgesellschaften zu erreichen suchte, wurde mit dem tiefgreifenden Wandel der Gesellschaft seit 1949 zu der modernen polyreligiösen Gesellschaft begründet, der es notwendig mache, die Verfassung an die veränderten Bedingungen anzupassen. Dies stärke dabei auch die Unabhängigkeit der Kirchen (ebd., 213). Die Mitglieder der GVK, die sich gegen eine Veränderung des Staatskirchenrechts im GG aussprachen, konnten keine überzeugende Begründung für ihr Verhalten angeben. Sie führten an, daß das staatskirchenrechtliche System des GG sich bewährt habe. Eine grundsätzliche Reform, wie es der Antrag Dr. Ullmanns vorsah, könne aufgrund der zeitlichen Einschränkung nicht im Rahmen der GVK behandelt werden und ist daher abgelehnt worden (ebd., 214).

Die GVK ist jedoch eingesetzt worden, gerade um die Verfassung auf ihre Übereinstimmung mit den neuen Umständen zu überprüfen und sie nötigenfalls zu verändern bzw. sie an geänderte Rahmenbedingungen anzupassen. In einem nicht unerheblichen Bereich, wie ihn das Staatskirchenrecht darstellt, sollte über die Bestimmungen des GG diskutiert werden, inwieweit sie für die neue Lage der Bundesrepublik Deutschland mit gutem Recht als Grundlage bestehen können und welche Veränderungen nötig sind. Insofern ist eine Ablehnung von Änderungsvorschlägen gutes Recht einer Kommission, doch ist es dafür ohne Zweifel nötig, vorher die Aspekte genau untersucht zu haben und dann aufgrund der Ergebnisse dieser Analyse eine Entscheidung zu treffen und sie zu begründen.[30] Ein pauschale Absegnung (in diesem Fall sogar ohne Anhörung) der geltenden Bestimmungen wird diesem Auftrag sicherlich nicht gerecht, wenn keine zumindest in Ansätzen erkennbare Argumentation diesen Entschluß stützt.[31]

---

30 Einen Ansatz hierzu liefert u.a. Hollerbach 1980, 130.

31 Hollerbach (1980, 135) spricht sich gegen eine Revision der staatskirchenrechtlichen Artikel aus, allerdings unter dem Vorbehalt einer fehlenden klar formulierten Alternative, die er später ohne Umschweife einfordert (ebd., 138): „ Die Reserven gegenüber einer grundlegenden Änderung des geltenden Systems sollten nicht von dem Bemühen dispensieren, Entwürfe zu erarbeiten und zu diskutieren, die neuere Ent-

## *6. Abschließende Bewertung der Beratungen der GVK über das Staatskirchenrecht*

Sieht man den Umfang der Beratungen, über die die GVK abzustimmen hatte, so mußten zweifelsohne Schwerpunkte gesetzt werden. Die Frage des Staatskirchenrechts gehörte sicherlich nicht zu den vordringlichsten Problemfeldern, doch kann nach den vorangegangenen Ausführungen mit Recht von einem bedeutenden, komplexen und delikaten Rechtsgebiet gesprochen werden, das zudem in einigen Aspekten einer präziseren Regelung bedarf, die gegensätzliche Deutungsmöglichkeiten ausschließt.

Die Verweigerung einer Reformbemühung in diesem Sektor unter dem Vorwand zeitlich beschränkter Rahmenbedingungen innerhalb der GVK läßt einen grundsätzlichen Unwillen zu Veränderungen durch dieses Gremium zutage treten, zumindest was das Staatskirchenrecht betrifft. Dieses bedeutet eine Diskreditierung der GVK, da sie eingesetzt worden ist, um notwendige Anpassungen vorzunehmen, aber gleichzeitig im zeitlichen Rahmen so gesteckt ist, daß anschließend in einigen Bereichen keine Reformüberlegungen ernsthaft angestellt oder diese mit Hinweis auf die fehlende Zeit abgeblockt werden konnten.

Daher ist die Frage zu stellen, warum die GVK in diesem Rahmen eingesetzt worden ist und wer dieses befürwortet hat. Die Vermutung liegt nahe, daß vielen Mitgliedern der GVK nicht an einer echten Auseinandersetzung mit den Bestimmungen des GG gelegen war, sondern daß sie das bewährte GG unverändert erhalten wollten. Aber auch in diesem Falle wäre eine konkrete Begründung für die Entscheidung zum Staatskirchenrecht angebracht gewesen, allein schon aus der Verantwortung, die den Mitgliedern einer Verfassungskommission auferliegt.

Die Verweigerung fügt sich jedoch in das Bild einer generell fehlenden Bereitschaft, Veränderungen im heiklen Bereich des Staatskirchenrechts vorzunehmen. Schon der Parlamentarische Rat brachte nur eine Verlegenheitslösung als Kompromiß zustande. Mehrfach läßt sich diese Haltung nachweisen, vgl. Scheffler (1994, 95) der die Entscheidung des Parlamentarischen Rates als Verlegenheitsergebnis und Formelkompromiß bezeichnet, so auch Kleine (Kleine 1993, 40ff.; s. auch Campenhausen 1983, 45): „Die Scheu vor einer Klärung staatskirchenrechtlicher Grundsatzfragen, welche schließlich im Formelkompromiß des Art. 140 GG mündet, deutet sich demnach schon im Chiemseer Entwurf an“ (Kleine 1993, 28). Folgendes Zitat charakterisiert seine Bewertung der politischen Behandlung des Staatskirchenrechts der letzten Jahre: „Jüngstes Beispiel für die heimliche Scheu vor einer Verfassungs-

wicklungen und Tendenzen in eine normative Formulierung bringen, die dem Heute und Morgen angemessen ist. Es wäre nämlich fatal, wenn man an einem Tage X wiederum in Verlegenheit wäre und man erneut auf Tradiertes zurückgreifen müßte.“ Doch dieser Tag X ist mit der GVK eingetreten, an dem man wiederum keine Vorschläge konstruktiv einbringen konnte.

diskussion [des Staatskirchenrechts] ist der sog. Einigungsvertrag zwischen der Bundesrepublik und der ehemaligen DDR vom September 1990. Dieser enthält lediglich in Art. 9 (5) eine knappe Fortgeltungsklausel für das Kirchensteuerrecht der ehemaligen DDR, obwohl er sich in Kapitel VII und VIII eingehend mit Arbeit, Sozialem, Familie, Frauen, Gesundheitswesen, Umweltschutz, Kultur, Bildung, Wissenschaft und Sport, also mit allen gesellschaftspolitisch relevanten Themenkreisen befaßt" (ebd., 34; vgl. auch 33).

Auch heutzutage wird vielfach nicht der Mut gezeigt, Änderungen vorzunehmen, da sie von den Handelnden verantwortet werden müßten, wie im Einigungsvertrag von 1990, wo der Bereich des Staatskirchenrechts fast ganz ausgeklammert wurde.

Nur von den Befürwortern einer stärkeren Trennung von Staat und Kirche ist im Rahmen der GVK versucht worden, aktiv die Bestimmungen neu festzulegen, wenn auch ohne sämtliche juristischen Auswirkungen auf ihre Durchführbarkeit überprüft zu haben. Die Verfechter des Status quo umgingen lieber Änderungen, da sie kein überzeugendes Konzept des Staatskirchenrechts vorweisen konnten, das das traditionelle Recht besser absichert oder ändert, falls es erforderlich scheint. So hat die GVK in diesem Bereich die ihr gebotene Möglichkeit nicht genutzt, das Staatskirchenrecht im GG weiterzuentwickeln.

## *Literatur*

*Gemeinsame Verfassungskommission* (GVK) 1993: Bericht der Gemeinsamen Verfassungskommission gemäß Beschluß des Deutschen Bundestages – Drucksachen 12/1590, 12/1670 – und Beschluß des Bundesrates – Drucksache 741/91 (Beschluß) –, Bonn. (Zur Sache; 93,5)

*Campenhausen*, Axel Frhr. v. [2]1983: Staatskirchenrecht. Ein Studienbuch, München

*Fischer*, Erwin [2]1971: Trennung von Staat und Kirche. Die Gefährdung der Religionsfreiheit in der Bundesrepublik, Frankfurt a.M./Berlin

*Friesenhahn*, Ernst 1980: „Kirchen als Körperschaften des öffentlichen Rechts? Die Rechtslage in der Bundesrepublik Deutschland mit vergleichenden Ausblicken auf die Schweiz", in: Mikat, Paul (Hrsg.), Kirche und Staat in der neueren Entwicklung, Darmstadt, S. 352-384

*Heckel*, Martin 1993: Gleichheit oder Privilegien? Der Allgemeine und der Besondere Gleichheitssatz im Staatskirchenrecht, Tübingen (Jus Ecclesiasticum; Bd. 47)

*Hesselberger*, Dieter 1990: Das Grundgesetz. Kommentar für die politische Bildung, Bonn

*Hollerbach*, Alexander 1980: „Die staatskirchenrechtliche Ordnung des Grundgesetzes in der gegenwärtigen Diskussion", in: Mikat, Paul (Hrsg.), Kirche und Staat in der neueren Entwicklung, Darmstadt, S. 121-138

*Kleine*, Markus 1993: Institutionalisierte Verfassungswidrigkeiten im Verhältnis von Staat und Kirche unter dem Grundgesetz. Ein Beitrag zur juristischen Methodik im Staatskirchenrecht, Baden-Baden (Nomos-Universitätsschriften: Recht; Bd. 114)

*Meyer-Teschendorf*, Klaus G. 1979: Staat und Kirche im pluralistischen Gemeinwesen. Verfassungstheoretische Vorverständnisse von Staat, Kirche und Gesellschaft in der staatskirchenrechtlichen Diskussion der Gegenwart, Tübingen (Jus Ecclesiasticum; Bd. 26)

*Scheffler*, Gerhard 1964: Die Stellung der Kirche im Staat nach Art. 140 GG in Verbindung mit Art. 137 WRV, Hamburg

*Matthias Kurp*

# Die Arbeit der Gemeinsamen Verfassungskommission und ihre Außenwirkung

Würde ein deutsches Meinungsforschungsinstitut heute eine Umfrage über die Gemeinsame Verfassungskommission (im folgenden GVK) starten, die Ergebnisse wären ernüchternd. Der Name der 1992 gegründeten Institution würde bei den meisten Befragten bestenfalls unscharfe Konnotationen auslösen. Auf Fragen wie: „Wann wurde die Verfassungskommission von wem eingesetzt, wer zählte zu den Mitgliedern und wie lauteten die zentralen Ergebnisse?" blieben die Antwortzeilen der Interviewer-Fragebögen in den meisten Fällen leer. Fragt man also nach der nachhaltigen Außenwirkung der GVK, so muß eher von einem mäßigen öffentlichen Effekt auf die öffentliche Meinung ausgegangen werden. Die Arbeit der Kommission wurde so in den meisten Medien auch erst thematisiert, als Bundestag und Bundesrat im Oktober 1994 entsprechende Verfassungsänderungen, die am 15. November 1994 als 42. Gesetz zur Änderung des Grundgesetzes in Kraft traten, beschlossen.[1]

Woran aber lag es, daß die sogenannte „öffentliche Meinung" kaum Notiz von den Diskussionen um die seit 1949 wohl umfassendste Verfassungsänderung nahm? Die geringe Außenwirkung der Arbeit der GVK ist auf ein Bündel von exogenen und endogenen Faktoren zurückzuführen. „Daran ändern auch die von der Kommission registrierten etwa 800.000 Zuschriften nichts, die einseitig auf populäre Themen zielten." (Stern 1995, 8) Im folgenden werden die Gründe für diese geringe öffentliche Resonanz behandelt. Dabei spielen medienspezifische Aspekte ebenso eine Rolle wie themenspezifische.

*Außenwirkung* können politische Ereignisse entweder direkt und unmittelbar oder aber indirekt und mittelbar erzielen. Während die direkte, unvermittelte Wirkung politischer Entscheidungsprozesse lediglich auf den engeren Kreis der politischen Elite zielt, ist Außenwirkung immer von einer mas-

1 Ein Indiz dafür ist zum Beispiel auch, daß der Begriff „Verfassungskommission" im Harenberg Lexikon der Gegenwart erst in der 96er Auflage erscheint, die Arbeit der Institution also nicht während des Entscheidungsprozesses, sondern erst mit Inkrafttreten der Verfassungsreform thematisiert wird. Vgl. dazu: N.N.: Grundgesetz. In: Harenberg Lexikon der Gegenwart. Dortmund 1995. S. 204.

senmedialen Vermittlung abhängig. Kommunikation ist in diesem Zusammenhang allerdings kein linearer Handlungsprozeß, sondern ein Phänomen komplexer, interdependenter Beziehungen zwischen einer großen Anzahl von Variablen mit Auswirkungen auf Emotion, Kognition und Verhalten der Rezipienten. (Schenk 1987, 33ff.)

In diesem Zusammenhang gilt es, soll das Potential erzielbarer oder erzielter Außenwirkung eines massenmedial vermittelten politischen Ereignisses abgeschätzt werden, sowohl auf der Seite des Publikums (Rezipient) als auch auf der des Massenmediums (Kommunikator) eine Reihe von Handlungszusammenhängen zu berücksichtigen:

- Auf der Seite des *Rezipienten* hängt die Wirkung, die Inhalte von Massenmedien latent oder manifest hinterlassen, von der Aufmerksamkeit und Intensität ab, mit der er sich einer Berichterstattung in den Massenmedien zu bestimmten Themen zuwendet. Dabei geht der Rezipient grundsätzlich selektiv vor, indem er sich für oder gegen bestimmte Medien (selektive Zuwendung), für oder gegen einzelne Medieninhalte (selektive Wahrnehmung) entscheidet. Schließlich hängt die Nachhaltigkeit einer Medienbotschaft auch mit der Relevanz zusammen, die ihre Inhalte für den Alltag einzelner Rezipienten hat (selektive Erinnerung). Das Potential einer nachhaltigen Außenwirkung massenmedial vermittelter Ereignisse steigt also in dem Maße, in dem die Inhalte dem Rezipienten einen Nutzen versprechen oder sich an seinen Bedürfnissen orientieren. (Renckstorf 1973, 183-197)
- Auf der Seite des *Kommunikators* entscheidet über die Außenwirkung öffentlicher Ereignisse zunächst die Entscheidung für oder gegen eine Veröffentlichung von Berichten über diese Ereignisse. Dabei bedienen sich Journalisten sogenannter Nachrichten(wert)faktoren, an denen die Bedeutung von Ereignissen für die Öffentlichkeit gemessen wird. Darüber hinaus beeinflussen die Massenmedien die Außenwirkung von Ereignissen auch durch die Form der Präsentation und Ausführlichkeit ihrer Berichterstattung zu einzelnen Themen. (Schmidt/Weischenberg 1994, 216-220)

Bedeutsame Nachrichtenfaktoren sind vor allem die *Aktualität* und *Bedeutsamkeit* (Relevanz), die *Eindeutigkeit* und *Überschaubarkeit* (Transparenz) von Ereignissen sowie das Potential an *Überraschung* und *Prominenz*, das ihnen inhärent ist. Darüber hinaus steigt die Wahrscheinlichkeit einer massenmedialen Berücksichtigung von Themen in dem Maße, in dem sie *Konfligierendes*, *Negatives* oder etwas eindeutig *Personalisierendes* zum Inhalt haben. Handelt es sich hingegen um Ereignisse, die durch Komplexität oder Diskontinuität gekennzeichnet sind, lassen sie sich in der Regel insbesondere im Rahmen der tagesaktuellen Berichterstattung wegen ihrer wenig eindeutigen Struktur nur schlecht abbilden. (Vgl. Galtung/Ruge 1965, 64-91)

Gemessen an den oben genannten Nachrichtenfaktoren, erstaunt es kaum, daß die GVK in den Massenmedien nur wenig Berücksichtigung fand. Ihre Aktualität war eindeutig nur durch das Ergebnis der Abstimmungsprozesse in Bundesrat und Bundestag zwischen Juni und Oktober 1994 gegeben. Die eigentliche Arbeit der Kommission war zwischen 1992 und 1994 kaum prominentes Thema der öffentlichen Agenda. Die Gründe dafür: Das Thema ließ sich nur schlecht personalisieren, war komplex und konnte von Journalisten wegen seiner zumeist juristischen Inhalte nur schwer plastisch dargestellt werden.

Allenfalls einzelne Themen wie Umweltschutz oder Ausländerrecht, Gentechnologie oder die Gleichberechtigung von Frauen wiesen eine unmittelbare Nähe zum Alltag der Rezipienten auf. Hinzu kam, daß die Arbeit der GVK bis Ende 1993 im wesentlichen außerhalb der Öffentlichkeit stattfand. Erst die Lesungen im Bundestag verhalfen dem Thema Verfassungsreform im Frühjahr 1994 wieder zu ein wenig mehr Publizität, wobei schon die äußerst mäßig von Bundestagsabgeordneten frequentierte erste Lesung im Februar 1994 signalisierte, daß es im Grunde um Inhalte ging, die außerhalb der eigentlichen Debatte in Ausschüssen und politischen Zirkeln als Kompromiß eines gewissen Parteienproporzes ausgehandelt würden, um schließlich die notwendige Zwei-Drittel-Mehrheit zu erzielen.

Während die geplante Reform des Grundgesetzes für eine plastische Fernsehberichterstattung meist als zu abstrakt galt, fanden sich in den Printmedien immerhin eine Reihe von Artikeln zum Thema. Gegenstand einer relativ ausführlichen journalistischen Berichterstattung war die GVK, so zeigt eine Analyse der Tageszeitungen für den Zeitraum zwischen 1991 und 1994, allerdings nur in wenigen Phasen: u.a. im Vorfeld ihrer Konstituierung, später bei der Veröffentlichung des 450 Seiten umfassenden Abschlußberichtes, der am 28. Oktober 1993 verabschiedet wurde, und schließlich bei den bereits erwähnten Abstimmungen von Bundestag und Bundesrat, wobei die meisten Artikel erst zwischen Juni und November 1994 erschienen.[2]

Eine kontinuierliche Berichterstattung über alle 25 Sitzungen, 9 Sachverständigenanhörungen, die etwa 80 Grundgesetz-Änderungsanträge sowie die Diskussionsverläufe des Gremiums mit 64 Vertretern aus Bundestag und Bundesrat fand in keinem Massenmedium statt. Grund für die geringe Außenwirkung der GVK war dabei unter medienspezifischen Gesichtspunkten nicht nur die geringe Transparenz und Prominenz der bearbeiteten Reformvorschläge, sondern wohl auch die Tatsache, daß die GVK sich parteipolitisch zusammensetzte, also weder Experten aus der Wissenschaft oder bestimmten gesellschaftlichen Interessengruppen in die Beratungen integriert hatte, noch in plebiszitäre Entscheidungsstrukturen mündete. Hinzu kam, daß die vor allem von der CDU in ihrer konkreten Form so konzipierte Kommission kaum selbst den Weg an die Öffentlichkeit suchte, was nicht zuletzt auf ihr mangelndes partizipatorisches Selbstverständnis und Bewußtsein zurückgeführt werden muß. Davon

2 Basis dieser aus arbeitsökonomischen Gründen nur kursorischen Auswertung der Printmedien sind die Archive des Presse- und Informationsamtes der Bundesregierung in Bonn sowie das WDR-Archiv in Köln. Dabei wurden zwar alle verfügbaren Artikel berücksichtigt, jedoch nicht komplett inhaltsanalytisch untersucht.

kann jedenfalls ausgegangen werden, wenn sogar der von der CDU zunächst für das Bundespräsidentenamt vorgeschlagene Jurist Steffen Heitmann bereits 1993 attestierte: „Die Verfassungskommission war eine ungeliebte Kommission, die erst nach langem politischen Ringen konstituiert werden konnte und niemals zu einem gemeinsamen Selbstverständnis gelangt ist. [....] Schließlich gingen von der Kommission kaum verfassungsrechtliche Erneuerungsanstöße aus. [....] Ansonsten hat sie viel Zeit damit zugebracht, alte Diskussionen um Staatsziele, Plebiszite und so weiter zu führen, deren Argumente lange vorher ausgetauscht worden waren und zu denen die Positionen lange festlagen. Das Interesse an den Beratungen konnte so weder bei den Mitgliedern noch in der Öffentlichkeit gefördert werden." (Heitmann 1993, 12)

Für die Berücksichtigung des Themas Verfassungsreform lassen sich in den untersuchten deutschen Prestige-Zeitungen fünf Phasen unterscheiden:[3]

1. die Bildung der Verfassungskommission;
2. die Arbeit der Verfassungskommission;
3. die Beratungen im Bundestag;
4. die Beratungen im Bundesrat;
5. Bundestag/Bundesrat-Kompromiß.

Während in den *ersten beiden Phasen* kaum von der Arbeit an der Verfassungsreform berichtet wurde, setzte eine einigermaßen kontinuierliche und umfassende Berichterstattung und damit mögliche Außenwirkung erst im Frühjahr 1994 mit den ersten Diskussionen im Bundestag und im Rechtsausschuß ein. Vor allem die Konstituierung der GVK und die Nennung möglicher Alternativen nahmen 1992 in den Printmedien kaum einen nennenswerten Raum ein.[4] Daß die Reformanstrengungen auf den Einigungsvertrag zwischen Bundesrepublik und DDR rekurrierten, in dessen Artikel 5 „künftige Verfassungsänderungen" ausdrücklich genannt sind, bleibt in den meisten Zeitungsberichten ebenso unerwähnt wie die anschließend im Einigungsvertrag monierten normativen Vorgaben für das Bund/Länder-Verhältnis, die angeregte Aufnahme neuer Staatsziele in das Grundgesetz sowie die in Anlehnung an den Artikel 146 angemahnte Volksabstimmung über das Grundgesetz. Maximal eine kurze Notiz war den meisten Tageszeitungen auch nur wert, daß Mitte 1993 die beiden Koautoren des „runden Tisches" Ullmann und Poppe die GVK enttäuscht mit dem Hinweis auf eine mangelnde grundgesetzliche Verankerung plebiszitärer Elemente verließen.

Die Arbeit der GVK rückte erst richtig in den Blickpunkt des massenmedial vermittelten öffentlichen Interesses, als am 28. Oktober 1993 der Ab-

3 Zu den Prestige-Zeitungen gehören Frankfurter Allgemeine Zeitung, Frankfurter Rundschau, Süddeutsche Zeitung, Die Welt, die tageszeitung. Außerdem wurden Die Zeit, Die Woche, Die Weltwoche, Deutsches Allgemeines Sonntagsblatt, Das Parlament und Der Spiegel berücksichtigt.

4 Der von der SPD vorgeschlagene Verfassungsrat wird zum Beispiel meist erst bei Repliken zum Thema erwähnt, die in der zweiten Jahreshälfte 1994 erschienen.

schlußbericht verabschiedet wurde. Eine detaillierte Übersicht über alle Empfehlungen aber war in den Tageszeitungen die Ausnahme. So veröffentlichte zum Beispiel selbst die Wochenzeitung *Das Parlament* erst am 24. Juni 1994 eine Synopse der wichtigsten Essentials aus dem Abschlußbericht der GVK. (Klatt 1994, 16) Dies mag als Indiz dafür gelten, daß die meisten Journalisten das Thema erst auf die Agenda setzten, als es sich im Rahmen der Bundestagsdebatten wieder pointierter personalisieren ließ als während der vorausgegangenen zweijährigen Beratungszeit.

Prononcierter als die vorgeschlagenen Eckwerte der Verfassungskommission an sich finden sich in den analysierten Printmedien im Frühjahr 1994 Kritiken prominenter Experten. So klagt etwa der vormalige Vizepräsident des Bundesverfassungsgerichts Ernst Gottfried Mahrenholz in einem Spiegel-Essay (Mahrenholz 1996, 37f.) ebenso über mangelnde plebiszitäre Elemente der Konzepte für ein neues Grundgesetz wie der Berliner Jurist Michael Kloepfer in einem Beitrag für die sonst eher konservative Frankfurter Allgemeine Zeitung, in dem er kritisiert, die GVK sei ihrem im Einigungsauftrag formulierten Reformauftrag nicht gerecht geworden, weil sie wünschenswerte partizipatorische Elemente grundsätzlich verneine. (Kloepfer 1994, 8)

Die *dritte Phase* einer breiteren Berücksichtigung des Themas Verfassungsreform in den Medien setzte nicht etwa mit der ersten Lesung im Bundestag ein, sondern erst, als sich Ende Mai/Anfang Juni 1994 ein Dissenz in der Regierungskoalition in bezug auf wichtige Reforminhalte abzeichnete. Dabei fällt auf, daß erst die leicht personalisierbare Konflikthaftigkeit dem Thema zu Nachrichtenwert verhalf. Als die für den 30. Juni 1994 geplante Verabschiedung der Reform im Bundestag zu scheitern drohte, rückten endlich die inhaltlichen Aspekte der Grundgesetzänderung in den Mittelpunkt von Zeitungsartikeln und -kommentaren. Zentrale Inhalte sind dabei der Streit um die Bund/Länder-Kompetenzen, der verfassungsrechtliche Schutz Behinderter, die Verankerung des Tierschutzes im Grundgesetz, das umstrittene Staatsziel, auch nicht-eheliche Lebensgemeinschaften zu schützen, sowie der vom SPD-Bundestagsabgeordneten Elmer initiierte Passus „Mitmenschlichkeit und Gemeinsinn", der freilich später scheiterte.

Die Resonanz auf die Ergebnisse der am 30. Juni 1994 im ehemaligen Berliner Reichstag durchgeführten ersten Abstimmungsblöcke zur Verfassungsreform im Bundestag war quer durch alle Prestige-Zeitungen nahezu einhellig: Beklagt wird vor allem die Halbherzigkeit der Reform, die, so urteilen die meisten Kommentatoren, allenfalls kosmetische Korrekturen zulasse.

Bereits zehn Tage vor der Abstimmung hatte zum Beispiel Rolf Lamprecht in Der Spiegel geschrieben: „Das Grundgesetz geriet in die Mühle von Parteipolitik und Koalitionskalkül. [....] Folgerichtig ging der Versuch daneben. Ohne Chance blieb die Idee, den Wähler durch Volksentscheide an der Politik zu beteiligen und die Parteienherrschaft zu beschränken." (Lamprecht 1994, 35)

Und eine Woche vor der Bundestagsentscheidung ergänzte Joachim Käppner im Deutschen Allgemeinen Sonntagsblatt: „Denn zum einen war das Unternehmen ohnehin mehr eine Fortsetzung Bonner Parteienpolitik mit anderen Mitteln. [....] Zum anderen, und das wiegt schwerer: Vom Anfang bis zum Ende zeigte das Scheitern der Reform einen Mangel an Konsens darüber, was eine Verfassung soll und was sie kann. [...] Ein Katalog von sozialen Staatszielen tat sich anfangs auf, von hochfliegenden Plänen und Absichtserklärungen. Das meiste scheiterte an der kühlen Ablehnungsstrategie der Union. Vieles von dem, was bis zuletzt übrigblieb, ist immer noch reine Kosmetik" (Käppner 1994, 1)

Einen Tag nach der Entscheidung im Bundestag urteilte Robert Leicht, der Chefredakteur von Die Zeit, gar nahezu apodiktisch: „Das große Projekt einer großen Verfassungsrevision ist zu einem unscheinbaren Restposten der Wiedervereinigung geworden." (Leicht 1994, 1) Christian Semler schrieb am selben Tag für die links-alternative tageszeitung: „Energisch zeigte sich die Mehrheit der Kommission lediglich, wenn es ans Abbremsen, Umbiegen, Verwässern und Blockieren ging." (Semler 1994, 2) Damit befand er sich in bemerkenswerter Übereinstimmung mit Rudolf Wassermann, der in einem Gast-Kommentar für die konservativ-liberale Die Welt über die Verfassungsreform urteilte: „Das magere Ergebnis verdient die Bezeichnung Verfassungsreform nicht. [...] So wurde die Chance vertan, das Grundgesetz als Reaktion auf die Herausforderungen der Zeit zu modernisieren." (Wassermann 1994, 3)

Die angeführten Zitate kontrastieren deutlich zur Einhelligkeit der Abstimmung über die ersten, interfraktionell beantragten Verfassungsänderungen im Bundestag, die am 30. Juni 1994 mit 622 von 629 abgegebenen Stimmen ausgesprochen deutlich ausfiel. Daß von den etwa 80 Änderungsanträgen nur wenige von der GVK umgesetzt wurden, werteten die Parlamentarier als Zeichen für die Beständigkeit des bewährten Grundgesetzes. Ganz anders die Urteile vieler Journalisten: Heribert Prantl schrieb in der Süddeutschen Zeitung enttäuscht „Eine Reform des Grundgesetzes findet nicht statt", (Prantl 1994, 4) Ferdos Forudastan nannte „das Projekt einer modernen Verfassung für ganz Deutschland [...] gescheitert", (Forudastan 1994, 3) und lediglich Friedrich Karl Fromme unterstrich in einem Kommentar der *Frankfurter Allgemeinen Zeitung*, daß die meisten der monierten Passagen nichts mit der Vereinigung zu tun gehabt hätten und deshalb völlig zu Recht unverändert blieben. (vgl. Fromme 1994, 1)

Das Scheitern der Einführung einer doppelten Staatsbürgerschaft sowie des Versuches, nicht-eheliche Lebensgemeinschaften der Ehe gleichzustellen, die kaum realisierten Postulate Tierschutz und Artenschutz, die in Erwägung gezogenen, aber nicht manifestierten Grundrechte auf Arbeit und Wohnung und nicht zuletzt das bereits zuvor drastisch eingeschränkte Asylrecht fielen dem interfraktionellen Kompromiß im Bundestag zum Opfer, ohne daß darüber eine massive öffentliche Kritik einsetzte. Die meisten Medien werteten das erneut als einen Sieg der gut organisierten Parteien, die den Parteienstaat gegen plebiszitäre Modelle gleichsam auf dem Wege einer Selbstperpetuierung durchsetzen würden. (vgl. Schröder 1994, 4)

Kontrovers wurden Diskussionen über Inhalte der Verfassungsreform in der Öffentlichkeit erst wieder geführt, als die Bundesländer im Vorfeld der

Bundesratssitzung am 26. August 1994 ankündigten, sie sähen den Föderalismus in der Bundesrepublik durch den Bundestagsbeschluß zum Bund/Länder-Verhältnis gefährdet und würden voraussichtlich den Vermittlungsausschuß anrufen. Mit diesem Konflikt begann die *vierte Phase* der Berichterstattung über die Verfassungsänderungen. Tatsächlich lehnte der Bundesrat auch einstimmig die vom Bundestag beschlossenen Verfassungsänderungen ab, woraufhin am 1. September 1994 der Vermittlungsausschuß tagte. Die anschließend überraschend schnell erzielte Einigung zwischen Bundestag und Bundesrat auf geringfügig mehr Länder-Kompetenzen bei der konkurrierenden Gesetzgebung kritisierten die meisten Kommentatoren abermals als gefährliches Resultat eines den Föderalismus erdrückenden Parteienstaates: „In Bund und Ländern sitzen, in verschiedener Verteilung, dieselben Kräfte, die sich zumeist die Bälle zuspielen." (Prantl 1994a, 4)

Als am 6. September 1994 im Bundestag und am 23. September 1994 im Bundesrat außer den neuen Regelungen für die konkurrierende Gesetzgebung auch die Staatszielbestimmung Umweltschutz, das Benachteiligungsverbot Behinderter und die weitere Förderung der Gleichberechtigung von Mann und Frau sowie die Stärkung des kommunalen Selbstverwaltungsrechtes verabschiedet wurden, begann die *letzte Berichterstattungsphase* in den Medien, die mit dem Inkrafttreten der neuen Verfassung zum 15. November 1994 endete. Jedoch galt das Thema für die meisten Zeitungen wohl schon als ausgereizt.

Jedenfalls beschränkten sich die meisten aktuellen Printmedien auf eine bloß enumerative Nennung der neuen Grundgesetz-Artikel. Zu den wenigen Beiträgen analytischen Formats gehört einer des Kölner Juristen Klaus Stern in der *Frankfurter Allgemeinen Zeitung*. Darin formuliert er folgendes Fazit: „Versucht man die knapp vierjährige Überprüfungsperiode und die Ergebnisse der Gemeinsamen Verfassungskommission aus der Sicht der Bürger zu würdigen, so läßt sich schwerlich behaupten, daß der Verfassungsänderungsprozeß im Volk auf rege Anteilnahme gestoßen sei. [...] Was man erlebte, war ein mühsamer Prozeß der Konsensfindung unter den politischen Parteien, an dessen Ende ein nicht gerade eleganter Kompromiß stand." (Stern 1995, 8)

Insgesamt betrachtet darf die geringe Außenwirkung der Arbeit der GVK also nicht verwundern. Weil die Debatten vor allem in den Parteien geführt wurden und weil die partizipativen und plebiszitären Elemente sowohl beim öffentlichen Diskurs um die Verfassungsreform als auch in bezug auf die Inhalte eines „neuen" Grundgesetzes im wesentlichen ausgeklammert wurden, blieb auf der Seite der Rezipienten meist nur Desinteresse.

Darüber hinaus bot sich das Thema wegen seiner komplexen Struktur, die sich wenig personalisieren ließ, und wegen der Inhalte, die sich nicht unmittelbar auf die Lebensumwelt und die alltäglichen Handlungsräume des Publikums bezogen, nur bedingt und phasenweise für eine journalistische Bearbeitung an.

Die beiden zuletzt genannten dysfunktionalen Effekte sind um so beklagenswerter, als es eines der Ziele der Verfassungsreform nach der Wiedervereinigung nicht zuletzt war – nach dem Vorbild ostdeutscher „Wir sind das Volk"-Maximen und anknüpfend an die positiven Erfahrungen mit den Diskursen an den sogenannten „runden Tischen" –, die Bürger unmittelbar an politischen Entscheidungsprozessen teilhaben zu lassen. Die geringe Außenwirkung der GVK und ihrer Reformbestrebungen zeigt, daß dieses Ziel nachdrücklich verfehlt wurde.

## *Literatur*

*Forudastan*, Ferdos, 1994: Eine Chance vertan. In: Frankfurter Rundschau 02.07., S. 3.

*Fromme*, Friedrich Karl, 1994: Das Grundgesetz nach der Einheit. In: Frankfurter Allgemeine Zeitung 02.07., S. 1

*Heitmann*, Steffen, 1993: Etwas hat sich geändert, vieles wird sich ändern. Das Grundgesetz bleibt – Gedanken zum Abschluß der Arbeit der Gemeinsamen Verfassungskommision. In: Frankfurter Allgemeine Zeitung 22.11., S.12

*Galtung*, Johan/Ruge, Marie Holmboe: The Structure of Foreign News. In: Journal of Peace Research 2/1965. S. 64-91

*Käppner*, Joachim, 1994: Die Würde des Hamsters. In: Deutsches Allgemeines Sonntagsblatt 24.06., S. 1

*Klatt*, Hartmut, 1994: Verfassungsreform. Neben Übereinstimmung gibt es noch Streitpunkte. In: Das Parlament 24.06., S. 16

*Kloepfer*, Michael, 1994: Zukunftsbewältigung aus Vergangenheitserfahrung. Die Verfassungskommission wird dem vereinten Deutschland nicht gerecht. In: Frankfurter Allgemeine Zeitung 01.02., S. 8

*Lamprecht*, Rolf, 1994: Die falschen Väter. In: Der Spiegel 20.06., S. 35

*Leicht*, Robert, 1994: Umsturz ohne Revolution. Eine neue Verfassung wird es nicht geben, aber vielleicht ein Jawort zum Grundgesetz. In: Die Zeit 01.07., S. 1

*Mahrenholz*, Ernst Gottfried, 1996: Das Volk, abgewickelt. Plädoyer für ein Plebiszit über das erneuerte Grundgesetz. In: Der Spiegel 04.04., S. 37f.

*Prantl*, Heribert 1994a: Besser als nichts, aber nicht viel. In: Süddeutsche Zeitung 02.09., S. 4

*Prantl*, Heribert, 1994b: Grundgesetz, 2. Aufl., geringfügig verändert. Die Union hat ihr Motto „Weiter so, Deutschland" auch verfassungsrechtlich durchgesetzt. In: Süddeutsche Zeitung 02.07., S. 4

*Renckstorf*, Karsten, 1973: Alternative Ansätze der Massenkommunikationsforschung. Wirkungs- versus Nutzenansatz. In: Rundfunk und Fernsehen 2, S. 183-197

*Schenk*, Michael, 1987: Medienwirkungsforschung, Tübingen, S. 33-44

*Schmidt*, Siegfried, J. Siegfried Weischenberg, 1994: Mediengattungen, Berichterstattungsmuster, Darstellungsformen. In: Klaus Merten, Siegfried J. Schmidt, Siegfried Weischenberg: Die Wirklichkeit der Medien. Eine Einführung in die Kommunikationswissenschaft, Opladen, S. 216-220

*Schröder*, Dieter, 1994: Schade um das Grundgesetz. In: Süddeutsche Zeitung 09.07., S. 4

*Semler*, Christian, 1994: ... damit alles so bleibt, wie es ist! In: die tageszeitung 01.07., S. 2

*Stern*, Klaus, 1995: Verfassungen müssen von Schwärmereien frei bleiben. Das Grundgesetz – bewährt, unlängst maßvoll ergänzt, stets im Wandel. In: Frankfurter Allgemeine Zeitung 26.01., S. 8

*Wassermann*, Rudolf, 1994: Kein großer Wurf. In: Die Welt 01.07., S. 3

*Norbert Konegen/Peter Nitschke*

# Ausblick: Von der Substanz der Verfassung

Statt einer Retrospektive, die ohnehin nur nachzeichnen könnte, was die einzelnen Autoren dieses Bandes sehr viel stringenter und differenzierter darstellen, soll an dieser Stelle der Versuch eines Ausblicks mit der Frage verbunden werden, was die GVK letztendlich bewirkt hat?

Fast nichts, könnte man angesichts des Gleichklangs in den Einzelbeiträgen meinen. Wo liegen die Gründe für dieses Ergebnis? Auch hier ist der Sündenbock relativ eindeutig bestimmt worden: Die Parteien sind es, die mit ihrem Anspruch auf ein Repräsentationsmonopol in der demokratischen Gesellschaft letztlich die Sicht auf die Verfassung in einem durchaus schon *ideologisch* zu nennenden Sinne verengt haben. Vielleicht am deutlichsten hat diesen Sachverhalt Jürgen Trittin in der 22. Sitzung – es ging um die Frage des Asylrechts – auf den Punkt gebracht. Er hielt es für eine „Frage der Selbstentmündigung", wie die Mitglieder der GVK mit den Sachthemen umgegangen seien (GVK 13.5.1993, 7). Mit Nachdruck wies Trittin in diesem Zusammenhang zu Recht darauf hin, daß einzelne Personen dieser Kommission nicht ihren entsendenden Gremien, sondern allein ihren Überzeugungen verpflichtet seien (ebd.). Diese Auffassung von Kommssionsarbeit war leider nicht Gemeingut. Die Staatsräson des Verfassungsstaates Bundesrepublik Deutschland erschöpfte sich im Formalkonsens der zwei großen Volksparteien. Dieser bewirkte, daß die jeweilige Parteiräson vor die Verfassungsräson gestellt wurde. Insofern konnte sich die GVK eigentlich gar nicht selbst entmündigen, denn sie hat zu keinem Zeitpunkt ihrer Arbeit ein eigenes Selbstbewußtsein formuliert. Selbst die Hereinnahme und Beachtung der Länderrepräsentation hat in der Verfassungsformulierung nicht ausgleichend gewirkt. Wie sollte sie es auch? Es waren doch schließlich die gleichen Parteien, die auch hier dominierten. Die GVK hat in ihrer Arbeit begrenzt etwas fortgeführt, was seit geraumer Zeit bei der Arbeitsweise des Bundesrates zu Recht kritisiert wird, nämlich „die Überlagerung der bundesstaatlichen Systemelemente durch die Imperative der Parteienkonkurrenz" (Abromeit 1992, 59). Es handelt sich dabei um den von der Verfassung gewünschten Differenzbezug im politischen Gesamtsystem zwischen Bundestag und Bundesrat, der durch den Voluntarismus der Parteien hintertrieben wird. Geradezu beispielhaft verdeutlichen diesen Befund Stil und Procedere der Arbeitsweise der GVK: Möglichst wenig Bewegung, damit der tradierte und eingespielte Parteienvoluntarismus sich nicht selbstkritisch zu hinterfragen hat. So war Selbstlob – auch von Seiten der SPD – nicht immer fern. Auch die von der SPD oft geführte Klage über die vertanenen Chancen mit dieser Kommission ändern nichts an der Tatsache, daß die technisch-funktionale Machtlogik stets ein simples bargaining der Akteure erzwang. So handelte es sich nach Detlef Kleinert (FDP) jeweils bei den Verhandlungen „um den Wunsch nach der Erlangung eines Vorteils für die eine Seite, Aufhebung durch die andere Seite, noch einmal draufsetzen und dann wieder verneinen, damit nur ja nicht der Eindruck entsteht, irgend jemand hätte hier bei dieser Gelegenheit Recht behalten" (GVK 28.10.1993).

Nun ist das Prinzip von bargaining im Sinne eines Tauschgeschäftes grundsätzlich nicht negativ zu bewerten. Allerdings stellt sich im Falle der GVK die Frage, ob es die der Problematik angemessenen Austauschpakete gewesen sind. Dieses darf bezweifelt werden. Wenn beispielsweise der Mitvorsitzende der Kommission, Voscherau (SPD), abschließend kommentierte, daß die GVK allemal das erbracht habe, „was möglich war" (ebd. 20), dann verschleiert diese Aussage schlicht die Tatsachen. Der GVK ging es keineswegs um die Kunst des Möglichen, sondern nur um die des Praktischen im Sinne eines relativ niedrig anzusetzenden pragmatischen Praxisbegriffs. Aus diesem Sachverhalt lassen sich zwei Konsequenzen ziehen:

1. Für die praktische Bewertung der Arbeitsergebnisse der GVK gilt die Feststellung, daß die beteiligten personalen Akteure über ein bloßes Tageshorizontverhalten seitens der maßgeblichen Parteien nicht hinaus gelangt sind. Deshalb stellt sich die Frage, ob nicht ein *Verfassungsrat,* der auch mit parteiunabhängigen Vertretern hätte besetzt werden können, sinnvoller gewesen wäre. Unzweideutig gilt, daß die Kommissiosmitglieder mehrheitlich *in* ihrer Arbeit den gesellschaftlichen Anforderungsprofilen *an* ihre Arbeit nicht gerecht worden sind. Weiterhin ist fraglich, ob der Repräsentations- und Auswahlmodus von Politikern im Bundestag und der der politischen Administration der Länderregierungen hinsichtlich der Themenkomplexität nicht strukturell überfordert war. Gewiß, auch eine rein szientistische, gewissermaßen technokratische Elite, hätte hier möglicherweise keine eindeutigeren Positionen gefunden. Doch ist zumindest das Ausmaß der selbstverständlichen Unbedenklichkeit, mit dem die politischen Akteure eine hermeneutische Einschränkung der Inhalte einzelner Anhörungsthemen vornahmen, frappierend und für die Substanz der Verfassungskultur bedenklich. Es hat wenig Sinn, über die Verantwortungsmuster einer Civil Society zu reden, wenn nicht an zentraler Stelle bei einer möglichen Re- und Neuformulierung von Verfassungswerten, Reformbedarf als Herausforderung verstanden wird. Dieses ist so in der GVK nicht gesehen worden. Sie hat sich geradezu jeglicher systematischen Aufarbeitung des Grundgesetzes in seinen zentralen Eckwerten verschlossen. Vielleicht lag der Grund darin, daß diese Kommis-

sion im Prinzip eine ungeliebte Existenz war. Allerdings haben die beteiligten Akteure wenig dazu beigetragen, so etwas wie Eigenliebe – im Sinne einer spezifischen Verantwortung für die Verfassung – zu entwickeln.

2. Wenn, wie von CDU/CSU-Seite oft betont, das Grundgesetz so gut sei, daß nur Marginalien gändert werden müßten, entbindet diese Meinung keineswegs von der verfassungspolitischen Verpflichtung, Perspektiven für den zukünftigen Umgang mit eben dieser Verfassung zu entwickeln und zu vermitteln. Auch hierbei sind die beteiligten Parteiakteure nur sehr bedingt über einen traditionell geprägten Horizont hinaus gekommen. Dieser gelebte Pragmatismus ist angesichts der strukturellen Anforderungen an eine zwar national verstandene Verfassung doch mit Blick auf die *Zukunft* und *Globalität* politischer Entscheidungen und deren Handlungsspielräume (vgl. auch Guggenberger 1994, 27) frappierend kleinmütig. In Zeiten, wo die demokratische Ordnung in ihrer nationalen Ausprägung mit ihrem Kodex einer Solidarität der Bürger zur Disposition steht, fand sich die GVK zu keinem substantiellen Bekenntnis zu den Zukunftschancen unserer Verfassung bereit. Dieses Ergebnis ist ebenso symptomatisch wie evident.

Deshalb ergeben sich für das Paradigma eines *Verfassungspatriotismus,* wie er seit den siebziger Jahren so gern angemahnt wird, durchaus ernsthafte Konsequenzen. Wo lediglich der Status quo und ein *Weiter so* einzig bestimmende Zielgrößen politischen Handelns sind, da ist die Substanz der Verfassung in Gefahr, zu einer bloßen Rhetorikhülle zu verkommen. Ein *Weiter-So-Wie-Bisher* bedeutet Stillstand, und dieser ist keineswegs nur im Bereich der Ökonomie gleichzusetzen mit Rückschritt.

Da jede Verfassung von Voraussetzungen lebt, die sie aus sich selbst heraus nicht konstituieren kann (vgl. auch Rentsch 1996), hätte es in der GVK zu einer ernsthaften Analyse der gesellschaftlichen Vorbedingungen kommen müssen. Dieses um so mehr, da jede Verfassung wiederum auf soziale Belange wirkt: Sie kann diese unterstützen, fördern oder minimieren, je nach Art der politischen Optionen, die sie beinhaltet. Ferner gilt es zu bedenken, daß dieses Regelwerk nicht abgehoben sein darf vom gesellschaftlichen sozialen Konsens, vielmehr muß es diesen angemessen widerspiegeln. Allerdings darf eine Verfassung nicht nur mit der sozialen Konsensfrage indentisch sein; sie muß auch zukunftsorientierte Zielvorgaben für gesellschaftliche Diskurse beinhalten und sich ihnen auch öffnen können.

Insofern lag es nahe, das Grundgesetz erst einmal so zu belassen, wie es war, und die Einheit Deutschlands mit den neuen fünf Ländern als Inkorporationsprozeß zu vollziehen, zumal der Weg der Wiedervereinigung über Art. 23 GG a.F. aus Zeitgründen sicherlich angezeigt war. Dennoch bleibt die berechtigte Frage, ob nicht die Formierung des geeinten Deutschlands auf der Grundlage von Art. 146 GG a.F. sinnvoller gewesen wäre – auch und gerade da diese Entscheidung zweifellos einen wünschenswerten politischen Streit in der alten Bundesrepublik provoziert hätte. In ihm hätte sich die *alte* Bundesrepublik in ihrer westdeutschen Politikperspektive erklären müssen. Ein solcher Offenbarungsakt hätte vermutlich die Unterschiedlichkeit der Politikqualitäten und Befindlichkeiten zwischen den alten und den neuen Bundesländern den Menschen viel deutlicher vor Augen geführt und möglicherweise spezifische und angemessenere Problemregelungen erzwungen. Es hätte zumindest die Chance bestanden, den gegenwärtigen quälenden reaktiven Politikvollzug nicht erleben zu müssen.

Diese Rückbesinnung soll nicht als melancholischer Ausklang einer interessanten Zeitspanne mißverstanden werden. Vielmehr bietet sie den Auftakt für eine noch ausstehende nötige Verfassungsdiskussion. Es mag paradox klingen: In mehr als nur einer Hinsicht war die Arbeit der GVK im Hinblick auf die grundsätzlichen Fragen für Staat und Gesellschaft noch verfrüht.

## *Literatur*

*Abromeit*, Heidrun 1992: Der verkappte Einheitsstaat. Opladen.

*Gemeinsame Verfassungskommission* (GVK) 13.5.1993: 22. Sitzung. Stenographischer Bericht. Bonn.

*Gemeinsame Verfassungskommission* (GVK) 28.10.1993: 26. Sitzung. Stenographischer Bericht. Bonn.

*Guggenberger*, Bernd 1994: Globalität und Zukunft oder Demokratie in neuen Raum- und Zeitgrenzen. Anmerkungen zum Verfassungsdenken vor der Jahrtausendwende. In: Bernd Guggenberger/Andreas Meier (Hrsg.), Der Souverän auf der Nebenbühne. Essays und Zwischenrufe zur deutschen Verfassungsdiskussion. Opladen, S.21-30.

*Rentsch*, Thomas 1996: Die Konstitution der Konstitution. Rechtsphilosophische Bemerkungen zur Legitimation des Grundgesetzes. In: Politisches Denken, Jahrbuch 1995/96, S.29-46.

# Sachregister


Abwehrrechte 50
Achtensklausel 205
Allgemeines Preußisches Landrecht 141
Allianz für Deutschland 13
Anerkennungsquote 181
Anthropozentrik 36
Assimilation 210
Asylbewerberzahl 181
Asyldebatte 177; 178
Asylgrundrecht 180; 191
Asylkompromiß 180; 193
Asylpolitik 178
Asylrecht 177
Asylrechtsharmonisierung 194
Asylverfahren 184
Ausländerfeindlichkeit 204
Ausschuß der Regionen 61
Ausweisungsschutz 191

bargaining 100
Berichterstatter 20
Beteiligungsföderalismus der Exekutiven 71
Beteiligungsrechte 100
bonum commune 69
Bundesländer 61
Bundesländer, neue 112; 148
Bundesrat 23; 71; 128; 129; 155; 159; 233; 234; 236; 238; 241
Bundestag 23; 72; 107; 108; 109; 114; 116; 117; 159; 162; 163; 164; 167; 172; 173; 174; 175; 233; 234; 236; 237; 239; 241; 242
Bundesverfassungsgericht 45; 110; 111; 115; 123; 125; 126; 129; 130; 132; 133; 137; 143; 144; 146; 147; 148; 154; 167; 169; 173; 174; 175; 187; 227; 229; 230; 237
Bundeswahlgesetz 202
Bundeswehr 160; 163; 167; 169; 172; 174; 228
Bündnis 90/Die Grünen 108; 116; 130; 161; 164; 168; 227; 230
burden sharing 182
Bürgerrechtsbewegung 79
BVG 160; 162

CDU 111; 128; 130; 134; 135; 136; 137; 142; 153; 156; 160; 161; 162; 163; 167; 171; 172; 174; 219; 229; 235; 243
CSU 111; 134; 135; 136; 137; 153; 156; 160; 161; 162; 163; 167; 171; 174; 229; 243

DDR 113; 148; 151; 165; 232; 236
Demokratie, direkte 86; 89; 95
Demokratie, partizipative 87
Demokratiegebot 60
Demokratieprinzip 77; 87
Demokratietheorie 83
Deutsche Partei 219
Drittes Reich 221
Drittstaaten-Klausel 186
Drittstaaten-Regelung 183; 185; 190
Drittstaaten, sichere 184

Einigungsvertrag 14; 15; 21; 80
Einwanderungsland 209
Einwanderungsquote 188
Enquete-Kommission 107; 108; 114; 117; 118; 148
Entparlamentarisierung 87
Entscheidungsstrukturen 22
Entscheidungsverfahren, plebiszitäre 85
Ermächtigungsdefizit 73

Europa-Artikel 57; 70
Europafähigkeit 69; 73
Europäische Gemeinschaftsbildung 62
Europäische Union 58
Europäischer Gerichtshof 65; 137
Europa-Verhinderungsklausel 188

FDP 129; 135; 142; 153; 160; 161; 163; 166; 168; 169; 172; 174; 228; 242
Föderalismus 59; 61; 66; 96
Föderalismusfrage 67
Föderalismusgebot 73
Frankfurter Frauenmanifest 127

Gemeinwohl 89
Genfer Flüchtlingskonvention 184; 189
Gerichtsbarkeit 47
Gesellschaft, multikulturelle 204
Gesetzesvorbehalt 31; 34; 35; 36
Gesetzgeber 47
Gesetzgebungsauftrag 33
Grundgesetz 33; 52; 66
Grundgesetz und Europa 64
Grundgesetzänderung 180; 194
Grundgesetzimperialismus 67
Grundgesetzrevision 16; 81
Grundrechte 31; 34; 49
Grundrechte als Abwehrrechte 31
Grundrechte, justitiable 46
Grundrechte, soziale 39; 47
Gruppenschutz 208
GVK 18; 22; 31; 53
GVK, Arbeitsweise der 20
GVK, Zusammensetzung der 19

Herkunftsländer, verfolgungsfreie 184
Herrenchiemseer Entwurf 122

Identität, kulturelle 200
Integration, europäische 59

judical self restraint 45
Juridizierung des Politischen 69
Justitiabilität 45

Kommission Verfassungsreform des Bundesrates 81; 208
Kommunalkammer 62
Kompetenzausdehnung, kumulative 66
Kompetenzrechte 60
Kompetenzübertragungen, sektorale 69
Kongreß, verfassungspolitischer 99

Kuratorium für einen demokratisch verfaßten Bund deutscher Länder 13

Legitimationsdefizit 79
Linke Liste 164; 165; 168; 229

Maastricht-Urteil 72
Maastricht-Vertrag 57; 62
Menschenrechte 199
Menschenrechtskonvention, europäische 185
Menschenwürde 186; 191
Minderheiten 198; 203
Minderheitengruppen 204
Minderheitenorganisationen 200
Minderheitenpolitik 198
Minderheitenrechte 210
Minderheitenschutz 197
Minderheitenschutz, multikultureller 211
Minderheitenschutzartikel 205; 210
Minderheitenverbände 205
Multikulturalismus 211

NATO 163; 172; 174
Nebenaußenpolitik 61
Netzwerke 51
Neue Verfassung der DDR 80
Nikolaus-Beschluß 182
„Nohfeldener Erklärung" 12

Obleutezirkel 64
Ostdeutsche Kammer 108

Parlamentarischer Rat 58; 87;122; 123; 141; 143; 219; 221; 229; 231
Parlamentsprärogative 91
Parteien 78; 91; 95
Parteiendemokratie 89
Parteienmonopol 96
Parteienrubrum 64
Parteienverdrossenheit 86
PDS 108; 161; 164; 165; 168; 229
PDS/LL 109; 114
Plebiszit 85
Politikmodell, input-orientiert 83
Politikmodell, output-orientiert 83
Politikverflechtung 72

Recht auf Arbeit 48
Rechte, kollektive 199
Rechtsstaatsprinzip 51
Rechtsweggarantie 187

Regierungsföderalismus 64
Reichsverfassung 110
Runder Tisch 12; 80

Sozialstaat 44; 49
Sozialstaatsauftrag des GG 43
Sozialstaatsgebot 49
Sozialstaatsprinzip 31
SPD 109; 110; 111; 112; 113; 114; 115; 116; 122; 129; 130; 134; 135; 136; 137; 142; 150; 156; 160; 161; 163; 164; 167; 169; 171; 172; 174; 225; 228; 229; 236; 237; 242
Staatsvertrag 14
Staatsziele, kulturelle 39; 46
Staatsziele, soziale 29; 33; 39; 44
Staatszielbestimmung 29; 48
Staatsziele 29; 31; 43; 47; 49; 209
Staatsziel „Umweltschutz" 38
Subsidiarität 63
Subsidiaritätsprinzip 62; 67; 68

Teilhaberechte, partizipatorische 89

Umweltpolitik 36
Umweltschutz 35
UN-Deklaration 142
UN-Konvention gegen die Rassendiskriminierung 210
UNO-Menschenrechtskommission 201

Vatikan 215
Vereinte Nationen 163; 164; 167; 169
Verfassung 29; 30; 42; 50; 51
Verfassungsänderung 22; 23; 53; 99
Verfassungsdiskurs 24
Verfassungsentwicklung 65
Verfassungsgerichtshof 136
Verfassungsinterpretation 53
Verfassungskommission, gemeinsame 17; 19; 21; 24
Verfassungskonsens 20
Verfassungskonvent von Herrenchiemsee 141
Verfassungsleistungen 51
Verfassungsnorm 52
Verfassungsrat 14; 17
Verfassungsrecht 52
Verfassungsreform 16; 24; 30
Verfassungsverständnis 52; 53; 63
Verfassungswirklichkeit 52; 78; 86
Verflechtungsföderalismus 69
Verfolgungsgründe, frauenspezifische 193
Vermittlungsausschuß 23
Volksbefragung 89; 93
Volksbegehren 93
Volksentscheid 90; 93; 109
Volksgesetzgebung 84; 89; 91; 92; 94
Volksgesetzgebungsverfahren 81; 85
Volksgruppe 211
Volksinitiative 88; 90; 93
Volksrechte 92
Volkssouveränitätsprinzip 77; 89; 101
Volkswille 85

Weimarer Reichsverfassung 141; 157; 215
Weimarer Verfassung 32; 122; 216; 219; 221; 223; 224; 226; 227; 228; 229
Weimarisierung 180
WEU 163
Wiedervereinigung 11; 15

Zehn-Punkte-Plan 11
Zentralismus 66
Ziegler-Kommission 63
Zuwanderung 194
Zwei-Plus-Vier-Verhandlungen 15
Zwölf-Tafel-Gesetzgebung 141

# Personenregister

Alm-Merk 130

Badura, Peter 89
Bell, Daniel 61
Benda, Ernst 132
Bieber, Roland 65
Bonifatius III. 217
Bothe, Michael 166
Bräutigam, Hans-Otto 200
Bull, Hans Peter 163

Coester, Michael 152
Czempiel, Ernst-Otto 165; 167; 170

Däubler-Gmelin, Herta 62
Degen, Barbara 152

Elmer, Konrad 171; 237
Evers, Tilman 24; 91

Fischer, Joschka 182

Geis, Norbert 84; 86; 181
Genscher, Hans-Dietrich 110
Gerald Häfner 89
Gerhard, Ute 152; 155
Gregor VII. 217
Grimm, Dieter 51

Hanewinkel, Christel 129
Heitmann, Steffen 236
Helmrich, Herbert 129
Hennis, Wilhelm 52
Hering, Heide 133
Heuer, Uwe-Jens 63; 114; 161; 164; 229
Hirsch, Burkhard 172; 204; 228
Hölzer, Bernd 65

Irmer, Ulrich 166
Isensee, Josef 12; 66; 69; 167; 170

Jahn, Adolf 206

Kanther, Manfred 193; 209
Kaufmann, Bruno 92
Klein, Eckhart 90; 93; 168; 170
Kleinert, Detlef 242
Kohl, Helmut 110
Koisser, Walter 184

Lamers, Karl 172
Lepsius, Mario R. 66
Lerche, Peter 67
Limbach, Jutta 130
Lintner, Eduard 182
Lübbe Wolff 44

Mahrenholz, Ernst Gottfried 237
Maihofer, Andrea 133; 134
Mascher, Ulrike 150
Mill, John Stuart 30
Müller, Gottfried 63

Nadig, Frieda 122

Offe, Claus 90
Otto, Hans-Joachim 153

Papier, Hans-Jürgen 189
Penner, Wilfried 61
Poppe, Gerd 236
Preuß, Ulrich K. 92; 168

Rahardt-Vahldieck, Susanne 153
Randelzhofer, Albrecht 67; 168
Renner, Günter 187

Roellecke, Gerd 12
Romani, Rose 201
Rubel, Rüdiger 136

Sacksofsky, Ute 133
Scharpf, Fritz W. 67
Schäuble, Wolfgang 11
Schlink, Bernhard 189
Schmid, Carlo 92; 178
Schmidt, Max 165; 168
Schmidt-Jorzig, Edzard 93; 131; 188
Schmitt-Glaeser, Walter 131
Schmude, Jürgen 192; 198
Schnoor, Herbert 60; 87; 88
Scholz, Rupert 12; 18; 22; 37; 60; 153; 194; 199
Schoppe, Waltraud 130
Selbert, Elisabeth 122
Simon, Helmut 11; 132; 133
Steinbach-Hermann 208
Steinberg Rudolf 191
Stern, Klaus 68
Stoiber, Edmund 62

Thaysen, Uwe 91
Thierse, Wolfgang 87
Tomuschat, Christian 68
Trittin, Jürgen 241

Ullmann, Wolfgang 109; 116; 227; 229; 230; 236

Verheugen, Günter 60
Vitzthum, Wolfgang 47
Vogel, Hans-Jochen 97; 128; 169; 181
Voscherau, Henning 18; 24; 58; 172; 242

Zurheide, Burkhard 169

# Autorenverzeichnis

*Bredow*, Wilfried von (Jg. 1944), Universitätsprofessor an der Philipps-Universität Marburg, Institut für Politikwissenschaft.

*Eggert*, Elmar (Jg. 1970), Magister am Romanischen Seminar der Westfälischen Wilhelms-Universität Münster.

*Gerlach*, Irene (Jg. 1955), Hochschuldozentin am Institut für Politikwissenschaft der Westfälischen Wilhelms-Universität Münster.

*Kipke, Rüdiger* (Jg. 1942), Prof. Dr. Fakulta Sociâlnich věd Univerzity Karlovy, Institut Politologickych Studii, Prag.

Konegen, Norbert (Jg. 1939), Universitätsprofessor am Institut für Politikwissenschaft der Westfälischen Wilhelms-Universität Münster.

*Kurp*, Matthias (Jg. 1965), Dr. phil., Medien-Fachjournalist, Publizist und Autor von Fernsehbeiträgen (WDR); Lehrbeauftragter für Medienökonomie, Multimedia und Lokalkommunikation am Institut für Politikwissenschaft in Münster.

*Nitschke*, Peter (Jg. 1961), Privatdozent, Fellow am Kulturwissenschaftlichen Institut Essen.

*Schillings*, Birgit (Jg. 1970), Magister, Institut für Politikwissenschaft der Westfälischen Wilhelms-Universität Münster.

*Schmack-Reschke*, Tobias (Jg. 1969), Magister, Institut für Politikwissenschaft der Westfälischen Wilhelms-Universität Münster.

*Schmidt*, Marion (Jg. 1971), Promoventin am Institut für Politikwissenschaft der Westfälischen Wilhelms-Universität Münster.

*Schönwälder*, Karen (Jg. 1959), Dr. phil., Dozentin an der School of Slavonic and East European Studies an der University of London, Department of History.

*Wilhelmi*, Ruth, M.A. (Jg. 1969), Studium der Politikwissenschaft, Romanistik, Soziologie an der Westfälischen Wilhelms-Universität Münster; derzeit Promoventin der Politikwissenschaft.

GPSR Compliance

*The European Union's (EU) General Product Safety Regulation (GPSR) is a set of rules that requires consumer products to be safe and our obligations to ensure this.*

*If you have any concerns about our products, you can contact us on ProductSafety@springernature.com*

In case Publisher is established outside the EU, the EU authorized representative is:

Springer Nature Customer Service Center GmbH
Europaplatz 3
69115 Heidelberg, Germany

**Batch number: 10809466**

Printed by Printforce, the Netherlands